批评理论与文学研究丛书
张旭东 蔡翔 主编

改革时代的中国现代主义

CHINESE MODERNISM IN THE ERA OF REFORMS

作为精神史的80年代

张旭东 著 崔问津 等译

著作权合同登记号　　图字:01-2011-7110

图书在版编目(CIP)数据

改革时代的中国现代主义:作为精神史的80年代/张旭东著;崔问津等译. —北京:北京大学出版社,2014.1

(批评理论与文学研究丛书)

ISBN 978-7-301-22171-6

Ⅰ.①改…　Ⅱ.①张…②崔…　Ⅲ.①思想史-研究-中国-现代　Ⅳ.①B26

中国版本图书馆 CIP 数据核字(2013)第 028406 号

Xudong Zhang
Chinese Modernism in the Era of Reforms
Copyrights © 1997 by Duke University Press
本书中文简体版权归北京大学出版社所有。

书　　　名:	改革时代的中国现代主义——作为精神史的80年代
著作责任者:	张旭东　著　崔问津　等译
责 任 编 辑:	艾　英
标 准 书 号:	ISBN 978-7-301-22171-6/G·3587
出 版 发 行:	北京大学出版社
地　　　址:	北京市海淀区成府路 205 号　100871
网　　　址:	http://www.pup.cn　新浪官方微博:@北京大学出版社
电 子 信 箱:	pkuwsz@126.com
电　　　话:	邮购部 62752015　发行部 62750672　出版部 62754962
	编辑部 62756467
印　刷　者:	北京大学印刷厂
经　销　者:	新华书店
	965mm×1300mm　16 开本　28.5 印张　456 千字
	2014 年 1 月第 1 版　2014 年 1 月第 1 次印刷
定　　　价:	55.00 元

未经许可,不得以任何方式复制或抄袭本书之部分或全部内容。

版权所有,侵权必究

举报电话:010-62752024　电子信箱:fd@pup.pku.edu.cn

目　录

前　言 …………………………………………………………… 1
访谈：从"现代主义"到"文化政治"（中文版代序） …………… 1

导　论 …………………………………………………………… 1

第一卷　新时期文学和文化的创新

第一部分　文化话语

第一章　"文化热"的主要流派 ………………………………… 37
第二章　文化讨论中的几个母题 ……………………………… 73

第二部分　文学话语

第三章　新时期文学：历史书写与意识形态 ………………… 105
第四章　"现代派"的介入 ……………………………………… 126
第五章　"先锋派"的介入 ……………………………………… 147
第六章　自我意识的童话：格非与元小说的几个母题 ……… 170

第二卷　与历史相遇的视觉政治
　　　　——解读"第五代"

导　论 ………………………………………………………… 211

第三部分　现代电影话语

第七章　"代际"政治:什么是"第五代"？……… 223
第八章　现代电影语言的形成……………………… 240

第四部分　社会风景的寓言

第九章　"第五代"的分化 ……………………… 275
第十章　陈凯歌《孩子王》的批判解读 ………… 290
第十一章　张艺谋《红高粱》中的意识形态与乌托邦 ……… 315

第五部分　新电影的政治

第十二章　作为艺术家的电影导演:现代主义主体性的起源 ……… 341
第十三章　民族电影？……………………………… 360
第十四章　电影领域里的诸种立场 ……………… 381

参考文献 ………………………………………… 403

前　言

　　写这本书的最初动机,是由中国社会80年代末那场剧烈的社会变动及其对知识思想界产生的深刻冲击所激发的。作为在80年代成长起来的那一代人中的一员,我亲历了那激动人心的十年在一个夜晚戛然而止,并目睹了"新时期"知识分子自我荣耀的神圣光环随之烟消云散。我觉得我有责任去理解和诠释那个时代,而不仅仅只是记录和叙述那十年在文化思想领域所发生的种种事情。在刚刚开始下笔的时候,这本书对于我个人来说,仍然带着一种感伤的意味,确切地说,对80年代思想文化废墟的再一次回眸,不过是为了整理自己凌乱不堪的思绪,以图从历史的震惊中恢复过来。然而五年后,在本书付梓之际,我终于看清,这本书不是也不应该是对80年代的怀旧和辩护,因为作为那个时代的意识形态基座的改革话语及其体制化力量,在90年代不但保留完好,而且在新的市场化和国际化的环境中正在各个领域全面扩张。不如说,我在这本书里真正要做的,是把80年代作为中国现代性内部一个充满问题性的瞬间(a problematic moment of Chinese modernity)来审视和分析。因此,在它完成之际,这本书的主要内容是通过透视"现代主义"文艺和思想风格,对80年代以来在中国占主导地位的文化思想潮流和意识形态进行批判;同时对80年代以来形成的知识精英群体作一种反感伤主义的分析。

　　过去的五年中发生了许多事情。我从北京来到美国,又从杜克大学的博士生变成了罗格斯大学的教授。但个人生活里种种难以逆料的转折,却仅仅使我加入了全球化时代知识界"国际飞人"的行列。而天涯之隔的另一方,中国非但没有像国际上某些人期待的那样分崩离析,反倒在各个领域迅猛发展,在全球化资本的空间里日渐坐大。一种新的价值系统、一种新的生活方式,特别是一种新的日常生活领域业已出现在今天的中国,它们既让为数众多的消费者和相当数量的城市中产阶级在文化思想领域发出了自己的声音、塑造了自己的形象,也同时使相当一部分依附于旧的权力体制和文化生产体制的知识精英们日益边缘化,甚至在思想和价值观上变成了无所寄托的游魂。我虽隔海相望,却也恍然置身于这种急速的演进之中。这本书正是在这种思考的跌宕起伏间探索它自己的生命,最终慢慢成形。它的写作过程在我开始准备博士论文之前就完成了,所以这本书并没有过多地受制于美国学院制度的种种清规戒律,反倒像"私人写作"一样无拘无束。但在写作过程中,我所关注的问题本身所具有的开放格局和理论需要,又使我有意地、积极地在求学期间去同种种不同的立场、思想、方法和话语进行对话和碰撞,从中擦亮灵感的火花。在这个过程中,我经常不得不痛苦地拆解和粉碎以前种种自以为是的想法和假设,但正因为如此,这本书在异国的成形也就同时记录了一个新的思想历程。

作为一个粗略的、大而化之的总结,我可以说,在写作之初,我还是一个黑格尔主义者,最关心的是当代中国民族文化的自我意识在"世界历史"中的发展,并对这种自我意识的形式化表象及其审美成就充满信心。这种黑格尔式的自我意识的辩证法在关于格非和"实验小说"那一章里有着淋漓尽致的表现。我在今天仍然珍视自己早年的这些文字,而且今后也不会为其中任何一句话感到汗颜,因为那是我们这一代人在那个特定的历史时刻的自我意识的忠实记录。但在全书完成时,我却已经把自己视为一个文化批评家,更注重于探究美学、意识形态和社会历史之间种种错综复杂的关系;更能够从这种关系出发,去分析那种自我意识立场的局限。我无意于掩饰在这一转变过程中透露出来的内心的动摇和惶惑,但它们何尝不是为这个特定的历史时期知识分子的思想取向和哲学困扰提供了一个样本,而这些样本的集合体又岂不恰恰是本书力图在一种批判和历史的距离之外加以审视的基本材料。在此过程中,我逐渐意识到(有时候是滞后地意识到),种种自我意识和主体性的知识术语不但是新时期思想讨论的最高成就之一,也是这种思想方式和想象方式最成问题的地方。它们本身就是80年代这个错综复杂的历史环节的一部分,既是作为历史分析和形式分析对象的

"作品",也是一种批判的历史诊断需要处理的"病症"。它们并不能为我们今天的理解提供自明的答案,但却可以为严格的分析提供线索。从这个角度具体分析"新时期"现代主义话语,我们就可以明白,它不仅是对其所处的历史情境的朦胧晦涩的表述,同时也是由决定其主体位置的社会关系和全球权力格局所支配的意识形态幻想。

构成这本书具体章节的其实是一系列对熟悉的文本和现象的重读,这是一个双重的反思过程:一方面是对熟悉的研究对象的反思,一方面是对熟悉的解读方式或阐释模式的反思。后者包括本雅明对19世纪巴黎的寓言式阅读;阿多诺针对德国存在主义的批评和对现代音乐的分析;布迪厄对"文化生产场域"进行的社会哲学调查;最后(但不是最不重要的),是拉康对语言运作所作的精神分析的诊断——所有这些理论系统在整个80年代都曾经令我着迷,但在那时候,我往往只是在"美学"的意义上去领略它们。在"重新认识"这些理论话语的过程中,弗雷德里克·杰姆逊对我的启发至关重要。正是由于他的介入,这些批评方法才有机地、辩证地统一起来,同时又展示出它们各自"私人语码"(private language)内部的寓言式的丰富性和开放性。可以说,在直接的当代语境下,他的著作不仅为我们在理论层面分析当代中国文化现象提供了一种全新的可能性,而且还在当代中国的文化语境里为理论提供了前所未有的新的切关性。在那些令人终生难忘的星期一下午的课上,我逐渐领悟到,对现代主义的批评最终是对现代主义审美体制的批评;我理解了,文化的史诗或乌托邦因素存在于它自身支离破碎的历史的真实性,而不在于其抽象的哲学表述中;我最终明白了,辩证的阅读旨在揭示出真实体验中的历史非真实性(the historical untruth of a truthful experience)。在杰姆逊的课上,我往往觉得自己是所有学生中最专心又最走神的一个:我越专注于他博大精深的理论论述——它们在一个完全不同的社会和文本时空中回荡,也就越发让我更深地沉浸在自己的问题和这种问题的历史性之中。这本书正是这种内在对话的产物。

这本书的成形同样也离不开阿里夫·德里克这位睿智的历史学家。他给我在杜克大学的研究开启了一个新的维度,拓展了我未来工作的空间。他亲眼看着这本书从一份十页的会议发言提纲变成一本六百页的手稿(这期间他只是偶尔会抱怨一下一个月内不得不读同一章三个不同的修改稿)。从1993年到1994年,在这本书的写作过程中,我们几乎每星期都见面讨论。在他不依不饶的追问下,我不得不放弃了一个又一个不成熟的推想和论断,转而探索在具体的历史分析的上下文中重新面对昨天。他对我自认"经历"过的历史的许多一针见血的理解常常令我震惊,因为他向我展示了一种把握我的研究课题的更具体、又更理论化的方法。正是他的指导帮助我把中国的"新时期"定位在一个历史转折的交叉点上,把它放置在全球化的语境中予以考察。

某种意义上,这本书是为那些志同道合的朋友而作。写作此书时的一种奇特体验就是,许多书中讨论的对象同时也是本书的"意想的读者"(implied readers)。我无意借此显示自己更接近"真实"或"真理",或享有任何认识论上的特权,但我的确时时感到一种心头的重负,它来自那一段让我刻骨铭心的关于"80年代"的历史记忆。此书的写作常常让我重新回到历史的"现场",让它被重新唤起、被重新建构。在这里我要感谢甘阳、刘小枫、乐黛云、余华、格非、李陀、黄子平、李泽厚、戴锦华、孟悦、王晓明、姚晓濛、李迅、西川和臧力,感谢他们始终如一的友谊和支持,他们的思考和存在给了我一种珍贵的时间感和位置感。我的许多朋友和同事——包括王瑾、唐小兵、柯瑞嘉(Rebecca Karl)、刘禾、邹羽、廖世奇、刘康、Andrew Gordon、迈克·哈特(Michael Hardt)、文棣(Wendy Larson)、E. Ann Kaplan、Wimal Dissanayake、鲁晓鹏和Nicke Brown,都读过我全部或部分手稿,提出了不少宝贵的意见。我向我在杜克大学的同学们致以最深的感谢,他们包括Chris Andre, Eleanor Kaufman, Jonanthan Beller, Neferti Tadiar, Gene Kuperman, Chris Harlos, Jack Mornighan, Stefan Jonsson, Sara Danius, 和 Jonathan Flatley,感谢他们富有启发性的批评和一丝不苟的校订,感谢他们的友谊,能跟他们一同分享这一段难忘的求学岁月,真是一种莫大的乐趣和荣幸。

对学术写作进展之慢的最好(也是最令人心生畏惧)的提醒,莫过于孩子的成长之快。世界上再没有任何东西,能够补偿那些悄然而去的北卡罗来纳的美丽清晨。有多少本应该和家人共度的夜晚,不知不觉间在电脑键盘的敲打声中流逝。为了所有再也无法追回的时光,为了共同的记忆,我把此书献给我的妻子汪静和儿子张夕。

1996年6月于新泽西州Plainsboro小镇

(潘琴译,胡慧翼、刘卓校)

访谈:从"现代主义"到"文化政治"
(中文版代序)

一、现代主义与后现代主义

朱羽:张老师,《改革时代的中国现代主义》应该说算是您的第一本学术专著。您对中国现代主义的阐释强调把它重新放回历史,同时对于"形式""审美"作一种寓言式的阅读,在揭示现代主义神话的同时,也试图把它的历史真理内容给揭示出来。我比较感兴趣的是,在当时的情境中,您是如何遭遇现代主义的,这个"现代主义"背后更大的问题意识是什么?"现代主义"为何成为您学术研究的起点,这是一种偶然,还是一种必然?

张旭东:首先我想说的是,这本书出版于1997年,完稿更早,记得是在1994年秋季,我开始写博士论文之前。应该说,这本书属于它的分析对象的时代,属于80年代的知识和思想语境,也反映出那个逝去了的时代的精神气质。更准确地说,它像是一块80年代的文化地质学样品、一块化石,虽然成形的条件来自90年代初在美国的求学生涯,用英文写成,在一种相对严格的方法和理论思维空间里展开,但它的基本材料和问题意识,包括它最深层的情感和冲动,都属于80年代。至于"现代主义",在个人意义上,也许有相当的偶然性,但从整个时代的角度看,还是有很大的必然性的。说偶然,是因为在70年代末、80年代初,中国文学、思想生活刚刚从一个相对封闭的状态向一个开放、活跃的状态过渡,从趣味和眼界上讲还是很"古典"的。我们当时在中学读得最多的仍然是欧美19世纪文学作品,以及中国古典文学和现代文学作品,更多还是从"文学修养"和"文学知识"的角度,在学校和公共图书馆藏书的范围里读书。在美术、音乐、哲学等方面,趣味就更"保守"、更"正"了,完全沉浸在从文艺复兴到浪漫派的阶段,或者说是在补"人本主义"、"启蒙"、"浪漫"的课。80年代后期我在中央音乐学院音乐学系教书,搞西方音乐史和音乐美学的同事把那种巴赫以前不讲、贝多芬以后不讲的教学大纲称为"红烧中段",认为太僵化、很过时了。在80年代初,这种趣味上的保守和"经典",就其本身来说是"思想解放"时代的自然需要和目光所及,客观上,它也为现代主义"后来居上"做好了铺垫。

其实所谓的先后,就是一两年的时间,甚至更短;也许不过是主流和边缘在读者接受的方便程度上所造成的某种"时间差"错觉。今天回头看,我们可以说西方现代主义的影响同西方资产阶级经典文艺及思想的影响是"共时性"的。在80年代整个中国文学、知识状态下,现代主义对我们这代人来说代表的是一种完全不同的文学、文学可能性、审美可能性,同我们熟悉的古典小说、鲁迅和翻译过来的19世纪欧洲文学经典形成了惊人的反差。但种种有关现代主义的批评和理论,又通过种种关于断裂和连续性的论述,把现代主义同它以前的文艺思想潮流拧在一起,于是"现代派"的形式空间就变成了所有以往时间的压缩,变成了所有以往的矛盾和冲突的空前的激烈化。我第一次系统地接触"现代派"作品,是通过袁可嘉编的《现代派作品选》。艾略特、卡夫卡、庞德、里尔克等等现代主义者对于我们来说,首先代表的是一种全新的文学可能性,从感官、想象力到审美和形式快感的追求,从知识、认识能力到语言上的无穷无尽的可能性,"自我的空间"的每一个角落都被打开了。这种好像属于纯粹形式的新空间,突然为一个相对封闭的社会心理状态打开了一个新天地,进一步加速了雏形中的"新时期自我"的急剧膨胀和自我想象里的"无限可能性"。

现在看来,这种形式空间的突然发现和"自我的膨胀"当然不可能仅仅是一个审美或心理问题。它其实同弥漫在80年代中国的"赶超意识"以及由此而来的急迫感、压力、焦虑感有密切关系,而现代主义本身关于"创造"的神话,不但为这种巨大的压力和焦虑感提供一种形式的升华,而且迅速地把"新时期"的个人能量、乐观精神和积极态度引入了一种新的、复杂的"现代"认知模式和表意模式,即如何把握和处理激烈的、无穷的、难以理解甚至令人迷惘和恐怖的"变"和"新",如何通过"言说"和"象征行为"把一个异己的外界变成自我的内部风景。

朱羽:是不是可以这样说,现代主义的形式创新和风格强度实际上"落实"了80年代"求新"、"求变"的集体冲动?

张旭东:那个时候,"现代"在相当程度上是作为"落后"的对立面被想象出来的。当时的中国人对于中国到底算不算现代国家、自己算不算现代人、中国历史有没有真正进入现代世界历史,都有很深的疑问。所谓反思"文革",在历史阶段论的意义上好像是要补资本主义这一课,但对"资本主义"的理解,却已经完全不是原来教科书意义上的那个资本主义了,而是一种全新的东西。这个全新的、未来指向的东西,就叫做"现代":在经济、技术层面是"现代化";在制度、经验层面叫做"现代性";在想象、表达层面就是"现代主义"、"现代意识"或"现代派"。所以,尽管当西方"现代派"文艺最初被介绍进来时,主流文艺思想界要么不闻不问,要么官样文章地批判一下,但那只不过表明老一套话语生产机制滞后于新的官方意识形态。当时的官方媒体,同时又都在宣传:我们60年代自己混乱的时候,全世界都在开展技术革新、"绿色"革命、信息革命。我们刚到大学的时候,学校组织学生看托夫勒的《第三次浪潮》,就像是新的政治学习材料一样。这说明当时普遍的关于"落后封闭"的焦虑感和对外部世界的新鲜感。"现代主义",包括西方现代派文艺和现代西方哲学思想,是一个新的社会想象空间的符号秩序的一部分。在"现代"的器物层面仍然显得遥不可及的时候,"现代"的观念、表述、审美形态就提供了一种替代性满足,让80年代的社会主体急剧扩张,去尽快地、尽可能地进入、填充那个叫做"现代"的空间,为这个"现代"的秩序做好种种心理和语言的训练和准备。那时候什么名称前面都要加个"现代",现代科技、现代文化、现代心理学,或者现代电影语言、现代社会,包括现代文学、现代诗、现代文学理论,好像不加"现代"就意味着"前现代",就等于陈旧、落后、封闭、保守。那个时候的"现代",是值得作一些语义分析的,这会有助于我们弄清楚这个"现代"到底是什么意思,包含了哪些特定的内容。

朱羽：如您所说，当时的官方媒体（或所谓的"官方意识形态"）已经不仅仅是在旧有的话语系统里定义、描述、把握"现代"了，但是更有趣的问题或许是，现代主义文艺用审美表达和形式结晶的方式率先将"现代"的解放感表达了出来。

张旭东：的确是这样。尽管我们当时对于现代主义的理解还很有限，但在直觉上，通过新的文学形式，都能感到一种感官和审美上的解放，一个新的世界被打开了。——这既是知识上的新的可能，也是审美快感上的、想象力上的可能。就像弗洛伊德的理论一下子让我们知道了在意识的层面下还有一个"潜意识"或"无意识"的世界；"现代派"文学让我们第一个知道，在常规意义的表象、再现、叙事和表意逻辑之外，还有一个更浓缩、更激烈、更变形但却更"真实"的形式的世界。这个现代派的文学空间把以前我们习以为常的文学经验贬低为一个常识的世界，同时通过一种新的体验的强度和文学技术，向我们保证了一个更本质、更形而上但同时又更具体、更不可还原的内心状态和同它所对应的历史真实。这样一个自律的形式空间突然进入80年代初期意识与现实的辩证法，对于一种新的主观性形成的作用是怎么估计也不为过的，它也在很多方面深入地影响了我们感知和把握现实进程的能力。

朱羽：但是在解释这个"自律的形式空间"上，研究界仍多多少少将这一80年代的文学"创新"把握为"文学自身的演进"，认为现代主义文学是一种天然地比"现实主义"更高级、更普遍的表现真实的力量，仿佛它可以被还原为形式空间内部的进化。

张旭东：这种力量当然并不仅仅来自现代主义形式空间的内部，而是得益于时代。在80年代初期，这种似乎属于纯粹形式领域上的新的空间想象，同一种集体性的历史冲动密切相关。这种冲动就是尽快摆脱一个落后封闭的社会，去拥抱、拥有和创造一个真正现代的生活，包括它的技术、制度、观念和文化。我在上面已经提到，那时候中国人好像真的不知道中国到底算不算一个现代国家。如果仔细考察"落后"的社会语用学含义，我们会发现它的内涵非常广泛，而且往往远远超出描述性、分析性的范畴，而包含一种价值判断和道德判断的味道。比如当时对"文革"的反思，某种意义上就是把种种"极左"的东西同封建性联系在一起,在这样做的时候,一种集体性的政治无意识就已经获得了某种"语言结构"。

这种"政治无意识"在当时并不需要明确化,因为它同"新时期"中国的一系列国策并不冲突,同时也满足了"文革"后逐渐成形的大众社会对种种物质丰富性和社会自由的追求。这两种力量的结合造成了对资本主义现代性理解的全面的非政治化。原先政治教科书里的那个资本主义体系现在脱去了由阶级和资本主义生产方式界定的政治性,而变成了一种单纯的、实证的(positivistic)"现代"。这种"单纯的现代"在今天看是一种非历史的、形而上学的东西,但它在西方现代派文艺及其中国接受史里得到了一种感官、审美和形式主义的肯定和强化,而这种感官、形式和"无意识"范畴的肯定和强化与在技术领域和理性层面上对"现代"的肯定和强化又是并行不悖、相互呼应的,这两个面向共同构成了改革时代中国现代主义的"自我的空间"。自邓小平1979年访问日本、美国,全国人民通过电视转播看到以富士山为背景的新干线、休斯敦航天中心和消费社会日常生活场面,到几年后青年知识界组织"走向未来丛书",一个未来学意义上的"现代"想象,迅速把中国近代历史乃至整个中国历史社会文化整体变成了一个形而上学整体图景(比如"中国封建社会超稳定结构"这样的提法)。可以说,"落后"的形而上学图景作为现代派世界图景的对立面,为现代派文艺做好了意识形态的准备。

因此可以说,现代主义进入中国的过程也就是这种巨大的历史和意识形态能量为自己找到某种形式和表达方式的过程。因为一旦一个自认为是封闭、落后的社会系统被想象性地放置在一个更为"普遍的"的世界历史空间当中,放在种种业已实现的"现代"规范性(normative)先例面前,这个社会系统的主观性空间就会经历一场爆炸性的扩张、膨胀过程——在时间、空间、心理、想象、符号、形式等各个方面都会急剧地膨胀、扩张,以便尽可能"多快好省"地去进入、占据、充满这个叫做"现代"的空间。当代中国经验世界和想象世界的爆炸性膨胀在"现代派"的高度浓缩、加固、强化和系统化的形式空间里找到了最好的媒介。虽然从生产总量和读者接受角度来看,当代中国现代主义文艺和理论表述从来都只占据非主流、边缘甚至有时是半地下的位置,但就"新时期"历史更迭和意识形态矛盾的极致性表述来讲,"现代主义"文学、审美和理论话语,比起其他较为主流、较为常规化乃至官僚化的文化生产方式来,往往处在时代的浪尖和问题的核心。在什么意义上这个现代主义空间的形成是以全球资本主义的外部为条件的,在什么意义上它其实又以社会主义现代性的历史经验和文化经验为前提,是一个值得进一步研究的问题。

朱羽:80年代的现代主义观念正因为和重新定义了的"现代"缠绕在一起,所以拥有了历史切关性,但它似乎并不仅仅从属于传统的历史分期或历史阶段论框架。

张旭东:"新时期"的"现代"观念的确不单纯是阶段论意义上的古代、近代、现代、当代,因为它的意识形态冲动是要带来一个超历史的、形而上的断裂,也就是说用"现代"这个概念、这个"世界图景"把时间分成此前和此后,从而再一次宣布历史的开始。从另一个角度看,它同时还在人的劳动和价值创造的基本意义上带有一种深度感和解放感,因为它更能把人的各种各样的潜力、想象、欲望、技术上的可能性、劳动价值都释放出来,转化为可交流、可体验的人工制品。同时,在把整个人的潜力释放出来的过程当中,它也满足了人的各种各样的需要。这么看,实际上,"现代"反而失去了任何时间性或阶段论意义,而是代表一种绝对标准:"现代"实际上的意思是"真正的"——用英文来讲就是 proper。就是说,原来的老的哲学(比如陈旧的教科书上讲的哲学)不是哲学,而现代哲学才是真正的哲学;原来《文学概论》里讲的文学不是真正的文学,现代(派)文学才是真正的文学。那时候中国人一下子就对海德格尔的"本真性"概念特别感兴趣。什么是真的,而不是假的;什么是到位的,而不是半途而废的;什么是货真价实的,而不是掺了假的。所以他们觉得现代的东西是"真"的,然后从"真"再往前引申,就觉得它有一种特殊的强度。就像喝酒一样,如果说现实主义文学我们读了像喝啤酒,后期浪漫派像葡萄酒,那么现代派有点像烈酒,它有形式的强度,或者说烈度——一下子把所有原来比较模模糊糊的东西、不太明确的东西明确化了,或者一下子就把你击倒了,把你带入到一种更为原始的真实状态。这个状态可以更"朦胧",但这种朦胧就其意象和色彩的强度和具体性而言,远远比现实主义观念先行的东西要明确、强烈、持久、真实。这些过程中又伴随很多技术上的创新,这是当时很直观的一个东西。意象的提炼、"客观对应物"、"意识流"、隐喻和象征系统的构筑等等,似乎都带有一种很强的技术性,而且是立足于感官和潜意识直接性的技术性,而不是那种需要通过经验、观察、知识和智慧等理性结构的中介才能达到的现实主义的技术性。现实主义小说就技法来说不是能在技术上一蹴而就的,因为现实主义小说一定要有深刻的道德思想含义,要有广阔的阅历,要有比较明确的历史判断和价值判断,要在作品中涵盖和传达出一种时间性的、历史性的结构。而现代派却可以把一种技术抽离出经验的混沌,通过它把时间强行悬置起来,以达到某种形式的自律性和强度。这在今天看是技术理性时代的一个隐喻,但在当时来说,是非常满足人的好奇心的,让人觉察某种自我的力量,给人以一种凭借这种力量向传统宣战的信心。再说,把文艺创作从风俗、伦理、道德和价值共同体里分离出来,客观上也有助于技术主义和形式主义的发展,它把文艺变成了一种技术制品,是可以通过某种程序习得的东西,而这些能够上手的东西,能实实在在地让我们从一种落后的状态迅速进入一种先进的状态。在这个过程中,我们变成了真正的人——现代人。

朱羽: 这种对于"技术"的渴求,倒是凸显出了"中国的现代主义"和"改革时代"及其意识形态之间具体的关联性。但新时期现代主义对想象的外部世界完全抱肯定态度吗?

张旭东: 80年代现代主义思潮对"现代派"的正面、积极的理解,同改革时代的意识形态相吻合,大家谈得比较多。但这里我想补充一点,这就是现代派在80年代的另一层"否定的"、消极的,但对当代中国文化意识来说却同样具有建设性的方面。这就是西方现代派带来的一个异化、破碎、扭曲、变形的世界图景。虽然在形式上,现代派就它的"现代"或"新"的指向来说天然带有积极意义,但它越超越写实、浪漫或其他传统文艺的常规,也就越同它所处的时代形成一种类似经典作品与其时代关系的"再现"或"反映"关系。动脑子的学生很快会发现,现代主义文艺——比如卡夫卡、艾略特、黑色幽默、荒诞派等"现代派"作品,其实反倒比同时代的大多数西方"现实主义"作品更精到地把握了时代精神,甚至准确地再现了作品所处时代的具体经验和体验。这个认识就把现代派的核心问题变成了它内部的形式与历史的关系问题,把审美问题引向了文化批判、历史批判、价值论和社会本体论的问题。简单地讲,现代派的积极形式所包含的是一种消极的内容,用存在主义的语言讲,是一个"上帝已死"的虚无、破碎、缺乏真理的整体性的世界;用马克思主义的语言讲,是资本主义异化劳动把人对自然的征服变成了人对自己的宰制的世界。像《荒原》《城堡》给80年代中国读者带来的不仅仅是形式上的激动和喜悦,同时还有经验和认识层面上的震惊、惶惑、恐惧,一种意识乃至无意识层面的陌生感和无所适从感。80年代的中国读者虽然热烈拥抱社会自由、思想独立、形式创新,向往一个崭新的未来世界,但在认识和意识层面,却是在寻找一个新的整体,一个连续性的叙事框架,一种统一和谐的形式空间,这是迅速变化、裂变中的当代中国社会的政治需要、文化需要和心理需要。西方现代派以审美自律的方式把一种确凿的历史之"恶"摆在人的面前,使人无法回避它的真实性。这必然从反面促进了当代中国文化意识对一种新的形式可能性的探索。这种探索在文艺领域基本上是失败的、不到位的,这相当程度上可以归咎于80年代中国"现代派"诗人、小说家和艺术家作为知识分子的准备不足。但这种在异化、破碎化、平面化的世界里寻找新的综合、统一和内在性的努力,却在"文化热"重建当代中国精神科学和文化主体性的讨论中得到了更清晰的表达。这也是我在《改革时代的中国现代主义》一书中把"文化大讨论"作为一个核心部分,又把以甘阳、刘小枫为首的"文化:中国与世界"编委会探索当代中国"精神科学",以此来作为整合"古今中西"的文化框架的努力放入"文化讨论"的核心原因所在。应该说,中国现代主义意识的这个面向至今仍然很活跃。在分裂的社会领域和文化领域重建总体性的努力,在今天仍然是当代中国思想活力的一个核心组成部分,不管这种活力或动力体现为对一种中国式的马克思主义和社会主义政治主体性的阐释,还是体现为对某种传统和现代的文化综合的探索。西方现代派本身总体性的神话成分,在80年代基本上还是被当做形式威力和审美启蒙正面接受下来的,正如"现代性"在当时是作为一种总体性的价值系统被正面接受下来的。令人疑虑的只是现代经验的多样性、复杂性和内部分裂,比如理性和非理性世界的分裂,意识和无意识世界的分裂，极端个体性和极端总体性的分裂，等等。但直到现在，随着中国日益进入全球生产和消费体系，这个作为总体的系统本身才变成了问题。这种历史经验的变化和由此而来的问题出发点的不同，也是值得我们重视的。

朱羽：您以上的讨论厘清了现代主义在塑造新的文化意识上的可能性。我在这里想追问一下《改革时代的中国现代主义》诞生的轨迹，因为它不仅赋予了"新时期"的中国现代主义实践某种"叙事"，而且也同您刚才提到的当代中国文化意识生成和主体性的确立有联系。

张旭东：在80年代的语境里，对文学来说，"现代"、现代主义、现代派如果分享了我刚才所说的那种"现代"意识，那么它实际上是我们想象当中的一个外在的大世界突入中国这个封闭的小世界里的"先锋"。先锋派对我们来说是外在世界对封闭世界的一种突破。如果谁能对这种外部向内部的突破有一种特殊感受的话，他会觉得自己站在了这个时代的前卫位置。这种感觉当时年轻人都有，都自然而然地希望自己处在这个位置。但从今天的角度看，这个"现代"实际上在时间轴上距离拉得很长。在哲学领域最明显，读20世纪的分析哲学、逻辑实证主义或者法兰克福学派，会觉得很新；但康德、黑格尔，甚至培根、斯宾诺莎同样也很新。我们当时在一个高度压缩的想象性"现代"空间里接触"西学"，把它当做现代世界的隐蔽结构和精神秘密；不是通过古典哲学的媒介去读现代哲学，而是通过现代哲学的媒介去读中西古典哲学，把它们统统都放在"现代"这个平台上审视。当时的年轻人是在这样的氛围里面，经历了整个"文化热"。"文化热"的根本动机，是想尽快地通过"文化"的快车道，把小世界和大世界打通，而在经济建设和物质积累领域，步子再快，也只能是一步一步走。但经过1989年后，自己直接跑到当年那个遥不可及的"大世界"里边来了——作为一个研究生，坐在那里听课，学习西方现代性理论变成了专业训练，而中国变成了一个历史分析的对象。所以我在《改革时代的中国现代主义》前言里也提到，这本书是很个人化的东西。

朱羽：也就是说，这种大、小世界之间的空间切换在一定程度上促发了您对于亲身经历过的那段短促而激烈的历史进行反思。《改革时代的中国现代主义》一方面如您所说是一本"很个人化"的作品,另一方面,它又采用一种理论的方式来批判性地表述或者说重构80年代的文化、思想经验。我所感兴趣的是,您在这本书里如何处理理论与经验、问题与方法之间的关系?

张旭东: 虽然《改革时代的中国现代主义》可以说是我的第一本学术专著,但我并不很看重它在学术积累意义上提供的专业知识,而是更看重自己如何对自己的意识成长史作出一个批判性的交代。我用的"意识史"概念,自然是受黑格尔《精神现象学》的影响,某种意义上这本书的确是在文学研究、电影研究、思想史研究的伪装下去描述当代中国的"意识的经验学"、"意识的胚胎学"和"意识的形态学",力图在一个"成长"的脉络里面,在自我意识不断面临新环境、新挑战、新的"异化"的过程中,去理解一个集体性自我的分化、发展、复杂化,去理解它为自身的整体性、实体性和主体性而进行一系列思想搏斗的历程。应该说,这个"精神现象学"的叙事角度并不仅仅是从主观出发,而是一开始就把问题放在主观对一个变化中的客观世界的感知、理解和把握的实践过程中去分析。这个客观世界一方面是物质的、社会性的,即"文革"后中国的现实以及中国社会所面对的新的世界环境;另一方面则是"符号"性的,即一个新的形象、概念、结构的空间,这里面就包含广义的"西方现代派"和"现代西方哲学"。所谓"精神现象学"的叙事角度,就是探讨如何把这些新的、异己的外界刺激和外界挑战变成自己内部属性的一部分,如何用自己的方式去理解和"克服"一个自我之外的世界,一个"他人"的世界,或者不如说作为"世界"的他者性。所以我从来不自认为是做现代主义文学研究或现代西方哲学的专家。我关心的始终是自我同所处时代的关系问题,是如何把这种关系变成一种生产性、创造性的关系,即如何把外部的挑战变成意识的自我成长的实质性内容。

虽然可以说这本书的"意识的起源"很"古典",也带有相当的主观性,但在具体写作过程中,我却发现这个叙事框架并不妨碍我去分析性地处理种种"新理论"、"新方法"、"新形式"。恰恰相反,种种新理论、新方法往往正好为某种相对"古典"的主体位置和主体想象提供了现代语汇和技术说明,把它们复杂化、情景化,但同时证明了这些"古典"问题意识的现代相关性。这是研究 80 年代现代主义文艺和文化讨论最有趣的地方。比如阐释学理论就把黑格尔式的自我的异化及其克服变成了一种文本理论,阅读、理解、批评和批判变成了一种历史经验的形式化的模式,"读者"处在了"主体"的位置上,批评活动本身变成了一种历史性、政治性的"介入"。主体或"自我意识"未经批判的出发点,比如改革时代中国知识界的集体无意识,在这样的新的理论构架中不过是一个"偏见"、一种"前理解",但这种偏见或前理解却正是我们进入一种批判的阅读的效果史,进入一种创造性的"视界的融合"的基本条件。这种形式主义的文本理论一旦同诸如法兰克福学派倡导的批判的社会理论结合起来,80 年代具体的思想环境和历史可能性就在意识形态批判的文本分析意义上,走向了我在"导论"里试图说明的那种"政治阐释学"。这样,一种看似观念论的、方法主义的批评立场,通过分析它具体批评对象的历史性,就可以达到一种批判的相关性。在这个过程中,"中国现代主义"的问题远远超出了形式、技巧、风格、术语的层面,而把一系列高度形式化、哲学话语化的表述,看做具体的、政治化的历史经验的表征与结晶。我最终关注的还是一些历史性的问题。比如你提到的"寓言"的问题,要看出形式、审美这些符号层面的东西下边到底是什么。核心的问题是怎么样把中国现代主义一方面理解为一种意识形态神话,但是另一方面这种神话里面又有真理内容。在真理内容里看到意识形态和蒙昧,在神话里看到启蒙和真理,在认识和理解的这种辩证冲突中把握历史运动的韵律,就是我所说的政治阐释学的基本任务。这个基本任务从新时期开始到全球化时代的今天并没有丝毫改变,相对于 80 年代问题的相对"朦胧"和隐晦,90 年代和 21 世纪第一个十年中国的问题,其实是越来越彰显、明确了。这也许是各种"理论"相对衰落的原因,因为如今的社会冲突、思想矛盾、意识形态分野其实日益激烈和浅白,越来越带有一种政治的逻辑,虽然当今中国学术界似乎已经很难在学院分工体制以外去介入这个问题领域了。80 年代一度活跃的"知识界"如今恐怕已经不存在了。

朱羽: 这里比较有意思的是:现代主义一方面摆出一种审美的异议的姿态,但在深层来说,它跟国家话语、跟当时的主流有一致性——即对于现代的想象。但是更有意思的一点是,现代主义这种形式、审美结晶了很多社会主义遗产的痕迹和印记。这可能在您讨论80年代的这本书里表现得还不是特别的明显，但是谈90年代那本书——《全球化与文化政治——90年代中国与20世纪的终结》——可能把这个层次揭示得更清楚了，即所谓的社会主义连续性的问题，中国现代历史的连续性，中国改革时期本身带有的社会主义印记。是不是可以说这个"历史性"恰恰是中国现代主义更深的一种规定性？

张旭东：是，我是有这个意思。80年代和90年代情况确实不一样。总的来说，革命、社会主义现代性，或者整个新中国早年的社会经验的积累、价值的塑造，所有这些东西，在80年代主要是通过形式、审美创新里面的热情、能量，简单地说就是那种唯意志论的东西表现为：天不怕地不怕；没有路也要闯出一条路来；一定要找到自己的语言，没有现成的语言就创造出一种语言，等等。在意识层面上，改革时代的国家话语同自认为是独立的、先锋的、现代派的、世界主义的、创新的知识界或者文艺界之间的关系确实非常复杂。一方面，当然当时所有的人在基本的体制意义上、在社会学意义上都是依附于国家的；另一方面，在思想、意识形态上，又都以为超越了国家、在引领着国家。在80年代的各个领域里，第一动因都是摆脱国家的话语体制，但却是借助国家的物质资源和符号资源，去赢得某种"形式自律"，获得中国社会和外部世界的关注，从而在国家面前积累资本。改革时代现代主义所追求的新在意识形态内容上是要摆脱国家体制的束缚，但在追求"新"的方式上，却同大众革命、文化革命有着某种家族相似。这种形式透露出一种集体无意识，通过这种集体无意识，我们可以把现代主义的"主体性"神话还原到它的历史实质。从后一种角度看，新时期知识分子的"主体性"的历史基座和精神基础仍然来自"国家"，来自国家体制的支持和庇护，来自结晶在国家概念中的大众革命的历史经验，这是基本的自信和想象力的根源。这是一种具体的集体性社会经验的结晶，形式分析可以帮助我们再一次打开这个结晶体，探讨它的内部结构；而政治阐释学则是在历史和价值系统的冲突中理解种种主体话语的形成，把握它们的能量和动态，确定它们的文化和政治性含义。

所以《改革时代的中国现代主义》的一个结论性判断就是：新时期现代

主义的集体能量、想象方式和形式创造性,虽然以后毛泽东时代的历史环境为条件,但究其心理和道德实质,其实是毛泽东时代中国的历史经验(特别是红卫兵一代人的集体经验)的滞后性表达,是这种经验和主体性在去除了政治父权话语框框的禁锢、在"现代主义"的想象性符号空间里的一次短暂的爆发和自律性展现。之所以是短暂的,是因为它的历史可能性条件存在于社会主义国家同资本主义全球秩序之间的一个短暂的和谐共存状态。这种不同社会体制和价值系统的交叠,既造成了一种思想和想象的丰富性和多样性压力,又给它们的表述提供了广阔的空间。这种状态在国内语境里看是社会主义改革第一个十年的广泛的集体共识,是各种社会能量和要求在改革共识下的汇聚,其核心是有关社会主义现代化、社会主义民主和富于个性化的社会主义文化现代性的乌托邦想象。就外部环境看,则是冷战最后十年美国出于美苏争霸的需要和资本主义世界市场对中国社会试验的期待。通观内外因素,80年代中国现代主义客观上得益于中国社会生产领域的相对落后,外部信息的突然、大量的涌入,以及国家对文化生产领域的开明控制。这些因素确保了新时期知识分子的独特地位,他们以民族、国家、文化代言人自居的主体位置,以及他们以相对个性化的方式调动全社会的物质和文化资源的可能性。改革时代的中国现代主义,既是改革时代中国外部条件借助"形式自律性"(如种种"方法论")突入当代中国意识层面的内部,在那里建立起一系列符号、意象和理论的桥头堡,也是特殊的中国经验借助同样的"形式自律性"(比如第五代电影借助的所谓"现代世界电影语言"——原色、神话结构、长镜头等)突入国际市场所获得的种种"承认"。80年代的中国一方面在物质领域同西方世界仍有着极大的落差和结构性不同,另一方面却已经开始在想象界逐步"接轨"和同步化,其间的反差所造成的巨大的势能差,形成了中国现代主义内部的紧张和压力,为其形式强度奠定了社会心理的基础和接受条件。结果就是我们称为改革时代中国现代主义的历史风格,在文化层面上,它通过资本主义现代性的形式自律性,传达了社会主义现代性历史经验为自身所压抑的种种可能性、热情、能量和想象力。与此相反,在经济层面上,我们看到的则是通过社会主义国家的治理模式和动员模式,使得生产方式为自身所压抑的种种可能性在改革时代的中国得以释放。这种历史空间交叠的可能性条件在进入 90 年代后逐渐改变,中国现代主义作为一种过渡现象随之消失,文化层面上的不均衡性发展和"独特性"逐渐为生产、技术、市场和社会系统的同一性所取代。

朱羽:您将中国现代主义把握为一种"过渡现象"很有意思,这也提醒我们不能怀旧地来把握、评价 80 年代那种共识或者说一致性。历史的辩证法迟早会使现实的紧张和矛盾浮到意识表面。而在 80 年代,想象界的"接轨"使"真实"的结构性矛盾、张力仍然处在无意识层面。同样,中国现代主义的激情和能量对于革命经验的依赖,也没有获得充分的自我意识,甚至可以说是无意识的。

张旭东:对。而且正因为是无意识,它只能以审美的方式表达出来,只能从形式上来体现,只能以心理的方式、想象的方式来表现;甚至在哲学、思想、知识话语里面,它也是有一种比较浪漫的、想象的逻辑,它是一种叙事性的东西,而不是概念性的东西,往往在概念层面是不清晰的。这有点像康德的"第三批判"意义上的"自由"在没有达到概念层面时的自在状态。这个 80 年代特有的以"自我意识"和"形式自律性"为特征的知识思想活动方式,为"新时期"的社会历史变化提供了一个新的形式空间和意识形态想象空间;借助这个空间的自我建构,80 年代的知识分子在介入现实的同时经营着一个自我的神话。这种空间自律性并没有同时代脱节,而恰恰是与时代相呼应的产物,是那种社会思想共识的产物,但它的出现和强化,的确带来了一种生产性,这就像黑格尔所说的人通过自己内在性的外在化、客观化、对象化进入自我否定和自我超越的"劳动"和"承认"的逻辑。这个成长的过程当然是一个异化的过程,但正是这种富有生产性的"异化",把社会和思想带入了一个辩证的自相对立、自相矛盾的状态。80 年代独特的历史感,同这种社会总体性本身的动感和主体性想象是分不开的。现代主义为这种主体性提供了一个游离于历史时间之外的形式空间,但这个形式空间却恰好为历史时间的发展、重叠、交错提供了一个表达的媒介。这是《改革时代的中国现代主义》一书的基本论点。

90 年代就不一样了。90 年代在形式层面上、在审美层面上是分化的、瓦解的,因为有市场的介入、资本的介入、商品化的介入,文化思想领域的问题往往是社会系统的结构性变化所带来的一系列矛盾冲突的折射和表现。与此同时,知识分子和学术群体也处在不断的分化和演变中,逐渐失去了在总体上把自己放在历史主体的位置上观照社会经济领域里的变化的能力,变成了个别立场和利益的体现,包括新的职业主义学院体制的利益的体现。这个过程中,中国国家的历史实质和社会功能也处在不断的演变之中。国家的政治含义,某种意义上可以说越来越模糊,因为随着现代生产、技术、治理领域的理性化而来的必然是一种非政治化过程,这种"常态化"和专业科层化是现代国家的正当性的重要来源(同时也是"正当性危机"的来源)。但在另一个意义上,也可以说越来越清晰了,因为它越来越全面地建立在现代社会化大生产和消费的结构本身之上。在这个意义上,一方面严肃的、有抱负的知识分子或艺术家不能还以80年代那种天真的方式,去把当代中国的文化想象或者艺术想象同国家的现代性规划或现代性想象搅拌在一起。一切都变得具体而实在了,而且这是一种拒绝历史中介的具体性。所以在处理90年代文化现象的时候,"寓言"(allegory)就变成一个非常核心的概念,因为相对于处理现代主义有机统一体的"象征"(symbolism)概念,"寓言"处理的是一个破碎化的、不能被升华的、堕落的真理性。也就是说,这个世界的真理性仅仅存在于它的局部的、异化的、粗糙生硬的甚至丑恶的具体性里边。现代主义形式自律性的瓦解,现代主义主体想象的瓦解,在审美上带来的是一种新的解放,因为这个过程在客观上迫使我们重新同一个更复杂、更具体的现实遭遇,重新在感官、形式、观念上建立叙事的可能性。这就好比90年代以来的"第六代"电影导演和"新纪录片运动"的实践者必须走出陈凯歌、张艺谋的程式化的视觉雕塑才能重新发现中国、发现自己。我用"中国式的后现代主义"来定义这种时代性的风格,但这种风格本身已经不再具有形而上学的、审美本体论的意味,而是当代中国生产方式和生活形式的杂多性的再现。社会主义现代性的积极因素,也只能存在于这种生产方式和生活形式的杂多性和并存状态之中,因为它已不再像以往那样具有建构和论述历史总体性的能力(以及对这种能力的表述能力),而是变成了全球化过程内部的抵抗性力量和替换性方案。

朱羽:其实我接下来就是想问这个问题。80年代的无意识状况和90

年代的有意识状况,能够直接形成一种对照。但是我是想追问,90年代很多思想立场已经很明晰化了,浮到表面上了,形成了一种直接的斗争,从表面上看来,一致性都破碎了,最后好像真的只能处在一种分裂状态,也没有一种形式能去捕获所谓的一致的普遍性。这就回到您所谓的"寓言"的形式。但是就"寓言"来说,某种程度上它还是指向未来的,等待一种新的总体性。而中国的可能性也是在这儿,未来都还不是很清晰,但恰恰可以为了这个形式,各种各样的力量在斗争,去争夺一个未来。

张旭东: 是这样。90年代那本书的写作过程也很说明问题,那本书是由单篇论文组成的,起先并没有像谈80年代的书那样有一个完整的叙事或"意识史"框架。在开始写90年代那本书的时候,我也没有一个明确、统一的立场,甚至没有一个预定的角度和一贯的论点。所有这些都是在写作过程中,随着90年代中国经济、社会、思想和文化的变化逐渐成形的。

朱羽: 这就像一个"寓言"结构。

张旭东: 对,本来就是一个"破碎"的东西。但是这种破碎并不是东一榔头西一棒槌。它并不是偶然的。因为你要考虑80年代、90年代连续性的问题。为什么原先立场大体一致的人现在变得这么不一样?同样是先锋派或"纯文学",在80年代和90年代它的基本含义和社会功能为什么会变得这么不一样?80年代的"20世纪西方哲学",到90年代还是"20世纪西方哲学",但是功能、位置、意味、含义完全不一样了。90年代中国的社会矛盾和思想矛盾也并不是一下子就显白化的,也是随着国内和国际上环境和条件的变化逐步明确、激烈起来的。90年代其实一开始的时候有相当大的未知数,未来是不确定的,各种力量的此消彼长,现在的结局恐怕当年未必有很多人能够预料。80年代有基本的社会共识和思想共识,有基本的价值指向,90年代则必须在分化和对立中把握某种总体性。80年代虽然人们呼唤"走向世界",但在"走"的过程中,我们从哪里来、要到哪里去还是基本清楚的,或者说还没有发生总体性的疑虑,也就是说还有一种方向感和集体认同感。90年代这种方向感和认同感受到了越来越大的挑战,已经不再是不言自明的东西,而是对内对外都需要费力去辩解和争论。当代中国,可以说有意思的地方就在于这种没有解决的张力,一切都处在一种未完成状态,所以也包含各种各样的可能性。只要这些矛盾还没有解决,作为矛盾它就必然会推动社会、政治和文化的发展。这种动态和不确定性把当今世界上各种各样的不确定性汇聚到中国,各种各样稳定的力量都会介入,我们就处在各种矛盾的焦点,变成了一个世界历史的战场。从纯粹的知识、认识和批判角度看,许多在其他地方已经合上的书,在中国必须重新打开。很多在其他地方没有可能的事情,在中国是可能的。比如说在文学领域,现实主义文学、现代主义文学、后现代主义文学、纯文学、反文学,什么都可以存在,而且都有它的社会基础、读者群甚至后面的政治诉求。这对于文学研究者来说是很令人兴奋的事情。我在分析80年代文学现象的时候注意力集中于朦胧诗和实验小说,但到了90年代,却转移到莫言、王安忆这样的作家身上了。这也不是有意为之,而是作品本身的形式强度和历史经验的包容性决定了文学批评的对象。

朱羽:如果说中国现代主义是一种过渡现象,那么必然涉及在这个现代主义之"后"会是什么?您已经谈到90年代和80年代的不同,我们也知道,您讨论90年代中国文化、文学和思想的《全球化与文化政治》里,最最核心的概念之一就是"中国的后现代主义"的概念,所以很自然就想让您谈谈"后现代"的问题。

张旭东:"后现代"问题在中国名声一直不是特别好。究其原因,我觉得跟80年代强烈的"新启蒙"和历史主义意识形态有关。长期以来对"现代"这个概念的乌托邦信念造成了一种潜意识,一种宗教式的信仰,使中国知识界不愿意面对"'现代'了之后怎么办"的问题。不愿意的表达就是反问"我们难道真的现代了吗?"其实,即便这样发问的人也不会否认,无论在器物层面上、制度层面上,还是在经验和心理层面上,中国早已是现代世界的一部分。所以对"现代"的"继续革命"式的想象性追赶真正触及的不是中国是否已经现代这个问题,而是中国社会如何选择自己的发展道路的问题:是把西方现代性历史经验所框定的规范性系统作为一个超历史的"普遍价值"接受下来,以此来将中国社会和文化彻底"理性化",还是在理论和实践上把现代作为一个特定的历史阶段,从而以想象和探索"现代之后"来激发当代中国社会的种种制度创新和价值创造的新的可能性。

对于那些对"现代性"或"现代主义"有形而上学迷恋的人来说，提"后现代"这就像在别人开 Party 兴致正浓时宣告天下没有不散的宴席。但我怀疑现代性概念拜物教的另一个原因是现代性概念本身所包含的技术、计划、总体、本质、中心、系统、控制、理性化等方面在去除了一开始的文化陌生感之后，其实在骨子里比较符合中国传统文化，特别是国家、知识分子对于一个高度一体化的秩序——时间秩序和空间等级的需要和认同。但其实"后现代"概念说的并不是"现代性"过时了，可以扔到窗户外面去了。恰恰相反，后现代的状态指的是现代性的满盈状态，是现代性普遍实现，深入到经济社会文化政治心理的各个层面和角落，以至于个人和国家不用再以追求现代性为目标来统筹安排一切了。"现代之后"的意思是"现代"已经不仅仅是一个历史激变的风口浪尖，而是一种历史的常态；它不但标志着"新"带来的断裂，而且潜在地包含着把所有其他历史阶段和价值体系吸收、包含于自身系统之内的可能性。所以说一方面"后现代"是"现代"的最高阶段，另一方面看，这种"最高阶段"把自己普遍化、多元化的趋势，也重新开启了思考其他社会历史阶段、社会制度、文化价值系统的可能性。这样看，从逻辑上讲，现代性的问题刚好是以现代性尚未普及为条件的，而"后现代性"则是当"现代性"不再是问题时出现的问题。后现代比现代更现代。更现代的现代，我们叫做后现代。这是一个首先需要讲清楚的问题，可中国知识界对这点好像搞得不是很清楚。这大概还是我们前面说的那种心态作祟。所以知识界对于后现代的挖苦或者批评，很大程度上是连基本含义都没有搞清楚，在那里主观地、自说自话地乱批一气，大意无非是"谁谈后现代就是反对进步；谁谈后现代就是反对普世价值"。

后现代在把现代高度发展和进一步普遍化的过程当中，它当然是有所选择的，它所鼓励的那些方向，不但和中国 80 年代所鼓励的现代化想象有冲突，也跟中国文化的大一统想象、集体想象、秩序想象、权威想象，以及中国式的黑格尔主义的历史的目的论都有冲突。后现代作为一种思维方式对于许多中国知识分子来说是一个不太好接受的东西。80 年代对后现代概念比较友好的，在传统文化方面说，是道家。现在想来也是很有意思的现象。儒家的传统和现代化传统、民主传统、历史主义传统还是有相当的兼容性的,这也给一些人提供了中国式的"新教伦理"的想象。但我觉得儒家的价值不在于为一种新的全球化的生产和治理方式提供独到的合法性说明,而是在于它处理更为基本的、传统的人伦关系,介入有关"人"的基本定义的道德辩论的能力和理论相关性。也就是说,它处理的是资本主义理性化世界无法处理的问题,是"现代性"无法把握但却构成现代世界得以延续的基础的那种东西。中国传统,包括道家、佛家以及传统中国的政治智慧必须在"现代性"理论面前展示出自己问题的根源性,而且是同现代性核心问题及矛盾息息相关的那种根源性。只有这样,像"齐物"、"逍遥"、个人、自然等概念才会重新焕发生机。

实际上,今天中国的社会、经济、文化、意识形态的现状,进一步阐明了"后现代"这个问题的历史内涵和文化政治内涵。在西方的语境里边谈后现代,我觉得还不够后现代,到了中国才真正有后现代。一个原因是,在基本的工业化/后工业化这个意义上,在生产领域的经济意义上,今天基本上我们可以说,19世纪的工业化一直到二战以后的技术革新这一时期资本主义经济、技术发展所有的成果,所有生产的效率和生产的能力,在中国表现得非常明显,而且已经没有任何神秘性了。今天在中国盖个楼,关心的不是说,你这个结构、你的工程、你的技术能不能达到,而是马上已经是房地产、装修,包括看风水,这是一种后现代现象。也就是说,它的经济技术基础本身已经是非常稀松平常的事了。在任何地方盖楼建厂,盖楼建厂本身不再具有技术上的神秘性,也不再带来某种跨时代的、结构性的心理、价值和行为变化。这是所谓后工业时代和全球化时代资本、技术、市场成熟的表现,这种成熟或"饱和"取消了经典"现代性"所包含的"创世"意味,确立了"后现代性"的"摹本"或copy的概念。斯大林和毛泽东时代的工业化是一个改天换地的激变,好比在二三十年里从石器时代走向铁器时代。在今天,却更像下载一个软件,技术本身没有人去关心,关心的是技术的运用、消费、效果、反应,关心的是技术同它的环境之间的关系。在今天的中国,虽然作为国民经济第二部门的"工业"或"制造业"仍然是经济增长的发动机,但这种晚期工业化过程和其中隐含的GDP拜物教已经引起了越来越多的批评。虽然制造业在吸收农村剩余人口等方面仍然很关键,但真正的经济技术领域的竞争和"生产力发展水平"的实质性提高不在这个领域,而在科技开发和技术创新领域,如新能源、环境保护、生命科学、计算机科学、网络技术等领域。今天中国经济如此依赖出口,也间接说明了工业化饱和程度和工业产能的相对过剩。在饱和工业化和工业生产时代,工业化本身不再是一个现代不现代的指标了。什么时候这个时刻到来了,后现代时代就已经成为日常生活现实的一部分,这是马克思主义的解释方式。中国今天基本上已经到了这个转折的关头。只要有市场需求,东西如何生产出来是一个相对简单的事情,大量的工作是在金融、设计、推销乃至通过广告、大众传媒等手段生产欲望、制造消费条件等方面。欲望的生产变成社会化生产的首要问题,而满足欲望的社会生产体制变成了一个技术问题。而以前在所谓的匮乏经济时代——毛泽东时代是一个匮乏经济时代,如何把这个东西生产出来是最重要的。在这个意义上,中国确实已经处在后现代的基本历史条件下了。但是在后现代时代,中国在全球分工体系中的位置又很特殊,总的来说处在价值附加链的低端。经济学家都会告诉我们,一双鞋生产出来假设有十块钱的赚头,中国最多赚一块钱,九块钱是被国际批发商、零售商、广告商、设计师、律师等盘踞在所谓价值附加链高端的阶层赚去了。而在中国赚的一块钱里边,要担负环境的代价、农村的破坏、基础设施建设、原材料、劳动力成本。这是中国经济的现实。从经济基础的角度来看,这就规定了中国社会基本的行为规范,也在相当程度上决定了当代中国的文化逻辑。从这个基本立场着眼,后现代文化中国不能仅仅被看做是一种后现代文化词汇,比如视觉广告中滥用的种种"中国元素",而必须被看做是一种后现代文化语码,这种语码只能来自当代中国社会生产方式和生活世界的内在结构,来自这种结构的创造性和生产效能。

朱羽: 您在《全球化与文化政治》一书里区分了"在中国的后现代主义"和"中国后现代主义"。前者指后现代主义和后现代性这种全球话语"空降"在中国,它在一定程度上延续了80年代的现代主义潮流,其流行暗示着消费导向的社会的出现和持续不断的全球化进程的到来。另一方面,您希望用后者指明一种建筑在"混合经济"之上、与变迁中的日常生活世界紧密相关的真正富有生产性的概念。也正是这种批判性的后现代主义概念,可以"问题化"80年代的现代主义意识形态,并且将全球不平衡结构揭示出来。

张旭东: 所以在这个意义上,如果还像80年代那些启蒙知识分子或是今天的自由派主流经济学家那样,一再去强调我们仍然落后,还要再搞三百年或者三十年的发展,的确没有太大的意义了。这就是所谓的现代化阶段论。它在今天不但是过时的,在知识上很成问题,而且在社会理论和政治意义上是反动的。这并不等于说中国的后现代不包含一系列更激烈的社会矛盾。后现代社会并不是一个"大同"的社会,而是可能带来更严重的经济不平等、政治矛盾、社会冲突和文化危机。中国既分享了后现代的果实,比如种种新技术的普及,包括文化产品的普及(盗版问题是一个很有意思的现象),也分享了后现代性的种种"问题"。可以说,所有的后现代性的紧张都在中国,而当代中国也正通过这种独一无二的紧张、混乱、矛盾和多样性的并存而成为"后现代"的极端形态。这是社会经济层面上的中国后现代状况。

"后现代"在文化思想领域则直接表现为立场上的交锋空前激烈。美国的左派、右派和民主党、共和党,大体上有一个共同的前提,在中国这样的前提是不存在的,知识界的争论可以随时达到你死我活的状态。没有达到你死我活的状态,不是因为他们不能够达到,而是因为国家不让他们达到。国家要稳定要和谐,因此不允许。一旦把国家抽离掉,今天交锋的双方可能一路打到当年国共兄弟自相残杀的地步,这不是不可想象的。思想领域的矛盾,放置到社会领域、放置到经济领域,就变成政治冲突。还有一种知识精英界,完全职业化的知识分子,他们可以在职业主义的框架下面勉强维持一种中立。但这种职业主义已经脱离了真正的社会性、政治性的思想论争,变成了技术官僚阶层的一部分,同整个知识界实际上处在对立和对抗的位置。中国今天思想界主要的分野,职业主义在一边,其余所有的立场交锋在另一边。国家在所有的矛盾之上,是一个笼罩性的存在。具体到文艺领域,就是我们前面已经提到过的90年代和80年代相比之下的那些特征。首先是寓言的性质。所有东西都没有办法升华,所有的方面都非常尴尬而且非常极端地固守自己的特殊性和具体性,不过不是以悲剧的方式而是以闹剧的方式。但正因为如此,一种完全不能形成总体的时代图景反倒讽刺性地获得了一种类似于总体性的含义,但这种总体性不以一种系统、纲领、概念或象征的整体性面目出现,而只能以割裂的、神经分裂的、矛盾的方式存在。怎么把这些矛盾的物化形态组织进一个分析性、批判性的思考,这是一个叙事学上的挑战。这个历史批判的叙事学并不是要去讲出一个完整的故事,而是要在一个不完整的故事里,把这种不完整性作为这个时代完整含义的颠倒的面相,保存在语言世界里。

二、从民族主义到文化政治

朱羽:《改革时代的中国现代主义》基本上还是通过批判理论、西方马克思主义(本雅明、阿多诺等人的理论)来建构,以其为中介来谈中国当代历史问题。但是到了《全球化与文化政治》——特别是写后面几章的时候,您差不多已经完成了《全球化时代的文化认同》的写作,文化政治的概念得到了进一步的澄清。不是说80年代那本书里面没有文化政治的概念,但是在后面几本里面,文化政治的概念得到了进一步的强调和发展。您在方法上也渐渐地在西方马克思主义、批判理论之外,更多地来关注政治哲学,现代西方政治哲学,主要是从霍布斯、洛克,一直到康德、黑格尔这个脉络,这里面有一个变化,个人学术轨迹上的转变。这背后的原因您可以稍作解释吗?

张旭东:第一本书虽然最终是作为批判的文化史展开的,但毕竟受到前面提到的那种"意识史"和"精神现象学"内在透视角度的影响,对80年代的处理一方面是意识形态批判,另一方面却是借助种种现代主义形式来讲述一个"自我意识的童话"。这在理论、方法、立场和观点上都会带来矛盾,当然我希望这是有意义的、富于生产性的矛盾。但《全球化与文化政治——90年代中国与20世纪的终结》这本书从出发点上讲很不一样。顺便交代一下,这本书英文版书名为 *Postsocialism and Cultural Politics*,中文版改为现在这个书名。这本书其实是由一系列彼此相关的单篇论文构成的,

第一篇(谈90年代民族主义和大众文化的兴起)和最后一篇(分析莫言的《酒国》)的写作日期,前后相隔十多年,但主体部分是在1997年到2001年之间写的,这也正是90年代中国经济、社会政治、思想领域分化和冲突日益明显、尖锐的几年。不管是否用postsocialism作为一个历史分析和理论分析的框架,看90年代都是一种拉开了距离的批判的审视,是作为一个相对严格的历史研究和分析批判的对象去看的。当然,我们看中国问题当然不可能不带有感情投入,不可能没有自己的政治性介入,但在写作过程中,基本的主观姿态是了解、描述、分析、批判,而不再有借助一段形式史和社会史分析来叙述自己个人或"同代人"的经验生成和意识生成的写作动机了。《改革时代的中国现代主义》的批判性也很尖锐,但很多时候像是一种自我批判,对怀旧的克制是因为的确有一种留恋,就像现代主义诗学所讲的,真正的诗歌是逃避情感而不是放纵情感,但只有有情感的人才谈得上逃避情感(笑)。但《全球化与文化政治——90年代中国与20世纪的终结》里面的90年代可以说只是一个分析的对象,而不是一种审美意义上的自身经验的组成部分。从方法论的角度看,我觉得理论的自觉程度或者说文本分析层面上的"理论与实践相结合"做得应该更好,但没有任何理论话语需要被放在前台,贴上标签,加以操演性的运用,或被给予一种"元方法"、"元理论"的地位。这在90年代没有必要了。存在决定意识,问题决定方法,在争论和辨析中形成具体的观点,是这本书形成过程中的几个原则,尽管在当时各篇文章的写作中也许并没有完全意识到。这本书的论辩甚至论战色彩是很明显的,可以说,每一篇文章,都有一个明显的或潜在的作为论辩对手或对象的现象、潮流、立场、观点。在这个意义上说,这本书带有某种思想成熟的最初的标记,是我在文化理论层面上把文化现象、政治现象、社会经济现象当做同一个历史文本来分析的最初尝试。

从80年代到90年代(就研究对象而言),或者说从90年代到21世纪的最初十年(就这两本书的写作时段来说),我基本的问题意识、理论立场和阅读分析方法并没有发生过根本性的动摇,但知识结构却不能不说有相当的变化。回头看,我发现在从1995年博士毕业到2000年左右的五六年间,自己有意无意间自修了一个second Ph.D.(第二个博士学位),核心问题是民族主义的历史和理论、社会理论和政治哲学。因为毕业后我发现自己在这些领域的知识准备有许多盲点,无论在国内的文学阅读、哲学阅读,还是到美国后在批评理论方面的训练,在民族主义、民族国家、族裔和文化认同、合法性问题、主权问题等等方面,留下的空白太多,以至于无法应对90年代以来中国国家形态、中国社会和中国文化在全球化过程中所面临的连续不断的、结构性的、根本性的挑战。其实稍加反思就可以发现,无论中国的"天下"观和大一统思想,还是马克思主义历史唯物论、唯物辩证法,还是纯哲学理论话语或审美现代性理论,都没有帮我们做好这方面的知识准备。可是整个90年代,只要关心中国碰到的一系列现实中和理论上的挑战——从苏联解体、"历史终结论"、"文明冲突论"、香港问题、台湾问题、西藏问题、北约轰炸中国驻南斯拉夫使馆、"人权高于主权论"、围绕入关(WTO)的辩论、经济全球化、多元文化论——就不得不在上述理论和学术领域去重新读书。在20世纪最后十年里,中国社会的经历和体验用惊心动魄来形容一点也不为过。但对这种历史境遇和历史经验的理论总结,还远远没有到位。

我后来试图以比较系统的方式提出"文化政治"概念,但这是这个历史研究计划的副产品。我在《全球化时代的文化认同》一书的序言里交代过,这本书是在2000年开设的题为"现代性与认同问题"博士研讨班的课堂阅读材料基础上写成的,它一面是阅读西方政治哲学和社会理论基本著作的札记,一面则反映了自己在理论层面上为思考当代中国社会的根本的正当性和认同问题所做的一些准备。而"我们今天如何做中国人"的问题,说到底就是文化和政治的关系问题,即如何理解自己的生活世界终极的政治性,同时理解自己生活于其中的政治共同体终极性的存在的、文化的(有时甚至是宗教性的)规定性。这不是简单地替民族国家辩护,而是去追问民族国家赖以成立的合法性基础,从而理解它的价值上的实体性。这种实体性当然不仅仅是一种概念的抽象或臆想,而是体现在当代中国经济生活、社会生活、政治生活和文化思想生活的总体关系之中。

三、重读鲁迅与重建"文学"概念

朱羽: 从您最近的鲁迅研究中,可以发现某种程度上还是在处理现代主义的问题,但是方式和角度好像跟以前处理中国现代主义不是很一样。更多的不是历史化,而是政治化、哲学化。您对于鲁迅的强调落在两个层面,一个是在国际现代主义的平台上来重新细读鲁迅,将鲁迅首先视为文学家而非思想家;二是通过鲁迅的写作来重新反思文学性的问题、语言的政治的问题、书写的本体论以及文学的边界的问题,而且进一步还带出了对于"当代性"的讨论,以及"批评"范畴的重新激活。在这个过程中,现代主义的问题性看得出还是您的核心关注点,特别是从您依托的理论来看——尼采、特别是保罗·德曼对尼采的阐释,您的阐释本身有一个相当现代主义的姿态或者说方式,也可以说有着明确的激进现代的指向性。这好像跟讨论80、90年代的两本书的方法有些不同。可能您一直有这样一种兴趣,通过这样的方式来处理文学。您重新强调"文学"、"批评"这些很长时间以来已经被所谓的"媒体时代"、"图像时代"挤到边缘地带的范畴,想要重新给它们一个位置,打开一个可能性。那么,您为什么在现在这样一种情境下,特别是在写完了《全球化时代的文化政治》之后,重新来谈文学的问题,来谈作为文学家的鲁迅?

张旭东: 我一直对鲁迅很有兴趣。过去二十几年里,在不断通过跟西方理论对话来思考中国问题的过程中,唯一忘不掉的中国现代作家就是鲁迅。鲁迅的思考方式和问题方式实际上内在于我们今天所理解的现代性的问题和现代主义的问题,这时我们会发现鲁迅的问题并不是在现代文学史或者思想史材料和分析框架能够把握的,这就需要一种批评的介入,从作为文学的鲁迅写作的直接性层面上进行一种突破的尝试,从而把作为文本的鲁迅与我们当前理论意识和批评能力的最深层问题结合在一起。这在客观上也许是把鲁迅再一次经典化的过程,但这个再经典化的目的并不是要把鲁迅重新树立为某种"文学性"或"思想性"的标准,而是把我们今天的思想和批评活动提升到一种政治自觉和审美自觉的高度。

这种批评的介入也许是把鲁迅问题理论化的第一个步骤，通过这种理论化，鲁迅的写作实践才可能同一个更大的历史连续体再一次发生有效的关联。这样读出来的鲁迅可以说并不属于"现代文学史"或现代中国思想史的某个特定阶段，而是通过"文学"概念本身的批判的深化而"非地域化"了——鲁迅不再是一个历史人物，而是某种文化政治的原型；他不再为我们提供某种思想史的材料，或为某些重大历史事件作出旁证，而是一个在写作的自律性空间里面直接达到政治性和主体性的传奇人物。这么说好像把鲁迅非历史化了，但其实刚好相反，它恰恰是通过一种陌生化效果把鲁迅从一种历史主义的"史"的阅读习惯中解放出来，让鲁迅的文本重新获得一种经验的具体性和政治的相关性。把鲁迅作为单纯的文学和写作行动来读的目的，是在这种单纯的文学和写作行动中把鲁迅作为一个形象建立在形式的自律性和政治本体论范畴里，从而与一个新的时代、一个新的意识边界相呼应。在这个意义上，可以说我目前进行的重读鲁迅是一种尼采式的阅读。这本关于鲁迅的书最后还没有定型，但就既有的几章，如发表的几篇文章、几篇访谈看下来，我也许最终不会把它包装成一部鲁迅研究的新专著，这不是我的兴趣，也不是我的问题。我的问题和兴趣是在鲁迅那里找到一种奠基性的东西，这跟我们后面要谈的"根基"问题联系在一起——一种起源性的东西，它既是断裂又是桥梁，它在不可能性的心脏强行开辟了可能性，而我们今天在"新文学"意义上所有的一切，都来自于这种可能性；有了它，才有了我们。

如果不触及这个层面，鲁迅只能是文学史上的一个章节、思想史上的一个例证，或者读者心目中的一个道德形象，但这都远远不够。我说要从国际现代主义的平台去读，这只是一个说法，只是强调非历史的、文学的、同时是政治的鲁迅。因为现代派本身在自己的审美乌托邦的意义上，是反历史的。我有时用尼采或者说德曼的尼采，无非是借助这个相对清晰的形象来描述一个还非常隐晦的主体空间。

比如我们看鲁迅笔下的记忆和遗忘。记忆是历史的，但是遗忘却是一个本体论问题，它最终指向一个虚无或虚无主义的问题，所以鲁迅的回忆也是一种克服虚无主义的哲学斗争。鲁迅忆刘和珍君也好,忆韦素园也好,忆柔石也好,最终他谈的不是某个事件、某个人物、某个经历,而是要通过这些记忆的鳞片潜入忘却的深度中去。只有这样,在虚无的深渊之中,记忆才获得了它的真正的内容和实质。如果我们在今天的阅读中沿用80年代那套语言,也许可以说鲁迅写作中有一种超验的东西,有一种孤零零的精神的内在性,它与虚无为邻、以虚无为其内在实质的存在方式,让它对一种新人(超人)始终抱有热情的、乌托邦式的期待。这使鲁迅摆脱了种种因为对虚无和超人道德的恐惧而被发明出来的小形式、小做派、小政治、小党派,让他摆脱了文学流派的争论和"伟大文学作品"的诱惑,甚至摆脱了"中国"的诱惑,而专注于某种具体的超验性。鲁迅是有一点彼岸性的。鲁迅死后棺木上被盖上了"民族魂"的旗帜,但这个民族魂常常是游荡在"中国气"氛围之外的游魂和厉鬼。与鲁迅相比,周作人倒是非常中国气的。鲁迅身上有一点过于欧化的东西,或者说受日本的影响太深,或者干脆说他更像一个古人,比如一个魏晋人。这一切让他成为一个真正的现代人。鲁迅对他的敌手"一个也不宽恕",历来以眼还眼,以牙还牙,常常同他的直接环境扭打成一团,但他内心是孤傲的、超脱的、心不在焉的,因为他真正始终如一地凝视着的东西只有虚无,只有未来——这是对虚无主义的乌托邦式的克服。他向往着远方的人们,因为他实际上不屑于跟眼前的人们活在同一个人间。

80年代的鲁迅研究者往往忍不住要去鲁迅那里寻找道德的、心理的、精神的确定性,也就是说,想找一个比我们自己高明的、可靠的鲁迅。但是今天,我们需要用自己的批评语言和理论语言,通过重读鲁迅的文本,重新去建立文学、批评、政治这三者之间的关系,以及文学批评和时代的关系,这样做的目的是最终回到自己。只有从我们自己出发,我们才可能提出一个新的文学概念。通过重读鲁迅,我们可以重新审视"文"的种种可能性定义:包括文字的文、文章的文、文人的文、文学的文、文明的文,包括杂文写作过程中暴露出来的单篇写作、编年、合集乃至想象性"诗史"之间错综复杂的关系。换句话说,通过我们今天重新定义文学概念的迫切需要,鲁迅的写作又一次向我们打开了它的文学本体论空间,它不但包含新文学内部的争论,还整个牵扯到新文学和传统的关系、白话和古文的关系、中国文学同西洋文学和日本文学的关系。这样的问题是文学的起源性问题,但如果我们只从当今有关"纯文学"的种种意识形态定义出发,往往接触不到这样的源头性问题。

朱羽: 虽然您谈的是鲁迅,但有一个指向,是建构一个文的或者说写作的本体论。如果不从本体论这个层面上来界定的话,无法凸显出文学的强度。或者说已经有很多关于文或文学的中介了,必须找到一种新的基础。但是也会有一些质疑。比如联系到竹内好关于鲁迅及其文学的看法。您的谈论方式虽然和竹内好不是很一样,但是竹内好也强调鲁迅首先是个文学者,不是思想家。竹内好这一整套谈鲁迅的方式,其实也是意图将鲁迅的写作建立为一个类似于本体论性的东西。这样,有一种质疑就会觉得这样谈是否过于抽象,脱语境化了。

张旭东: 竹内好我很欣赏,觉得他谈鲁迅确实比大部分人谈得有意思。但是竹内好的局限也很明显。他的"文学"和"文人"概念,最终没有摆脱日本浪漫派的阴影,带有某种自然主义或实证主义的"生"的幻想,以此来同西洋的现代性对抗。而鲁迅的写作是从古代和现代共享的虚无主义深渊中翻滚出来的——对于这种存在的斗争,东方、西方并不构成问题的基本方面。竹内的不同凡响之处,在于他看到了鲁迅写作的内在气质同中国革命之间的结构性关系。这是很了不起的。这对我们今天重新理解鲁迅和重新理解中国革命,都有启发性。

日本鲁迅研究的水准很高,但对鲁迅写作的主体部分即杂文的把握却比较欠缺,至少我目前还没看到有力度的分析。中文世界里讨论鲁迅杂文的文章多如牛毛,但绝大部分却没有碰到问题的实质和内核。重读鲁迅必须把鲁迅的杂文写作放在他文学实践和文学理念的中心,因为杂文不仅在量上是鲁迅写作的主体,而且在质的强度上具有独一无二的力量,把我们从一个常规的"文学"概念带向一个不同凡响的"文"的概念,即作为文学本体论的存在的概念。而只有通过这个最泛、最不纯同时却持有文学的最低限度和最高强度的"文"的概念,我们才有可能再去梳理作为次级概念的那个"文学"。

朱羽: 可是比较多的质疑可能还是觉得您这样一种研究没有把历史带

入得够深。这样一种谈法最后建构起来的还是一个比较抽象的哲学式的言谈方式。但这个言谈方式怎么具体把历史给带进来？可能有一些学者会具体考虑鲁迅的"政治"，这个政治比如说会是鲁迅和左翼、和中国共产党的具体关联。这种想法所担忧的是您这种哲学化的方式虽然主观上是令人震惊地重新建构了文学和政治的关系，但是可能还是会落入去政治化的窠臼，还是把鲁迅建构为现代主义者的形象。

张旭东：我觉得不是这样。文学写作作为一个历史事件，或者说作为文学史、思想史材料，本身的意义是值得怀疑的。并不是我们在"史"的意义上把它作为非文学性事实描述或叙述出来，它就天然地具有了"历史性"。历史写作本身需要一个政治性的基础，这个基础文学通过自身的方式可以达到，而用不着通过"史"的中介。我疑心当前文学研究界"史"的癖好本身是文学研究缺乏内在动力、问题意识和方法训练的结果。做"史"给人某种"学术"的具体性和可操作性，比如材料的爬梳整理，感觉比较安稳，让人在专业化学院分工体制觉得有事情可做，有东西可教，三四年里也可以弄出个成样子的东西。还有一种可能性是眼下比较有想法的青年学生厌倦了文学研究领域里不读书、空洞、浮夸、印象甚至是玩票式的批评方式，主动选择"史"的路子，以期待在具体的材料中间、在一个更广阔的历史语境中重新发现问题，重新开始思想性和批判性的研究。近年来我在国内遇到的比较出色的青年学者，大体都属于后一类。

　　回到鲁迅的问题上来，我认为"史"的因素极为重要，但它仍属于文学的"外部研究"。那种使鲁迅成为鲁迅的东西，那种把我们不断带回到这个文本、这个形象、这种意识和写作的强度的东西，是不可能在文学空间的"外部研究"里找到答案的。把握鲁迅的写作当然要把它放在它的具体的历史环境里，但这既不是我们阅读鲁迅的直接的、最初的条件——我想这个直接的、最初的条件应该是阅读鲁迅的作品——也不是理论化和分析性介入的最终条件。对于终极性的理论要求来说，历史研究和历史写作的方式，同文学研究和文学批评写作相比，并没有相等的 truth claim（真理性），而是处在同样的政治性话语场之中，更不用说它还不承担批评写作所必须承担的文本分析、形式批评、审美判断的责任，也就是说，它不具备特殊的进入文学空间内部的手段、方法和兴趣。

我们且不谈鲁迅小说、散文诗等"纯文学"作品，即便鲁迅的论文、杂文、政论文乃至书信日记，在"文"的世界里的含义同在"史"的世界的含义是非常不同的，它需要一种自觉的方法论的意识和准备。鲁迅的写作本身是一种"诗史"，但它通向"史"的途径是"诗"，并且在这个过程中，"文"本身通过自己的文学本体论而具备了一种政治的逻辑，这种"文"的政治的逻辑同作为历史存在的鲁迅的政治性是有所不同的，对它的分析和阐述最终必须在文学空间内部去把握，而不是托付给史学材料。一个直接来自鲁迅写作的理论和实践的原因，是鲁迅的文字就其文学逻辑本身而言拒绝文学和政治、思想和政治、历史和政治的区别，同样也拒绝文学和历史、审美和历史、时代和历史的区别，这种拒绝的方式恰恰是强调文学不是政治，文学不是革命——文学只是文学；但在文学的内部，它拒斥非政治性的文学观念。

我们甚至可以说，如果没有从文学、思想、政治、经济等自律性领域直接达到的种种具体的历史的观念，"历史"本身其实并没有任何意义。这是亚里士多德所说的诗（文学）高于历史，比历史更富有"哲理"的原因。并不是把一切还原到历史，还原到一些事件、流派、人物，还原到种种瞬间的冲突，我们就能抽出身来站在一个客观的位置上做安全而正直的学问。这恰恰是对历史概念本身的非政治化理解，是把历史变成了实证的历史科学意义上的东西。但这只不过是在学科意义上，把冲突领域从这里搬到那里，并没有为理解和把握这些冲突和矛盾带来更多的、更深入的东西。历史本身也只有上升到概念、上升为理论，才达到它自身充分的政治性。

把文学从文学史和思想史的材料框架里抽出来重新变成批评的对象，目的是在文学和思想的空间内部重新把握它的形式强度和政治强度。比如2008年夏天我们在北京的鲁迅读书班，讨论了鲁迅给徐懋庸的信、鲁迅和托派的关系。这是一个很有意思的话题，但是本身只是历史材料的处理的问题。讨论鲁迅和党派政治的关系，本身其实没有政治性，因为它脱离了鲁迅写作实践自身的逻辑。鲁迅的政治归根结底不在于他同情延安还是同情托派，他是期待革命还是对中国的前途不抱希望。鲁迅最终的政治只在他的写作里，甚至包含在他对政治的厌恶里，在他临死前写下的那些或感伤或强硬的话,在于他的回忆世界里的种种形象和声音的安排,在于他对生活的留恋。鲁迅的"遗嘱"里边可以一个字也没有提到政治,但政治渗透在鲁迅的文字里面。如果我们通过某种历史研究证明某种给共产党发出的信息或给文化左派下达的战斗指示,我们反而远离了那种内在于鲁迅写作的政治性,即那种通过确立文学的政治强度而确立起文学的形式强度的文学观念和实践。

朱羽:您通过鲁迅的写作,重新界定了文学,最后其实也是呼唤出怎么来看待文学,怎么来批评文学。因为有了新的文学概念,所以我们的批评相应也发生了变化。批评在这个意义上就跟我们往常想的不一样了。文学批评重新获得了地位,因为批评以前可能是社会史分析,可能是思想史分析。

张旭东:我们在鲁迅研究领域里有语文赏析,有读后感,有时评,有传记研究,有学术史思想史钩沉,有资料汇编,有考据,有借题发挥,有指桑骂槐,有道德评判和心理分析,但唯独没有真正的文学批评。像本雅明对波德莱尔、卡夫卡、普鲁斯特的批评,像卢卡奇对歌德、巴尔扎克、托尔斯泰的批评,都同时借助文学形式的具体性打开了一个多重的形式空间、历史空间和哲学空间,在政治和审美两个方向上提出了总体性问题。只有在这个总体论的高度上,文学才能够"回归"历史。

朱羽:怎么生产出一种新的批评可能也是题中之义。鲁迅当然是一个具有独一性的作家。我们不可能把每个作家都讲成鲁迅。但是可以从鲁迅的文学写作里面生产出一种批评方式。

张旭东:应该说是一种批评实践。重读鲁迅,也是一种对批评的可能性的探索。这是一种行动,而不单纯是理论问题。这不仅仅是批评方法的探索,也包含一个很古典的判断力的问题,包括广义上的审美判断和价值判断。

朱羽:价值判断主要处理好和坏、善和恶的问题,审美问题是处理美和丑的问题。

张旭东:文学批评虽然最终是一种价值判断,但价值判断的来源不限于文学作品本身,比方说它可以来源于批评家所处的时代。在文学批评的内核需要有一种审美判断或者说形式分析,它不用在善恶和真假这个意义上去下判断,它只对美丑问题和自律性的形式自由问题下判断。在这个范围里,文学批评是有它的特殊的本体论范畴的。比方说我们读鲁迅时不用去考虑鲁迅在政治上是进步的还是落后的,是为人民性还是精英主义,在社会进步的过程中是对的还是错的。这不是要去造出一个唯美的鲁迅,而是说以文学批评的方式阅读鲁迅,一定要立足于鲁迅特殊的组织文字和组织经验的方式,这种方式可以在现实矛盾获得解决的时候,在文学层面上带来一种解决。这就和我们谈80年代一样。那时我们没有经济自由,但是已经有想象的自由了,80年代在这个意义上是一个审美化的时代。不接触鲁迅的文学本体论层面,就没有文学批评的鲁迅,反过来也就没有文学批评。

当然,并不是说要直面鲁迅文本,我们就真的能直面鲁迅文本,因为其实你直面的不是鲁迅文本,而是各种各样对于鲁迅的解释,各种各样的理论话语和概念性。所以批评的第二个问题是,怎么样破解、瓦解、颠覆和辨析各种各样妨碍我们去接触到、把握到、领会到和欣赏到鲁迅文学本体论的那些东西。比方说,那种认为审美和政治是分开的,鲁迅的美文是文学,鲁迅的杂文不是文学这样至今很流行的看法。这样的东西,你就要在批评理论的层面上把它破除掉。这样你才能清理出一个批评的空间,才能再一次看到批评的对象。又比如说,那种认为现代西方文学体制意义上的小说、抒情诗、美文、戏剧等是文学,而其他杂七杂八、零零碎碎的短制,如碑文、日记、书信、悼亡文等就不是文学的看法,这也许要破除。从国际性现代派文学体制出来看鲁迅,不是要把鲁迅安插到现代世界文学经典中去,而是启发人们在重读鲁迅时自觉地思考一种新的文学本体论的基础,在审美的瞬间捕捉政治,在政治的瞬间捕捉审美。比如卡夫卡的写作,在德勒兹的卡夫卡文学批评里面,就变成"小文学"的代表,这是现代派的极端形式对市民阶级主流文学形式和文学体制的颠覆。这是批评的第二个层面,就是在理论上要去破解和颠覆偏见和俗见。

最后批评才能回到它的"本职工作",那就是通过读解鲁迅的作品,向当代读者展示鲁迅作品内在的单纯性和复杂性,它的审美吸引力——aesthetic appeal,这是最高意义上的赏析。真正地"欣赏"鲁迅的文本,就要在种种流俗的、体制化的见解之外,把鲁迅写作中的经验同读者自身的经验结合起来。如以前我们读一遍《阿 Q 正传》，看到的只是中国农民的局限或"国民劣根性"，看到辛亥革命的失败、中国资产阶级的软弱，等等，那么我们就只看到了某种历史材料，而没有接触到这个文学文本。检验文学批评的有效性的一个简单的办法，就是看它能不能独立于种种"历史"的见解，发现文学作品里面有意思的东西，把它们的意蕴开掘出来，阐发出来。

朱羽：一个很有意思的现象是，您的整个讨论，包括早期对于 80 年代中国现代主义的研究，其实是没有正面地研究过 1949 年到 1976 年这段时期的文学、文化。但其实这段时期可以说是一种缺场的在场。因为其实在您的论述里边，总会涉及社会主义遗产的问题、社会主义文化的问题、新人的问题。

张旭东：这个问题很好回答。那就是因为我还没准备好。在文化分析、文化批判和文化史的意义上反思毛泽东的中国，的确是我们这一代人最大的挑战。

朱羽：这是不是关系到刚刚您谈到从鲁迅的写作中发展出一种批评的方式，可能这种批评的方式回应社会主义时期的文学，不是一种很适合的方法。

张旭东：那倒也不一定。比如研究社会主义文学，首先要在批评内部打破所谓俗和雅的区分、美和丑的区分、政治和审美的区分。

朱羽：那恰恰这些是一种准备。

张旭东：如果我们可以从鲁迅的杂文里读出中国现代文学形式和历史两方面的正当性，为此找到批评的说明辩护，那么这已经为处理 1949 年到 1976 年这段时期的文学实践做了一些准备。鲁迅的写作比其他更标准的左翼作家，比如茅盾和蒋光慈，更能为"新文学"同"共和国文学"之间的关系提供一种批评的基础。为一支军队战场上的胜利而写作，与为自己同寂寞和黑暗的斗争而写作，两相比较，当然是为自己同寂寞和黑暗斗争的写作更有政治性。当然我们这里谈的是文学本体论内部的政治张力，而不是政治领域的政治性。

四、"五四"、"新人"与人民共和国的"根基"

朱羽：我们不妨过渡到"五四"的问题上来。最近您也谈到"五四"的意义，您在本体论上把"五四"确立为现代中国真正的起源。您谈到自"五四"起，新的主体与新的国家、文化与政治之间产生了全新的构造。就是它克服了以前所谓的情感与理性的分裂，它召唤出一种新人、新的主体，而没有这个主体，新的国家也是不可能的。这样的话，这儿有了一个断裂。拥有了这样一个断裂之后，确实可以把某些问题在概念上澄清了。但是有一个疑问就是：有了这个断裂，怎么来处理断裂之前的连续性？比如说，这样一种断裂会不会有可能在处理"五四"之前的历史遗产的时候，有相对简单化的可能性？您的"五四"表述将阐释本身视为一种政治性的行为。不过这也可能会招来一些质疑，有了这样一种确定性之后，就会把所谓历史的复杂性、多元性给遮蔽了。如果碰到这样的质疑，您可能会给出的回应是什么？还有就是这样一种阐释"五四"的方式其实包含了一种虚无主义的问题性，所谓创造性的虚无。虚无主义问题牵涉到大陆最近的施特劳斯热的兴起，因为施特劳斯学派很大程度上是回应现代的虚无性。它希望召唤出不同的资源。

张旭东：抵抗虚无，本身是现代性条件下、基于对现代价值系统的理解而采取的思想行动和政治行动，它可以召唤现代性历史框架以外的资源，但这是一种彻头彻尾的现代人的努力，是现代性危机的一部分，是现代人的存在本体论内部的矛盾。把"五四"界定为一个决定性的断裂点，正是从"新文化"和"新中国"文化政治的连续性和整体性出发的考虑。这个"新"在源头上讲是断裂和虚无，但在它为自己开辟的历史道路和创造出的历史实质上讲，则是连续的、具体的。革命和新中国从这个虚无里产生出来，但革命和新中国已经成为一个历史的实体，这从逻辑上没有什么不可理解的地方。《道德经》里面讲：万物生于有，有生于无。在今天的中文世界里，"虚无"好像是一个很不好的词，一定要被克服掉才罢休。但无论在哲学意义上还是在历史意义上,虚无都可以代表一种原始状态,一种创造性毁灭,一个万物更新的起点。这种历史连续体的中断和悬置,同实在一样,是历史运动的基本方式和内在组成部分。没有破就没有立,没有传统的终结就没有传统的再出发,也就没有传统可言。我们并不需要每时每刻都醒着才能保持自我意识的连续;恰恰相反,睡眠、梦、迷醉、休克乃至癫狂都是维持和接续自我意识的必要状态,因为它使得自我意识得以选择性地、出于自我保护和自我更新的需要,抛弃过去的重负,以便再一次准备好承担存在的重负和创造的使命。在这个意义上,革命同尼采所理解的艺术一样,都是让人能够承受不可承受的生存重负和历史重负的必要的间歇和恢复的手段。"五四"新文化和新人正是带来了这样的历史可能性,使得现代中国人的文化认同和政治认同再一次以一种明确无误的方式结合在一起,成为一种历史创造力。这样看人民共和国的确是"五四"新文化合乎逻辑的结果,而我们今天在"后现代"的境况下提出超越"五四"、克服它所标志的传统的断裂,以便在一个更大的历史框架和文化框架内把握现在和未来,也正是"五四""新文化"的题中应有之义。

说现代人的生活世界和价值世界处在一种没有根基的漂浮状态,是一种现代人以古代世界的信仰状态作为参照系的自我陈述。但事实是,如果把这种现代人的怀疑精神、批判精神和理性分析能力应用于古代信仰世界,我们就会看到古代世界丝毫不比现代世界更有"根基",除非我们重新接受天赋王权概念,并作为信众回到实证宗教本身。我们今天所谓的"虚无"在直接的意义上固然是指普遍的价值秩序的混乱和空洞化,但在更深的一层意义上,其实已经指向"虚无主义"问题的一个强有力的内在悖论,在这个过程中人类会一次又一次陷入灾难,但"让思想冲破牢笼"的意志已经无法扭转了,这是现代性带来的一个根本性的、无法逆转的变化;虽然冲破牢笼的思想很快会发现自己仍处在各种各样的新旧牢笼之中,但这已经是现代性自觉的一部分,而不是简单地回到信仰世界所能够解决的问题了。

重要的不仅仅是"思想冲破牢笼",更是越来越多的人以冲破牢笼的思想为指引的行动。从"五四"到中国革命的胜利,正是这个抽象理念具体化、现实化的过程。这也就是鲁迅所谓的"希望本是无所谓有,无所谓无的。这正如地上的路;其实地上本没有路,走的人多了,也便成了路"(《故乡》)。这条路最初是所谓"言文一致"(genbunitchi)的白话革命理念,但它带来的不仅仅是"两个黄蝴蝶,双双飞上天"(胡适《尝试集·蝴蝶》),而是越来越多的人进入言语、书写、话语和政治行动的世界,从而在根本上改变了中国。我们至今仍然走在这个由"五四"开启的语言的途中,我们的语言和行动把"中国道路"从"无"带入"有"。

朱羽:确定这样一个激进的断裂点之后,怎么来研究"五四"以前的东西?

张旭东:这个断裂以前的历史正因为这个断裂而变成了现代史的一部分。我们谈这个断裂不是实证主义式的谈中断、空白和虚无,而是谈一个活的传统的自我克服和自我超越。"五四"的文化断裂不过是近代以来的历史变化抵达了这样一种政治强度,以至于此前此后的事件都必须从这个断裂本身所包含的概念结构中获得自身的意义。这个关系当然是由"五四"以来一代又一代中国人界定的,我们目前仍然处在这个关系的未确定的决定之中。在这个意义上研究晚清和研究唐宋或秦汉并没有任何区别。因为这个关系由今天的行动和意志获得历史的具体性。这个关系在这个决定当中就已经存在了,随后的事情是要把它讲清楚。但在讲述的同时我们不能忘记,历史和材料之间的关系最终仍然只在当下社会思想文化的政治性矛盾中不断得到新的解释,而不是从"事实本身"的客观性那里获得某种终极的阐释权威。

朱羽:最后回到最近您讨论人民共和国"根基"的文章。在思路上,这可能还跟您在分析王安忆的小说《启蒙时代》时提出的"新市民"概念是贯通的,包括抽象落实在具体的问题等等。另一方面,您谈的"新人",跟您80年代那本书里讨论《红高粱》里的"新人",在形式上有相似性,都涉及欲望的问题。

张旭东:但它们不是一回事。我在《改革时代的中国现代主义》的框架里谈张艺谋的《红高粱》时讲的"新人",是在公有制条件下出现的私有制的想象性主体。它是一种日益明确的社会欲望的神话式表达。但是我后来在共和国根基的意义上谈的新人,则是一个涵盖更广的历史范畴和文化政治范畴,这个新人概念是要把"五四"新人、延安新人、社会主义现代性新人(比如雷锋、焦裕禄、王进喜,包括《启蒙时代》里的南昌、陈卓然等形象)、"改革时代的新人"(如《红高粱》里的"我爷爷"、《酒国》里的"丁钩儿")作为一个辩证矛盾的总体来加以描述和分析。

朱羽:如果想要将两者结合起来,可能首先找到的还是一些形式上的相似。

张旭东:那倒不一定。构成矛盾统一体内部冲突的因素,未必彼此间具有形式或"外观"上的相似性。但是在彼此不同甚至尖锐对立的具体属性之间,我们能否找到一种辩证的总体性呢?在根本的意义上,今天中国的社会矛盾和自我认同的危机就是"新人"概念内部的自相矛盾和自我认同的危机。我这些年来越来越回到黑格尔,原因大概在这里:黑格尔强调整体性,强调主体即实体,强调生活世界(即他所谓的 Sittlichkeit,"伦理生活"或"伦理世界")本身必须不断地通过应对他者和多样性的挑战而达到一种"绝对"。黑格尔对现代性的危机,从信仰的衰落,到市民社会内部冲突的非理性倾向,到"绝对自由"带来的恐怖,都作出了独到的分析,但他把这一切看做基督教生活世界内部的矛盾,从而把看似难以调和的历史断裂和价值冲突变成了一种新的主体同一性论述的动力。

如何把今天中国的社会矛盾,甚至看似不可调和的社会矛盾,理解为新人的自我矛盾,从而把它统摄于生活世界的总体性之中,变成一种自觉的文化政治的自我叙事,这也许是探讨"根基"问题的一条途径。这也许能给20世纪中国的历史叙事和历史分期带来新的可能性。人民共和国刚刚度过它的第一个六十年,在回顾它的历史道路、总结它的历史经验的时候,用后三十年否定前三十年固然是目光短浅的,但简单地用前三十年否定后三十年也不是一个在知识上和道德上诚实的态度。事实上,这两个三十年都有它们自身的历史谱系,都有同现代性的奠基性、普遍性因素相关联的具体的历史实质和道德实质。所以把两个三十年各自放大到它们直接的前史,变成两个六十年的关系——即1919—1979和1949—2009的差异和交叠,有助于我们在两个相对的长时段里来考量它们肯定各自的历史正当性和历史局限性,同时在这样的问题视角中反思断裂和连续、同一性与差异性。

朱羽：您在谈根基的那篇文章里提到，毛泽东时代是一个历史停滞的时代，是什么都想清楚了的时代。

张旭东：它不是在社会科学、社会理论和社会工程的意义上把一切矛盾都解决了，而是在道德理想主义的层面上提出了一个太高的标准，以至于一下子把中国社会放置在某种终极性历史视野里审视。从"狠批私字一闪念"到"无产阶级专政下的继续革命"理论，都以一种抽象的绝对在概念上取消了中国社会发展进程的具体的历史性，让它始终处于一种绝对标准的逼视或感召下，陷入几乎令人绝望的自惭形秽状态。这是毛泽东时代不断的、一浪高过一浪的社会和意识激进化的结构性原因之一。所以毛泽东时代的中国一方面看很"折腾"，但从另一方面来看却陷入了一种历史时间的停滞状态，因为历史被一种意志和人类远景所捕获，被强行纳入到这种意志和远景的道德律令之中。"新时期"带来的真实的"解放感"，不过是世俗的历史时间重新开始的一种心理效果。

朱羽：就现在来说，我们重新进入历史，这个历史代表未来的不确定性，所以我们还是要为这个未来而斗争。中产阶级有一些图景是越来越清晰，包括"维权"，维权首先要有权，有私有权。也就是说有一种未来在被设计出来。包括您提到的中产阶级大众如何一跃为"新人"？是与其让这个未来不确定，还是要想象出一种未来，因为已经有很多关于未来的方案被提出来了。这是很可怕的，如果形成固化的霸权的话。

张旭东：我所说的"历史事件重新开始"，指的是历史前景又一次变得不确定、不明朗了。明天怎么样我们谁也不知道。在这个意义上，新人的历史在经历了一个乌托邦理想主义"高处不胜寒"的英雄主义时代之后，再次同近代西方市民社会的价值主流融会到一起，两者在价值论上的共同之处，是把一种超验的绝对否定掉了，或者说把它从"彼岸"那里拿回来，变成了此岸的实用主义、历史主义实验。这个大趋势本身是难以逆转的，但发展主义意识形态的危险却在于，它在用虚无主义、怀疑主义和利己主义的力量打破最后的信仰世界的统治之后，却迫不及待地开始推销历史主义的神话，力图让人相信种种普遍过程和价值系统可以为人提供一劳永逸的、非政治化的"美好生活"。但事实是，谁能向今天中国大城市里的白领阶层保证，"历史"真的已经终结,保证明天这一切不会出现戏剧性的、令人意想不到的变化?

朱羽: 在这个意义上,您谈的"根基"并不包含一系列实在性的价值,而是一个否定性的、运动的东西。

张旭东: 的确是这样。一定要讲什么根基的话,根基就存在于活着的饮食男女每时每刻的政治性存在和政治性行动之中。根基问题不是要去找一个一成不变的本质或原始出发点,而是要在变中把握不变,在不变中把握变。只要你不断在想这个问题,这个问题本身就指向一个根基。除此之外没有更根基性的根基。"我们是谁"是一个可以辩论的问题。有人说我们是从革命来的;有人说我们是从反革命来的;有人说我们的出路在于回到传统;有人说我们的出路在于拥抱西方式的、现代性的"普世价值"。根基的问题就存在于这样的辩论当中。但有一点需要指出,变与不变的问题本身不是抽象的,而是处在现代技术和生产方式的物质经济条件下。所谓的变与不变,在这个意义上带有人如何克服异化劳动,不断创造出新的、适应新的物质生产方式的生产关系和生活世界的基本含义。所以根基的问题虽然带有强烈的文化政治的兴趣,但却绝不是文化决定论的。恰恰是在这样一个"普遍"的环境里,文化和政治才变得如此重要而关键,因为它事关不同的社会共同体怎么叙述自己的历史,怎么叙述自己的价值体系;怎么通过社会性的交往、讨论、和斗争,去不断获得相对于异化和物化的优势和能动性,从而不断地把"自我"、把"人"的概念重新确立起来,并转化为新的、较为公正、合理的道德秩序和政治秩序的价值基础和文化基础。这个价值领域也是不同社会共同体相互竞争、相互碰撞的自然领域,这是文化政治概念的基本含义。

导 论

我在这本书里给了自己一个双重的任务。一方面,我试图廓清"中国现代主义"这个概念,通过在社会时空和象征时空里追溯它的历史渊源和当代流变,把它作为一种体制(institution)来分析。我并不把这个现代主义概念视为一个自主的美学话语实体,而是把它当做一种与中国现代性的历史经验相呼应并为之辩护的风格史上的类型(historical genre)。另一方面,我在这本书里所展开的也是对中国"新时期"(1979—1989)的文化史研究,而"新时期"作为一个范式,或者一个"时代",与诸如法国的第二帝国或者德国的魏玛共和国这样的时期,具有遥远的家族相似(a remote family resemblance)。我不愿用纯粹的社会学或者历史编纂学的术语来进行这项研究,而是旨在对文化—思想话语进行批判性的分析,而这些话语,产生于界定了这一时期的诸种特殊的可能性条件,或者说通过后者它们得以被表达。换句话说,我的这一历史计划,是一次间接的建构:在邓小平改革的十年中,中国文学、电影和思想话语的领域出现了各种各样的"新潮",这一建构正是通过对它们的批判性解读才得以完成。

题材和真理性内容

这是一个相互缠绕的二元进程,一面是繁多的理论母题,另一面是一套阐释策略。这些策略包括对美学体制的批评、文本性和历史性之间的辩证法、叙事分析、表征(representation)问题,和一般意义上对主体建构(与解构——如果你愿意增添这个说法)和意识形态批评的考察。这些问题和母题的构造当然远远不是完备的,但它们却共同指向了正在不断展开和演变的中国现代性的历史进程。这就是我所说的政治阐释学,它构成了本书有时相互矛盾的阐释策略的核心,后面我对此将作出说明。完全可以说,引发这些主题与方法的材料或文本既非不言自明的,也不是现成的理论轻易囊括得了的,它们往往是"个别的征象"(isolated symptoms),其"粗率和无聊"可以看做是"对某种未知的东西的那种模模糊糊若有所感",并"预示着有什么别的东西正在到来"。①

将中国现代主义的历史维度和文化维度结合起来的这种批判性努力注定是政治的。在这里政治不是附着于阐释过程的一个修饰语,而是作为阐述行为的基础而存在的;它塑造了一个空间,而正是在这个空间中,我们规定了自身的位置,并发出了我们的质问。这种阅读的政治发端于文本分析,在一个更广阔的历史语境内,显现于对中国现代主义表现性(expressivity)的追寻之中。因此,在接下来的全部篇幅中,建构作为文本经验的中国现代主义主体的努力,将不是凭借着一股激情,把中国现代主义作品呈现为高蹈的、自足的审美对象,而是直面文化产品,在一个由社会关系和文化关系所构成的变动空间里,将它们看做这个空间的一个瞬时的——但却对象化了的,或者用一个更好的说法,结晶化了的——寓言。所以,我的阐释过程就以历史及其表征(或者用黑格尔的说法,即"精神")的否定性与断片化作为基础,而这些否定性和断片化正是政治与批判的承载者(或者用黑格尔的说法,即"主体")的镜像。这意味着,在过去的数年里,中国现代主义的种种象征,其英雄主义的造型和喧嚣的行话(jargon)不过是它们所参与其中的历史真理的神话形式。在多大程度上去理解这种介入关系,决定了我们能在多大程度上把当代中国的现代主义不仅看做是想象与生产的物化形式(reification),而且看做是关于想象和生产的一个辩证的环节。

因此,现代主义,作为一种"中介的直接性"(immediacy of mediation)②,

---

① G. W. F. Hegel, *Phenomenology of Spirit*, translated by A. V. Miller(Oxford,1977), pp. 6-7.译注:中文译文见黑格尔:《精神现象学》上卷,贺麟、王玖兴译(北京:商务印书馆,1979),第7页。以下引用本书译文均出自此译本,不另注。

② Ibid., p.21.译注:中文译文见第21页。

一个激烈地、系统地挑战既定文化范式的新视野,既为新近出现的社会立场(social position)提供了一个象征空间,又为他们的自我形象和感受性提供了一个"物质"基础。作为一种社会话语的现代主义审美经验,很近似于语言自身的经验,就如维特根斯坦所指出的那样,把自身显示为一种瞬间的存在,一座连接思维游戏和生活形式的认识论桥梁。它将以这种方式不断地摧毁与清理,而不是凝定为一种僵化的形态。在这里挪用维特根斯坦的看法,并非因为任何哲学意义上的"白色神话"(德里达),而是因为在潜在的历史化之中,它使这一辩证法成为了可能。

在历史与表征的否定性精神之中,请允许我从我所努力避免的方面出发,描述我们面前的这个研究计划。例如,它既不是把中国现代主义当做一种文学类型来研究,也不想为中国现代主义发端与繁荣的历程提供一份历史记录。本书以理论为其导向,对于更大范围的文化实践、政治实践和话语实践的兴趣则强化了这一特征,而这诸种实践的基本问题为当代中国现代主义者所宣称的形式革新和文化诉求提供了一个参照的框架。对那些仅仅想在此寻找编年体的历史记录、敏锐的例证、适时的总结以及特定时期、特定领域诸种材料的形式特征索引的人来说,这本书无心成为他们的教科书。虽然所有这些都能确定无疑地在下面的章节中找到,但是中国的现代主义从来都没有经历过有序的发展,也不曾获得充分的保障,它不是迷人的僵化的客体,等待着优雅的学术研究;相反,它总是处在痛苦的降生的时刻,处在幽深的含混不明的时刻,在形式上与政治上都陷于一种承诺与脆弱相互交织的困境。它贯穿了整部中国现代史,但它的道路一直晦暗难测,就像在后毛泽东时代,它的文化立场与意识形态立场暧昧可疑,而全球社会和文化领域里的斗争则使它变得更加复杂。在中国语境里,它的本土意义已经远远超越了抵制国家垄断话语或单纯模仿欧美现代主义的范畴。因此,我所选择的文本不是要展示审美话语最新的进展,而是意欲探索一个象征和意识形态问题的迷宫。这些问题常常以其模糊的形式,为批判的阐释学提供最佳的"文本"。

我将用连续三个部分来讨论下列三方面的问题:

在本书第一卷的第一部分,我将考察"文化大讨论"或"文化热",即80年代中后期在中国中心城市掀起的高潮迭起的文化思想论争。"文化热"

是一种寻求文化解决方案的公共的热情,它所努力解决的哲学与政治问题,或者是被压抑的过去的复原,或者是正在发生的新时期的经验。"文化热"导致了一种幻觉,即中国的"公共文化"(或由文化体制带来的"公共空间")正在形成,而其中的原因并不在于出现了大量的演讲和出版物,也不在于内部的多样性(这可由"文化热"中相互竞争的思想流派和趋向来证明),而是因为,在共和国的历史上,这或许是第一次允许政治—思想的讨论在国家意识形态机器之外的话语空间内进行。日常生活领域第一次进入话语的半自律状态,社会经验的文化生产找到了一个意义化与结构化的体制空间。20世纪西方思想的话语积累,被作为象征资本引入中国,它们用浓重的哲学语言,为文化和意识形态的集体调整在表述与再表述上提供了帮助。从早期的"走向未来丛书"派到重启"传统和现代"之争时焕发活力的"中国文化书院"派,从对马克思主义的重新思考到为文化重新定向的阐释学努力,各种不同的社会关怀与个人经验都找到了发声方式,并发现了彼此的细微差别。因此,"文化热"并不像许多人观察到的那样,仅仅是整个现代中国思想史的"快进重放",它也在变换的社会环境、政治环境与象征环境内,艰难地解答了邓小平时代那些根深蒂固的文化史母题。作为一场文化运动,"文化热"代表了一种新的思想意识,它将中国文化理解为一种完全当代的文化。

在本书第一卷的第二部分,我将在新时期的文学语境中论述中国的文学现代主义。在为整个80年代的现代主义提供一个批判性的考察时,我集中讨论了余华、格非和苏童等人的"先锋小说"(它有多个不同的命名,也被称作"实验小说"或"元小说")。这些作家在1986年后引起公众的注意,很快成为后毛泽东时代最多产和最执著的中国文学革新的实践者。"元小说"指的不是一个具体的文类,而是中国文学现代主义的一个普遍趋向。这种转向文学媒介自身的强烈愿望,是受到以下两个方面限制的结果:一方面,后革命的日常生活领域界定了一个去政治的、日趋多中心的社会空间;另一方面,面对高度政治化的社会,这些作家采取了掩饰性的政治和美学议程或者说策略。在这个意义上,"元小说"在后毛泽东时代早期的诗歌革新与叙述革新(即"朦胧诗"与"寻根"小说,它们在1985年以前盛极一时)中找到了自己遥远的(已经摆脱了的)前身,它必须被放置在一个比形式感受力所能接受的范围更大的时空语境之中。即使在中国语境内,"先锋小说"作为一种"晚期现代主义",也标志着现代主义议程的持续及进一步的体制化,标志着现代主义议程的"完成"(但也是一次根本性的修正)。"先锋小说"有三个基本特征:(1)它同语言及叙事可能性之间保持着自反性的相互作用;(2)它通过语言游戏悄然构造了社会个体(而非用高调的"美学革新"来提出不同政见与集体诉求);(3)它所假定的"纯小说"风格潜在地适应了突然出现的消费社会,尽管它在文学实验上的激进主义已成为这种风格的标志。

在本书第二卷中我将探讨中国新电影,即一般被称为"第五代"导演的电影运动。1984年,随着陈凯歌的电影《黄土地》面世,中国新电影宣告诞生。作为一项旨在将中国电影语言现代化的激进运动,它在视觉和政治上重新定义了中国电影制作领域。"第五代"电影人作为激进的改革者,不仅建立了新的影像制作标准,而且接纳并培养了一个新的观影群体(不言而喻,还有一个国际市场),这个群体要求看到关于社会变迁的高品质图像。通过用寓言的方法构想与并置风景、自我与电影媒介这三者,"第五代"调配了一种独立于官方"社会主义现实主义"话语的电影语言,从而为崛起的公众创造了一个表征的空间。同时,它也不断将自己融入到全球化体系的象征及意识形态领域,努力成为其中的一个部分。"第五代"追求电影奇观,然而,事实证明,"第五代"电影的视觉效果,来自于它历史性地遭遇并再创造出了中国现代性的晦暗不明的存在,这具体表现为"黄土地"上贫瘠的山梁的形象,农民父亲粗糙的脸的特写镜头(《黄土地》),冰天雪地的西藏高原上的朝圣者(《盗马贼》),或者作为个人情结与民族戏剧的本体论背景的"文化大革命"(《孩子王》)。"第五代"电影对于文化主体性的幻想,对于美学革命的神圣结果的幻想,在其晦涩的创作风格与表现手法中得到了证明,而这种幻想为处于革命的过去与未知的将来的十字路口的中国,为它在文化上的繁复芜杂、意识形态上的左右支绌以及政治上的摇摆不定,提供了一份视觉记录。

上述所有文化—思想的趋势和发展都以多样性和内在矛盾为其特征,有时候这得归因于社会令人目眩的快速变化,归因于完全不同的经验与想象在历史关头共存时,彼此之间那种粗乱的交叠状态。略举几例:后毛泽东时代的思想生活有一个众所周知的序幕,即关于"实践是检验真理的唯一标准"的哲学争论(以及略具异端色彩的有关"人道主义与社会主义异化问题"的表述)。在80年代早期,这场争论旨在赋予邓小平的体制以政治上和理论上的正当性,但在80年代后期,它与更加世俗化(而且充分后革命化)的中国的现实关怀和文化热情已不再相关。一位"寻根"作家在1985年左右会通过发掘传统中国人类学、文化与象征的遗产来参与全球现代主义,并因此而受到颂扬,但当各种令人眼花缭乱的先锋实验,以所谓中国后现代主义的名义,占据读者大众的头脑时,他或者她会发现自己已经被抛诸落伍者的行列。"新潮"和"先锋"在80年代后期成为流行词汇,但短短几年内,它们就经历了一次转折,受到陡升为主流的消费主义大众的冲击,而"八九风波"似乎只是这次转折的一个感伤的(虽然也是悲剧性的)标记。被称作"第五代"导演的中国电影现代主义的坚定革新者,突然发现他们被置入了一个新的政治文化状况与权力关系之中,在那里,中国电影语言的现代化面对的是国际影像工业的繁华市场。对于社会主义人道主义者(如李泽厚和刘再复)和现代主义者(如甘阳和刘小枫)来说,"主体性"意味着有待重建的历史方案,而与此同时,持有更前卫的现代主义价值观的诗人、文学批评家、哲学家和电影导演正在超越"主体性",或者说,新兴的后现代、后革命的生活世界正在威胁着要对"主体性"加以"解构"。

从学科的角度来看,差异就更为明显了。在人文学科里,"自由化"似乎是精英知识分子和新兴读者大众共同追求的目标;而在社会科学领域,特别是在经济学和政治学中,主旋律却是新权威主义。新权威主义者一厢情愿地重新阐述新加坡、韩国和中国台湾地区的政治经验,但具有反讽意味的是,他们是在哈佛大学的行政学教授塞缪尔·亨廷顿那里找到其理论传声筒的。在同一个文化论坛上,人们所听到的事情却来自不同的世界:梁漱溟这个被称为"最后的儒家"的老学人自20年代就颇具影响,在"文化大讨论"中仍然保持着自己的声音,而一些热衷于儒学的创造性转化的海外华人学者则把他的声音进一步放大;可是年轻一代的哲学家是从海德格尔或者哈贝马斯那里获得工作语言的,对他们来说,儒教中国像古代埃及一样已经死亡,它的墓地已被尘封,哀歌早就奏响。在他们看来,中国文化的本体论基础早已被转换为阐释学意义上的"展开"(unfolding),在其中,"过去"在我们关于现代共同世界的理解里已被悬置,而新的集体经验的历史性尚待讨论。不过,这些倾向的发展并不必然遵循一个时间的顺序,相反,它们常常有一个曲折的历程,而这与那些社会、文化和政治的偶然事件有关。

虽然我试图在讨论中尽可能清晰地描述明确的时代背景,但本书在编排上所围绕的中心,则是我视之为历史关头的内在动力的那些内容。鉴于我要分析的是现代主义话语形成的细致过程,我的解读聚焦于为这一过程提供基础的问题意识(problematic),并着力于探讨由这一问题意识所产生的特殊的乌托邦与神话。本书力图完成的是一次解读的活动,意欲如彼得·比格尔(Peter Buerger)所说,"在一种语言的媒介中把握它言语的历史性"①。我选择"文化热"作为一个阐释学循环的入口,在这个循环中,哲学问题发展成了文化讨论的一个更庞杂也更具历史性的领域。在这一时刻,对中国问题性的表达,是通过对话语现代性的有意建构而展开的,而乌托邦和意识形态则在文化理论领域发现了半自律、半体制化的阐述。本书第一编的第二部分,从历史和文本两方面探问了80年代后期的先锋文学,由此拓宽了走进中国问题性的入口。先锋文学这一著名的文类,常被认为是单纯的语言游戏,其实它是社会史动力与其主观支撑点或风格支撑点之间的桥梁。对于本书来说,与其将它看做中国后现代主义的先驱,不如视为新时期形成的个人经验与集体经验的特殊记录,并由此可以认为,对于一个变动的世界所提供的政治和文化的多种可能性来说,它是一次形式的、想象的解决。本书的第二卷是对新电影或者说"第五代"电影的个案研究,对于中国电影现代主义及其思想意识与政治态度,我进行了详细的分析。

在从事这样一项研究时,我受制于这一事实:(无论在汉语中还是在英语中)几乎没有什么巨著,来为当代中国的文化生产与思想发展提供系统的、分析性的解释(虽然从许多相关著述中,我学到了很多)。这种资料的

---

① Peter Burger, *The Theory of The Avant-Garde* (Minneapolis,1992), p.16. 译注:中文译文见彼得·比格尔:《先锋派理论》,高建平译(北京:商务印书馆,2002),第80页。

缺乏是一个症候，它表明，每一个研究现代中国的人都不得不面对一个困境：这不是一种能够客观揭示自身历史性的自足的文化，相反，在这里，"历史"对于自身的文化表现形式，必须既提供支持，同时也给予揭露，以这种方式它才回复到自身。而当我一边吸收我所受到的欧美现代主义和"西方理论"的训练，一边与之抗争时，当我一边利用我个人对80年代后期中国思想话语的参与，一边常常摆脱它时（对当前的这项研究来说，这样的训练和参与既是一笔财富，也是一项责任），我逐渐认识到，正是种种张力——社会的、政治的、文化的、有时是个人的种种张力——而不是任何单一的理论模式或理论程序，为一种阅读提供了具有生产性的空间。

在对一个社会文本进行话语建构时，我力图把经验的地形图(topologies)放置于一个具体的语境之中，因为在一个更大的历史和话语空间里，它们为了表征的正当性而相互对抗（姑且不论社会—文化的区别和意识形态的统治）。不同经验与需求的共存、并列和接合涉及不同的社会条件，向我展示了它们所处理的不同的权力关系。它们使本书有可能在对材料进行经验批评的过程中展开理论探讨，也就是说，重构一个现象学空间。我并不想把这个现象学空间塑造成一个自足的封闭体，而是试图表明，中国在美学上和文化上的现代主义冲动需要一种政治分析，才能说清楚它的社会无意识，而在一种意识形态环境里，这一无意识的寓言式的运作先于且决定着自我的形成，并最终阐明了后者。不过，我的这种批评姿态，其历史性或中国内容依托于这一事实：自我认同的幻觉受新建立的美学体制的保护，而如果加以谨慎的辨别，就会看到，对于建立仍用民族概念来界定的社会文化世界这一集体方案来说，自我认同的幻觉具有建设性的意义。对我当前的这份研究来说，其中心任务不仅是展现社会—政治内容如何塑造了中国现代主义的话语制品和形式制品(artifact)，而且要说明社会和政治内容如何通过话语和审美形式而被清晰地揭示。我的目的之一是要指出：中国现代性的问题意识在其历史性和其表征的异化之间，在"存在的澄明"（海德格尔）和其内在的危险——变成一种新的封闭体，一个新的霸权(hegemony)，最后，一种施加于它意欲打破的社会基础的系统暴力——之间，发生了一系列的断裂与滑动，而恰恰是通过这些断裂与滑动它才显露了自身。我当前的这项研究,如果要保持内在于其题材的这种辩证性,必须既是在建构,同时也是在解构,既是在肯定,同时也是在否定。

因此,我的论述在历史的偶发事件与理论的问题构架之间曲折行进,其目的是为了寻求一种叙事—批评的策略。这种策略本质上是叙事性的,因为本书所探究的对象不是呈现给康德式主体的客体,而是由其自身的社会—政治行为和阐释学行为所反映、需要被重新组织、已经过去和正在发生的鲜活的生活经验。如果说这本书追随着一个伟大的典范,我自认这个典范是由黑格尔所提供的——不是那个被漫画化了的黑格尔,而是那个强调具体性而不是强调抽象推理的黑格尔,那个作为辩证思维的集大成者的黑格尔。从阐释学意义上理解历史—文化母题的哲学表述(第一部分),到对基于社会经验的文学实验进行双重解读(第二部分),最后到对中国新电影展开文化史批判意义上的田野调查(第三到第五部分),本书在结构上的这种安排,反映了我将一个内在的认识论—批判过程外在化的意图。它记录了我力图把握历史具体性的努力。

新时期及其知识精英

多样、暧昧、混杂,有时是极度混乱,正是所谓"新时期"在社会文化结构上的特征。对于这一社会文化结构,有各种不同的命名——"后毛泽东时代"、"后革命时期"、"80年代"以及"改革时代",而正是这一结构,构成了我在本书中试图使之变得具体可感的抽象内容。尽管邓小平时代的中国承诺要拥抱一个理性、进步、富足的世界(即"外部世界"),并以此为基础而确立了它的正当性(以及一定程度上的人民授权),但它在当时(直至90年代中期)所显现的却是如下的特征:在意识形态上它迫切需要割断和极左思潮的某种联系,但同时,它仍然深受毛泽东思想话语的支配。因此,新时期是邓小平时代的中国一项必要的政治发明,其目的在于,在为它同过去的社会主义时期之间的连续性留下空间的同时,使不连续性变得清晰可见。新时期的思想话语在意识形态上和新时期似乎是一种自我同谋的关系,但它以文化与经典之名宣称思想具有自主性，从而向前走得更远；它想要建立一个由自身的问题构架所推动的连续体，尽管这个连续体曾无数次地被粗暴打断，经历过似乎无可挽回的挫败，但精英作家和特许文本已经将它转化为更为精巧的表述。如果能够认为，邓小平时代的中国在社会经济上的实验以它特有的曲折前进的方式，无意识地指向了中国社会主义与当代生产力相结合的潜能（这并非因为它提出了建设"有中国特色的社会主义"的口号，而是因为理论上已经表明，这是历史的选择），那么，它内在的危机就在于：出于它的政治本能和社会限制，这一体制似乎不可能在获得这一个的时候而不忽略另外一个。当时中国的危机可以看做是中国现代主义的危机，可以被内化为它的内容和它的形式之间的冲突。但是，这个话语空间是什么构成的？它是应何种状况的需要而产生的？首先又是何种可能性条件使它获得了许可？人们对这些问题常常并不清楚。

知识分子的使命和权威国家之间的关系是一个古老的话题。在80年代，和中国现代史上的所有时期一样，这种使命被民族的启蒙方案不断地更新和加强。从严复1898年翻译托马斯·赫胥黎的《天演论》到80年代的思想运动，自命不凡的知识分子主动肩负起拯救民族、开启民智的天职，唯有毛泽东思想似乎构成了对他们的挑战。从文化社会学的角度来看，中国知识分子在80年代享有的特权受到了三重保护：第一重保护来自于残留的、在某种意义上复活了的"士"的传统，一种通行的、具有赋权职能的社会荣誉；第二重保护来自于社会主义民族国家，它赋予知识分子一种无可置疑的专家治国意义上的意识形态重要性；第三重保护借自西方的象征资本，因为那些"专家"是唯一有机会并被许可进行这种跨国交流的人。这些"外在"的条件和中国知识分子"受庇护的内在性"（protected inwardness）（用托马斯·曼评论理查德·瓦格纳时所发明的说法）密切相关，而这通过他们身上那些精英的光环、高调的做派、文本的晦涩和话语的复杂得到了证明。

必须根据知识分子的家族谱系和社会政治环境来看待他们的特权。例如，从理论上说，社会主义国家意味着要把知识分子改造为工人阶级的有机组成部分，然而它却成功地把知识分子置于社会经济和文化—意识形态上低人一等的地位。具有反讽意味的是,国家的庇护保证知识分子能以民族—国家的政治和文化部门为中介和全球体系建立关联。"文化热"期间,绝大部分受人瞩目的参与者都来自如中国社会科学院和北京大学这样几所精英机构。因为被赋予了这种地位,中国知识分子喜欢以一种先验的、普遍主义的姿态代表"人民"和"民族"说话,而常常缺少自我反省和自我批评的思想,没有考虑到他们的特权地位已经把合法的暴力施加在社会问题、社会空间和各种各样复杂的社会关系之上。

经过一场轰轰烈烈的社会变革,中国在全球市场上赢得了一席之地,所以绝大多数新时期热情的支持者私下认为这一时期是中国现代历史上积累国家财富和实现社会分化的一个决定性时刻。从知识社会学的角度看,在这一时期,社会经济领域中资本的迅猛积累与知识精英在文化领域中扣人心弦的运动是同步的,这些运动旨在积累文化和象征资本,建立话语体制,以在象征意义上维持增长并固守新财富——不管这新财富是社会声望的提升还是欲望能量的增大。在卡尔·曼海姆的描述中,德国在1890—1930年间经历了双重的资本化:一方面,拥有土地的容克阶级转化成了德国近代资产阶级;另一方面,那些"唯一的资本是他们的教养"[1]的人则将文化资本化了。类似的情形在新时期的中国依稀可见。不过,首先,在后毛泽东时代的中国,国家仍然是一切资本的唯一拥有者,因而并不存在一个现成的有产阶级,也不存在构成人数不多、受过良好教育的社会阶层。其次,德国和中国接受现代性经验的方式,无论在社会上、文化上,还是在地缘政治上,都是不同的。再次,从"帝国时代"到我们自己的"后现代"时期,国际环境发生了巨大的变化——现代世界的多中心性或非均质性在从国家到地方再到个人的每一个层面,都允许人们有一套不同的思想策略和文化政治。最后,德国的同行们以"绝望的激情"[2]与大众文明加给他们的"精神"危机进行了集体抗争,而后毛泽东时代的知识精英是关系松散的社会群体,他们具有的是一种不完全的自我意识,总体上并没有困扰于社会的、文化的或精神的危机

---

[1] Fritz K. Ringer, *The Decline of German Mandarins* (Hanover, New Hampshire, 1990), p.2.
[2] Ibid.

感,相反,他们在社会—文化现代化工程的大众规划中发挥着积极作用,并把他们高亢的声音汇入到由大众发起并以大众为导向的话语之中,而这种话语表达的是社会对于科技、消费和快感的欲望。与"德国文化贵族"(林格)不同,中国的现代主义者实现文化资本化的途径是认同普遍的进步,而不是抵制或批判地分析现代化进程。

中国现代主义者的文化规划里包含着复杂的政治含义。对许多人来说,他们在80年代"文化热"中所看到的建立话语自主性的思想热情,只不过是一种伪装,实质上是在政治和存在两个领域内寻求受庇护的自由。对于形式的执迷常被看做是中国知识分子对社会建设和国家政策缺乏影响甚至是无权靠近的清晰标志,而这种执迷常常被现代主义者自己理解为一种有意为之的政治姿态,一种起源于完全被国家渗透的社会领域而应用于个人领域的文化政治策略。然而,我应该承认,在知识分子争取形式—话语的自主性的努力中,隐秘地呈现了一种不受控制的无意识。在所谓政治社会里,声明致力于建立一个"自主"的文化话语体制,指向的并不仅仅是技术革新和政治上活跃的创新意识,它也表明知识分子接受了邓小平的社会规划,或更确切地说,接受了普遍进步或进化的观念,现代主义者认为这种观念正是新时期的国家理性(*raison d'état*)。知识分子致力于长期地、系统地、"全面地"重建"中国学术",这种审慎的态度,可以看做是投给中国改革的一张信任票,可以看做是以文化激进主义之名行政治保守主义之实。存在于国家和知识分子的努力之间的默契或合作,对"文化热"的参与者来说,似乎总是理所当然的。不过,国家和知识分子之间的结构性关系并不能充分解释这一状况,尽管这一关系是应该考虑的最重要的因素之一。80年代的精英知识界经常喜欢用超越国家的眼光打量一切,结果却只是发现,当它在自己的抽象概念里将中国社会看做是苏维埃模式和自由市场民主之外的替代性方案(alternative)时,它和国家拥有共同的基础。在80年代令人陶醉的十年中,对于彻底的现代主义者来说,关于一个历史的替代性方案的措辞,就像关于普遍现代主义的表述一样,不过是展示一个崭新的世界远景的合法方式。然而,这一远景在社会政治上的真理内容不可被过度复杂地看待,因为那个时候正在向"社会主义市场经济"平稳过渡(在这一说法中唯一新的并有诱惑力的事物是"市场")。90年代以后,知识精英理想主义的受挫,彰显出物质增长、社会标准化和中国现代主义的本体论远景之间的秘密关联。①

像他们的前辈知识分子一样,后毛泽东时代的知识精英们也倾向于成为国家的附庸——国家是主要的、无可置疑的社会生产和社会组织的体制。因此,80年代后期话语的叛乱可以看做是对这一传统的反抗。尽管他们的抵抗并没有完全改变这一事实,即这个特权群体的最终利益、自我实现和社会声望仍主要来自于民族现代化事业的成功,或至少与之有着密切的关联,他们还是在全球文化资本中找到了权力、荣誉和威信的新来源。只有当财富的积累、社会的专业化和社会的分化到了某个定点——这个点似乎内在于任何一个现代化进程之中——之后,思想和文化活动才能发挥基础性作用,使一个独特的群体感到它获得了自我。和技术议程不同,思想议程必然是政治性的,必须以精英文化(high culture)作为自身的庇护之所,亦即建立理论体系,进行哲学论辩、美学实验以及史书修订等等,而这些活动以中国文化现代化的名义获得了合法性。因此,一本汇聚代表性文章的选集就取名为《中国当代文化意识》②——事实上,当代中国的任何"意识"似乎都不得不是"文化的"。

所有这些社会和思想的变化都进一步把民族文化生活(national cultural life)从日常领域中排除了出来,尽管民族文化生活和日常领域通过国家政策保持着迂回的对话,而国家政策也引导着这两个领域。知识精英们具有了政治上的重要性(有时是自我赋予的重要性),因为在思想领域里,他们是"国家剧院"舞台上的唯一表演者,引申开来,也可以说他们是人民、民族及其文化和历史的代言人。在这个想象的自我形象中,为知识精英表达观念和意见提供条件、使他们能够呼吸的空间是合法化的空间,它由知识分子

---

① 90年代中期中国知识界的争论似乎为这种观察提供了更多的依据。1994—1995年全国范围内关于"人文精神失落"的讨论表明了作为一个社会群体的知识精英自身存在的严重危机。关于这场讨论更详细的内容请参看王晓明编:《人文精神寻思录》(上海:文汇出版社,1996)。

② 参见甘阳编:《中国当代文化意识》(香港:三联书店,1989)。

在国家机器里的功能性所决定。在知识生产中更具生产性的单位——也就是说,有更大特权的精英机构,为了能将精力集中于它们所承担的任务,不被专断的与教条的因素所烦扰,似乎有机会同国家讨价还价,来争取更大的自主权和自我肯定。毫不奇怪,这些机构在 80 年代下半期是"文化大讨论"的组织基础。

然而,在整个 80 年代,国家意识形态和知识分子意识形态之间并不总是一致的。现代派精英——包括鼓吹现代化的技术精英和鼓吹现代派的文化精英——都在随时调整位置和立场,以便自己能够代表来自经济领域和社会领域,特别是来自市场和私人领域的新兴力量。但学术界对国家和知识界之间的不一致的分析,却往往流于简单化。80 年代知识精英整体上并不能被视为自发性的异议群体,而是这样一种社会群体,它的存在和影响力都不得不取决于它如何同下面两种互动的大趋势相协调:一种趋势是经济改革产生出全新的、蓬勃增长的社会经验,带来了社会结构的变化;另一种趋势则是意识形态的变迁。由此而来的后果之一,是技术官僚阶层力图维持的改革共识或围绕改革的"统一战线"日益陷入困境。换句话说,知识精英和国家政纲之间的不一致,在于变化的中介和实际的变化之间的微妙差异,而后者在后来重新界定了社会领域的主体性。但只有当资本(物质资本和象征资本)的积累和社会的分化使形势的政治化无可争辩,并使新一轮立场选择不可避免时,这种不一致才会变得明显起来。文化和思想生活中的这种风尚的变化,与 80 年代中期城市(工业和管理)改革的启动同时发生,而城市改革是农村改革取得了巨大成功之后展开的。在下面的全部篇幅中,我试图表明,知识分子日益显著的脱离国家机器、建立他们自己的话语体制的冲动,可以通过两种方式得到最好的解释,其一是观察知识分子的特定需要,其二是分析现代主义话语盛行的十年间新出现的可能性条件,它们预示了文化政治的策略。

当全球化被看做中国新时期的一个持久的在场者——和一个现实的选择时,精英文化以新潮和实验的形式进行的反叛必然会转化成一种意识形态批评的对象。这样,新时期的文化历史和文化政治就为两个趋势所深深制约:一个是文化机构同全球文化资本日益有意识的合作,另一个是中国知识分子作为一个群体正获得自我,它为自己的专业生活和政治生活找到了新的社会基础,更不必说找到了新的象征空间。知识精英和国家政策的不一致,并没有要求同国家明确决裂,也没有要求和民族的现代化事业脱离关系。恰恰相反,这两个趋势缠绕着现代化意识形态的实践与修辞,并通过它们得以实现,而现代化意识形态正是邓小平体制的正统。在80年代,不同的社会力量和政治力量既通过文化被揭示,也被限制于文化之中,而在90年代早期,他们在分化的社会空间——首先是市场——里找到了较少受压抑的表达。

现代主义深居于精英文化的领域。然而令人不安的是,你将看到,在知识分子的努力中明显地缺乏他者、日常领域、工人阶级、农民、妇女、非西方世界——他们很可能疏远了这些方面,而以一种自我放纵的态度寻求美学的或哲学的现代性以及文化主义的"自我表现"——但西方作为一个拥有特权的他者,甚至一个抽象的未来意象,却总是受到他们痴迷的追求。

在整个80年代,西方文学、美学和理论话语不是作为意识形态,而是作为知识自身,也就是说,作为科学被引入中国的。各精英团体积极地致力于建立一个自主的领域,一个以科学的、普遍的标准为基础的象征系统充当了这个领域的中介,并向其提供了保护。精英团体的这种行为是新时期话语政治的基本元素之一。在80年代,许多知识分子在从事这些将特殊的意识形态抽象化的活动,用勒菲伏尔(Lefebvre)的话来说,作为"理由和动机",这些活动"在他们的意识里,并且对他们的意识来说,具有极为强大的力量",它们"作为问题事关伟大的理想,事关历史使命、法律以及文明"[①]。这个被拜物教化了的知识生产系统构成了意识形态辩证批评的对象。

精英们的"高雅文化"并不是处理新时期社会文化问题的唯一场所。后毛泽东时代通俗文化——电视情节剧,从乡村故事到城市侦探小说的"非严肃"文学,在音乐、电影等等之中短暂流行的时尚——迅速发展,同不断变化的日常生活一起,既威胁着官方的主流文化,也威胁着知识分子的精

---

① Henri Lefebvre, *The Survival of Capitalism* (New York, 1973), p. 108.

英文化。人们有理由怀疑,太多的注意力投向了几个代表知识分子观点的精英文本,而广阔的大众文化和流行文化领域却被忽略了。然而,精英话语的社会起源、其意识形态上的真理内容和内在的权力关系,是通过对"不纯"(布迪厄语)的拒绝建立起来的,它们提供了"系统的"(或系统编码的)研究材料,而这些材料招致了"低俗的"批评①。陈凯歌是有争议的新浪潮电影(所谓"第五代")的领袖,可他并不必然比流行歌手崔健"更有思想";在本书第六章中集中讨论的格非,是"元小说"最著名的实践者之一,也并不必然比席卷中国城市文学市场的所谓"痞子文学"的大师王朔来得更细腻;李泽厚,富有影响的思想史家和康德研究专家,并不总是比《河殇》节目组更为重要,虽然后者只是以一种想当然的、东拼西凑的文化历史评论的方式,在电视上兜售一种在市面上流行的意识形态。

从一个更大的历史关头着眼,80年代后期是一个重新思考中国现代主义和中国现代性的经验平台。在中国现代史及其文化构成的语境中,新时期知识分子宣称的"前所未有的创造"内容空洞而又意味深长。说它空洞,因为在多数情况下,它依旧是与社会意识形态(即邓小平时代的主导意识形态)合谋的——虽然常常也是对之不满的——伙伴,"80年代"作为一个文化范畴正是从这种意识形态里汲取营养的。在这多事之秋的十年里,各种各样风行全国的"热",表明思想话语除了其他的特征,还具有一种非批判性的且常常是反历史的倾向。然而它又是意味深长的,因为它的自我主张不仅维护了社会意识形态,且必然也肯定了此一时期的社会历史经验与乌托邦内容。因此它对话语和美学自主性的要求是对自我认同的一种自恋式的保护,也是对一个充满震惊体验的未知世界的轻率拥抱,而这些震惊体验被复制成了当代中国的现代主义寓言。80年代后期的思想话语所带来的中国现代主义,可以作为一种历史风格来理解,其起源至少能追溯到"五四"时期。在过去的十年中,话语和美学的剧烈变革使80年代不仅成为中华人民共和国历史上,而且也是整个中国现代史上最激动人心的时刻之一。

---

① 关于对"纯粹"趣味的"低俗"批评的讨论,请参看皮埃尔·布迪厄(Pierre Bourdieu)的《差异》(*Distinction*, Cambridge, MA, 1984)。

这个十年所特有的文化生产方式是庞大的意识形态机器(国家话语、知识精英话语和大众文化话语的三重奏)的一部分,借此后毛泽东时代中国社会的神话发展成了一个话语的现实。在精英话语中获得了具体性的新时期,绝不能被读解为这一时代全部的神秘化或主观化的作品。相反,它是一种历史话语,应该根据社会和文本之间的相互关系来加以阐释,而在这种关系中,思想的混乱和意识形态的摇摆自身都有短暂的真实性。

现代主义和现代性

从一开始,我所关注的内容就缠绕着两个问题:首先,什么是中国现代主义,怎样才能够将它界定为"现代主义"自身,也就是说,我们该怎样通过它与作为历史和美学先例的欧美现代主义之间或隐或显的对话来对它进行解释,而同时坚持认为它特殊的纹理是中国两难之境的表征,是历史运动的社会文化形势的结晶?中国现代主义的可能性条件同时既是全球的,又是本土的,既是社会的,又是象征的,既是政治的,又是审美趣味的,在给予中国现代主义的形式特性和意识形态幻想以充分评价的时候,怎样才能够对这些条件予以说明?在这一点上,我建议不仅要把中国现代主义生动的构造和表述读解为一种体制,而且要把它读解为大量的社会变化和意识形态冲突所产生的社会文化的结果,而这些变化和冲突不仅暴露了民族危机,也揭示了现代主义话语中所隐藏的集体乌托邦。在下面的篇幅里,我试图将文化运动不仅描写为空间的再生产,而且描写为思想的理性化进程的历史剩余,这种剩余使我在中国现代主义的语境里所尝试分析的乌托邦话语变得不可或缺。对我来说,这一晚近的、短暂的现代主义使得起源的语境可被感知,否则,在文化意识形态霸权的全球空间里,这一语境将完全失去形式,不可表征。

第二个问题和第一个问题相关,即一种"中国现代性"到底可能意味着什么,又能够产生什么,如何才能不把它解释成现代性自身的复制,而界定为某种比之更多或比之更少的东西,也就是说,界定为一种潜在的替代性方案(a potential alternative)？这一有待追问的替代性方案并非来源于文化和意识形态的差异，或各种本质主义的观点所主张的独特性——人们应该带着谨慎而超脱的态度来思索这些关于替代性的设想——相反，它必须被看做是由具体的社会经济的、政治的、同时也是文化的条件所塑造的结果。这些条件产生了中国自身的问题构架，识别它们的唯一途径是研究此一时期社会关系所特有的历史歧义性，而当代中国现代主义错综复杂的话语已把这种歧义性记录了下来。

如果我们把自己关于中国现代性的特殊的问题意识定义为一种历史经验，即一种对于由80年代社会经济变化所产生的社会文化空间的经验，那么，作为这种经验的文化幻象，现代主义的内在辩证法就变得清晰可见。作为品类繁多的理念和想象，首先是作为计划中的形式强度和象征体系，现代主义向现代性（作为一种历史经验）所提供的，既是现代性的"去蔽"，也是它在文化领域的"栖居"。然而与此同时，现代主义也使自己成为批评活动的对象，这些批评试图揭露和阐明围绕美学、话语和主体性这些基本范畴所建构的个人想象和集体神话。

具有反讽意味的是，90年代初期可怕的资本化和商品化以及同时兴起的大众文化，以回溯的姿态赋予了80年代一个历史参考框架，当然还有对于80年代的思想文化话语自身来说并不清晰的政治相关性。在某种程度上说，1989年前的文化领域实际上已经被清除（清除者是集体决定"迅速致富"所形成的强制的一致性），我们对它的讨论只能基于历史的严格性，而非思想的多愁善感。在当前"市场热"的语境中，解读刚刚退潮的"文化热"，事实上给了我一种历史感，更准确地说是一种不同步感，它为全球从现代性向后现代性的转型制造了一种本土回声和变形。

存在着两个事实：一个是在80年代具有强烈的意识形态性的话语领域，关于"现代主义"和"现代性"的讨论，总是具有一种反政治的、学术的和美学的氛围；另一个是当代中国现代主义的开创者趋向于躲避现代主义和现代性观念的政治内容。这两个事实共同指向了在非官方文化生产领域居主导地位的意识形态欲望。那个构成社会政治一致性的基础的东西，我们称之为现代化意识形态。然而，不仅是这种共同的意识形态，而且是这种意识形态在后毛泽东、后革命的中国语境中的特殊表达和细微差异，决定了现代主义体制和现代性问题构架的政治内容。鉴于中国现代化的历史已经和中国的国家及其所有历史神话和意识形态霸权纠结在一起，对于现代主义和现代性的重新思考成了政治批评的策略与实践，它通过争取迫切需要的话语空间和表征空间，突出了臣属阶层（subaltern）的若干立场和利益。在一定程度上，近来一些中国知识分子所推行的"（社会主义）现代性批判"采取的就是这种策略。在这中间，他们频繁使用"公民社会"（civil society）和"公共领域"的概念（但忽略了它们起初在黑格尔和马克思那里所具有的"市民社会"或"资产阶级社会"[bourgeois society]的含义），而这表明，在后革命时代，这些知识分子的立场和利益向革命中国和社会主义中国的社会的、意识形态的和话语的结构提出了全面的（但也是迂回的）挑战。所有这些被置于边缘的意识形态立场，提供了一套替代性的和解放性的话语或形式，在向官方或者说主流话语发动区域战争时，它们把对现代性的批判转变成了建立后革命感受机制的理论基础。后革命时代的感受机制不仅表现在各种形式的大众文化里，而且在当代中国的高峰现代主义中找到了一种职业主义气质，并在实现于文学、文化和意象生产的精英主义、文化主义产品之中得到进一步的确立。

从精英主义、文化主义话语与新时期日常世界之间的相互关系来看，现代主义誓言在社会、意识形态和象征领域脱离并瓦解了毛泽东思想的基础结构，又不得不支持与维护一种由社会的、意识形态的、象征的威望和权力所组成的新秩序。文化和象征体制号称拥有自主性，对这一体制的热情建构，由于全球经济、政治和文化的霸权结构，由于它或隐或显地卷入了一个普遍秩序——或更准确地说一个普遍市场的一体化进程，因而得到了加强。说当代中国现代主义文本可以被读作一个社会寓言，并不意味着它只是一个由本土谱系学界定了的历史起源的寓言。它也是通过权力和交流，通过复杂的、动态的相互作用（和象征性满足）而形成的寓言；它是一个寓言结构（an allegorical configuration），不同时间、空间的力量和元素在其中相互指引，彼此呼应。

迄今为止,在中文世界里,人们能够看到的关于现代主义和现代性的讨论,都把现代主义视为一个"舶来品"(对它的本土起源及正当性的执迷则是这枚硬币的另一面)。现代主义和现代性的文化有各种各样的流派和历史时刻,这些讨论轻易就陷入了在它们之间展开的争辩,但它们具体的背景和隐含的问题构架在这些讨论的基本假设中却仍然保持着模糊不清的面貌。对于这场现代主义讨论所涉及的范围,可以用两个频繁被提出的问题来描述其特征:(1)作为一个由特殊技巧所组成的实体,现代主义到底是什么?(2)我们是否或能否拥有我们自己的(就是说,像西方现代派那样的)现代主义?这场讨论由于在理论上没有能力把中国现代主义和中国现代性把握为一种历史经验、一种社会新生事物和一种文化构造,因此或多或少显得有些无关紧要(现代主义是否存在的问题,以及接踵而至的"对现代主义的寻求",与我当前的这项研究无关,因为它还处在自身的意识形态围栏之中)。因此出现了富有讽刺意味的情形:当更精于理论的当代中国现代主义研究对西方文本情意绵绵,因而把它们预定的研究对象(即中国文本)只当做例证和脚注使用,对中国现代主义更内在的解读(internal reading)却把自身(连同它与之结盟的中国文本)定位为美学上的持不同政见者,同官方主流对抗。第二个群体严重依赖第一个群体所提供的信息和资源,他们提出了"中华性"的主张,但这一主张不过是将全球资本主义这一更大的语境里四处散播的意识形态内在化而已。

在这个更大的语境里,把当代中国的现代主义看做是延迟的现代主义或欠发达的现代主义的又一个(可能在时间上也是最新的)实例,这也许不无裨益。关于这种现代主义,马歇尔·伯曼(Marshall Berman)在他的《一切坚固的东西都烟消云散了》(*All That Is Solid Melts into Air*)一书中有雄辩的论断。对伯曼来说,当发达国家的现代主义以经济和政治的现代化所提供的原料为基础确立自身,并从资产阶级行动主义的传统与日常生活中汲取现实的和神话的资源,在落后国家出现的现代主义则上演了一场完全不同的戏剧。他指出:

> 欠发达的现代主义被迫建立在关于现代性的幻想与梦境上,和各种幻象、各种幽灵既亲密又斗争,从中为自己汲取营养。为了忠实它从

中起源的生活,它被迫成为激动人心的惊险读物,粗糙而不成熟。因为不能独自创造历史,它将自己幽禁关闭起来,折磨自己——或者将自己置于好高骛远的尝试,让自己承担整个历史的重担。①

在这里,伯曼心中的模式是俄罗斯的现代主义,而今天,这种模式正散布于整个第三世界。中国的现代主义无疑属于这一行列,只是它在现实中的展开,要求一种针对其自身可能性条件的研究,而它在文本中的实现,等待着一种不同的批评方法。和俄国、爱尔兰以及第三世界的其他先例一样,中国的现代主义是由民族文化精英的决断所推动的抽象的、有意的行为,他们意欲改变目前的环境,并在这一进程之中,逾越所有社会和经验的束缚。因此,我们下面的讨论尽管准确有力地揭示了有时为形式的魔法所模糊了的社会关系,但它的主题注定只是虚幻之物。也和它的那些先例一样,中国的现代主义是独特的历史关头中一次创造力的爆发,是社会、文化和政治的一连串特殊机遇的结合,这使得在形式强度和道德张力上,如果不是西方现代主义无法与之媲美(这似乎是伯曼的建议),那就是它具有了和西方现代主义的可比较性,而西方现代主义,用伯曼的话说,"更加熟悉的是它自己的世界"。伯曼对欠发达的现代主义的评价再一次提醒我们,作为文化地貌和创造能量的现代主义与作为历史经验的现代性之间存在着至关紧要的关联。正是在现代性这种经验的照耀下,改革时代中国现代主义极具强度、隐晦曲折的表达才能被历史地理解和评价。

然而,在中国现代主义与其各种西方及非西方的模式之间,不管我们所作的比较是多么精细,姗姗来迟的现代主义和后发的现代性之间的这种关系绝不可能是西方历史状况的摹本。80年代对西方文化和象征资本的热情借用,在迅速建构中国现代主义空间的过程中发挥了工具性的作用,但在社会经验的层面上,历史和想象是无法借用的,在时间之流中,历史和想象也不断变化,因此有必要在二者之间作批判性的调解。作为一种集体的感

---

① Marshall Berman, *All That Is Solid Melts into Air* (New York, 1988), p. 232. 译注:中文译文见马歇尔·伯曼:《一切坚固的东西都烟消云散了》,徐大建、张辑译(北京:商务印书馆,2003),第304页。

知动作,现代主义和现代性仅仅是在历史更替的更大语境里展开的一个暂时的真理。因此,中国的现代主义在其姗姗来迟之际,可以用一种不可能的逻辑把分离的世界聚合在一起:一方面,它是一项大规模的社会、文化和道德的工程,同先前的现代主义早就熟悉的旧的"现代"世界保持着竞争关系;另一方面,它是一种历史能量的爆发,社会生产和社会关系在当代的激进发展激活并渗透入它的形式,同时构造了我们后现代的日常世界。此外,中国现代主义的短暂、强烈和复杂,必须被理解为是历史交叠或时间差异的结果(只是通过它所拥有的乌托邦和意识形态进行主观介入才获得的结果):一方面是由国家所监管的历久犹存的集体社会,另一方面是全球市场推动的(经济和文化的)商品与资本的堆积与流动。新时期文学、艺术、电影、建筑、戏剧和理论话语的各种新潮和先锋运动不仅仅使邓小平时代中国的特殊的社会文化经验能够被感知,这些"突破"更起到了我所说的象征财富的原始积累的作用,并且当一个第三世界及社会主义国家加入后现代世界,这些"突破"为它化解震惊体验、寻求主体位置提供了一个基础结构。

因此,改革时代的中国现代主义是一个不断变化的过程,它是事物的形式,只是这些事物还远未成熟就已经不再是合法的生命;它是生命的形式,而这些形式不顾一切地寻求成为自身,却只成了为统治秩序所做的准备或者朝向统治秩序的过渡。我们看到,中国的"第五代"电影从《黄土地》这样的电影(和政治)探索滑向了诸如《大红灯笼高高挂》和《霸王别姬》这样的标准的国际电影节作品。我们看到,余华、格非等所从事的"纯小说"和"元叙述"的实验,产生了像苏童这样的为消费市场写作的明星作家。我们看到,在"文化热"的深奥文体中接受洗礼的新一代中国学者(他们的哲学灵感来自康德、海德格尔、法兰克福学派,而不是德里达、福柯或霍米·巴巴),轻易就操起了跨国自由漂流的知识阶层的"前沿"行话(这使去美国还是留在国内之间的差异变得越来越小)。然而,中国现代主义的真正现代主义姿态,与其说是渴望接受新的形式,不如说是渴望理解历史的纷乱状态,渴望在"先验的无家可归"①的世界里找到一个家园。

现代主义作为一种国际语言(或全球体制)不再是我们在历史的意义上所理解的那个术语"现代",相反,它标志着现代性的历史危机,也就是说,它是在"后现代"空间里"完成"的,而这个空间不再受现代性在时间维度上展开的目的论的"进步"的束缚,或者说不再依据经济发展的历史等级来分布。只要现代性(它的后半生是后现代性)和资本主义本身一样是真正跨民族、跨文化的现象,现代主义就应该在"前现代"或者"日趋现代的"(modernizing)社会和文化转型之中,获得它在社会、政治以及文化上的相关性。中国的现代主义和现代性问题绝不是独一无二的,相反,一场致力于对现代进行历史反思的理论讨论正在展开,而中国的现代主义和现代性问题只是这场讨论的一个迟来者。

中国现代主义是一个本土性的、民族性的文化建设方案,对它来说,社会建构和自我建构的进程绝没有结束。只要现代的文化体制仍未完善(因为社会在迅速变化),以形式自律为目标的现代主义冲动必然依赖于社会实践的领域(而不是像这种现代主义试图建议的那样,和社会实践相分离)。换句话说,正是它同社会关系集合的相互关联,而不是和社会关系集合的分离,界定了这种晚期现代主义的内容。在这一点上,对中国现代主义来说,历史的诡计有双重含义:它参与其中的物质和象征的基础结构所发挥的不仅是时代转型的机制与助推器的作用,也就是说,这一基础结构并不是除了导向全球资本主义及其象征的、意识形态的世界秩序,就似乎无处可走了。同时,这种基础结构在它的物质、社会和象征组织中保留了先前的生产方式和生活形式,进而给当代无时间性的幻觉带来了历史和变化。因此,现代主义不仅记录了原有权力结构的瓦解,而且记录了这一结构对新兴社会建设的隐秘参与。在努力参与晚期资本主义的世界电影时,"第五代"不可能不带着他们自己的社会语法。因此他们作品中的电影奇观可看做中国革命和社会主义视觉上的戏剧化,而正是革命和社会主义使得中国现代性发出了自己特殊的声调。

---

① George Lukacs, *Theory of the Novel*, translated by Anna Bostock (Cambridge, MA, 1971), p. 121.

几个方法论的注解

本书计划采用迂回的批评方式,一方面将历史经验解读为艺术作品,另一方面在艺术作品中理解历史经验。这一结构的转换创造了一些认识的和话语的可能性。但是,它也产生了许多问题。这些问题必须要在理论上给予阐明。

首先,我们必须面对狄尔泰式的文化主义假设:第一,艺术作品作为生活经验的目标,本身包含着人类生活真实的、也就是说充分历史性的表现;第二,社会活动的实现形式,甚至它所达到的顶点是文化,而人们本就应该这样来构想社会活动。历史和价值的直接对接一方面形成了文化和美学制品,另一方面也是一种欺骗和隐瞒,虽然作为一种意识形态,它完全满足了新时期的个人需求和集体欲望,维持并以某种方式"克服"了作为"图像"的世界(世界观),但却不愿或者不能通过具体的社会生产过程,看到正在运行的社会(以及权力)关系的总体。中国的文化和审美现代主义冲动,无意间变成了海德格尔所认为的现代的根本事件之一①,同时也在后革命时代证明了中国现代性的内在主张。

这种文化主义的方法的特点是确信美学和话语的制品本身包含着神圣不可侵犯的真实性,而其所存在的风险在于:将瓦解在中国现代性和中国现代主义之间的生产空间。就某一"文化时代"的可能性条件而言,这种方法衍生了一堆杂乱的知识;对于一个人的文化的自我肖像来说,这种方法强化了一种自恋式的凝视姿态,一种常常缺乏自我批评和自我反省的凝视姿态。无可否认,这种文化主义立场是现代主义意识形态的一个组成部分(或一个产品),而这种意识形态正在寻求它自己的世界观。

---

① See Martin Heidegger, "The Age of World Picture", in *The Question Concerning Technology*, translated by William Lovitt(New York,1977), pp.116,134. 译注:中文译文参见海德格尔:《林中路》,孙周兴译(上海:上海译文出版社,1997),第72、90页。

在新时期话语的鼎盛时期,这种文化主义是最有影响的一种哲学,与此相异,我追求对社会文本进行政治阐释学解读。我的解读坚持这样一个观点:并不是伟大的"主体"或"自我意识"建构了时代精神的"文化表现";恰恰相反,我认为,文化作为象征领域的产物,也是社会生产的再生产,而"艺术作品"则是社会历史形势的结晶,只有这样才能使主观主义—文化主义者的立场或者说幻想成为可能。

政治阐释学的解读不但具有批判的精神,而且具有叙事的性质。因为它对意识形态的批判与揭露所针对的是新出现的社会文本,所以它需要一个建构性的方案。文化领域无穷尽的多样性和异质性使任何强加的一致性都毫无意义,但日常生活领域或社会经济世界无论在物质意义上还是在政治意义上,都要求一个超越本书所处理的形式制品和话语堡垒的批评视界(和政治承诺)。我并没有凝神倾听一个时代的"表达",而是直面作为社会话语的现代主义,而它对处于剧烈变革之中的社会,保持着固有的(常常也是混乱的)反对关系。现代主义和整个社会领域互为中介,并在概念的层面上交相作用,为我们提供了促进"认知测绘"(弗雷德里克·杰姆逊语)的文本和审美空间,此时,试图勾画对社会领域进行叙述的动力,既充满了诱惑,又饱含着危险。关于这些材料,当隐含的叙事安排变得不可避免时,它必须占用整个象征领域,展示不同的立场和声音之间、文化上的混乱和神话似的世界观之间的相互作用,而世界观常常通过一个必要的思想过程表达出来。简言之,叙事的过程必须同时是一个问题化和历史化的过程。在某种意义上,正是出于去神秘化的目的,我选择80年代后半段的文学、电影和文化讨论——也许是最让人觉得神秘的文化形式——作为三个取证的区间,以客观阐明社会的、文本的以及认识论的构造。这一选择并不意味着,我在叙事中追寻的历史和文化的动力,在美术、建筑、音乐或者广阔的通俗文化地带等等我没有论及的领域就无法被辨识;也并非是要表明,那些领域不包含关于社会、文化的生产与变革的另类叙事。由一系列个案研究组成的这本书呈现出的是一个本土性的、试验性的解释方案。这一方案同一种关于现实的特定理解相互影响,并从中获取养分,而对于这一理解来说,现实是历史的一部分。

从批判的阐释学的角度考虑，话语领域既是限制性的，又是解放性的。在一个充满矛盾和变化的时刻，当过去和现在彼此交融，不同的力量也聚合在了一起。政治阐释学的解读认识到了这种状况的复杂性及其内在的辩证性。话语领域的这样一种构造，被看做是历史的产物，而它是"客观的"，这不是在任何象征统一性的意义上进行的判断，而是从寓言的角度作出的衡量。它多面的性质、令人眼花缭乱的变化，以及包含在连续性内部的剧烈的非连续性，都可以统摄在本雅明的"星群"（constellation）概念之中。政治阐释学的解读把历史现象看做它的文本，但它并不认为自己享有特权，占据着社会学或理论的优势，更不用说提出元叙事了——任何元叙事都排除了存在于认识限制和形式限制之中的那些不断产生的事件。相反，我想把我的解读仅仅设定为这一领域里许多可能（和相互竞争）的叙事或寓言中的一个，我想让我的解读在它将要探讨的文本世界里获得自由，只有这样，解读过程才能使读者受益。

在我看来，唯有通过当代中国文化史的批判，才能拥有当代中国文化史的样本。我发现我的立场不能仅仅是批判的，而必须是自我批判的：这本书对我所经历（至少是参与过）的事件进行了内省式的反思，在写作时，为了能够最大限度地在马克思—阿尔都塞意义上的科学领域里来讨论问题，我试图超越个人想象和社会想象的碎片，但我感受到了这种超越的艰难。在一般意义上说，我的方法与80年代知识精英对话语现代性的追求颇为相像，而我愿意充分利用这一相似关系。

我选择对"哲学"话语作社会文化的说明（可以认为，就社会史的过渡而言，这是理论上最复杂、叙事上最合理的形式），而不是对社会文化运动作哲学的说明，对此，皮埃尔·布迪厄在他的海德格尔研究中对"哲学话语"的评论颇具启发意义：

> 作为在形式方面经历过一个建构过程的话语，哲学话语规定了它自身被感知的条件。形式的重负使外行敬而远之，也保护了文本免受海德格尔所说的"琐屑化"之扰，为此，它根据内在阅读的要求将文本存留起来。内在阅读包含着两个方面的含义，一方面是将阅读限制于文本自身的边界之中，与之相随，另一方面将阅读留给了职业读者的小

圈子,他们将阅读的"内在论性质的"(internalist)定义作为自明的定义来接受:我们只需观察社会惯习,就将发现,哲学文本被定义为只能(事实上也只是)由"哲学家"来阅读的文本,即由这样一些读者来阅读的文本,他们事先就相信、准备承认并将承认给予了一种哲学话语,按照它所要求的方式来阅读,即"哲学地"阅读,根据哲学家纯粹的以及纯粹哲学的意图来阅读,排除话语本身以外的任何参照对象。哲学话语自身就是自身的基础,它不容许有任何外部的维度。①

布迪厄提出,打开形式话语就是把它们融入到社会政治环境中,融入到在这些形式构造物的基础结构里运作的权力关系中。对布迪厄来说,文化资本不仅意味着积累起来的象征财富,而且意味着永久化的意义、价值和社会区隔(social distinction),它们能"通过垄断那些在宗教、哲学、艺术和科学方面占有社会象征资源的工具,总体或部分地垄断了这些社会象征资源"②。紧随在韦伯之后,布迪厄看到文化资本或文化的资本化正作为一种彻底的理性化行为在运行。他把这种理性化行为描述为一种经济行为,其目的在于"抓住在理论上一切人都能够获得的潜在机会","使经济上最贫困的人适应生产他们的特殊环境",并"帮助他们适应经济体系的普遍要求"。③

布迪厄的理论有助于阐明后革命时代中国文化生产的社会"理性化"方式,但它也面对着一些值得注意的复杂状况,因此必须在当今的语境中进行修正。他的社会哲学模式并非是一种需求—供应的理论(或任何其他应用于生产的自我调节空间里的分析模式),而应该用一种更历史、更辩证的方式去深入思考;他在社会学上的严格,需要配合以持续的分期,这样才能成为一种有效的参考框架,以用于读解剧烈变化的社会环境以及盘根错节的社会文化秩序和空间。我认为,他研究社会世界的"唯理主义"方法,在试图理解辩证性的文化互动和文化建构时,应该为阐释学留下余地。他的分析模式不应该将审美扔回到由社会学原则统治的"粗俗"领域,从而导致

---

① Pierre Bourdieu, *The Political Ontology of Martin Heidegger* (Stanford, 1991), pp. 89-90.
② Idem, *The Logic of Practice*, translated by Richard Nice (Stanford, 1990), p. 125.
③ Ibid., p. 64.

社会学对于审美的毁坏。相反,这一模式应该使我们能够对于形式以及内在于形式的(但也以某种方式被形式遮蔽的)社会交换,进行更彻底的批判性解码。对我来说,批判性解码似乎就是将社会乌托邦和意识形态的文化制品放在它们自己时代的语境之中,在阐释学冒险之旅的遥远尽头拥抱一个扩大了的世界。

对精英主义形式的解码和历史化不仅指向了"对'纯粹'品味的'粗俗'批评"(对布迪厄来说,这意味着揭示存在于作品中心地带的社会区隔和被内在化了的社会关系),而且把我们的注意力转向中国知识阶层的另一面,即他们剩余的以及再生的作为潜在"有机知识分子"(葛兰西)的职能。在这一点上,精英主义的形式不仅对其环境进行了系统的扭曲性的编码,也对其意识形态的特殊轮廓进行了揭示,而它的意识形态是历史经验的结晶。一旦我们设法把思想话语引入它的社会内容,那么可以看到,前者作为间接表征的领域,预先为社会领域假定了一种批判性的"补充"或"剩余"。简言之,拒斥精英主义形式,把它看做是神话的伪装是相对容易的,但从辩证法的否定方面提取肯定方面,也就是说,通过建构性的解构,在神话形式中看到历史元素,则是一项更大的挑战。在黑格尔看来,最异化的事物也保持着最充分的辩证否定的潜力,我们可以相信,最具神话性的事物在它内部也包含着一条静谧的道路,通向消解它自身的神话。

在瓦尔特·本雅明看来,歧义性是"辩证法在形象中的表现,是停顿时刻的辩证法的法则"①。历史运动的结晶不仅需要结构分析、社会类型的现象学研究,它还要求一种辩证的思考,而对于这种思考来说,"停顿时刻的辩证法"一方面孕育了乌托邦,另一方面又陷入了虚假意识和物化的过程。对我来说,这种替代性或可能性植根于中国现代性的不完整、凌乱和开放之中,植根于中国现代性同传统、同后现代全球体制令人困惑的关系之中:一方面,传统依然徘徊在存有争议的现代国家权力和日常生活领域;另一方面,后现代的全球体制还没有完全被本土经验吸收。

---

① Walter Benjamin, *Charles Baudelaire, a Lyric Poet in the Era of High Capitalism* (London, 1973), p.171.

因此，对历史和话语之间的辩证法的研究不仅必须展开为一种否定的阐释学，而且必须展开为由话语媒介所确立的历史事件的现象学。它的作为重构的建构在批评行为和历史的、话语的问题构架之间形成了一个阐释学循环。而且，将当代中国现代主义构造为一种社会经验和文本经验，指向了对历史经验的"元批评"（meta-critique）。这种批评的理论有效性在于批评通过阐释同历史性相遇，而这里的历史性既指的是批评材料的历史性，也指的是批评自身的批判性介入的历史性。关于政治阐释学方法的运用和元批评立场的采纳，我想谈三个问题。

首先是对理论的需求，对于反思性、批判性和辩证性思考的需求。对于任何一项文化研究计划而言，如果它同时既要摆脱绝对客观主义，也要摆脱绝对主观主义，对于历史性的问题构架的建构必然成为一种理论的介入，这种理论不仅针对各种概念的表述，而且针对概念背后的特定意识形态。杰姆逊曾谈到"内在性的不可能性"，或者说个人主体意识的不断"去中心化"①，这是一种痛苦的认识，而这种认识期待一个解放的过程以超越意识形态的自我空间（即"国粹"或者由中国的现代化提出的未来的统一体），也超越意识形态对于主观性的否认，亦即超越客观知识的神话（由某种类型的汉学所提供的反政治的、非理论的档案）。这种认识解释了本书理论化的内在必然性，因为兼具批评和自我批评两种特质的激进阐释学，似乎是承认话语乌托邦的历史性而不屈从于其意识形态具体化的唯一路径。

第二点从第一点引申而来，它指的是历史探询的严格性，从这一点来看，一个时代的神话就成了一个更大的历史猜想运动的瞬间呈现。如果不把邓小平时代中国的思想和美学话语放置在中国现代性问题的历史视野之中，不把它放在中国现代性的发展的视野之中——这一发展过程经历了中国的现代化、革命和社会主义（毛泽东时代的中国）等不同阶段，想要建设性地超越邓小平时代的意识形态是不可能的。批判的历史编纂学能使过去活在现在的政治实践之中，因此它提供了一个迫切需要的语境。在这个语境中，一个时代的白日梦——用本雅明的话来说——将自身呈现为"停

---

① Frederic Jameson, *The Political Unconscious* (Ithaca, NY, 1981), p.283.

顿状态的辩证法",但也呈现为名称、意象和事件的另一种构型,而这些名称、意象和事件在努力争取它们的历史觉醒。

尽管如此,我还想把民族文化重构的集体工程(以及任何有意识的,或更恰当地说,无意识的对这一工程的参与)作为这里的第三个理论问题。如果不是全民族都强烈欲求阐明一种确定的"现代""中国"认同,无法想象新时期文化生产和美学革新的爆发。如果没有官方媒体和非官方文化领域对于民族主义的共同宣扬,难以解释思想话语所受到的广泛关注和所产生的巨大影响。甚至在90年代初期,当中国似乎已经坚决地加入了世界市场,国家、日常领域和全球化还是形成了一个错综复杂的权力关系的复合体。在这个权力关系的复合体中,产生了不同的社会力量、文化政治和修辞策略。难以忽视的是,北京提出的政策都具有"民族"的含义,这些政策包括:它分散建立的大中华经济圈,它同英国在香港问题上的争论,它申办2000年奥运会的失败,它与美国在人权问题上的冲突。民族主义还侵占了最近迅猛发展的流行文化(从卡拉 OK 厅到电台脱口秀再到旅游业中声势浩大的"毛泽东热"),这也可以证明国家、日常领域和全球化这个三角关系的复合体的存在以及这个复合体所汇聚的巨大的社会能量。

这里,我不同意这样的观点:理论本身代表了文化帝国主义或简单地说就是西方霸权,因此需要全部拒绝。现在这一观点在中国一些知识分子那里似乎颇为普遍,新崛起的更为积极的民族文化给了他们多少鼓舞,汹涌而至的全球化加在他们身上的压力就让他们感受到了多少沮丧。① 然而我同意,理论总是缠绕着权力和霸权,一定程度上,表征总是一种为个别的社会关系复合体和特定的文化政治力量所从事、所拥有、所享用的建构。我同意不是所有的理论都同等地具有内在的活力、批评与自我批评的能力以及作为文化研究范型的潜力。我也同意,在不同的状况之间有一种错综复杂的关系,这种关系试图在一种全球化的文化中给予"西方"理论(马克思主义是其中之一)以更大的优势和特权。在这个意义上,第三世界文化理论的

---

① 参看戴锦华、陈晓明、张颐武、朱伟:《东方主义和后殖民文化》,《钟山》1994年第1期,第126—148页,特别是"抵抗的困境"部分。

困境可能自身成了一个理论的悖论,即对理论霸权的理论批判,可能也只有对理论霸权的理论批判能够挑战、解构和颠覆理论霸权。从非历史的、后结构主义的观点来看,这种批判只是一个生产更多话语和象征的过程,它加入了由理论霸权提供的语言游戏,因而也是一个巩固理论霸权的过程。然而,第三世界文化的历史经验告诉我们,只要理论书写或理论重写实践的批判性和理论性满足它自身的社会政治条件,这种实践就是新的文化创造。它的象征的、文化的和政治的剩余价值,亦即理论实践不可化约的历史具体性,将必然引导着新兴社会体系的意识形成与主体建构。

人们发现现代主义是一种虚假的表征模式,这不仅因为它要求拥有的是思想和文化的人造之物,而且在于它表征了本民族获得现代体制的潜在欲望(在这里,艺术体制成了现代性社会体制的寓言)。对于这种虚假的特性,唯物的、辩证的研究实现了元批评的基本要求,它在一个更具自反性的层面上,在一种想象(也就是意识形态)的斗争中,夺取了社会和文化的空间与可能性。在这个想象的空间里,新的审美感受性和话语形式逐渐形成,在它们之中,中国现代性的困境不仅能够被转化为危机与物化过程,也能够转化为乌托邦时刻与历史机遇。因此,当我解读那些审美性的或推论性的文本时,我为自己设定的任务,常常更多集中在说明我认为必要的、建构性的幻想,而不是指出那不过是虚假的东西。在这样做的时候,我记起了杰姆逊那开创性的命题:"有效的意识形态同时也必然是乌托邦的。"①

在关于历史经验的元批评中,对历史表征的经验性考察被取代了,这一批评转而开始批判地探究历史与表征自身之间关系的历史性,不仅所讨论的话语被批判性地处理为一种经验,这种处理方式本身也受到批判性与自我批判性的审查,而用这种审查的眼光来看,"意识"总是意识的材料。在这一过程中,我力争历史地理解文化的美学、话语维度所具有的认识论意义和批判性意义。作为表征,它给我们提供了阐释的空间,在这个空间里,历史事件能够不仅作为经验,也作为构造,被来回反复地、有时慢动作地播放。这里所获得的是这种经验的可经验性和经验性(仿效海德格尔的这一概

---

① Frederic Jameson, *The Political Unconscious*, p. 286.

念:艺术作品保有的世界的世界性),它们只有在第二次建构过程中才能够被感知。从强烈的文化主义幻觉中浮现出了中国现代主义话语,这种幻觉一旦被看成是在文化意义上理解的历史,它就不是空洞无力的。相反,从历史经验的元批评的角度来看,对形式和话语自主性的渴望和对美学永恒性的热情给我们增加了一个探询80年代社会文本历史性的维度。

(潘琴译,朱康校)

第一卷

新时期文学和文化的创新

第一部分

文化话语

第一章 "文化热"的主要流派

　　从1985年初到"八九风波"之前，中国出现了一个异乎寻常的文化讨论的热潮，通常被称作"文化大讨论"或"文化热"。整个中国从知名教授到高中学生，从政府官员到兴致高涨的工人、士兵，都踊跃地参与讨论，提出意见。在北京、上海及其他省会城市，讨论会、研究团体和阅读小组如雨后春笋般地出现。热情高涨的公众被铺天盖地的官方或非官方的出版物、演讲和展览会所淹没。梁漱溟这位几乎被人遗忘的新儒家，在他90岁的时候再一次被请出来，就他的《东西方文化及其哲学》(1921)发表演讲；和20年代一样，他仍在坚定不移地宣扬儒家文化是疗救这个时代普遍精神危机的良方。同时，西方著作，尤其是20世纪作品的大量译介和引进，不仅占据了思想领域，而且彻底改变了当代中国文化语言的结构。这两种同处一个时代却具有不同的历史渊源的文化世界之间的碰撞、冲突和融合，以前所未有的深度、广度和强度，在受过教育的公众中造成了深远的影响，赋予了这个"文化大讨论"以某种兴奋、热烈的气氛。

　　有些人认为，"文化热"标志着1919年"五四新文化运动"以来一次最广泛、最深刻的文化反思的潮流；而另一些人则认为，这只不过是20世纪又一次席卷全国但却转瞬即逝的流行时尚，没有留下任何建设性的东西，更谈不上有什么历史意义。然而，作为后毛泽东时代文化生活中最具有争议性的事件之一，"文化大讨论"面对现代中国社会变迁和思想发展的历史持续不断涌现出来的问题性(problematic)，全方位地提出了值得引起社会关注和思想警觉的问题。考虑到80年代后期中国社会和文化的情境，讨论中表现出来的思想"自由"和"创造性"不可避免地带有某种程度的虚幻性，但是它们的肌理仍然为分析邓小平时代产生的集体经验提供了线索。整个文化思想领域的兴奋和激动在1989年6月寿终正寝,如今有待完成的任务是搜集整理基本事实和文本,以便为将来的研究提供一个平台,并重建和阐明大讨论中出现的各种流派的声音和观点,同时也勾画出它们的特征和轨迹。

但是,本章的主要任务不是逐一详述"文化热"的发生和发展。相反,我将力图阐明这场讨论的思想和历史语境,揭示这场喧闹的讨论藉以形成的社会的、政治的,有时候是代际间的基础和假设,从而试图把握转化为非常复杂的语言游戏的那些紊乱且不确定的理论碰撞和理论互动的"语法规则"。在下列篇幅中,我试图把这一被社会决定的语言行为理解为新兴的社会文本的自我建构和自我理解的曲折过程。换句话说,不仅它的内容,而且它的形式都将被看做社会的文化和历史形势在新的改革阶段的产物。从社会角度来说,各种从不同的历史和文化背景中浮现出来的话语"星群"(constellation)或"马赛克拼图",都指向新的文化空间的符号性构成(symbolic constitution)。从批评角度来说,这一历史冲动或可能性的结晶不仅导致对现代中国社会—文化紧迫性的重新审视,而且它在一个独特的第三世界和社会主义语境中质疑现代性的普遍概念。在把西方理论移植到当代中国历史土壤这一激荡的过程中,"文化大讨论"通过一种历史和文化的史诗叙事,把那些本已凝固化的话语投入到动态过程中。作为意识形态这一暧昧空间内部的各种不同的可能性条件的聚合,"文化大讨论"也有意或无意地把中国的问题性和现代性本身的问题性带入了历史的审视。

下面我将大致以编年的顺序——但首先从批评的观点切入——讨论"文化热"中出现的主要派别,它们在相当程度上依次构成了"文化热"的图景。

"文化热"的社会起源和"走向未来派"

"文化大讨论"虽然多集中在理论和思想层面,但是其母题的形成过程很明显与社会和政治环境联系在一起。事实上,正是80年代初期共和国历史上第一次完全成熟的"改革开放"进程把文化问题推至前沿,而且它们的理论刀锋也由于为这一进程所做的意识形态和文化准备而变得更加锐利①。文化大讨论中最引人注目的人物之一甘阳认为,正在出现的"文化"讨论决不能看做是独立于中国现代化进程之外的抽象的思考和预测,而应该看做是对于现代性的回应。考虑到甘阳在"文化大讨论"中扮演的角色是学院派或"全盘西化"派——这个流派往往坚持不懈地以艰深、繁复的学术术语来表达自己的观点——他的这一观点就特别值得注意了。在他的《关于八十年代文化讨论的若干问题》一文中,甘阳以超乎寻常的简练风格,勾画出了引发全民族对于文化问题产生狂热的几个发展"步骤",这些"步骤"既出人意料又合乎逻辑:

> 自"十年动乱"②结束,现代化的任务被重新提出以来,中国人走了三步才走到文化这个问题上来:首先是实行对外开放,引进发达国家的先进技术;随后是加强民主和法制并进行大踏步的经济体制改革,因为没有相应的先进管理体制,先进技术有等于无;最后,文化问题才提到了整个社会面前,因为政治制度的完善、经济体制的改革,都直接触及到了整个社会的一般文化传统和文化背景、文化心理与文化机制。我以为,这就是今日"中国文化热"和"中西比较风"的真正背景和含义。③

这是依据其历史和社会背景而对新兴文化思潮作出的清晰、冷静的评价。就长时段的历史视野着眼,这一思潮可以说是对于中国现代性问题长达一个世纪之久的争论在当代的延续、深化和强化。正如之前数十年的争论那样,"文化大讨论"的基本论争分布在一个张力场中,一端是以西方为代表

---

① 其中应该包括"思想解放运动"和关于"实践是检验真理的唯一标准"的讨论(1979),它们赋予了邓小平政权在意识形态上压倒左翼的正当性;还有关于"人道主义和社会主义异化问题"(1982)的讨论,这一民间思想界的讨论至少被官方所容忍。在文学和艺术领域,除了官方或准官方的"伤痕文学"和"改革文学"外,人们还见证了"朦胧诗"的崛起沉浮和关于中国和西方现代派文学的讨论,以及由"第五代"导演开创的"新中国电影"和"文化寻根"现象的产生,所有这些为1984—1985年的"文化大讨论"提供了一个有利的环境。
② 指无产阶级"文化大革命"的十年。
③ 甘阳编:《中国当代文化意识》,第2页。

的现代性内部进行文化上全面的自我调整;另一端则是重新肯定传统价值的冲动,强调它没有被现代中国历史上的"西化"进程所打断,而是内在地带有一种"中国化"(sinification)的逻辑。全民族致力于"文化大讨论"的历史动机表面上是邓小平政权庇护下的现代化进程的直接的社会产物。但是另一方面,它也从历史需求的解放中获得力量,这一历史需求在革命岁月中受到抑制,而现在,它们在官方意识形态的"主流叙述"的真空或非连续状态下寻找到重新肯定自身的时机。对有些人来说,这一结果不无反讽性。用80年代著名马克思主义哲学家、批评家李泽厚的话来说:"1949年中国革命胜利时,毛泽东曾总结过近代中国'向西方学习'的历史。今天的所谓的'文化热'却是在惊醒了'最高最活的马克思主义'中国是'世界人民的革命灯塔'的迷梦之后,重新痛感落后而再次掀起'向西方学习'的现实条件下产生的。"①

"落后社会"与"现代世界"(同时在真实和意识形态两层意义上)的巨大鸿沟决定了文化讨论逼近其社会—文化目标的步调。大众渴望现代化的热情使这些讨论思想上比较粗糙,在意识形态上有较明显的倾向性,同时在社会环境中揭示了它的物质基础,正是这个基础赋予了文化思潮"狂热"的特征。然而,作为一种文化重构,这一思想运动应该以这种或那种方式来完成那曾被中断的文化—历史发展进程,这一进程构成了它的传统——从20年代初期在"科学和民主"旗帜下未完成的启蒙方案,到旨在与当代西方进行富有成果的"对话"的"文化大讨论"本身的知识匮乏,而这个西方对于以"五四"为参照来认识其形象的人来说是很难理解的。"走向未来派"的视野从新近被解放的社会动力及其主观想象中汲取力量,这种视野与承负着传统的文化差距结合在一起,就使"文化热"带上了狂热的和挫败的色彩。

"文化热"的序曲并未集中在文化问题以及对于意义、价值的关注上。相反,它发端于科学"知识"和"方法"这些显然是"价值无涉"的领域。文化讨论和80年代意识形态转变的初期阶段是在讨论科学和"未来学"的姿态下开始的。"新三论"(信息论、控制论、系统论)、艾尔文·托夫勒取得巨

---

① 李泽厚:《中国现代思想史论》(北京,1989),第222页。

大商业成功的《第三次浪潮》和奈斯比特的《大趋势》,在 1984 年前后共同把信息爆炸和"后工业转向"的概念深深印入了广大城市读者的脑海中,这要归功于当时出版行业的主动参与和支持,还有政府发起的有组织的学习活动。面对无限广阔的未来,人们突然感到了一种强烈的历史断裂感和机遇感。金观涛,这个在中国科学院接受过专业训练的化学家,因为编辑和出版"走向未来丛书"而声名大噪。整套丛书由若干本介绍自然和社会科学不同理论、观点的小册子构成,其中许多为翻译作品。有些小册子可以大致归入文化研究的范畴,比如《让科学的光芒照亮自己——近代科学为什么没有在中国产生?》(刘青峰)、《西方的崛起》(唐昕、金观涛)、《日本为何成功?——西方科技与日本的民族精神》(胡国成译自英译本)、《在历史表象的背后——对中国封建超稳定结构的探索》(金观涛),诸如此类。

这套丛书取得了巨大的成功。虽然它的许多读者只是高中和大学一年级的学生,但它还是形成了一个可称之为"亲科学型态"(pro-science type)或"未来学学派"的引人注目的文化和社会现象。联系 80 年代初期作品的科学和未来学立场,以及它们的读者群的代际特征,人们几乎可以准确地指出这一时期中国社会所存在的意识形态断裂。在这里,单纯而简单的"同时代性"被当做是文化生产的基础,而社会历史的差异性和意识形态的内涵却被认为同我们今天的议事日程无关而被忽略。"科学",有时是"伪科学",成为"文化"运动的中心,它本身成了社会意识形态的标志和征兆。

以金观涛为代表的"走向未来学派"积极呼吁和推动"科学"向人文科学领域的扩张。从一个全盘现代化论者以及对于过去持尖锐批判态度的批评者的立场出发,金观涛赞同这种越界,并且成为以科学攻城略地的执行人。在一篇题为《为什么中国古代哲学家没有发现三段论?》的文章中,金观涛提出了"逻辑思维的文化内部约束"的观点[①]。这一文章的题目和问题提出的方式表明了这一派的特点。传统——被简化成作为内在模式的"文化"——必须无条件地服从一种普遍性的"科学"标准,而这一标准本身也

---

① 金观涛、刘青峰:《为什么中国古代哲学家没有发现三段论?》,复旦大学历史系编:《中国传统文化再检讨》(上海,1987),第 208—215 页。

被粗暴地简化为"西方"的标准,后者自身的历史的、意识形态的矛盾却被统统忽略不计了。我们可以在"文化热"鼎盛时期人文科学领域所发表的众多一对一的"比较"中(金观涛文章的副标题是"亚力士多德和中国古代哲学家的比较"),在其貌似高深的复杂理论表述下,发现这种文化化约主义和科学极端主义。"走向未来派"这一阶段不仅是进一步的文化反思的初始阶段,而且也是构成这场文化运动精神内核的意识形态要素和思想要素。这个团体对科学和逻辑思考的承诺,以及运用这些原则在科学和文化相关领域进行实证性研究,目的是在被政治功利主义所牢牢控制的文化领域内激起新的思想浪潮。位于"文化"前沿的"走向未来派",和当时雄心勃勃的所谓"党内改革派"官僚之间保持着紧密的联系,这一切都几乎不加掩饰地呈现在人们面前。金观涛认为整个中国历史是一个"超稳定结构",这一观点在促使人们对古代中国历史重新审视——这一研究领域曾经长期无条件地服从马克思主义的权威叙述——的同时,也符合某种集体遗忘的政治需要,即与毛泽东时代拉开距离。事实上,金观涛简单地接受了现代中国史学界多数人长期坚持的(且是误导性的)假设,即中国在三千年里没有发生过改变。而且,他还给它加上了"科学"的光环,以此将这种对过去和传统的形而上学描述纳入到意识形态的空洞性当中,并且将这一描述提到了政治议程的层面。对一个"向未来进军"的社会来说,首要任务就是将自己与历史分离,而去循着"客观真理"的轨迹前进。

"走向未来"系列丛书引起的信息膨胀,与其说是一种文化和理论上的深思熟虑,不如说它是为支持现代化事业所采取的社会和思想策略。但是这一策略也有意无意地在很大程度上使中国现代化进程的历史内涵问题化了。也许金观涛和他的同伴们的努力更应该被看做是一场重新输入"科学精神"及其所暗含的西式民主的思想潮流。但是"科学",有时是"西方"的一个隐喻,有时是一个转喻,当它被剥离了历史内涵的丰富性时,就成为意识形态革新的一个症候。"走向未来派"的努力反映了邓小平时代初期的社会和历史决定因素。作为中国启蒙运动的一个环节,"走向未来派"的普遍主义立场可以被看成是一种构成性的冲动和规范性的矫饰。他们的议程似乎是对"五四"传统的"自然的"征用;但是由于未能将中国现代性表述为替代性的现代主义,此议程在80年代的进展受到很大的限制。"走向未来派"的工作为以后的文化讨论培育了热心的观众,但是它可能也强化了这样一种感觉:尽管当代问题无法与现代传统分离,它也不再绝对地局限在信奉科学、民主和社会进化论思想的"五四"世界观中了,而后者在今天看来显得过分的简单化,在许多方面缺乏批判性。

就人文科学而言,"文化热"的前两年重点并不是集中在"反思"上,而是集中在广泛的、包罗万象的中西方比较上,这类比较几乎遍及每个领域。中国比较文学协会成立于1985年,它的第一次年会于那年的秋天在中国的第一个经济特区深圳举行,在此之前召开了一系列研讨会,与会代表们接触到了来自美国、欧洲、日本、香港地区以及内地知名的专家们介绍的比较研究的最新方法。这一有意的安排揭示了知识阶层和市场经济的形成之间、"学者"和改革官僚以及新兴企业家之间的共谋关系。随着现代化的"专家治国"观点的流行,对于"方法论"的热情占据了主导地位。在以后的几年里,遍及全国的大学校园、书店变成了世界文化的博览会,一个充斥着"理论"、"思想"和"某某主义"以及全方位译介西方现代文学的巨大的消费市场。此时,文化的狂热似乎能消化一切事物,但这也使一般人难以把大众文化消费同立足于历史矛盾的当代中国的文化问题区分开来。

传统和现代性:"中国文化派"和李泽厚

作为全球文化资本在中国的特定表现形态之一,"走向未来派"的实践和意识形态很快引起了传统文化阵营的反抗和中国马克思主义者的批评修正。邓小平的改革给中国社会带来了历史性的断裂,在"文化大讨论"的开始阶段,这种断裂以"走向未来派"的"科学"的声音传达出来,引发了社会各界对于中国的过去和当下、中国和西方等问题无数不同的回应,进而将中国现代性的问题带入了一个崭新的领域和话语空间。

对于传统的讨论集中于儒家传统及其在当代社会—文化生活中的前

景,因此成为激烈争论的补充部分。中国文化书院是由汤一介主持的非官方学术组织。汤一介和中国文化书院的学者们在传统儒学思想中似乎已经预见了中国思想的历史性复兴。尽管他们成立了或许是最好的教育网络、出版机构和其他文化设施,他们的思想基调和意识形态立场却还是模棱两可。这个文化书院的成员一般可以划归为文化保守派或文化传统派。然而,这种概括并不完全准确,因为"中国文化派"将传统视为一个活跃的、不断变化的概念,并由此发展出各自文化和哲学上的论断,在关于"传统与现代性"关系的问题上往往形成了截然不同甚至对立的立场。这种动态性使人很难对这个派别视为重要而关键的中国历史和文化的复杂材料进行全面的再阐释。从文化地形学观点出发的尝试性分析,可以将这个团体放在它与20和30年代两次有影响的思想运动的关系中来研究,这两次大的思想运动,一次是所谓的"新儒家"的崛起,另一次是中国的马克思主义的出现。"中国文化派"认为,儒家思想已然经过了现代思想的改造和转换,正如同马克思主义必定成为"传统"的一个组成部分。

"文化大讨论"中,在"中国文化"的大旗下集聚了多种多样的观点意见,但他们的共同之处是一致认同"传统"是社会—文化重构至关重要的组成基础。文化派试图调和传统的文化结构和现代性之间的抵牾,他们认为传统是一个不可化约的历史结构,而现代化则是这个传统的发展和(用他们的话来说)"创造性转化"。这种"转化"的实现带有一种深沉的使命感,坚信传统因素对当下的积极参与不仅对建构现代中国文化非常重要,而且传统儒家诸如天人合一、以德治国等理念对于试图探索别样的、替代性的社会文化构造从而超越现代来说,也是不可缺少的思想资源。虽然"中国文化派"的基本论调是以过去的名义批判现代性,但是他们对于文化传统的概念界定实际上也使得他们的批判基础颇成问题。

为了阐明"中国文化派"的立场和观点,有必要谈到20—30年代的新儒家思想。概括地说,以熊十力、梁漱溟、牟宗三和冯友兰等为代表的新儒家,是20年代面对西学进入中国而出现的一种文化上的回应。宋代(960—1279)和明代(1368—1644)的新儒家在佛教思想占统治地位达几个世纪之后复兴儒学,倡导向"理"的内在转化,并进一步转化为"心学"。受他们的启发,80年代的追随者们通过热切地质询人类的"内在真理"(internal truth)而展望儒家思想的振兴,以克服西方思想。①"儒学第三期发展"的观念及其所倡导的西化后中国传统的复兴,仍然在海内外流传并引发热烈的讨论。无疑,它对作为一种殖民力量的西方进行了深刻的批判,同时或隐或显地对作为前资本主义社会建构形态的中国文化和社会进行反思。然而,"中国文化派"利用现代的"史前史"作为批判的来源,作为挑战和超越现代性的内在动机和叙述策略,这一批判基础就值得怀疑。当今,如杜维明等人在这个问题上的思考无论是在意识形态和理论层面上都显得模棱两可②。例如,悖论性的是,这些论者一方面从道德和伦理的立场拒绝现代性,而后者在根本上是资本主义的文化和意识形态上层建筑;另一方面又大肆渲染在一个多民族资本主义世界中儒家思想的适用性,而后者却是一种历史上与前资本主义农业社会相联系的文化体系。儒家思想经过资本主义的洗礼,被用来作为"精神源泉"以应对现代化的挑战。后工业时代的亚洲(日本和新加坡的崛起是最经常被引用的例子)对儒家伦理道德思想的工具化利用(例如,家庭纽带和团队精神),本身就是20年代新儒学思想的一个发展,适应了全球资本主义不断理性化的需求——而且是必须在"文化上"达到的理性化。然而,困扰20年代知识分子的根本问题——无论是关于现代性的替代方案还是对现代性本身的拒绝——在新的语境下似乎都无关宏旨。相反,现在的问题是一个或数个以文化界定的民族在不断升级的全球资本主义竞争中进行自我确证,就此而言,传统不过是供利用的天然资源。"中国文化派"80年代后期的文化关注很可能是真诚的。但是,他们没能在社会经济领域和文化心理学领域之间安排一个批评策略的空间,这使那些学者很难将视线集中到另外一种可选择的现代性上,集中到集

---

① 在此比较一下中国和日本围绕"近代的超克"(overcoming the modern)观念各自所作的思考和讨论,将会饶有兴味。正如阿里夫·德里克(Arif Dirlik)指出的,不像日本知识分子在"大东亚战争"期间能够设想克服欧美霸权,当时中国知识分子并没有相应的物质和社会基础。

② 参看杜维明:《今日儒家伦理》(新加坡,1984);《儒学第三期发展的前景和讨论》(台北,1989)。

体创造力上来,从而无法产生一个比传统生活方式和既有的欧美范式更好的社会政治理念。

二三十年代的新儒家将过去与现代对立起来,甚至把中国的"文化重构"与改变中国的社会—政治力量分离开来,这使得他们无法使"过去"重新开掘出"实质"上的新内容,也无法发展出使过去活跃于当下的阐释。当新儒学思想家在文化和思想上面对现代时,他们经常认为,至少在文化和价值领域,现代性的范式能够被超越。在这个意义上,这一派的特点与其说是对于中国现代性问题的理论探讨,不如说是对现代冲击的道德上的回应和对于过去的文化怀旧。社会经济的变化引起了中国社会内在的、结构性的变化,而这一变化规定了上层建筑的重新定位,它最终改变了人们的惯常经验,而且也大大超越了新儒家们的视野。他们只是焦急地期待着想象中的传统的复兴,把它看做现代性本身的替代方案。这一派以两个基本假设为基础。首先,所谓的"中国文化"是在广阔的、地貌多样复杂的土地上,由众多少数民族不同的文化和区域传统融合而历史性地形成的;因此,它有一种内在的文化上的包容力量,能够吸纳外来的事物从而加强自身的主要特性和价值。其次,"中国文化"是一个被统一的表意系统限定和规范的时空实体,中国未间断的、延续三千年的历史实际上一直在自发地抵制世界范围内的欧洲中心论及其对历史的主导叙事;因此,这个统一的系统在方法论和价值论上形成了欧美资本主义所限定的"现代"之外的另一种选择。80年代"中国文化派"学者们的具体观点有所不同,但是这两大前提是它的代表人物的共同思想基础。

然而,80年代"中国文化书院派"的一些学者的文章中出现了在理论上与马克思主义合流的趋向,这表明了这个团体某些与众不同的特征。如果陈来的看法是对的,那么这一派思想的灵魂人物既不是受过深厚传统训练的学者,也不是海外的华人教授,而是社会主义中国的现代教育机构培养起来的一批人,他们试图把对中国历史、哲学的透彻理解与对西方理论、特别是马克思主义理论的丰富知识结合起来。① 汤一介在北京大学教授中国

---

① 参看陈来:《思想出路的三动向》,甘阳编:《中国当代的文化意识》,第581—567页。

哲学并主持中国文化学院的工作,他认为现代化进程没有捷径。汤一介反对"走向未来派"的形而上学科学主义与80年代中期社会科学和人文科学领域里普遍流行的方法论狂热,他认为,"提出要实现现代化,就说明我们仍处在'非现代化'的历史时期",因此"先有一个'现代化'与'传统'的关系问题,其间就包含着深刻的价值观念问题"。① 因此,汤一介认为,现代化应该从人的现代化,而不是科学和技术的现代化开始;现代化的讨论不应该满足于对"科学方法"的浮泛的争论,而应该在反思的基础上着眼于文化更深层次的转化。"四个现代化实质应该是文化现代化"②,这个结论不仅表达了中国文化派关注的中心,而且奠定了科学的"走向未来派"序幕之后整个"文化大讨论"的基础。

"中国文化派"学者们把一系列问题和观点带入到迄今专注于也可以说是局限于东西方文化比较的争论之中。更重要的是,现代中国思想史的主旋律——启蒙方案——再一次在对过去批判性的重新审视中被激活。庞朴(中国社会科学院研究员,"中国文化派"的著名人物)认为回到"五四"一代人未竟事业的时机已经来到,虽然来得稍晚了一些。在他的文章中,他这样写道:

> "五四"新文化运动的伟大功绩在于突出强调了文化的时代性,以及指出在文化心理方面应该树立批判的精神,从而在中国历史上呼唤出了一个新时代;可是由于对文化的民族性未曾理会,似乎可以认为,五四留下了许多没能做完的课题。尔后,中华民族投进了种种政治斗争和军事斗争,1949年以来又忙于解决其他更大更新的任务;只是到了今天,差不多70年后,人们才得机会捡起五四的未完画卷,重新涂丹抹青起来。③

"中国文化派"谨慎地宣告"第二次文化启蒙运动",其基本特点之一是

---

① 汤一介:《从印度佛教的传入看中国文化发展的若干问题》,复旦大学历史系编:《中国传统文化再检讨》,第217页。
② 同上书,第218页。
③ 庞朴:《文化结构与近代中国》,《中国社会科学》1985年第5期,第17页。

关注"积淀"在民族文化传统中的本土的、民族的内容和结构。庞朴认为"五四"时期的进步论者,由于被西方学者的欧洲中心论和保守的中国学者复古主义思想的合围所限制,无法认识到西方的非普遍性。同时,文化保守主义者们也忽略了文化的"民族性",他们认为中国文化是普世的而且体现了所有人类文化的最终目标。庞朴把这些在历史上被忽略的因素称为文化的"民族性质",但是,他在这里所指的可能更多是社会历史意义上的,而不仅仅是民族意义上的因素。尽管文化保守主义者对"文化心理领域表达的民族特性"十分敏感,但是他们未能清晰表达出来的观点却完全被他们拥护军事政权的政治立场所妨碍。相形之下,进步论知识分子、包括早期的共产主义者只抓住了文化和社会矛盾的暂时的特性。他们通过把这暂时的一面一般化,将西方视为机械化的时代社会进步的一个更高阶段,并以此作为自身现代化的目标。根据汤一介的考察,尽管现代化从西化开始可能是必要的,但是在过去的一个世纪里,现代化被错误地理解为仅仅是西化,所以对于文化、价值、思想和历史观的深层结构的改造被削弱了。然而,他进而指出,正是因为自"五四"以来现代化进程遭遇了曲折和中断,最终迫使中国知识分子不得不正视中国社会和传统文化的深层结构。①

因此,作为"第二次启蒙运动"的中国文化"重构",包含着对于那种将现代中国历史看成是现代化进程的观念的批评,而且重要的是(尽管只是暗含的)对于社会主义中国的集体经验的反思,而在一定程度上第二次启蒙运动的历史意识正是与社会主义中国所创造的新的社会经济条件联系在一起的。梁漱溟试图将以道德伦理原则为主体的中国文化与社会主义——在其中是人统治物,而不是物统治人——联系起来,如果说这一企图过于粗糙(而且考虑到梁漱溟的政治立场,它也相当可疑)的话,那么北京大学另一位资深的中国哲学教授张岱年就提供了更好的解释。在详尽分析了中国文化传统之后,他这样说道:"社会主义文化是一个新的创造,同时又是多项有价值的文化成果的新的综合。我们必须慎重考察古今中外不同的文化

---

① 汤一介:《从印度佛教的传入看中国文化发展的若干问题》,复旦大学历史系编:《中国传统文化再检讨》,第216—219页。

系统所包含的不同文化要素之间的相容与不相容、可离与不可离的关系,选择符合客观实际、适合社会发展需要的要素,排除一切浅见和偏见,正确处理继承与创新的辩证关系,努力创造出具有中国特色的社会主义新文化。"①这里,张岱年通过"继承与创新"之间的辩证法道出了传统和现代性之间的张力。

这两大方向,一方面是对民族文化传统深层结构的再考察,另一方面是以"重构"的名义建立"具有中国特色的社会主义新文化"(与此同时进行的是在社会经济领域建立"具有中国特色的社会主义"的摸索和尝试)的努力,成为了李泽厚以更加系统的方式和更加明确的马克思主义方法进行探讨的对象。作为当代哲学家和中国思想史专家,李泽厚是少数几个文章既能引起广泛讨论,又能被严肃研究的学者之一,这是因为他一方面在德国古典哲学和马克思主义文化理论方面具有融会贯通的知识,另一方面也在传统文化研究和当代思想论争领域积极介入,不断给人带来新的问题意识。因此,无论是在"中国文化派"还是在更年轻的一代学者中,他都有着很重要的地位,而这些年轻学者则通过对当代西方理论话语的阐释性阅读而发挥急进的文化功能。李泽厚的思想成果包括对古代中国思想和中国文化道德体系的审美特性的研究(与注重宗教和逻辑的西方美学形成对比),关于人道主义和主体性的儒家马克思主义的观点(基于他对儒家思想、康德和马克思主义哲学富有洞见和极具影响的重新解读),以及他对现代中国知识分子徘徊在"启蒙"和"救亡"之间尴尬处境的思考。李泽厚的著作是建国后最重要的思想成果之一,其自身的价值值得学术界重视。在"文化大讨论"的语境中,他的著作显示了对邓小平改革意识形态的哲学赞同。所以,必须在特定的社会历史场景中理解他的马克思主义式的介入。

尽管李泽厚被当做年轻一代的"精神领袖",他更明确地把自己界定在考察过去,而不是在思想上同新生事物联系起来。虽然在一些人看来,他是"中国文化派"的重要代表,但他对这个团体的诸种假设和知名人物的批评

---

① 程宜山整理:《中国传统文化的特质和价值——中国文化讲习班讲授综述》,《中国社会科学》1985 年第 4 期,第 115 页。

是严肃的,有时甚至是非常犀利的。可以以他对20年代新儒家领袖熊十力的评价为例:

> ……其哲学始终处在中国革命洪流之外,也自然地为这一洪流所彻底掩盖。熊所著书及其哲学在中国社会及思想界影响极小……尽管今天有人极意抬捧,但似乎不大可能在未来某日会有熊十力哲学热的到来。它毕竟晚产了,已与时代进程脱节。他完成了谭嗣同、章太炎等人的哲学未竟之业,却没有也不可能发生上述诸人的重大思想影响了。①

对于梁漱溟,他继续说道:

> 中国近现代是从前现代走向现代化,因之这种不满意资本主义、尖锐揭示西方现代化社会的病痛,要求以中国来补救的理论,在客观历史上却恰恰成了阻碍中国前进的绊脚石,它具有某种民粹主义的性质和色彩。社会斗争和政治逻辑使梁漱溟的理论成为保守派所欢迎的思想学说,这也就是为什么梁漱溟七十余年一直为西化派、为马列主义者所批判所冷淡,在几代青年中并无影响的根本原因。②

作为一个马克思主义者,李泽厚坚持将20年代的新儒家思想置于中国现代史特定的情势和文化语境之中,而且坚持根据它如何回应这一形势所提出的问题对它作出评价。尽管他和年轻一代的作家有着密切的联系,并对他们产生了很大的影响,李泽厚在"文化大讨论"期间还是成为了相对"保守"一派的代表。对于他这种立场的确证,主要不是因为他是"中国文化派"组织的研讨会的主要报告人,而是因为他内在的思想立场倾向于把过去看成一个结构上的整体,无论是前现代的文化遗产或社会心理学遗产,还是刚刚过去的几十年革命与社会主义岁月(最后一方面使各派都认为他的立场不可避免地带有政治性)。从这个角度来说,李泽厚通过把"中国文化派"学者们的关注和使命置于早先的思想语境中,揭示了这派学人在一些基本问题上的含混性:

---

① 李泽厚:《中国现代思想史论》,第279页。
② 同上书,第290页。

……现代新儒家虽以哲学为其课题,但其背景与近现代中国各派哲学一样,都有着对中国民族往何处去,传统如何能联接现代化,如何对待西方传来的民主、自由、科学等基本价值等巨大社会文化问题的深切关怀。有意思的是,与中国的马克思列宁主义的革命哲学一样,现代新儒家特征也是强调道德主义,只是它是通过传统哲学(宋明理学)来强调和论证罢了。但是,这种儒家传统的道德主义与现代西方的科学、民主以及个体主义究竟有何关连,它应如何对待他们,现代新儒家未能作出深刻的交代。这种道德至上的伦理主义如不改弦更张,只在原地踏步,看来是已到穷途了。①

与长达一个世纪之久的"中学为体,西学为用"(由晚清湖广总督张之洞提出)的国人自我沉溺的幻想相反,而且也不认同所谓的"全盘西化",李泽厚把他的立场表述为"西学为体,中学为用"。这里的"体"并不仅仅意味着作为现代化社会经济发展本身的西学。通过在现代化的基础上重新定位中国文化,同时在道德、美学层面重新肯定传统价值的有效性,李泽厚在很大程度上依赖马克思主义哲学和人类学,以使中国现代性的经验正当化(通过把它与全球历史等同起来),并且使所谓的"社会心理沉淀"运作起来,以容纳别的异质思想。

至于这一图景中"前现代"的功用,李泽厚把注意力集中在传统作为"社会心理积淀"的转化力上面。他也挂怀这样的问题,即当中国社会充分吸收现代科学技术以及作为社会存在基础的社会组织原则时,它在**社会意识上**是否是、而且如何能够仍然是"中国"的?当他陷于长达世纪之久的社会文化本体论层面上自我定位的困境时,他的"药方"似乎是在两个强大的意识形态之间达成一个妥协,一方面是基于全盘现代化模式的中国革命和社会主义经验的马克思主义意识形态,另一方面则是积淀在整个社会生活内部的残存的传统。需要协调的,一方面是来自历史唯物主义的生产和技术的社会观,另一方面是在社会文化群体的日常行为中现实化的上层建筑

---

① 李泽厚:《中国现代思想史论》,第309页。

改革。对李泽厚那一代人来说，这种努力既具有代表性，又具有症候性。它表明了中国基本的社会文化冲突依然在作为中国现代化最高峰的中国社会主义和中国革命的历史范式内部表现了出来。

对"中国文化派"里更年长的一代人来说，中国文化还必须依然对"现代"的正当性提出质疑，因为虽然现代性已经被民族主义者和社会主义者移植到了中国的土壤，但它本质上立足于西方世界观和历史上的欧洲中心主义。新儒家和他们当代的追随者对马克思主义和社会主义如果不是完全排斥的话，也是在文化与意识形态上有所保留，这是一个不言而喻的事实。他们对现代西方的强烈抵触是由现代中国革命所历史地决定的，在社会层面上也与对中国革命的认识联系在一起，因此他们超越现代的愿望，就事与愿违地变成了对中国社会主义内在包含的另一种现代性的怀疑。对有些人来说，中国历史的本体论基础（"体"）无疑存在于"天人合一"思想所激发的文化历史中，存在于对美德和知识不懈的自我追求中，存在于"道"在道德的日常领域里的实现之中。如果说今天新儒学思想家中务实的成员并不必然反对资本主义本身（只要他们认为"工业的东亚"前途光明），他们无疑都反对历史唯物主义世界观。因此，并不奇怪，他们对于在中国社会主义框架里形成的中国现代性提出的问题，还是由李泽厚作出了最彻底的回答（至少是在学术层面上）。李泽厚在他的《中国现代思想史论》的最后一章（题目是《漫说"西体中用"》）里，这样阐述他的基本观点：

> ……把"体"说成是社会存在，这就不只包括了意识形态，不只是"学"。社会存在是社会生产方式和日常生活。这是从唯物史观来看的真正的本体，是人存在的本身。现代化首先是这个"体"的变化。……（张之洞）不知道，他要维护的"学"不只是一个"学"的问题，也不仅是政经体制的问题。他看技术仅仅是"用"，不知道轮船、火车、汽车之类的东西是与社会生产力、与社会生产方式紧密连在一起，是后者的具体体现。……严格说来，"体"应该是社会存在的本体，即现实的日常生活。这才是根本、基础、出发点。忽视或脱离开这个根本来谈体用、中西，都是危险的。就中国来说，如果不改变这个社会存在的本体，则一切"学"，不管是何等先进的"西学"，包括马克思主义，都有被

中国原有的社会存在的"体"——即封建小生产经济基础及其文化心理结构即种种"中学"所吞食掉的可能。①

李泽厚的结构—功能理论可以说是出于这一代际的、文化—政治目的深思熟虑的产物。将当代中国的社会本体论基础置于现代的"体"上——不仅是现代意识形态,而且是现代生产方式(李泽厚定义的现代元素并非指日益扩大的资本主义世界市场,而是指科学和技术)——李泽厚在社会和文化生活的每一个层面为现代化的优越性和紧迫性作了辩护。同时,李泽厚也详细阐述了他对社会意识领域中保持"中用"的期望(他的大部分学术精力投入到中国思想史、中国美学理论和中国知识分子的研究上面)。当李泽厚认识到改革在社会存在层面的整体后果时,他赞同现代社会中被保留下来的传统价值的批判和创造潜能。他写道:

> 改变、转换既不是全盘继承传统,也不是全盘扔弃,而是在新的社会存在的本体基础上,用新的本体意识来对传统积淀或文化心理结构进行渗透,从而造成遗传基因的改换。这种改换又并不是消灭其生命或种族,而只是改变其习性、功能和状貌。例如,在商品经济所引起的人们生活模式、行为模式、道德标准、价值意识的改变的同时,在改变政治化为道德而使政治成为法律的同时,在发展逻辑思辨和工具理性的同时,却仍然让实用理性发挥其清醒的理知态度和求实精神,使道德主义仍然保持其先人后己、先公后私的力量光芒,使直觉顿悟仍然在抽象思辨和理论认识中发挥其综合创造的功能,使中国文化所积累起来的处理人际关系中的丰富经验和习俗,它所培育造成的温暖的人际关怀和人情味,仍然给中国和世界以芬芳,使中国不致被冷酷的金钱关系、极端的个人主义、混乱不堪的无政府主义、片面的机械的合理主义所完全淹没,使中国在现代化过程中高瞻远瞩地注视着后现代化的前景。②

李泽厚提出的是马克思主义经济基础和上层建筑之间的辩证法,它被

---

① 李泽厚:《中国现代思想史论》,第332—333页。
② 同上书,第337—338页。

社会和文化的动态结构或一种多重历史的复调（polyphony of histories）进一步复杂化。他表达的是一种经过民族文化立场调整的乌托邦姿态。他以强烈的怀旧情绪为即将被"现代"的滚滚车轮所碾碎的事物保留了一个避难的内部空间，而这一切则是以"未来"的名义进行的。很少有人能够把坚定的马克思主义立场和对中国传统的深刻了解平衡得如此富有思想和技巧。由于他使传统和历史贴近了当今的日常生活领域，使之重新焕发了活力，李泽厚被归入"中国文化派"也可以说是恰如其分。进而，通过把中国革命和社会主义建设（作为本质上的现代化）的过程当做促发80年代文化反思的真实的、基本的阶段，李泽厚还为被新时期主流意识形态（例如简单地认为"文化大革命"是一次民族灾难）压抑进无意识的不远的过去与新一代激进的阐释学思考之间的沟通提供了许多必要的理论中介，而后者作为一种新兴话语则标志着文化领域里中华人民共和国的集体经验和后工业化西方之间的第一次正面对抗。他试图详细论述和阐明经济基础和上层建筑之间的辩证法，这个辩证法敏锐地指向一个展现整个中国的问题性的历史关头。在"文化热"的发展过程中，这个辩证法受到日常生活领域中的社会经济变化以及象征领域中意识形态和理论阐述两方面的挑战，有时甚至暂时被打断。但是更年轻的一代日益发现李泽厚的作品是极其重要的参考系。实际上，他们中的许多代表人物早已把自己对李泽厚或明确或含蓄的批评变成了表达自己立场的一个平台。

　　基于对这一点的讨论，80年代中期和晚期的文化讨论已经使自己区别于以前的文化讨论，原因在于它们已经或明或暗地把现代中国文化的问题核心与主题动机确认为"现代化"而非"西化"，并以此为基础来表述当代中国的文化意识和思想策略。正如我们已看到的那样，这种强调是结合社会经济领域内国家现代化事业（"走向未来派"很大程度上是思想话语中这一观点的表述）与"文化"上力图重构中国现代性的结果，而这一"文化"努力则表现为将现代世界的问题性与传统哲学母题联系起来，利用后者所提供的象征——还有道德——资本，设法对前者进行重构。由于被置于历史的语境中，这种趋势很少带有"中国中心"主义的色彩，而是预期了"现代"问题性的社会和文化基础。因此，它也可以被视为中国文化观念对改革时代的社会形势所作承诺的间接表达。

在国家现代化事业和对历史事件进行文化阐述的思想实验之间的理论短路,往往有待细察。但是,造成80年代社会和思想空前活跃的因素,远远超出了"中国化"情结以及"大跃进"心理。如果陷入这样的模式中(这种冲动暴露出植根于西方汉学历史的思想模式)实际上会使研究失去纷繁芜杂的集体思想背后的历史和思想复杂性。迄今为止,我们所看到的"文化大讨论"的主题都是在具体语境中展开,并带有这一领域中所有立场的暗示。至于文化阐述和历史事件之间的张力,有人也许会问这一张力的形成是否是为了根据历史来重构文化,或者相反,为了文化领域的自我主张而召唤出历史。我已经指出,"中国文化派",包括其中由李泽厚代表的马克思主义一翼,特别强调历史——必须从文化上建构的历史。"中国文化派"把这种建构看做是中国现代化的紧迫任务。这一紧迫感有时表现为文化关注,有时表现为文化焦虑,它把一种在特定的时间和空间的语言中去理解历史的紧迫性摆在人们面前,在这一特定的时间和空间中,历史事件不仅仅是发生了,而且是作为某种集体性自身的历史而发生的。

鉴于"中国文化派"的现代化意识形态及其对种种当代思潮的开放性,如果说"中国文化派"在内容上不必然是保守的,那么很明显,它在形式上是保守的。也就是说,在"文化大讨论"的语境中,它代表了抵御话语革命的立场,这种话语革命将会使"中国"的范畴在当代文本空间中运动起来,在这一代际性的或单纯的风格差异中,存在一个不完整的现代和即将到来的后现代之间更深层的冲突。对新一代来说,历史的问题性与其说是通过社会和道德立场而获得,不如说它是一个暗含在文本冲突之中的被分割、疏离的指涉物的领域,而这一文本冲突由同时作为解决方式和症候的新的文化语言表达出来。作为历史进程的传统和现代性的内在差异模糊了它们之间的分界线。在"改革开放"的历史条件下,话语领域本身一旦从国家的整体性中得到相对的自主,它就已经不可挽回地带有深刻的政治性和社会性。

阐释学的政治:"文化:中国与世界"编委会

更年轻的一代学者领导了"文化大讨论"的第三次浪潮,他们是"走向未来派"和"中国文化派"的继承者,同时也是他们的激烈批判者。他们不仅处理(并很快超越)了经由先前两种文化话语模式所界定的现代化和现代性的母题,而且与80年代后半期文学与美学现代主义潮流结合起来,发展出了不同的话语空间和文化策略。与从现代科学技术中获得灵感的"走向未来派"不同,这个团体把注意力集中在"精神科学"(*Geisteswissenschaften*)领域,并且寻求对当代中国文化状况的"诠释"(interpretation)而非"说明"(explanation)。与科学技术的分离不仅标志着文化讨论的进一步专业化,更表明党领导的以现代化为目标的群众运动内部的一个意识形态神圣同盟的结束,也表明了"理性化"思想热情的结束以及与新时期相妥协的文化批评的结束。所有这些都发生在社会领域和政治领域充满歧义性的历史时刻:在一个急剧转型的社会中,在一个对于政治改革、法制化或者经济体制改革进行社会科学层面上的思考依旧或多或少是种禁忌的社会,人文科学似乎成为了唯一一个可以"哲学"地(也就是以理论话语的方式)探讨社会经验变化的渠道,从而能够在文化上、社会上和政治上理解这种社会经验的变化。

与"中国文化派"不同,新一代的学者们选择在"西学"领域为诠释当代中国文化打下基础,他们对于西方理论话语的热情引介颇具反讽意味地为"走向未来派"的意识形态及其思考模式提供了一个得以延续的机会。虽然有些人认为这不过是又一波"方法论热",但是新一代学者的目的是要超越"走向未来派"早些时候形成的作为技术术语的"方法论"。另一方面,他们与"中国文化派"也有很大的差别:对阐释派来说,"文化"和"传统"不能相互参证;两者都要根据"当下"的展开以及关于"当下"的历史性的探索来加以考察。几乎所有第三次浪潮的参与者都在1949年以后出生,由于成长在社会主义中国,特别是有着"文化大革命"的特殊经历,这使他们的思想(和政治)立场比"文化派"更加激进,他们会更加激烈地批判传统。刘小枫所创造的文化政治口号——"悬搁传统"（对胡塞尔现象学中"悬搁"方法的挪用）——激起了老一代人的愤怒，他们毫不犹豫地为这些新人扣上"全盘西化者"的帽子。然而如果仔细观察，很容易看出当"文化派"通过一种一般化了的中国文化而坚持普遍主义价值体系时，阐释学家们则通过在"西学"内部作进一步的区分来探寻文化和历史的特殊性，对许多人来说，这也许仍然是主张普遍性的有效方式。

对于这个新兴的、有着代际自觉的思想团体，我们并不能仅仅从内部去界定它的思想特征。事实上，很难在这个富有创新精神和异端倾向的流派的社会学和政治学的真理内容与80年代后期思想领域的普遍趋势之间，画出一道清晰的分割线。如果我们暂时把这个新的理论话语的表达看做一种社会文化的私人语码（它使人感觉到某种特殊的社会文化的内在性或"主观性"），那么对它的历史内容的理解必须符合它的意义结构所暗指的语言共同体，符合一种国际文化的"语言游戏"或交流惯例——意义的地形学得以投射其中。试图融入这一期望中的、有时是想象的沟通和交往领域，以及随之进行的自我改造，根本上标志了"文化热"最新发展的文化策略和思想原创性。这一转换使全国的文化讨论变成了朝向话语现代性的冲刺，这不仅仅是思想精英们的竞赛，而且是一般意义上重新界定文化、符号权威的竞赛。这样一来，所有的讨论都不得不在西方理论的框架内——借助于海德格尔（Heidegger）、维特根斯坦（Wittgenstein）、罗兰·巴特（Roland Barthes）和弗雷德里克·杰姆逊（Fredric Jameson）的话语（包括他们各式各样独特的语言风格）——进行讨论。

但是理论话语不仅仅是一个可以讲述和倾听新的历史经验的框架；它首先是发起这样一种文化探险的物质基础结构。这个新的学术团体对这一物质基础之于意识形态和形式实验的重要性了然于心，这种认识成为这个群体的思想活动的显著标志。由于对于比比皆是的知识谬误和文化讨论的缓慢进展颇感沮丧，一个非官方组织"二十世纪西方学术经典"编辑委员会（即"文化：中国与世界"编委会）于1985年末在北京成立。对于西方理论话语的深度译介有着令人鼓舞的巨大市场潜力，因为之前几十年里这方面的工作可谓付之阙如。这个委员会中的大多数成员来自著名的高等学院和官方研究机构,特别是北京大学(尤其是其中富有传奇色彩的外国哲学研究所)和中国社会科学院。他们中的几乎所有人都是在"文革"后进入大学,并且毕业于80年代中期,由于受过较为系统的西学训练,在思想上浸淫其中,因此他们成为"文化大讨论"中的活跃分子,并被贴上"全盘西化派"的标签(虽然这一标签对他们来说并不贴切)。在《光明日报》的整版广告中,编委会刊登了一份将由享有盛誉的三联书店出版的译著书目。其中一套名为"现代西方学术文库"的译著丛书包括许多现代经典作品,如韦伯的《新教伦理与资本主义精神》、胡塞尔的《逻辑研究》以及萨特的《存在与虚无》等。除此之外,编委会还出版了一种文化批评季刊《文化:中国与世界》,以及一系列人文科学著作,包括编委会内外一批年轻学者的独立研究成果——刘小枫那本很受欢迎的《拯救与逍遥》就是其中之一。然而,奠定这一派基础的还属译作,正如《光明日报》所宣传的那样,第一个翻译系列涵盖了从尼采、胡塞尔、舍斯托夫到福柯、德里达、汉普尔(C. G. Hempel)等一批重要的思想家和哲学家的109部作品①。如此系统和大规模地翻译20世纪西方作品,在中华人民共和国历史上是前所未有的。很快,这项工作就受到了知识界的密切关注,而当代中国,文化问题还从没有脱离过国家或普通市民的日常生活。② 实际上,仅仅这一翻译工作已经发布了一个思想宣言,虽然在当时只有"文化大讨论"的参与者们才能清晰地听到这个宣言的声音。

北京大学的外国哲学研究所是在毛泽东的个人提议下于"文革"中期成立的,目的在于促进对于当代西方哲学和社会思想的专业研究(主要从事马克思主义溯源,而非全部的西方古典哲学的研究)。遵循毛泽东"知己

---

① 在收入"现代西方学术文库"的49部主要著作中,22部是德奥作家的作品,10部出于法国作家之手,9部美国作家作品,5部英国作家作品,俄国、意大利和日本作家各有1部作品。109个题目中的大多数代表了德奥非理性主义和西方左派思想,尽管编委会当时并没有聚焦于这两个领域的明确政治导向。

② 大众的热情反映在巨大的印刷数量上。编委会通过三联书店发行的第一部译著《悲剧的诞生:尼采美学论文集》第一版在几个月里就销售一空,几年里这本书总的销售额估计达到50万册。即使是海德格尔那部又厚又贵的《存在和时间》的中译本也印了5万册。当两年后(1987)萨特的《存在和虚无》发行时,销量超过20万册。参看杨仁:《北京文化重塑派》,《当代》第73期(1992年5月),第42页。

知彼"的策略,这个研究所应该是一个"储藏反对思想的容器",然而它却成为了解西方思想至关重要的信息来源,例如存在主义和逻辑实证主义在80年代初期被未经批判地接受过来。长期担任所长一职的洪谦教授由毛泽东亲自提名,原因在于他的公开的(不一定是政治上)反马克思主义立场。洪谦曾经师从石里克(Frank Schlick)学习哲学,加入过维也纳逻辑实证主义学派,并成为核心成员之一,他为世界范围的分析哲学运动做出过很大的贡献。在"文革"中他被特许用英语、德语写作和出版著作,而当时许多中国学者不能用外文写作或出版。外哲所副所长熊伟曾在马丁·海德格尔门下学习哲学,是现象学和存在主义的研究专家。甘阳1981—1984年间在外哲所从事研究工作,他说,那时整个思想界的气氛"极其自由而又热烈";学生们可以阅读"现代西方的任何著作",还可以"毫无顾忌地讨论任何问题,从未有过任何意识形态的干扰"。当西方马克思主义(尤其是法兰克福学派、阿尔都塞和葛兰西——萨特更多地被认为是存在主义者,而非马克思主义者)在"文革"后第一次被介绍到中国并在社会上引起广泛的讨论时,在外哲所内部却并非如此。甘阳曾说,由于两位领导的专业修养和个人感召力,外哲所师生眼里的"主流"哲学其实是分析哲学、科学哲学以及现象学和阐释学。甘阳在一篇纪念洪谦教授的文章中写道,"对于与西方隔绝数十年的中国大陆,这两位教授的存在,在我们这些青年学生的眼中几乎就是与西方联系的某种象征",他继续写道:"法兰克福学派等的东西当然也都读一些,但学生们谈起来似多少都有些轻视之意,似总觉得不够'纯哲学'……也可见北大外哲所学风之一斑,即具有相当强烈的'理论'关怀,而相对有些轻视'实践'。"当然肯定有例外。甘阳自己,公开承认自己是黑格尔和马克思的崇拜者,他得到洪谦的支持,后来成为北京大学和中国社会科学院研究生实际上的领袖之一。①

如果说中国在文化前沿从西方寻求真理的第一次浪潮是以建立马克思主义范式为终结,那么对"文革"以后的几代人来说,进入后黑格尔主义

---

① 参看甘阳:《在无法表达前我们必须保持沉默:纪念洪谦教授》,《明报月刊》1992年第9期,第115—118页。

(post-Hegelian)理论时期的符号探险,标志着一个新的历史意识的出发点。因此,一个被卢卡奇称为伴随着资本主义社会历史性衰落的"理性的毁灭"过程,却阴差阳错地变成了后现代——也就是后革命——空间,变成了当代中国在文化和语言领域重建理性和社会正当性的空间。理论的历史暧昧性使得年轻学者们可以在后毛泽东时代对于文化语言乃至思想价值进行富有争议的重建。但是新的理论和形式的实践只是接近更早时期的历史问题性的另一种方法。正如毛泽东所代表的中国马克思主义不仅标志着革命的一代向西方寻求真理的最高峰,而且在它自身的结构中包含着对于中国社会和中国文化的理解。因此,新一代人在参与当代全球话语和意识形态的同时,他们的文化反思必须和后革命时代的中国社会、文化的历史性相一致。

当 1985 年"文化大讨论"刚刚开始时,整个中国社会和文化依然由两个因素所界定:一方面是经济改革和对外开放,另一方面是"坚持四项基本原则"(这个口号首先由邓小平提出来,然后写进了宪法。所谓四项基本原则包括坚持马列主义毛泽东思想,坚持无产阶级专政,坚持共产党的领导,坚持社会主义道路)。在公有制经济和私营经济的萌芽所塑造的新的社会空间中,争取主流话语和官方意识形态以外的话语空间的要求日益明显。被有意抽象化和物化(作为理论或仅仅作为方法论)的西方话语,被用来超越官方话语的束缚,而且还被用作新的文化主体得以形成的符号空间。与此同时,当面对刚刚被释放出来的集体能量和个人想象时,人们也模糊地感觉到西方话语以及现代性母题是某种异质和压抑的霸权,正在形成新的障碍。所以,文化反思的语言实践位于这样两种现存秩序之间,并且通过两者之间不断的妥协和解释表现出来。互文性不仅出现在权力斗争的范围里,而且首先是作为一种历史过程暗含于西方和中国现代性的背后。甘阳这样阐明这一有力的、多元决定的冲突:

> 正是因为对中国文化的检查是在外来文化的刺激、冲击下发生的,正因为对本民族文化的反思总是与对外来文化的态度纠缠在一起,近代以来对文化问题的讨论也就变得异常的复杂、异常的棘手……这里的一个关键问题就在于:中国文化与西方文化之间的地域文化差异常

常被无限突出,从而掩盖了中国文化本身必须从传统文化形态走向现代文化形态这一更为实质、更为根本的古今文化差异的问题。……我们总是不知不觉地用抽象的中国文化(实际上是中国传统文化,说穿了多半是儒家文化)和抽象的西方文化(实际上是经过了"知识论转向"以后的近代西方文化)之间的泛泛比较与笼统区别,来回避、模糊、转移甚至取消中国传统文化形态与中国现代文化形态的差别这个更为实质的问题(与此同时也就忽视了西方文化本身也有一个其传统形态与现代形态的区别)。①

当代中国文化讨论的阐释学转向,发生在这种文化冲突的历史动态以及对这种动态的明确意识之中。相应地,新一代的思想兴趣和意识形态立场需要通过对他们的思想结构的社会历史性阅读,经过阐释学的迂回进行探讨。阐释派力图克服中国现实和西方理论语境之间的距离,以揭示话语实践中的关键因素,有时是以文化政治的方式,有时则是以黑格尔的"精神现象学"的方式。阐释学方法标志着在新的历史和话语形势下开始的中国文化讨论的初步成熟。这不是任何派别或个人在方法论上的成功,而是在思考方法上总体再定位。在中国学术界,批评的重点已经从东—西的二元对立转向了传统—现代性转化的二元对立;在与"理论"有关的领域,这种再定位体现在对于西方马克思主义的阅读以及后来关于"后现代主义"概念的论证中。然而,最重要的突破是年轻的批评家对欧洲哲学思想,即以海德格尔、伽达默尔(Gadamer)、保罗·利科(Paul Ricoeur)的著作为基础的当代阐释学理论的接受和运用。

首次对阐释学思想进行系统介绍是北京大学外国哲学研究所在1983年夏季主办的"后分析哲学"的系列讲座,讲座的主题涉及后期维特根斯坦(Wittgenstein)、海德格尔、伽达默尔、保罗·利科的当代阐释学著作,以及德里达、解构主义和美国哲学家理查德·罗蒂(Richard Rorty)的作品。阐释学思想的影响很快在哲学、历史和文学批评领域流传开来,而其中对于海

---

① 甘阳:《我们在创造传统》(台北,1990),第32—33页。

德格尔从早期现象学时期向晚年诗性思考的转变的关注,则标志着"语言"在文化讨论中作为问题的关键出现。在全国范围的文化讨论达到高潮时,1987年在深圳召开了由刘小枫(团体中最高产的作者之一)组织的"哲学和阐释学"会议。编委会主编甘阳也是公认的阐释学专家,他组织翻译了利科的《解释的冲突》(*The Conflict of Interpretation*)。① 在"文化大讨论"中,对作为一种哲学理论的阐释学的重视,只有西方马克思主义热和半途夭折了的后现代主义概念及其中国含义的讨论可与之相提并论。但是就"文化大讨论"的话语逻辑而言,阐释学实属文化再定位的核心。

年轻一代面对的理论问题不仅是怎样运用西方话语来打破官方意识形态的主流叙述,而且,更重要的是怎样占据新的语言空间,成为一个仲裁者、一个主人,而不是客人。换句话说,即作为一个主体来经验新的时空秩序(或无序)。由社会所推动的文化讨论所要求的理论或话语结构,概括了现代化进程中中国社会的根本问题性所在:在内在历史(internal history)中,如何通过异域探索出一个途径或迂回线路;如何在转化前现代结构的同时,将外部的或直接的现代转变为一种有机组成而非创伤体验的现代性。② 即使这一代学者中更前卫的成员完全接受提倡"去中心化"主体和绝对符号

---

① 在由编委会介绍到中国市场的第一批西方经典作品中有海德格尔的《存在和时间》、狄尔泰(Dilthey)的《体验与诗》(*Experience and Poetry*)以及利科的《阐释学与人类科学》(*Hermeneutics and Human Science*)和《论诠释》(*On Interpretation*)。对理查德·罗蒂的《哲学和自然之镜》(*Philosophy and Mirror of Nature*)的翻译也是这一工作的成果之一。伽达默尔的《真理与方法》(*Truth and Method*)的中文译本虽然不完整且难以卒读,然而也被读者接受了,并流传开来。而一些稍微次要的,如大卫·霍伊(David Hoy)的《阐释学的循环》(*Hermeneutic Circle*)与西默农(Simenon)的作品、台湾言情小说并排放在书架上销售。因为这一系列的大部分读者都应该有一定的外文基础,所以人文科学的著作应该更容易被接受。

② 我在使用"内在"这个词时,并非指心理分析意义上的外在权威的"内在化"过程。日本或许会被认为是那种"内在化"的例子,与此不同,在中国对"内在性"的渴望——既是指向未来的驱力,也是指向过去的怀旧——根据它在社会主义现代化进程中的政治和文化立场已经被严格限定。因此,"内在化"不是指一个心理学的实体,而应该被看做一种历史构形,一种社会乌托邦,这一乌托邦意指着催生出内在性的历史语境。

统治的后结构主义立场①,大多数人还是极其不情愿接受后现代意识形态②,他们辩护说现代性是一项未完成的、因此也是开放性的事业,在其中主体立场既是被历史指定的,又符合具体的个人要求。关于现代与后现代的问题,后文将会继续讨论。在这里,只需指出,现代或现代主义者的(经常是大写的)"主体"概念,被认为是一个聚集并回应历史转型中各种社会文化关系的必要空间。在当代中国,阐释学思考的理论意义在于它成为两种文化系统间的中介,而这两种系统并不是两种静态的文明样式,而是历史主体体验这两种动态时间秩序,在两者之间斡旋和调和的创造性形式。伽达默尔的"视界融合"(fusion of horizons)成为跨越传统和现代之间的重要桥梁,而且是新兴的中国文化话语和人文科学的"西方"形态(本质上可以理解为对现代性的批判)之间富有成效的合并。在语言学阐述的层面上,在文本概念(这要归功于利科的影响)中维持下来的与社会意识形态现实的距离,使得从新的社会经验中浮现出来的自我意识能够被安置在一种诠释性关系之中,而这种关系则介乎全球资本的象征世界与作为一种历史形象的经济社会因素之间。

阐释学在此代表一种批判性的重建,为的是使新的形势与毫不妥协的当代姿态相结合,同时保留中国社会和文化的历史规定性的自我意识,或起码是对于民族、地域和个体环境之相关因素的自我意识。所有这一切,都通过西方文本,被艰难迂回地表述为一种直接的现代性。很容易理解中国思

---

① 这里可以看出微妙的代沟。这一青年学者阵营中更年轻的群体由那些在改革十年中成长起来的一批人组成,他们在思想和社会层面上受到了80年代中期信息大爆炸和市场经济崛起的影响。他们中的大部分人比甘阳和刘小枫所代表的那一代要年轻十岁,在"文化大革命"中度过了最重要的时光,思想上被1976年的天安门事件("四五运动")所塑造,这一政治事件催生出了后革命时代中国的诗歌、哲学和社会思想界的现代派声音。

② 我必须明确"后现代意识形态"在这一语境中指消费主义、绝对个人主义,以及对意义、价值的完全舍弃,它被认为不利于现代化这一集体事业。在李泽厚那儿,后现代是一个肯定性的概念,它被看做对现代性的批评性修正和否定。李泽厚有时用生态意识和美学多样性作为他想象的后现代的正面范例。在他不断强调混淆现代和后现代的有害性,并且指出历史地面对中国社会的是现代性而非后现代性的同时,他认为应该在现代化进程中仔细地检视后现代的问题,这一方式使人想起毛泽东的信念,即社会主义为前现代中国社会提供了更高的历史起点。参看《中国现代思想史论》,第338—340页。

想家的真正问题,正如伽达默尔在谈到《存在与时间》时所说的那样,"不是存在以何种方式被理解,而是何以理解本身就是存在"①。在毛泽东时代,中国的马克思主义已经认识到现代元历史(meta-history)内部的结构性距离和历史性差异对任何第三世界来说都是至关重要的,而现在年轻一代正在自身的话语冲突中重新讨论这个问题。在这项诠释活动中,内在历史的视界是意识关注的焦点,而经过内部区分的历史性(differentiated historicity)则被带入到具体情境的实践之中。在"文化大讨论"的文章中,这个问题得到了各种不同的表达和解决。

与80年代一些研究者的怀疑相反,尽管阐释派的代表人物绝大多数是西方哲学的研究专家,尽管他们有些著作的语言就连他们广博的同行都难以理解,然而这一派的影响远远超越了知识精英小圈子的范围。阐释派设法与这一领域的其他立场和声音进行广泛和持续的对话。同时,它一直有意识地发展新的读者群。这一延伸一方面是由于年轻一代的学术资历还比较浅,他们必须寻求现有学术机制以外的大众的支持;另一方面也反映了先前的"文化热"已经使思想讨论大规模地延伸到公共空间之中。例如,甘阳两篇最有影响的文章,《关于八十年代的文化讨论》和《关于传统》都不是发表在学术期刊上:其中第一篇发表在1988年《瞭望》(这种杂志近似于美国的《时代周刊》)的海外版上,第二篇则发表在《读书》上。编委会成员们在"西学"上相对来说严格和周密的训练常常在讨论中助了他们一臂之力,更别提他们身后的现代西方著述的文化威望了。得益于现代西方理论经典的大量出版,甘阳和他的同行们得到了极高的知名度,甚至是权威地位。由于中国古代就有深厚的训诂注疏(如经学)的传统,而且现代阐释学理论的早期介绍是由一些文学批评家完成的(比如张隆溪),所以"阐释学"并没有像人们预料的那样在中国语境中显得格格不入。然而,阐释学讨论之所以没有成为象牙塔,而是成为"文化大讨论"中一种脚踏实地的努力,其根本原

---

① Cf. Kurt Mueller-Vollmer ed., *The Hermeneutic Reader*(New York,1990). 了解关于解释和存在辩证关系的更详尽的讨论,请参看 Hans-Georg Gadamer *Truth and Method*(New York,1991),pp.259-264。

因在于它的基础是一种可感知的社会和文化再定位,这种再定位捕捉到一个特殊的话语过程,以理解、表述并重建产生于历史转型之中的集体经验及其文化图景。从某种意义上说这并不完全是隐喻,"追寻存在"在其社会意义而非诗性意义上是一种含蓄却普遍的激情(或焦虑),潜伏于后革命中国文化领域中的各个层面和位置背后。

在《拯救与逍遥》一书中,刘小枫在题为"作为价值现象学的比较文化"的引论中试图以一种对价值不断追求的意向性来弥合他称之为"历史中的文化"的时间和空间上的裂隙。他写道:

> ……历史文化中的真实意义只是在现时历史意识的提问过程中才得以呈现,因此,它归根到底只是溯源于我们的意向性。……历史中的文化的真实意义只在当前现在的时间中浮现出来。当前现在的时间不是别的,恰恰是我们自身的意向构成,我们的生命历史中蕴含着的苦恼和愿望所表达出来的价值要求。现时历史的意向时间不断转化为文化层,过去的历史文化中的意向时间也不断地转化为现时历史的意向时间。历史过程中文化的融合乃是意向时间的融合。在这里,人的价值追问是始终贯穿着的纯粹关联。在这种时间融合的维度内,新出现的文化意义直接诉诸于人的现在历史的价值建构意向,它使得现实历史中的人在直接的自我认识中,在自己的过去的历史文化意义的基础上,开启自己的本质和处境的新维度。①

这一从现象学角度对当下中国文化讨论形势所作的思索(一部分受海德格尔的启发,一部分则受到舍勒[Max Scheler]的启发),提出了时间的共时性和空间的共存性的问题。这一立场暗示了一个主体视角,但不是在胡塞尔(Husserl)"先验还原"(transcendental reduction)意义上的,而是历史追寻的意向构成中被具体化的意识(这里刘小枫似乎转向了罗曼·英伽登[Roman Ingarden]的术语学)。起作用的是一个作为叙述装置的视点,藉此对历史的寻求和集体自我形象的恢复得以在个人的基础上实现,这与霍米·巴巴

---

① 刘小枫:《拯救与逍遥》(上海,1988),第 14 页。

(Homi Bhabha)的"心灵之眼"有些相似(但也有很大差异),在"心灵之眼"中一个国家的视域形成了它的叙述。① "文化大讨论"第三阶段所浮现出来的这些粗糙而抽象的表述背后的根本性努力,是在全球话语内部寻找一种内在历史,以支持并确证其"外在"的符号化过程。将"意向构成"与对现时的价值论考察并置,也就是试图通过承认在话语上融入欧洲现代主义本身这一过程的时间性和主体性(temporal, subjective nature)(作为一种本土的文化政治),而使意指链激烈地内在化。刘小枫既没有单纯坚持本土性不放,也没有在世界历史的语言游戏中放弃他的主体立场,而是以一种动态的(有时似乎是悖论式的超验)姿态,同时保持全球化和本土化的必要性和合理性。刘小枫以上的观点及其特别的哲学形式同时反映了 80 年代后期中国的文化乐观主义和矛盾的社会心理。80 年代初期以来的社会经济发展越来越使毛泽东时代中国隐含的公共空间在新的物质条件下明晰化。呼吁关注构成所有文化讨论基础的"意向构成",表明当代中国文化已经被理解为一种"历史中的文化";表明它如今从与刚刚过去的历史之间的文化距离中宣称自身的自传内容(autobiographical content);表明它将这一内在维度作为"价值论"标准,为在实验和话语领域里进行外部驰骋的"经济发展"赋予意义。

在刘小枫的著作中,作为文化融合中介的主体,一方面由"历史文化"(刘小枫的术语,指"传统")构成,另一方面体现为通过当下的价值论质询以及当前历史的意向构成(刘小枫的术语,指主体意识)得以实现,并最终被两者所超越。因此,辩证的第三方,即当下意识在历史文化中的实现,前提是对作为"历史中的文化"的文化比较(刘小枫认为这是一种毫无用处的方法而否定它)产生新的理解:一种"既是中国的又是现代的"或者"既不是中国的也不是现代的"文化,取决于你在歧义性中选择哪一面。它指出了一种新的形势,在其中当下是被将来限定的,其实是由对价值的绝对主义的探寻开放的一个文化和价值的乌托邦来限定的。从这一立场出发,1987

---

① Homi Bhabha, "Introduction: Narrating the Nation," in *Nation and Narration*, edited by Homi Bhabha(New York,1990), pp. 1-7.

年刘小枫建议,"传统",更准确地说,"传统和现代性"的讨论应该被悬置起来,对年长的一代和大部分与刘小枫同时代的人来说,这一想法是不可思议的。

如果将刘小枫的哲学论辩与甘阳公开的文化政治主张——将当代中国的文化讨论有意地置于现代性的问题框架之中——对照阅读,我们就能更清晰地了解前者的语境性含义。1988年甘阳在一篇题为《现代中国儒家思想的作用和未来》的文章中,回顾了现代中国破除偶像的历史,并主张从摧毁儒家传统价值系统(或在当今形势下对它们的重构)到最近的社会主义经济改革的整个过程,都应该从全球化的视野中来解释,这是由现代理性调整引发的、马克斯·韦伯(Max Weber)称之为"世界的脱魅"的推进。甘阳把中国的共产主义解释为"通过激烈反传统来复兴传统",也是一种应对现代的策略,他的这个看法有助于廓清他所代表的派别的意识形态立场。对甘阳来说,经济改革标志着"理性"(Vernunft)时代的结束和"合理性"或"工具理性"(Verstand)统治的开始:共产主义思想具有与儒家思想相似的道德理想主义,而且在社会的层面上,它的正当性和现实化是依赖传统的帮助和调节成为可能的;而资本主义连同它的经济理性主义与这种传统几乎没有联系。但是,当我们日益清醒地认识到,无论是社会主义国家还是资本主义国家,要成为一个现代社会就必须以工具理性作为准则、经济增长作为标准,那么儒学的位置就恰如西方人文学在现代西方所处的位置。正如工具理性不是来源于西方上层艺术一样,它也不可能从中国传统的源头获得——像一些海外新儒家看到东亚"儒学文化圈"(日本、韩国、新加坡、中国台湾和香港地区)的经济飞速增长后所幻想的那样。

在刘小枫看到"现时的意向性"作为对价值的追求而积极活动的地方,甘阳看到的则是一个世俗的过程,在这一过程中,对于区别于社会系统的现代中国"文化系统"的历史性重构在人文学术(Geisteswissenchaftan)领域中找到了一片天地。在这个问题上,甘阳支持哈贝马斯回归康德的观点,因为对他来说,在中国的国情下,将文化领域从经济和政治领域中分离出来似乎是继续思考文化和社会的总体性最有效的方式。从这个角度出发,当代中国的文化讨论应该被融合进西方的"人文科学"或文化批评中去,并且应该关心人类生存的新形势,在其中,不是西方和东方,而是"新"和"旧"构成了基本的问题性。①

甘阳认为,无论是从历史还是文化的意义上来说,现代中国文化的起源都存在于传统社会和现代社会之间的冲突中。所以,无论是在肯定还是否定的意义上,文化的重新定位及其文化和历史结构都依赖于正在展开的、作为一项全球方案的现代性的实现进程。② 当代中国文化在何种程度上是一种现代的,也就是说世界—历史的文化,在何种程度上完成了自身的再定位(从道德理性主义阶段到反思阶段),取决于它在何种程度上有意识地和批判性地在经历现代的同时保留刚刚建构的主体性,以作为批评和替代遗留的传统的源泉。当中国文化的社会领域被现代化或者简单地说被全球市场系统地渗透时,这一解放了的主体性在它自身的形成过程中自然而然地裹挟着"传统",伽达默尔称之为"过去"与"当下"之间的视界的融合,或者更准确地说,历史的幽灵作为一种"有效的历史"依然徘徊在现时当下。我无意于忽略刘小枫和甘阳之间显而易见的差别(至少甘阳偏重于社会和政治,而刘小枫则更倾向于"哲学"),但还是可以看出两人观点上的共通之处:中国文化传统并没有随着中国传统的生产方式和社会组织形式逐渐的、系统性的摧毁而消亡;相反,它成为现代中国文化意识和现代中国社会相互作用的历史先决条件,而后者本身则界定了中国文化的当代重构。因此,这里的问题不是以中国传统抗拒资本主义,而是当代中国文化实践的历史前景希望在现代的语境中运作,并对一个不断变化的社会的历史需求作出回应。"文化大讨论"中的文化文本不仅反映了经济形势,而且生动地描绘了现代中国的人生百态,记录了现代生活的独特体验,并提供了了解这种经验的独特方法。所以最有趣的并不是前现代传统如何为了自身的"认同"而与资本主义相搏斗,而是贯穿整个现代空间的新的社会性主体的经验产生

---

① 甘阳:《我们在创造传统》,第22页。
② 80年代中期"寻根文学"的基本信念之一正是:我们的文学越具有民族性,它就越具有全球性。然而,按照甘阳的逻辑来看,情况正相反:我们的文化越具有全球性,它就越具有民族性。"寻根"意识及其文学敏感在很大程度上受到了拉美魔幻现实主义的影响,特别是加布里埃尔·加西亚·马尔克斯的文学创作(他在1984年获得了诺贝尔文学奖)。

了何种意义、价值和创造。

刘小枫和甘阳都反对"比较文化"这一想法(对他们来说之前参与"文化大讨论"的派别讲的都是这套东西),他们想用阐释学实践来取代这一模式。刘小枫认为,从"历史的文化"向"历史中的文化"的转换是在个体性(也就是说,自发性的集体性)意向空间中,通过"历史时间"的话语来实现的。他继续说道:

> 言谈的题旨乃是历史与意向何以才能达到一定程度的透明性。在交谈中,历史的文化中的价值才与我们相遇。无声不言不过是历史文化意义的死寂。更重要的是,通过历史时间中的交谈,历史中的文化的意义在由我们的提问而被揭示出来的同时,现实历史中的历史意向的意义也被交谈的对方(历史中的文化)揭示出来。交谈的过程是意义显示的过程。这是一个双向显示的过程,它既显示出历史文化本身的意义,也显示出现实历史中的意向的意义。①

这就是说,在阐释学模式中,范畴的缺乏与纯粹主体性话语的建立并没有去建构意识和时间的本真性(authenticity),而是把"当前现在"变成了历史经验的持久不变的起源。在这一点上,海德格尔的政治本体论被阐释派用作一种抽象的超越意识形态的话语模式,它有助于阐明当代中国的集体性议程。如此理解的海德格尔事实上是经过了黑格尔的过滤。当"历史的行动者"在阐释学活动中看到它的话语实现时,连续性和非连续性之间的社会辩证法也在阐释学的"成见"、"有效历史(effective history)"和"视界融合"的结构中得到展示,其目标都指向社会存在清晰化或乌托邦想象(a utopian arrival of the clarity of the social being)。刘小枫和甘阳从不同角度都赞同伽达默尔关于传统如何形成的观点:"传统并不是由我们继承的现成的事物,而是由我们自己的创造,因为我们解释了传统的发展,并且参与了这一发展,因此我们更进一步地定义了传统。"②

---

① 刘小枫:《拯救与逍遥》,第14页。
② Hans-Geory Gadamer, *Truth and Method* (New York, 1975), p.261.

在阐释学试图转化传统的努力之中,关键因素在于激进的朝向未来的姿态。阐释派的批评实践更多是由中国历史和它当前的形势所决定的,而不是取决于海德格尔、伽达默尔和利科的思想影响和文本权威;因而,"文化大讨论"中阐释学思想的引入经历了以下步骤:首先,把握过去,"过去"作用于作为有效历史之踪迹的文本之中,存在于视界的融合中——不是在文化冲突的东西方之间,而是在历史(作为"成见")和现代(作为一个视界融合的无止尽的过程)之间;其次,在语言的历险中,寻找不完整的集体性和不明确的民族文化身份这一失去的存在;再次,以一种真正实验的、同时又是真正符号学的方式,在分化的文化和表达领域里,不断重访(同时伴随着解构的过程)黑格尔的整体历史观或维特根斯坦的"无法表述"之物。

以上讨论的三个派别或许不可能提供80年代后期完整的文化图景。然而,它们形成了一个有趣的格局,从中这一段文化历史的叙述得以显现。从某种观点上说,这三个派别组成了产生"文化热"的象征空间的三个基本维度,它们是:(1)科学和技术话语,(2)传统文化话语,和(3)西方理论话语。尽管这一时期的思想领域颇为混乱,但是还是可以看出由这三种话语标志的一条主要的、稳定的战线,在这里展开了对革命教条主义的攻击。上述三种话语也形成了一个沟通地带,其中视界融合与我们今天所谓的全球资本主义都找到了其最初的形式。这些话语模式的并存(更确切地说,它们之间既有联合又有竞争)表明了文化讨论的多层次和多中心的特点。

同样可以看出这三个派别代表了文化运动的三个重要阶段。我无意用进化的秩序来说明这些现象,但是我想指出的是,在文化热的这四、五年间,"当代中国文化意识"(甘阳)变得日益清晰:第一,传统的观念贯穿了这三个不同的阶段,"走向未来派"把封建传统当做一个"超稳定结构"而对它作了形而上学的描述,到"中国文化派"对儒家传统的现代(包括马克思主义)阐释,最后是置于阐释学的语境中对传统进行精微、虽然仅仅是抽象的重新界定。在这一语境中,传统作为当代文化建设的一个积极的参与者被理解为一种话语的(而且最终是政治的)发明。现实主义者对传统幼稚或不切实际的冲动逐渐转变成对复杂的社会关系中不同立场的批判性分析。当传统从它过去所处的本体论领域中脱离出来,传统,或者不如说"传统"由以界定的不同立场的哲学话语,便成为邓小平时代中国的文化政治以及牢固确立的中国现代性意识形态的表征。

第二,关于"西方理论"的观念(这里为方便起见,用这一术语来取代"西学"、"西方思想"等等)在三个派别那里也有着不同的理解。虽然在"走向未来派"那里,它是一种科学的理性,因此是超越任何历史性的绝对标准,大多数"中国文化派"的学者则认为,"西方理论"外在于中国文化的内部真理,而后者是中国文化自己随着历史过程的展开而发现的。甚至李泽厚也认为,任何被引进到中国的西方参考体系(例如马克思主义)不得不遵循"体""用"辩证法的检验和艰难的合理化过程。然而他关于"体"的定义是指马克思主义的生产方式,这一改变为年轻一代打破调和中西这一传统的思维逻辑铺平了道路。然而对甘阳和他的同道者来说,"西方理论"的讨论从一开始就是当代中国文化逻辑自然延伸的有机组成部分:"西方理论"不仅是表述中国形势的可能性的思想资源,而且也是"存在"的语言(尽管它们在全球资本主义的权力场中具体陈述中国经验时捉襟见肘),在另一种理解语境中预示着进一步的去蔽过程(deconcealment)。

第三,文化讨论的积极的普遍主义和高蹈的方式不仅仅表明了改革全盛时期的兴奋感。传统的悬置和西方理论的运用证明了一个思考的主体立场的确立,这一立场清醒地意识到自身的社会历史功能,并且相信能够用地道的哲学术语言说当下。然而,那些热烈的话语讨论仍未解释的是这个位置的意识形态歧义性,以及"当代性"(contemporaneity)概念和哲学本身(the properly philosophical)的意识形态歧义性。

基于以上种种观察,我们很难对"当代中国的文化意识"进行一种清晰的政治的(若非社会学的)定位。然而,人们很难不发出这样的疑问:阐释学的协商是否可被看做是所谓社会主义市场经济的哲学隐喻(因此是改革事业的积极拥护者)?"中国文化派"的文化保守主义事实上是否包含着普遍性,意味着前革命时代的士绅阶层传统的重新建构?专门术语的运用是不是不仅表现了讲述神话的愿望,而且是与西方符号机制"接轨"的一种方式?"文化热"大气磅礴的语言是否表达了即将进入全球消费市场的社会欲望的欣喜若狂？在思考这些问题时，人们必须超越新时期的思想和意识形态范式，而我采取的第一步是通过分析"文化热"的若干母题来探讨哲学话语和历史情境之间的关联。

（潘琴、胡慧翼译，刘卓、王钦校）

第二章　文化讨论中的几个母题[*]

在上一章,我对出现于 80 年代后期的中国"文化热"的主要流派进行了批判性考察,勾勒出这场社会文化运动的意识形态图景和理论图景。这三个流派——开始阶段的科学主义或"走向未来派"、中国文化书院的新儒家(和作为独特个案的马克思主义批评家李泽厚)以及围绕"文化:中国与世界"编委会的新一代学人——不仅显示了后毛泽东时代的当代中国文化反思在时间上的发展,也形成了当代中国某种体现出复杂性和转型期中国社会之张力的思考格局,此格局吸收了全球历史,且只有在全球语境下才可能形成。除了试图把这一历史描绘成指向现代性的替代性方案(alternative modernity)而非某种现代性原型(modernity as such)的辩证和阐释学的过程之外,除了探寻这一过程中出现的文化—历史意识之外,我认为还必须深入这一短暂却复杂的历史内部的话语—意识形态相互关系之中。这些相互关系所引起的理论问题或许能帮助我们从另一个角度澄清这场讨论。

在这一章,我将集中讨论三个问题:第一,在何种程度上,理论的互动或单纯形式的互动,应该被视作中国这一历史场景中的社会文本?第二,构成"文化大讨论"基础的时空秩序有着何种内在的再定位?最后,我们如何在文化实践的全球图景中界定这场中国实验,以及它所隐含的与后殖民主义的不同甚至对立?在寻求辩论中所形成的文化—历史意识时,我想通过一系列引发诸多理论争端的结构性联系来勾勒当时的历史语境。如果前一章所描述的思想运动与努力展示了以当代话语(一般意义上的哲学的方式或

---

* 这一章早前以《中国文化热:理论、意识形态和社会变化》为题发表在《社会文本》上,第 39 期(1994 年夏),第 129—156 页。

其他方式)处理本土语境或中国状况的趋势,那么这一章的目的则是分析那些话语构型背后所采取的文化政治诉求和话语策略,它们藉此占据文化或理论上的高地或"自主性",并介入高度社会性和政治性的领地。依历史的后见之明,80年代的"文化热"正是知识分子眼中的邓小平时代中国——在物质的层面和符号的层面加入世界体系的全球化时代的兴奋、抱负和困惑。在这一意义上,面对遗留下来的政治体制,狂热不懈地追求代表着象征资本和话语空间的现代主义,代表了这样一种社会想象:即通过某种哲学基础和审美桥梁而同晚期资本主义的世界秩序和文化体系接轨。从另一方面来说(也是出于后见之明),这种尝试本身也应该看成是对于现代性替代方案的乌托邦式探索,这一探索依附于中国革命和社会主义的集体经验并且受制于新时期的物质、技术、信息、社会和政治条件。

文本性与历史性,或形式自主的意识形态空间

与邓小平改革初年经济领域平稳、务实的革新相反,"文化热"中各种思想、观点和声音此起彼伏,产生了一个又一个激烈的争论。中华人民共和国有史以来第一次出现了相对独立于国家行政体制的自主的新的话语体系,尽管这个体系在现存的诸多象征秩序中是岌岌可危的。市场经济的繁荣和后革命时代新的公共领域的出现为文化讨论提供了社会空间,这场文化讨论以一种前所未有的理论和意识形态的活力在全国范围内展开。它的思想议程包括构建一种现代主义话语,从而为这一时期社会思想领域的主导议题提供形式上和体制上的保护。这一新兴话语不仅在思想上独树一帜,而且在体制和经济上也具有一定的自律性。在北京和其他一些城市出现了许多文化沙龙,这些沙龙作为纽带将知识分子、政府内外的激进改革派以及作为新兴社会阶层的商人紧密联系在一起。此外,国有报刊发行体制和销售网络、出版商或私营图书市场之间心照不宣的合作都为80年代后期社会和文化的互动机制提供了另一个注脚。

这一话语转型紧跟着80年代中国社会的巨变而来,它也揭示了某种主

体维度的历史踪迹,一个由当时的中国社会关系复合体所产生的内部空间。当"新时期"的中国从相对自足的历史地基上被拔起并移植到一个相对陌生的世界体系之中,一个新的社会和话语机体便在一种扩大了的异己结构中运行,努力使"现代"成为自身的现代。中国的共产主义革命和社会主义建设不仅是对世界资本主义体系的挑战,也是一个社会及其文化体系在其特殊的语境里为自己开创历史的可能性(因此,毛泽东的"马克思主义中国化"实践既是民族主义的,也是反传统的)。回头看,这一历史过程也是吸取西方的历史经验和思想遗产(马克思主义毕竟也是资产阶级历史的自我批判)的最高峰。实际上,对于一个庞大的、在传统上整一的社会来说,它与周遭世界全面的相互渗透需要为日常经验提供一个统一的、自觉的社会和心理空间。社会主义框架已经提供、也许仍在提供这样的空间。在社会主义阶段,中国前所未有地参与了外部世界,这种全方位的参与在当代中国的社会和文化文本中必然留下了物质的印迹。

现代中国文化建构的语言史,或者单单是西方思想在中国的翻译和引介的历史,就象征了一部思想与其社会环境相互缠绕的历史。在"五四运动"和中华人民共和国建国之前的那段时期内,中国文学和思想创作非常繁荣,出现了一批经典作家和知识分子,他们创造性地以现代的语言表达民族主体的历史内容,同时也在其中修正舶来的语言。在后毛泽东、后革命年代,毛泽东的"马克思主义的中国化"(鲁迅的文风可作为另一例)仍然是当代中国文化产品的典范。

无论是在经济方面还是文化方面,后毛泽东时代的各种实验都不同程度地得益于毛泽东时代的模式。就回过去继承解放前的文化思想遗产而言,改革开放时代有意识地要超越毛泽东意识形态体系的范围,但事实上,整个20世纪中国的社会思想资源及其复杂性,仍然在相当程度上被社会主义国家继承和保留下来,虽然这种继承和保留在一定程度上也可以说是一种压抑和限制。1949年以后,或如毛泽东所说,中国革命从"新民主主义"阶段转到了社会主义阶段,中国知识分子面临着社会主义民族国家所要求的角色转换的问题。一些人没有能够捱过这一剧烈的环境变化,然而他们当中的大多数都幸存下来——不是作为作家、哲学家或社会科学家,而是作为翻译工作者。对于想要寻求新的话语力量的中国现代派来说,只要承认受惠于哲学或理论译著便拥有了"记忆的清单"(葛兰西)。这一现代派从这些文本中获得了话语的感觉确定性,就此而言,这些文本构成了当代中国现代主义所可能有的"精神现象学"的一手材料。

著名美学家朱光潜就是当时这批接受思想改造的翻译家之一,他在30年代是克罗齐的信徒,40年代被视为"京派文学"的理论代言人。① 他解放后的译著有:黑格尔的《美学》、马克思的《1848年经济学—哲学手稿》和维柯的《新科学》。这样的翻译家还包括贺麟——他是40年代中国重要的哲学家之一,解放后主要负责翻译黑格尔(他曾负责国家翻译项目《黑格尔文集》)和其他德国古典哲学著作②;洪谦曾经做过石里克的助手,也是维也纳逻辑实证主义内部圈子的核心成员之一,翻译过许多这一学派的作品;熊伟——海德格尔的学生和译者,与洪谦同为外哲所的领导,他是翻译介绍现象学和阐释学的专家,也是所有新的翻译项目的坚定支持者。甘阳是北京大学哲学系洪谦和熊伟的学生,而刘小枫则在朱光潜的指导下完成了关于德国浪漫派的硕士论文(当时哲学的最高学位)。

所有这些名字都代表着一段漫长、丰富而又复杂的个人和思想的历史。他们在选择、阅读和解释西方作品的过程中共同创造了现代中国思想的初步范式(quasi-paradigm)。这些知识分子在中华人民共和国刚成立不久的

---

① "京派"是民国时期一个富有生产性的文学团体,其代表人物包括周作人、沈从文等。"京派"提倡通过探索一种个人内省的风格来抵制都市和资本主义,这一风格具有亲近自然与文人趣味的特征。虽然"京派"的反现代主义意识形态具有明显的"现代"特性,但是其美学理想和灵感却来源于传统的美与和谐的理念。

② 贺麟也许属于那些最早关注西方重要典籍在中国的译介史的学者之一。他赋予了这一实践以思想史和文化史上的重要性——对于建立现代中国来说十分关键。他在1925年讨论严复的翻译(包括进化论、穆勒、斯宾塞的著作等等)的一篇文章中指出,严复的翻译基于一种精心的选择:有意把西方译著置于中国社会、政治和学术生活的中心。这一选择,连同严复在翻译上的博学和完美主义,使这些作品在中国社会和文化变迁中起了关键作用,并且成为一定的政治、学术、文化甚至风格的干预的空间或中介。见贺麟:《严复的翻译》,《东方杂志》22,1925年第21期。贺麟在文章中也提到了自己关于西方作品翻译史这一未完的研究课题,他主要把这一历史分成四个阶段:(1)晚明和清初翻译的起始;(2)在1860—1870年期间洋务运动中翻译的兴旺;(3)严复和林纾为代表的阶段;(4)新文化运动(1919年)以来的翻译。《翻译西集小史》这一册子可能没有成书。

那段日子里艰苦的自我再教育产生了各种(欧洲的或传统的)思想框架与中国马克思主义之间的视界融合。他们对于马克思主义思考模式思想上的忠诚,从来没有因为认同毛泽东思想而完全消退。在很大程度上,这些老一辈学者和知识分子以他们的译著为80年代后期的现代派建立了学术标准和言论空间。

把翻译转变成用他人语言来建立自我形象的某种仪式以及在异己的象征秩序中实现自我想象,这种个人需要赋予了精心筹备的西方经典翻译以历史和主体的活力。翻译成为一项解释的事业。在纯粹话语或语言意义上,由政府组织的对于马克思及相关作者(从黑格尔和路德维希·费尔巴哈到傅立叶和亚当·斯密)的著作的完备翻译和大规模发行,已经开启了当代中国语言的理论和批判之旅,这一旅程终将遭遇后结构主义世界的文本活动。就此而言,我们可以认为中国革命——及其所有政治、文化运动和目标——是导致当代中国当代思想史内部的文化世界主义和话语强度的最终决定因素。

所有这些都是在社会经济以及符号系统与资本主义世界的隔离中完成的,虽然在意识形态和文化方面,过去的残余(准确地说,是短命的、不幸的民族资产阶级传统)从未停止过抵抗和表达自己。这一被压抑的过去连同社会主义的文化领导权一起构成了当代中国的思想图景。这一笔思想和理论财富在过去三十年中被冻结在国家宣传和教育系统中,而在改革开放年代则通过"文化大讨论"得以重新进入公共流通领域,产生出巨大的社会效益。西方经典的系统译著如同一座秘密的认知—批评桥梁,把相对孤立的中国知识界与全球文化的当代语境重新连接起来。对于年轻一辈的代表甘阳而言,首先要搞清楚的是活跃于"文化热"期间的诸种外国符号与意象的阐释学意义。与此同时,他有意或无意地重新激活了当代文化变迁与现代(1840)及当代(1949)"史前史"之间受压抑的谱系关联;这一关联赋予现代中国思想史问题一种当前的迫切性,并且把后毛泽东时代的文化讨论重新引入其社会和历史的前文本(pretext)之中。

翻译的潜在影响甚至早在年轻一辈获准返回大学——那里有比较系统的西方理论资料——之前就开始产生了。广泛流传的、属于马克思主义传统的精善的译本(包括德国哲学、法国社会思想和英国政治经济学)是新生的民族高级文化的一部分,它必然形成了年轻一辈的解释机制,简言之,就是布迪厄称为"惯习"(habitus)的东西。80年代文化反思的思想和语言起源可以追溯到"文革"后期,当时一些被放逐的和自我放逐的红卫兵在农村沉迷于《纯粹理性批判》、《路易·波拿巴的雾月十八日》或《费尔巴哈与德国古典哲学的终结》之中。这种符号图景,加之不断变动的政治图景,对于理解红卫兵一代的文化和心理构成非常关键,同样地,改革年代和信息膨胀界定了后革命几代人的社会起源。

然而,此后对于20世纪西方经典的翻译大部分以"回应资产阶级哲学对于马克思主义的理论挑战"的名义有组织地展开。这种教育状况的一个思想副产品便是:伴随着阅读西方经典形成的话语空间,一个强大的心理的(如果不是文化的)转向和定位围绕着这一挑战—回应模式发展起来。这个逻辑将在后来不断变化的话题中变得明显,包括关于中国与西方、传统与现代、精神科学和分化的社会价值领域的讨论——批评空间正是从这种遭遇和对抗中衍生出来的。

这一语言的历史揭示了现代中国文化作为一种"现代化的文化"的悖论。因此,我们亟须做的就是让初生的社会文本来表述自己——并不是西方现代的复制品,而是一种差异的现代性或现代主义,其中一个多元决定的民族主体得以固定下来,并成长为现代世界的货真价实的一员。但是,这种现代性文化的现代主义,常常试图为纷繁的现实及其社会和文化的多种可能性指出一个形而上学的方案。无论是民族文化的本质论意识形态还是专家治国的现代化意识形态,都带有这种谬误。社会主义原本是为了改变一个落后的社会并探索一条独特的发展道路,然而,它同时也把中国社会生活世界纳入了一张巨大的官方话语网络。反讽的是,后毛泽东时代的文化实验为了达到毛泽东的社会和文化革命所允诺的目标(起码在理论上),却不得不表现为反官方的话语,有时甚至是"全盘西化"的话语。同样的反讽或许可以用来解释貌似费解的"后现代"热何以同当代中国现实相关。只要社会主义国家及其话语的上层建筑仍是中国正在进行的启蒙和现代化规划所强调的重点,那么后现代主义——要么是全球性现实中的一种话语,要么是中国语境内部创造出的一个文化—政治意象——就具有反社会主义的含义。后现代的姿态不仅遭到来自于国家话语的直接反击,而且也受到了中国文化主义者和"文化大讨论"后期的阐释学派的攻击。面对中国的社会及其文化生产的状况,所有这些人都陷入了一种持久的僵局。作为一种理想化模式,现代性是中国现代历史中的一个决定性因素,它将中国与过去的封建社会区别开来并且允诺一个进步的未来。作为后发的和不完善的现代性,启蒙和转型的力量仍有待在今日中国充分展开,它担负着自我批判和现代派规划之内在批判这一额外的历史职责。在全球语境中,这种现代性批判需要一种超越消费主义和实证主义的持续的(或复兴的)启蒙努力。当乡村地区残存而顽固的集体和既存的社会主义结构及上层建筑似乎正在回应替代性方案的吁求时,它们的存在却给我们摆出了一个难题。历史的悖论应该向80年代后期的中国知识分子表明了:现代性必须经受一次(解)结构性重写;换言之,现代性是在具体语境内部被调节和解释的一个开放叙事,而非一个封闭体系。

在80年代后期,迅速变革的中国社会出现了断裂。个体渴望将"碎片"变为他们自身经验的一个历史阶段,这种渴望为外国理论创造了进入的空间,为本土理论的发展创造了环境。上述两方面的影响共同给当代中国文化带来第三种、仍然有待定义的范式——先前的两种范式当然是指作为中国的启蒙运动的"五四"新文化运动(1919年),以及在社会和意识形态上强化了前一种范式的社会主义国家形式。

在某种程度上,这些文化表征创造了一种对于即将来临的"市民社会"的翘首期盼,这种幻觉不久就将被现实击得粉碎。尽管新时期急剧的社会变化使得思想领域空前活跃,"八九风波"却暴露了知识分子阶层的失败。知识分子阶层无法为中国社会的未来提供一个坚实的前景——既考虑到中国社会自身的历史,也面对作为普遍却外在的历史的西方。知识分子阶层在中国社会结构中的地位使它难以自由地把思想立场变为社会实践中的关键因素。如果半个多世纪之前中国资产阶级就太过软弱而无力领导社会和民族革命,那么现在的中国知识分子阶层则在变迁中的权威社会中没有深厚的根基,并且靠西方现代观念的皮毛包装自己。他们既无成熟的社会经验,也不拥有精深的文化,所以,不足以从历史层面去表征当代中国。然而由于无力超越个体的、语言的领域,他们在文化思想领域的社会实践只能表达一种集体欲望,或变成马克思所谓的"错误意识"的脆弱但却可靠的载体。他们的思想——文本活动在认识论上的价值,辩证地说,在于它能通过其日渐独立的话语机制去模糊地、曲折地传达中国社会的集体性真理。他们在文化领域富有同情心的、有时具有创新性的实验为认知——社会学的研究提供了许多东西。

尽管"文化大讨论"具备社会学的特征,运用社会学方法来研究这场运动,迄今在数量上仍很有限,在质量上也不尽如人意。但这个事实并不奇怪,因为这场"热"对于那些参与者来说是太当下、太直接的经验,以至于他们不能从历史或理智的角度进行反思。盲目地颂扬或是谴责"文化热"仍然是知识界很普遍的现象——如果说不再占主流地位的话。虽然这个中途夭折的规划——更准确地说,是社会性文化实践——的相关事实材料很是混乱繁杂,然而它们对于理论研究却很有意义。90年代,随着邓小平视察南方再一次使整个国家经济向市场化迈进(不过这次的追赶目标是新工业化的"四小龙",而非"后工业化"的西方)①,横扫一切的消费主义就有效地将不合时宜、惹是生非的知识沉思拒之门外。对于大多数人来说,"文化热"现在只是一个遥远的淡淡的记忆——它代表的是从社会转型时期的断裂中发端的关于思想问题的最后的、幼稚的集体热情。一种处于徘徊不去的权威主义和消费社会的浪潮之间的灰暗境地,一场中国知识分子甚至在"文化热"达到鼎盛期之前就已经预料到而且在某种程度上已经经历过的噩梦,看来已经变成现实了。

---

① 在1992年早春,邓小平,这位84岁高龄的中国"最高领导人"巡查了南方经济特区,并且对全国发表讲话:改革和对外开放的步伐在90年代初的"调整"中有待加强。铺天盖地的新闻报道制造了一种利用世界资本为社会主义建设服务的热潮。境外投资再一次被刺激起来。上海,这个中国的经济中心被设计成为"社会主义的香港",同时全面鼓励私营经济和出口贸易。就党内"保守阵营"和党外群众的角度而言,邓小平这次推动是数年来最强烈的,被冠以"邓飓风"(The Deng Tornado)之名。

文化讨论中涌现出的材料和思想犹如一个巨大的档案馆,在这里,当代中国的社会欲望在能指的废墟上得以被保存下来。作为对于邓小平体制结构下的社会转型的表现,文化实验就像一个巨大的编码迷宫,连同其意识形态的暧昧性,都不过是1840年鸦片战争以来的历史沉淀在一个后现代世界浮现出来的自我宣告。文化讨论中所涉及的主题与其说有益于迅速进行知识积累,或在库恩的意义上促成了某一范式的形成,还不如说它们建立了一条混乱却有迹可循的深层社会构型的形成轨迹,在其中,文化处境在面对传统和面对西方时发生的解放性和调整性的改变,于危急时刻得以被感知和表达。虽然80年代的文化讨论重复了现代中国思想史上很多基本的命题,但这一文化反思运动的论证逻辑在根本上是当代的,在多民族、多元文化的资本主义社会这一全球语境中得到界定。这场文化反思在现代中国的话语历史上首次获得一个文本空间、一个能指仓库——在这里,社会和意识形态话语可以通过个人的声音得以形成,从而在僵化的官方话语之外把握和传达历史的真理内容。尽管一些中国知识分子抱有美好愿望,但是这个半自主的文本空间绝不是一个价值中立的真空,而是有力且富有建设性的社会存在。这个文本空间从属于整个权力关系的结合体,这既体现在其自身历史之中,也体现在与他者(即西方)对立的空间格局之中。中国人对于异己的文本秩序的渴求本身就表明中国现代性的内在矛盾。传统文本的遗产、技术语言传统或令人尊敬的话语结构对于克服无意义或内在混乱以及在翻天覆地的变化及暴力面前的无所适从感或无助的脆弱感而言,是必不可少的。虽然毛泽东思想在文化生产领域依然有余响(正如在一些年轻作家如甘阳的著述中所模糊表达的那样),它所遭遇的一个大问题是如何在单一的文化空间内实现精英文化与大众文化、理论与实践的辩证统一,以及如何在一个不断扩大的文化阐释内部,把阐释学活动变成一项解构、解释和挪用的不断革命。但这种状况并不妨碍"文化大讨论"参与者所享有的、有时是滥用的文化自由(或者更准确说是布迪厄所谓的"幻觉")。这种自由部分是来自处于历史交叉口的社会,后者的想象和介入促使现存的象征空间发生运动。这一自由指向收获的是一种距离感:与国家,与当下社会、政治、经济现实的距离;最后但并非最不重要的是与作为权力中心的西方有意识地保持距离。约翰·菲斯克(John Fiske)在《文化研究与日常文化》中对"距离"进行了出色的观察①。在80年代后期中国的文化实践中,"距离"的批评和审美活动不仅是社会差异的一个标志,而且也是文化政治的核心内容。

因而,从"主体性"到"后现代主义",从"寓言"到"意识"的概念都是严格的社会历史范畴,它们象征或只是一时把握了存在于全球话语与特定历史时刻的特定社会现实所释放出的母题及其表述之间一个新的、无以命名的张力场。与此同时,1949年之后新中国的整个集体经验正经受考验。从本土的角度看,符号的增殖表征了历史想象力的解放,其简单粗野的方式正如牛仔裤、爵士乐和摇滚乐的盛行已经创造的一种新的日常世界意识形态。中国知识分子对于外来术语和框架的热情运用和占有所形成的脆弱的结构,暴露了阿多诺意义上的历史的问题性:勋伯格的无调音乐也许比传统的社会主义现实主义文学更加忠实地记载了社会的脉搏和震动。

---

① 菲斯克说:
  距离是高级文化和低级文化之差别、意义、实践和快感在有力的社会构成和无力的社会构成之间的差别的重要标志。文化距离是一个多层面的概念。对于在社会上占优势而有力的文化而言,距离也许以艺术客体和读者/观者之间的形式出现:这样的距离由于倾向一种超验的欣赏或审美体验(带有一种对普遍性的宣称),因此具体的社会和历史的阅读实践价值就降低了。这种距离鼓励尊重作为艺术客体的文本,这样的文本具有本真性并需要被保存。"距离"可能同样创造了艺术作品的经验之间的差异,并且使其社会成员在把自己纳入一套人类价值时获得愉悦,这套价值在极端的美学理论中被认为是超越历史环境的普遍价值。这种与历史的距离也是一种生理感觉的距离,因为是我们的身体最终将我们与历史和社会的具体性结合起来。由于这一艺术观对我们社会环境的世俗性置之不理或远离于它,因而所谓身体感官的、廉价的和容易的愉悦便与思想更加深刻的、美学的愉悦有了重重阻隔,并且最终这一距离以与经济需要的距离出现:使美学远离社会是那些能够无视物质匮乏的精英们的作为,因而他们建构了一种审美,后者不仅拒绝接受任何价值与物质条件相联系,而且只承认那些超越了物质条件的艺术形式。这一批评和美学距离因而最终成了区别那些能够把他们的文化独立于日常的社会及经济环境以及那些不能够这样做的人的标志。
选自《文化研究》(*Cultural Studies*),Lawrence Grossberth,Cary Nelson 和 Paula Treichler 编(纽约,1992),p.154。

新理论和新的时空秩序:文化和意识形态含义

80年代的"文化大讨论"起源于长达一个世纪之久的中西文化之争,也是后者促成的结果。它不仅由先于它的经济和政治改革推至前沿,而且这场全国范围的讨论要达到历史情境和文化—话语所准备的中心问题,也要经历几个步骤,而这反过来也在时间和空间的意义上规定了其阐释的过程与结构。出于概念和分析考虑,区分这一运动的早期和后期或许是有用的。文化讨论的早期显示出对于比较文化的初步热情,而后期的讨论则表现为自觉进行文化批判的思想尝试。在更往后的阶段,讨论更有意识地提供一种清晰的时空结构的替代性方案,有意重新定位作为一种流动的、批判的视野的文化自我。

为了使对于"文化热"的讨论更有意义并且富有建设性,必须区分两种与全球文本相认同的倾向。一方面,对于本土思想而言,与当代西方的结合无论多么震撼,无论在面对父权制秩序时多么具有颠覆性——因而某种意义上具有进步性,作为一种社会"倾向",它的根本动力和着重点仍然是对于现代化根深蒂固的热忱与渴望。也就是说,这种倾向由全球权力关系所规定的意识形态内容的问题特征,始终应该经受批判性的考察。但在另一个层面上,这些新组装起来的"文本"或"话语"——或者说它们的哲学—语言的感受性——的特征往往被兴起于80年代中期的新的、开拓性的经验的表述所铸造和引导。在这一新的经验中,一切言说都必须以寓言的方式来理解;一切都要就从它与自身起源的巨大偏离来观察,社会的决定性就来源于这种偏离,并建立起一种新的时空框架。从根本上说,关于西方学术的热烈讨论并不是要重溯一个原模原样的起源,这些讨论也没有宣称已经有了认识论上的发现,且这一发现在方法论上的有效性能够移植于新的环境。这些遗留的问题都在"文化大讨论"后期围绕"后现代主义"(这是讨论的中心话题之一)所展开的含混的辩论中得到了进一步的揭示。

在某种程度上,一方面是对西方话语的中国式挪用,另一方面是西方通过无所不及而又形式多样的资本主义逻辑侵略本土话语,问题便存在于这两方面的紧张之中。我们常常看到第三世界或边缘社会在自身的历史想象驱使下陷入霸权秩序的感伤的、富于地方风味的增补角色中——结果只不过是使自己安居于体制的边缘而强化了原有霸权结构的中心位置。但是,许多中国知识分子仍然以一种乌托邦或怀旧的方式向往着经济和文化的探索与正在进行的实验也许可以提供一种在全球语境下运作的、在历史实质上全新的道路,而现代性或现代主义的替换性方案也许可以从中出现。

即便各种理论被热情地作为表达历史处境的符号或想象的灵感而接受下来,但是知识分子对它们的关注绝不是整齐划一和不加区分的。值得注意的一点是,在"文化热"中,正是西方理论作为一种非历史性的、实际上非时间性的范畴重新激活了"文化热"中各种理论话语实践背后的历史感受力、社会意识和政治身份。甚至在急速、有时候剧烈的视界融合的混乱时刻,那些理论话语都以一种特定的方式起着作用,这种特定的方式既体现在理论话语的历史、文化和社会起源上,也体现在其对于新的时空秩序的探索上。

"新理论"一词在1985—1989年间频繁见诸众多报纸杂志,它如同一枚自由翻转的硬币,以一种轻浮的音调和某些情况下的系统的(尽管是未加思考的)误读指涉文化讨论。由于把全然不同的思潮和理论考察中截然不同的观念混杂在一起,因而使得这个词的运用和流行,无论在理论还是意识形态层面,都导致了极大的混乱。把各种不同的理论归入一个单一的标题之下的做法毫无意义:这些理论差异巨大,既有对于谢林、尼采到海德格尔的"诗化传统"的非常个人性的阐释——这或许是抗议消费主义的蔓延和工具理性的统治,也有对于卡尔纳普和克里普克的"逻辑实证主义"的机械搬用——用以在"文化热"语境中支持科学精神和政治自由主义。但是更令人震惊的是"新理论"一词所包含的讥讽和部分的真理性。比如,我们常常可以看到一个看起来像卢卡奇加海德格尔式的辩护,最后发现其实更近似卡尔·波普尔的观点。在他们看来,似乎"西方学术"是一个完整的整体,其内部不存在历史背景的差别和政治立场的差异(正如某些人无意中辩称的那样)。似乎没有必要在一个特定的阵营内去区分本雅明和阿多诺、巴特和福柯;"西方马克思主义"或"结构主义"这样一个总标题似乎已足够。一切似乎都从极端实用主义的角度被作为文学研究的重要技术革新来看待和接受。因而,新批评理论的解读原则和德里达的解构方法之间的差异似乎并不比可口可乐和百事可乐之间的差异更有意义——它们不过是在同一个市场服务于同样饥渴的消费者。在80年代的文献当中,任何标有"西方"或不如说"当代西方"的东西都有市场,并且一流的书商会把陀思妥耶夫斯基和约翰·厄普代克(John Updike),或把诺曼(Nouveau Roman)和《百年孤独》放在一起,所有这一切在那个时期都有极大的市场价值和适用性。也许这些被称为"文化掮客"的人的确在经营公平和诚实的生意,而非只是私运一些新奇物以期迅速赢利。毕竟,这些文学和理论并非专家们经营复杂而且通常是不必要的花哨批评所需要的手册,而是一幅实践的地图,以帮助冒险者探索一种外在于官方话语独白领域的语言和空间,以期不仅在自身范围之内、而且在更广大的当代世界视野中理解自身的处境。

就具体历史背景而言,这些理论不过是一个寓言,但是在理论话语所建构的这个寓言空间中,这些意象不仅是大众消费品,同时也是异质的、相互冲突的欲望和意识形态。一种对于"文化无意识"行为的理论鉴别,确切说是一种历史意识,在此可以辨认出来。就它的母题来说,文化讨论指向历史进程中的不同问题性,这个历史进程浓缩在一个爆发性的共时结构中。这些主题通过在微妙的但却全然不同的过渡时刻和文化语境中得到重新创造和诠释,并随着时间的推进而被日渐专门化的知识劳动(intellectual labor)所阐明。所有这些努力在很大程度上都被转化成"新理论"标题下的缩影,因而失去了对于理解文化讨论本质而言至关重要的历史和文化的特殊性。人们很容易去批评盲目地进口时髦理论却没有对它们的历史和理论的特殊性有贯通周密的了解;但是,人们如果在谈论文化讨论时运用"新理论"这种被简化的术语,便很可能首先犯下我们所批判的实用主义式抽象的错误。

通过关注作为一种阐释学实践的文化争论,我们能够以两种截然不同的方式来定义这场文化讨论的基本精神:或把它看做"现代化时期"由个人实用主义推动的社会文化时尚,一个在本质上信奉技术决定论和虚无主义的话语"范式";或者把它看做一种隐秘而颠覆性的阅读与写作策略,它来自一种潜在的政治诉求和社会欲望,与这种政治诉求和社会欲望缠绕在一起、同生同灭。"文化大讨论"的逻辑——它有时被指责为"无效运用"西方理论——既不在于或明或暗地诉求一直存在的"中国化"情结,也不在于对于西方文本或忠实或歪曲的阐释,而是在于利用这两者的伪装,通过对它们的批判否定,辩证地把自身表现和生产出来。作为一项未完成的方案,"文化大讨论"试图采取一种非常迂回的理解方式,同时在两条战线上斗争——既是同作为自身的史前史的过去斗争,也是同将之卷入其中的新的象征秩序斗争。在这种痛苦角力的话语张力中,历史意识得到生动积极的表达。更确切地说,不同历史秩序的这种交织将当代中国文化生产的历史处境投射在纷繁的镜像之中。以拉康的方式我们可以说:不可言说之物,"想象界",只有当它被呈现于无尽的他者之链时,才能变成一种历史性自我。第三世界自我与结构主义自我之间的相似性在于:对于两者来说,语言都形成一种外在秩序,而获得语言的过程则是一个自我异化的痛苦过程;区别在于,第三世界的主体具有历史意志力,以将异化引导向自身的否定,这是拉康式的"主体"所不具备的。因而,在拉康的拓扑结构中超越想象界和象征界的第三重范畴——争议颇多的"实在界",就不再是一个心理学—哲学能指,而是指向一个超越语言之外的活生生的社会领域。正是在认同和分裂的时刻——黑格尔称之为"感觉确定性"和"苦恼意识"的时刻,一种独特的意识和表达模式在自我和他者、内在和外在、过去和现在、自然和历史之间产生。当代中国文化反思碎片化的、精神分裂的特征,并不是导向今天的后结构理论,而是体现出在具体的中国语境下一种辩证法的复杂性和激烈程度,而这种辩证法是被历史性地置于前现代、现代、后现代的历史紧要关头之中。

　　中国现代化的未完成状态不由使人怀疑它的政治远景。但在文化领域,它提供了一种后发优势,借此前现代的、非资产阶级的现实(nonbourgeois reality)在经历向现代转型的过程中可以变为一种历史动力。这里,阿多诺和本雅明关于自然史(*Naturgeschichte*)的概念提供了一个思想参照系。正如本雅明和阿多诺所认为的那样,在资本主义高度发达时期,启蒙方案需要超越资产阶级历史的界限——即作为现代世界的主观主义或实证主义的规划图示以及作为进步的日程表的启蒙方案。自然——曾一度被作为前资本主义世界——现在比固化在资产阶级文明中的历史本身更具有"历史性",因为它重新激活了历史,使之成为各种可能性的动力,成为弥赛亚的"当下"和被压抑的过去之间的紧要关头,也因为它使"历史"从现代性本身的框格中解放出来,并把它投掷到更大的旷野中。在本雅明看来,自然或自然历史的启蒙作用,无论是以否定的还是寓言的方式,都再现于17世纪德国悼亡剧(自然在那里作为一种场景,从中历史的缺席可以被历史性地把握)和19世纪的巴黎(在那里,巴黎意象的骨骸堆积处揭示了历史的僵滞或历史的死亡面具);而在全球资本主义时代,自然和历史之间的冲突被扩展到更广阔的领域,并且包含了社会历史的不同轨道以及属于不同人类社会结构和集体经验的民族对于自然持有的不同观念。人们很可能认为前资本主义社会的残余已经被全球资本主义彻底渗透和转化,并且宣称历史已经终结(在它的资产阶级时代),这时便有必要去考察正在僵化的全球历史的激进的对立面,并且在无所不在的寓言形象内部捕捉新生的元素。我建议把这种出现于历史中心之外的边缘的随机性表达方式,视作对于第一世界和第三世界的文化生产进行寓言式理解的自然史观念的核心。

  根据自然史的理念,我们可以洞悉舶来语言的寓言外表,并思考由后革命中国的社会历史情境所规定的文化意识。正是处于过渡期的中国社会的多面性、异质性和复杂性,而非从它独特的社会、文化和政治中演进而来的某些神秘的民族本质,才使"自然史"获得其具体的历史内涵,这就是毛泽东时代中国国家形式所抵抗并通过这种抵抗而内在化了的复杂的全球语境。在现代化的进程中,或者说在单纯被裹挟进全球体系的进程中,原有的本土时空秩序几乎被迫成为历史时间进程中的一个主体位置。这一关键的和语境化的主体位置并非中国所特有;这样的问题性出现于一个民族或社会进入到晚期资本主义的世界历史舞台之时,而且这个民族或社会将被迫去寻找一种以其自身方式定义的共同世界的语言、历史和未来。

  从寓言的角度看,一切都不过是流动的隐喻;既没有时间序列的等级,也没有空间差异的等级。正如本雅明最喜欢的文本之一——罗森茨威格

(Rosenzweig)的《赎救之星》中——所说的:"在这个世界上,没有什么事物拥有牢固的位置,没有什么拥有牢固而不可变动的外形。没有人不是浮浮沉沉,没有人不在与其敌人或邻人交易着品性,没有人不是已经享尽天年却仍未成熟,没有人不是已经精疲力竭但仍只是处在其漫长的生存的起点。"①后现代世界不断唆使我们相信这一出自梦境世界的观照。中国80年代后期的许多著作,正如西方很多标着后殖民主义印记的作品一样,都寓居于这一被后结构主义话语体制化的寓言空间之中。然而,自然史的观照要求对于现有的意象采取辩证理解,它并不要求把既存空间破坏性地改变为梦境世界。正如本雅明教导我们的:"清醒时对梦幻的利用是辩证法典型的例子。因此,辩证法的思想是历史觉醒的关键。每个时代不仅梦想着下一个时代,而且还在梦想时推动了它的觉醒。它在自身内孕育了它的结果,并且以理性的狡黠揭示了它——这是黑格尔早已认识到的。"②

80年代后期中国文化讨论中最重要的议题是潜藏于那些构成了一场文化—政治小事件(mini-events)之狂欢的意象和名字背后的时空结构。就此目的而言,关于这场尚无法定义的文化反思的逻辑,并不在于一个抽象的主体对于新理论的精心挪用,也不在于以舶来的、时髦的形式出现的社会和政治的直接性。相反,这一逻辑建立在既定的、不断变动的处境之中,这种处境在那种特殊的话语时代被折射和感知。在语言领域,在哈贝马斯式的沟通过程中,当代中国历史起源的不断隐喻化(metaphorization)促使当代中国文化意识走向自觉。这一意识的焦点在于进行大胆的解释,通过它可以在新的文化空间建立自我和历史的有效话语。从其内部来看,它在解放的意义上由一系列寓言式碎片所组成;从其外部来看,它被理解为历史情境本身。由于我的思考重点在于年轻一代:对于他们来说,文化反思的再定位意味着根本意义上的一种语言转向,以符合并推动一种存在意义上的需要,意味着对于"文化大讨论"的历史描述最终变成了编码于当代中国社会集体

---

① Franz Rosenzweig, *The Star of Redemption*, translated by William Hallo(New York,1970), p.77. 也见 Walter Benjamin, "Franz Kafka", in *Illuminations*(New York,1968), p.133.

② Walter Benjamin, *Charles Baudelaire*, p.176. 译注:引文根据张旭东译文,参见本雅明:《发达资本主义时代的抒情诗人》(修订译本,北京:三联书店,2007),第198页。

经验之中的意识现象学。所有这些在一定程度上都结晶于下面这一表述中,我觉得它以极为简练的方式把握住了一个关键的推断:关于西方理论的讨论本身便是当代中国文化生产的内在组成部分(原先一个简洁但也有些误导的版本是:"对西方文化的讨论本身就是中国文化")。

这种说法是甘阳在他的《中国当代文化意识》前言中提出的,它为社会学的研究提供了另一个角度,社会学研究往往将文化讨论削减为对于政治—经济现实的直接表征,并且常常与城市大众躁动不安的心理相缠绕,也与科学和技术的观点——它支持一种当代中国批判范式的方法论建构,以超越所有扎根于外来话语和中国问题的意识形态的迫切需要——相缠绕。甘阳认为,文化讨论在根本意义上需要被视作一个寻求解决中国问题——这些问题在一个特定的历史时刻浮现出来——的话语规划,也要被视作一种由不间断的中西思想之争所产生的问题性,这种语境决定并通常是多元决定着任何假定为中国话语的意义和重要性。

甘阳观点中暗含的是对时空秩序的再定位。通过构建起西方思想与中国社会当下正在进行的传统的现代化转型的呼应关系,并且把前者作为后者历史变化的一个可靠的(如果不是唯一的)指针,甘阳的观点暗示了把"中西之争"的空间理解根本上重构为对于"古今之变"的激烈的时间和历史理解。在文化框架朝着历史框架微妙的再定位中,文化讨论的逻辑也从空间对话彻底转化成一种时间辩证法。"文化大讨论"的基本母题不再是中西文化比较,也即不再以孤立的、非历史的文化的永恒模式(如果不是陈腐老套的话)来构想历史推动力的具体处境。相反,不同文化文本间的相互作用本身已被特定的历史环境预先决定,并且将无可避免地在未来不同的历史构形中作为不同的作品得到确认和修正。这一重要的阐释学意识可以解释包括翻译和介绍各种不同的现代或后现代理论在内的那些肆意的、网罗一切的、实际上是无所顾忌的计划。各种理论铺天盖地泛滥了多年,宛如一个话语世界博览会:从马克斯·韦伯到哈贝马斯;从尼采和海德格尔到德里达和福柯;从俄国思想家如别尔嘉耶夫和舍斯托夫到西方的马克思主义理论家:阿多诺、马尔库塞、阿尔都塞以及弗雷德里克·杰姆逊;从弗洛伊德和拉康到所谓的逻辑经验主义。与其说这些名字构成了一场对于"霸权性的现代"(hegemonic modern)的"预感的狂欢节"(a carnival of presentiment),不如说这些理论话语代表着"非霸权的普遍性"的形象,这种普遍性是基于多元的集体经验而无意识地以"拼图"的形式出现①。假设在中国,关于西方思想的讨论本身是由行进中的历史构成的格局,那么文化讨论则展示了一个超越于中国或西方话语的新空间,为多种话语并列提供了前提条件和合法性基础。传统——或更准确地说,对传统的悬置——不再是本体论意义上的整体,而是一个乌托邦的召唤空间。它指向未来的维度而不是将自己定位在时间上的过去。但是作为在特定地点实现的一个空间,它所指向的不是均质的霸权未来,而是以被压抑之过去的名义指向未来。因此,这个未来便既反对固有中国文明的神话,也反对资产阶级进步历史的神话。

后殖民主义问题的切关性

> 只有在创造新社会的集体斗争中,才能出现真正的新文化。
> ——弗雷德里克·詹姆逊《后现代主义,或晚期资本主义的文化逻辑》

如果当代中国文化的"内部景观"目前仍然流于抽象,那么对于那些目前被置于主体间性沟通和权力关系的全球语境中的人而言,一种不同的视角正在出现。文化讨论中的大部分参与者都致力于在跨国资本主义时代的文化融合中阐明"中国性",而中国人的凝视焦点又在于前现代——现代——后现代的谱系,那么重新审视那些与当前的后殖民话语相关的立场,并在后殖民的文化实践和政治地图中来揭示文化实验和民族历史的经验,

---

① 这一观念是借自德里克,他将毛泽东思想视为"马克思主义的本土化",它"代表了对马克思主义霸权的首次重要挑战",并且"指向一种新型的非霸权的普遍性,在这里,一个真正的普遍的马克思主义话语出于各种各样本土化的马克思主义而得以建立"。德里克对中国马克思主义的评述使人想起红卫兵一代在80年代后期发起的文化讨论和毛泽东时代理论—实践二分法之间模糊却极其重要的相似性。

则是颇有裨益的。

我在此不能对这个话题作充分展开,只是想通过引入"后殖民性"这一范畴对文化讨论作一些说明,"后殖民性"作为一个问题还没有在那次本土导向的、有限的文化运动中获得充分的考虑。我并不想提供任何答案,而是提出一些可能从另一角度展现前现代、现代和后现代之矛盾的问题:中国是一个后殖民国家吗?"中国文化"是否**自然地**属于后殖民话语的前沿抑或本质上带有后殖民色彩?(或当代中国文化话语是否过于民族主义并且潜在地带有霸权色彩,以致无法被纳入文化前沿之中?)后殖民话语的范畴是否有益于当代中国的自我表达,并且反之亦然?还是这一中国的声音终究只是后殖民世界中备受压抑的主流叙事的某种遥远回应,而中国在文化和历史上还不完全是或仍未成为其中的一部分?

当然,这些问题听起来很幼稚,但恰恰是这一幼稚暴露了我们思考的困境。需要注意的是,"文化大讨论"期间各种"民族"或"民族主义"声音并不是非常重要且普遍的话题。整个80年代,文化民族主义被缠绕和包含在作为世界主义和普遍主义的现代化话语中。即便"传统"和"中国"出现频率很高,但大多数争论所关心的核心问题还是现代性——一种被理解为历史观念和文化范畴("文化"在此指现代性文化)的全国性规划。这一问题的答案要到深受革命和马克思主义影响的中国现代历史中去找。它同时也显示出在西方资本主义侵入之前,有着一致而自足之传统的中国社会与文化所包含的"卑微者"(subaltern)母题。如果"走向未来派"在破坏现代性基础这一激烈规划中压制了这一兴趣,那么80年代后期文化反思的两个重要潮流则表达了这一兴趣(尽管模糊但仍然可辨):"中国文化学院派"对于"中国传统的创造性转化"的思考,以及由"文化:中国与世界"编委会主导的对现代性和后现代性话语的大力参与。文化讨论中三个主要派别的主导性母题都不是民族主义问题:他们或者认为科学应该成为绝对的尺度;或者认为传统是普遍价值的唯一源泉,可以用来超越现代化的转型阶段;或者如李泽厚,持有一种建立在社会存在和社会意识的历史唯物主义观点之上的支持现代化的立场,或者如文化激进派所认为的,把再度出现在与社会领域相对的文化批判中的中国话语看成是对于现代欧洲的精神科学范式的修正。很明显,这些论点的基调不仅在于"现代性"而且在于"中国现代性"的问题性上。这种立场根本上将中国的问题性与那种在其直接的社会文化语境中被认识的后殖民话语区别了开来。中国现代思想史一直以来被表述为具有以下几个特点:一方面,对于将既有的现代当做绝对和普遍的秩序而加以接受的现代化持一种偏激的态度;另一方面,有一种将所有外来思想都中国化的冲动,以一种同样绝对和普遍主义的方式来保存一种既往的文化自足性——包括一种进化与转化的自我激励过程。对于狭隘的后殖民主义话语立场而言,本质上是普遍主义、潜在又是霸权主义的本土中国思想似乎至多只是通往文化—政治图景重构旅程中的一位可疑的旅伴。

但是,"后殖民性"也是一个全球性的问题,它根植于多重的现代或根植于后现代之中,而不只是一种欧美的学院观点。人们可以指出,中国知识分子把他们民族性议题和看法直接置于"世界历史"的平面上,这一事实本身便是包含许多意识形态含义的民族主义举动;人们也可以说,在意识层面(现在愈渐在无意识层面)中国社会已长期受教化于西方的主流叙事,从而发展出一个自相矛盾的、异质的中国现代性话语(比如大陆的社会主义、台湾的资本主义和香港的殖民主义)。问题或许在于我们如何定义殖民者和被殖民者:如果我们把殖民者定义为"现代性",并且历史地体现为西方的霸权结构,那么在 20 世纪还有什么未被"殖民化"呢?我认为正是从这一点出发,查克拉巴第(Dipesh Chakrabarty)在他的《后殖民性和历史的诡计》提出了以下的质疑:

> 我们的注脚充分地证明了那些我们得自他们(欧洲知识分子)的知识和创造力的洞见。欧洲是所有历史的主体,这一主宰是一种远为复杂的理论状况的一部分,在这种状况下第三世界的历史知识被生产出来。这种状况通常以悖论性的方式来自我表达……第三世界的日常悖论在于,我们发现这些(欧洲)理论尽管在其内部对于"我们"漠不关心,却仍然可以显著地帮助我们理解自己的社会。是什么使得欧洲的现代贤人们能够对于他们在经验上一无所知的社会有如此的洞察力?

我们为什么又再一次无力回应这种凝视?①

在这个意义上,当代中国文化行为的处境和立场为一般第三世界知识分子所共有,而中国的问题性也应该面对后殖民的、全球性的议题,诸如霸权和地方抵抗。但是查克拉巴迪提出的问题似乎并没有特别困扰 20 世纪的中国知识分子。往小处说,西方模式似乎只是被当做现代的基础,在这个基础上一个现代中国社会得以建立;往大处说,中国的文化批判的基础和对于另一种未来的展望,是被有意无意地建立在自然历史意义上对于人类生活范式的历史超越之上,而不是建立在后殖民体系内部的社会抵抗之上。如果我们说"历史的"指的是现代并不是某种能被绕过的东西,而是某种必须经历的历史建构性因素,那么"自然的"则指这一历史—主体—技术范畴如今在面对作为其自然和人为之起源的"自然"时,需要被引向其自身的极限。在某些社会中,后现代世界以一种悖论的方式为这一批判视野提供了可能性条件,而在其他社会,社会文化实践的乌托邦内容在一种高度的现实性中展露出来——正如儒教—马克思主义的思考以及阐释学的方式对当代世界的介入所暗示的那样。作为思想遗产和官方意识形态的马克思主义对于现代中国世界观的形成具有决定性的影响,而且在一定程度上将前面所列的"二元对立"转化为一个尚待定义的辩证的第三项,这一点已经由文化讨论的不同派别以不同方式论及。

查克拉巴迪在同一篇文章中引用马克思《政治经济学批判大纲》("人体解剖中包含着类人猿解剖的线索"和"资产阶级经济因而也提供了古代的线索")中的重要论断,并且要求我们在看到"资本"或"资产阶级"的地方读出"欧洲"。② 但中国近代史作为一个整体,在某种程度上是一个在西方他者的现实中认知现代形象并把它再表达为中国社会历史性的过程。马克思主义之所以能战胜诸多理论和意识形态而在中国取得主导地位,原因之一在于它满足了在一个社会的历史处境之上建构民族化叙事的集体需

---

① Dipesh Chakrabarty, "Postcoloniality and the Artifice of History: Who Speaks for 'Indian' Pasts?" *Representations* 37 (Winter 1992): 2-3.
② Ibid., p. 4.

要。相对于建构替代的现代性这一民族——历史的母题而言,后殖民性的问题往往是边缘性的。虽然后殖民话语这一概念将使中国知识分子所面临的一系列文化问题面目一新,但它的实践却局限于话语领域对于霸权的探讨这一常被中国学者所忽视的范畴。中国的知识分子总是准备好投入对于集体真理和集体未来的追求,却没有深入思考文化和政治功能在其中得以被阐释的权力关系。

换言之,文化的行动者将其社会——政治内容保留在一种受到文化历史的推动而建立的形式建构中。正是在这种表意张力之中,前现代国家转型的"内部历史"加入到现代本身转型的"外部历史"当中。

正是一种历史推动力的持续性(如果不愿滥用"历史辩证法"的话)以及超越资产阶级社会框架进行社会变革的现实可能性,决定了在后毛泽东时代特定历史条件下出现的文化反思。这样说并不意味着要从内部去寻求民族自我的本体论。毋宁说,这一问题性是作为中华人民共和国(以及整个现代中国)的历史情境而被社会地建构起来的,这种历史情境伴随着经济、政治、文化冲突的记录。这些具体的社会关系设置了一个意识形态——政治议程,有待文化——思想工作将之空间化。同时,它们也提供了众多社会——心理副产品,形成了一个"内部的"镜像空间(mirror room)以存放各种类型的错误意识。这一镜像意识形态空间恰当地表现在"文化热"中那种对于海德格尔或维特根斯坦、本雅明或阿多诺、伽达默尔或利科、德里达或福柯这些西方思想家的过分热衷上。这种与现代——后现代西方话语的直接对话,不仅引起了本土趣味的普遍改变(在布迪厄"社会特权"[social distinction]的意义上),也引起了境外对当代中国文化运动的极大误解。对于那些保守的"亲华派"来说,出现在中国80年代后期的畸形怪异的文化讨论不过是令人失望的历史骚乱。但是那些文学研究和文化研究领域的自由派学者们——他们被认为对于理论问题更加敏感——往往症候性地忽视这样一个事实:现代主义话语不仅是一种中国曾被压抑——现在又被恢复——的雄心大志的征兆,即在想象和话语的意义上构思"未来",而且也是社会变化——它把现代主义的历史真理内容再定义为一种表征的理念与模式——的征兆。事实上,本土精英吸收西方理论的目的是为了将自己的话语融入到全球文化体系。但同时,西方理论和话语被调动起来,参与到时空秩序的转变之中,这一转变具有阐释学的性质,并赋予不同的符号和意象以历史意义。

理论和历史之间随机性的互动,为讨论当代中国文化形态同后殖民理论的区别打开了一个空间。文化讨论中所包含的时空秩序的转变和阐释学政治提示我们,对于现存经济秩序和符号秩序的抵抗,必须包括一种历史的替代性方案,从而使得抵抗能在实践和理论上将普遍权力看做物化的结果,因而能够超越它,并在它的外部进行言说。这一观点并不忽略那些针对权力关系作出具有启迪性的揭露和精彩分析的工作,诸如贱民研究。但是,整体而言后殖民批评似乎不具有一种批判的否定性或一种辩证法,这样的否定性或辩证法只有靠在集体和阶级层面上进行历史实践才有可能获得。这种断裂特别明显地体现在最近一些标着后现代"零散化"的名义而全身投入到后结构主义话语中去的倾向。通过置身于无社会差别的"个人历史"真空中,"后殖民主义"在一个终末论的/迷狂式的"散播/去民族化"(dissemi nation)的徘徊不前的时刻,不过是后现代的形象和符号狂欢中的一个亮点而已。

但是我们也应该问一下,后殖民话语揭示了压迫性的、难以捉摸的网络,那么按照这种主体间性观点,集体意识在何种程度上混淆了权力关系并使之变得复杂?这里,后殖民批评既是对现代化话语的一种挑战,也是一个必不可少的补充。令人困扰(但也有启发性)的是:中国的知识分子一直把注意力集中在比较或批判作为时间与空间上的他者的西方,却很少关注世界其他国家,即那些包括中国自身在内的后发国家。各种现代性模式的时间序列中——这个序列并非等级秩序,而是差异格局——我们可以看到很多关键问题。英国资本主义只是以前意大利和荷兰资本主义的复制吗?法国现代化的过程和结果是否与英国的一样?美国是否是一个"后殖民"国家,因而或多或少从"非欧洲"角度定义了全球文化?日本和东亚新兴的工业国又是怎样的历史存在?印度经验又将如何教给我们一直不能也不愿学习的东西?

在文化领域,集体性概念同样具有启示意义。后殖民主义不是或尚不是"文化热"的一个主要话题——萨义德的《东方学》是因为它所带有的后结构主义的政治含义而被介绍到中国;斯皮瓦克不是作为一个后殖民或女性主义批评家,而主要是作为德里达的译者广为人知。这些例子并非告诉我们"后殖民"世界仍然通过殖民者的语言来交流,而是说,理论本身已经成为一种思想共同体的媒介,这一共同体在文化上是世界主义,政治上无所定形。如果后殖民批评家在后结构主义的语境中找到其政治和文化上的栖身之所,那么这一话语的社会历史内容就有褪变为象征领域中又一增补的危险。与后殖民话语相比,杰姆逊"民族寓言"这一充满争议的概念在中国有更广泛的影响并且得到知识界很多的思考①。这一例子不无讽刺地暴露了恰恰是西方批评家从自身内部出发讨论的中心问题,而不是处于西方边缘地带的后殖民话语,与中国或其他第三世界文化实践更加相关。就共同建立一种新的第三世界文化这一集体性实践而言,"后殖民话语"似乎显得与第一世界学院体制更相关(其行话、政治以及专业训练),而不是与作为历史可能性的第三世界大陆更相关,而后者是将西方作为一种历史过程设为其目标的。"后殖民性"概念在何种程度上对于第三世界有意义,取决于在何种程度上它不仅能把非西方表述为被压抑的边缘,同时也表述为新集体和新视野。

在文化讨论的最后阶段,一方面是对于后现代性或后现代主义概念的热烈争论,另一方面这些争论某种程度上重新激活了第三世界文化的自我意识,两方面相互作用,使得"第三世界文化"作为一种文化—政治的范畴开始获得显著地位。当然,与对现代性的讨论相比,这一话语仍是边缘性的。除了哈贝马斯和利奥塔的著作,杰姆逊1985年的访华和随后出版的演讲录,都深刻地影响了当时中国后现代主义的讨论,使之从文化批评的行话变成对于与现代相对的后现代性所作的文化反思。然而,作为一位后现代

---

① 甚至在1991年,"文化热"中最活跃的电影杂志之一《电影艺术》1月号做了关于第三世界文化和批评的专刊,其中包括关于杰姆逊的概念的座谈。见乐黛云:《第三世界文化的提出及其前景》,第30—33页;张京媛:《第三世界批评:民族、种族、性别》,第33—39页;廖世奇:《"第三"的含义:杰姆逊的故事和我们的处境》,第39—46页;还有戴锦华:《新中国电影:第三世界批评的笔记》,第46—54页。所有这些文章都刊载于《电影艺术》(北京)1991年第1期。

批评家,杰姆逊在中国的影响却是基于其马克思主义分析与对社会和文化文本的阐释学立场。对于许多中国人来说,后殖民主义引人入胜地与后现代主义相交织,并且它是通过后现代主义的迂回引起他们注意的。在这个意义上,知识界对于后殖民话语的勉强态度或许也与中国马克思主义者和现代主义者对于后现代作为一种历史范式是否有效抱有迟疑有关。对于主流改革意识形态来说,任何带前缀"后"的东西都可能动摇现代化这一全国规划。对于新时期的理论精英来说,那些质疑西方经典现代性的理论同时也会动摇当代中国改革的理性化进程。"本质主义"一词——还有那些崇高的术语,例如"人文精神"、"本真性"和"终极关怀"等等——在90年代初期受到强有力的维护,这个事实表明,民族境遇在面对后现代性之后发生了变化,因此也表明一种不同的文化政治的出现。

有一点似乎很清楚:任何历史上被压抑而语言上具有建构性的话语——"卑微者"也好,"后殖民性"也好,"边缘"也好,或单纯是"非西方"也好——其文化策略要想有效地言说自身,就只有将自身置于理论话语的历史语境里。话语通过现代语言并在现代语言之中获得其自我理解,这一现代语言包括从以前的殖民者书写的殖民史到跨国资本和文化精英的全球后现代—后殖民话语。或许令人沮丧的是,"抵抗"话语越是具有自我意识,就越无助地深陷于那些先前被认为是第一世界文化表征机制所特有的问题之中。在此,或许会出现一个偏执的"中国式问题":如果一个人可以像德里达或杰姆逊那样倾听、阅读、思考,他还算是一个第三世界知识分子吗?但是,正因为后现代理论话语的全球化散播,我们如今的确可以时刻准备以多种方式来倾听、阅读并解释一个"文本",并提出除上述问题外的其他问题:这个"文本"或"话语"是被编织在哪种语境或哪种可能性条件中的?谁是它的预期读者或它向谁诉说话?这里包含什么样的阶级、种族或性别差异?地缘政治上的他者正在经历着什么?巴黎或纽约正在发生什么事?两个历史区域之间的时间差异和文化历史差异是什么?只要一种话语仍然属于直接当下的范畴,而非与过去相联系的集体实践,那么其自我形象就注定是头脚倒立的,正如其"他者"形象是被颠倒的一样。在历史的领域中,第三世界文化革命表明自身是保存并繁荣于现代性冲突之中的社会——

文化内在性(interiority)的实现。辩证地说,问第三世界文化是否具有世界历史意义,也即是问后现代作为一种多元化的、去中心的现代是否拥有未来。

现代中国有许多具体的社会和文化的迫切需要——压抑性、超稳定的封建传统在文化制度和社会心理结构中残留不去;作为现代中国知识分子传统的激进的、偶像破坏的革命与现代化方案;与世界各国长期的隔绝和日益强烈的在世界历史舞台上争得一席之地的民族渴望。考虑到这些因素的话,李泽厚也许是对的,问题并不在于我们已盲目地进口太多西方学术,而是我们需要对之有更深和更多的理解。从这一角度可以把中国问题性的困境表述为:在具体的社会和文化背景下,任何根本上"反对"现代的东西只能是错的;但是在有利于现代的运动过程中,处于现代内部或外部的种种批判性或替代性因素,就在"民族现代化"或"直接的现代化本身"名义下不断受到压抑。当代中国知识分子没有经历过殖民和后殖民体系,却在文本—实践的前沿陷入与西方霸权相冲突的复杂境地。他们似乎习惯于以一种集体声音来说话——这是被马克思主义强化了的中国知识分子传统。上述两个事实决定了文化讨论(它们有时候被视为无意识的、不够细密)区别于后殖民批评家的阐述方式,这些批评家在西方作为"弥散的"个体进行写作,并且只是寓居于他们的个人历史之中。① 应该承认的是,中国的表述似乎也常常为权力本身所彻底殖民,或被一种本土特产的"西方学"(Occidentalism)所毒害,恰如后殖民的表述同样无法免疫那种瓦解或吸纳边缘和贱民的权力关系那样。在这里我的意图不是超越那种压抑机制与个人反抗之间的英雄主义的(但根本上是感伤主义的)对立。首先,中国的集体经验常常可以使大多数中国知识分子远离他们所谓"绝对的文化相对主义"。这里,李泽厚的观点很具有代表性:

---

① 人们可以在霍米·巴巴的《散播/去民族化:时间、叙事与现代国家的边缘》(Dissemi Nation: Time, Narrative, and the Margins of the Modern Nation)一文中看到有关空间、场所、边缘性和"散播"的有趣讨论。*Nation and Narration*, ed. Homi Bhabha(London and New York, 1990), pp. 291-322.

我不同意绝对的文化相对主义。这种文化相对主义认为人和文化、文明均有其现实的合理性,从而不能区分高下优劣。原始文化与现代文明、农业文化与工业文化都是等价的,因为它们不能用同一标准去衡量,人们在这不同文化里的生活和幸福也是不能区分高下优劣的。这样,就甚至可以推论根本不必现代化。①

自1911年以来,民族主义和共产主义革命一直保持了文化主体的位置,这个位置的平衡靠的是作为统一空间的传统和作为自主政治主权的国家。"文化中国"概念作为跨社会空间的、现代民族国家的叙事策略,在这里扮演了一个重要但可疑的角色;不论好坏,它使中国知识分子得以在民族历史基础上从集体经验出发进行言说。后毛泽东时代中国对外开放后遭遇到了西方,一个不仅在技术和体制上有质的提高,而且在文化上井然有序的全球体系。中国老一辈在这里看到的是和平演变导致江山变色的危险,而被称为西化派知识分子的年轻一辈——他们争辩说中国文化之根已经被抛弃了——看到的则是隐含的主体在一个新的可能性条件下重新界定自身的历史机遇。一种多民族、后现代的文化(其中中国尚不是一分子)与一种仍然完整的、自我管理的民族意识(全球象征秩序对它来说是外在之物,甚或是某种有待被替代性的、内在于现代世界的历史所挑战之物)之间的冲突,算得上是中国80年代后期雄心勃勃的文化反思所具有的特征。任何文化表征都会回指自身的历史环境,在审美和话语领域进行的中国的文化实验代表了存在于想象空间中的社会历史的潜力。通过针对意识形态客体而表述主体位置,通过重组现代的时空关系,这些文化实验把第三世界现代化过程展现为将传统根本性地、历史性地重新定位于其尚未定义的现代阶段,这一再定位过程也将一个新兴社会的文化内在性对象化。

　　我想以索绪尔的语言(langue)和言语(parole)的二分来结束这一讨论。在社会—文化现实的结构(这一结构为遭遇或通常是需要面对的"符号"提供意义框架)与事件本身(它们不仅是转瞬即逝的名称或能指,并且投射出

---

① 李泽厚:《中国现代思想史论》,第340页。

一种新的现实性)之间有一种辩证关系。约瑟夫·列文森的《儒教中国及其现代命运》中的一个主要观点是:在西方与世界其他国家之间的相互关系中,前者只是稍微改变了它的词汇,而后者必然要改变它的整个语言——在"语言"的结构主义意义上。① 这是很有力的直觉,并非因为它在文化上预测到了霸权等级,而是因为它指出了所有文化转型背后的历史冲突。然而,列文森忧郁的沉思中所包含的破败景象,事实上却是一个你争我夺之地。正如萨林斯(Marshall Sahlins)在他的《历史之岛》中出色地指出:历史被文化所安排,就如文化的图景被历史所安排。② 正是在这些矛盾综合体中,文化讨论致力于开创对于历史实践的自我理解。因为,一方面,参与者是在对既定文化秩序的理解的基础上组织他们的计划,并赋予目标以重要性。就此而言,文化讨论证明了中国文化历史性地——也即在世界历史的意义上——在行动中再生,并且因此是一种文化模式的独特实现。另一方面,在行为的偶然环境下,一些传统的认识模式如"中国文化"或"西方文化"正经历着变革性的再思考。

80年代中国处境的特征在于下述事实:重新恢复并加快速度的现代性全国规划——这种规划与全球化市场和通常被指认为"后现代"的文化生活相适应——打开了一个崭新的国内社会空间。只要现代性的全国规划符合其历史的复杂性,只要其未完成状态仍然产生异质性和替代性,我们就可以从一个反向的角度辩证地借用列文森的逻辑:正是中国社会的自然史"语言"决定了所有外来话语的文化"言语"。我无意渲染一种常见的神话:某种"民族—文化意识"会突然苏醒,或者当面对一个集体性主体时,某一立场的自我意识将照亮整个话语处境。相反,"中国语法"或中国的问题性必须从结构和历史的层面去理解:"中国话语"只是中国问题的话语情境和历史源头。然而,这样说并不等于同意传统汉学家仍然持有的更加非历史

---

① Joseph Levenson, *Confucian China and Its Modern Fate* (Berkeley, CA, 1965), volume one, "The Problem of Intellectual Continuity." 有关"词汇"和"语言"的集中讨论见"A New Vocabulary or A New Language"的结论, pp. 156-163。

② Marshall Sahlins, *Islands of History* (Chicago, 1985). 前言(pp. vii-xix)和最后一章"Structure and History" (pp. 136-156)与目前的讨论尤其相关。

的习惯,即服从一套亘古不变的(timeless)模式。未尝改变的并非中国或中国知识分子的"心智",而是作为既有权力和符号体制之组成部分的汉学本身。但在涉及更大的语境时,"文化热"中的话语狂热却从未从历史文化的深层抓住核心(甘阳称之为"文化意识");相反,它本身就是一个公认的征兆,又一次把我们带到"民族"这一话语和历史的问题性面前。后现代对于民族或民族性的禁忌归结为一种辩证法,使"民族性"成为剧烈的跨民族过程的一个位置——或一种暂时的解决。正是在这个意义上,民族或民族文化获得了意义。用萨林斯的话来说,即文化在行动中被历史性地改变了。"中国"和"世界其他部分"之间正在进行的相互关系中,不仅包含不同的文化,也包括了不同的历史,从 80 年代后期的象征行为中出现的辩证法建立了文化讨论试图提供的那种批判性思维的雏形。

99

(蒋华、胡慧翼译,王钦校)

第二部分
文学话语

第三章　新时期文学:历史书写与意识形态

"新时期"(1979—1989)为重新思考和解释中国现代主义提供了社会—历史的参照系,正如改革年代的中国现代主义反映了这个特定文化—历史时刻的历史和理论问题。我们早就有必要去揭示后毛泽东时代的文学运动所处的喧嚣环境,以及文学领域的"现代化"努力所带来的价值转向和"重写"自身历史谱系的欲望。为了做到这一点,需要凭借对于文学史的独特感受来处理材料,这一感受力与所论主题及恰当的批评框架两相兼容。为了回应改革开放时代特殊的意识形态和文化权力关系,为了脱离官方话语、拥抱文学创作和革新方面的变化,新时期最初的文学史写作或隐或显地倾向于采用典型的进化论范式,这本身已经隐含了审美(当然也是政治的)上的等级和目的论。无论是严家炎"中国现代小说史就是小说的现代化历史"的说法①,还是钱理群、黄子平、陈平原在世界文学背景下"重建二十世纪中国文学"概念的尝试②,我们都可以从中看出,文学史家和文艺评论家都已经将新时期放在了特权性的位置之上。由于强调"形式革新"(它以审美来呼吁政治和意识形态上的替代性方案),新时期文学或多或少地成了某种半自主的范畴,并向人们允诺了某个光明的未来。80年代的文学创作常常屈从于某种现代主义的化约论(后者的目标就是切断"现代"、"创新"同"落后"、"过时"之间的联系)。在这种"美学"审查制度眼里,不仅新时期文学成了一个整体,而且(新的文学史书写和文学批评无限艳羡拥护的)

---

① 见严家炎:《中国现代小说流派史》(北京,1989),第16—28页。
② 见钱理群、黄子平和陈平原:《20世纪中国文学三人谈》(北京,1988)。他们在"全球观念"、"民族意识"、"文化视角"、"艺术思维"和"方法论"标题下进行讨论。

现代派运动也从自己的"史前史"以及当下的社会、政治和意识形态语境里脱离了出来。

整个80年代,现代派被视为改革开放在文艺和审美领域变革和创新的最引人注目的成果。(在那些知识精英眼里尤其如此——他们渴望在共和国既有的政治—话语结构之外建立某种审美和话语体制。)邓小平时代中国的政治状况,以及市场经济和大众文化戏剧性的到场,粉碎了这一努力(虽然它有过某个欢欣的时刻,却从未实现自己预期的目标)。虽然知识精英的纵容使现代派这一概念在审美和政治上显得暧昧不明,但从新时期之后的历史(经济和文化领域的全球化和市场化规定了这一历史)角度倒回去看,现代派在政治、文化上的切关性就变得很清楚了。

我研究现代派的旨趣在于从社会历史和文化批评角度来把握它的审美和意识形态假设。因此,我不会将现代派同新时期文学创新的整体割裂开来,或是赋予它某种特殊的流派或风格压过(同时作为审美、文化和意识形态的)更为广泛的当代中国现代主义的特权,而是力求在社会政治和象征环境中重新落实它的审美体制构成。如此一来,十分要紧的就是作为"媒介共同体"的现代主义的历史和历史性(雷蒙·威廉斯在《现代主义的政治》中探讨了这一"共同体"),在这一共同体中,社会和文化经验的构成和转型落实在了一连串诗学的、理论的和历史的结构及母题之中①。

因此,对于文学进步的普遍信仰(比如,先锋派的元小说比"寻根派"的文化主义文本更老练、更先进,或是朦胧诗比文学革命以来的所有诗歌都更有"诗意")必须在这儿经受批判性的考察。循着20世纪中国现代性展开而产生的现实主义,仍然是整个新时期非常富有活力的表征模式。各种流派、风格——从政治性的报告文学到通俗小说、从地域作家群到反抗固有标签的个体作家——全都参与了后革命时代中国文学风景线的建构。当代文学现代主义的问题既标明了专业化的利益圈,也代表了审视文化和社会母题的视角,这些母题以一种更为普遍的方式规定了改革时代。因此,我试图抓住整个社会语境同这里所选出的特定文本之间的辩证互动关系,并将它

---

① Raymond Williams, *The Politics of Modernism* (London, 1989), p.45.

们看成是彼此的寓言(和客观的澄清)。我希望,这个使得现代主义概念变得有血有肉的过程将会破译作为我解读社会话语的基础的批评策略和文化政治(这一社会话语在历史变迁和文化建制中成形)。

　　敏感于文学创作领域的新动向,不懈地追逐新的批评范式,这些都表明当代中国文学研究这个学科在理论表述和批评视域方面都还处在起步阶段。这一领域的开放和活力反过来也恰恰说明了它的不发达和贫乏。与其说追赶形式革新和理论复杂性(后者的标准已经在全球范围内被设定好了)的绝望努力赋予了这一不发达以特征,还不如说同某种辩证法进行和解的内在失败给予了它特色,这一辩证法正是在文学发展的形式史与其社会状况之间展开。由于处在改革时代的经济和文化剧变以及后革命时代所释放出的激烈的社会和意识形态冲突当中,发生在当代中国的批判性介入常常同自身的镜像纠缠在一起,而且两者之间生发出醉人的缠绵。因此,现代主义不仅成为社会新生事物稳固的"避难所",而且也成为了一个意识形态镜像屋,在其中个人和社会冲动被建构成一个整一的象征体系。80年代拥有前所未有的创造性这一自诩的神话往往掩盖了自身深刻的文化和意识形态危机,我们应该从它的历史脉络及其所处的全球情境出发来分析这一危机。虽然"实验"话语与新时期的社会构成紧密相联,它却往往只是个自欺自慰的80年代神话——某个深深植根于新时期特殊的意识形态之中的神话。与意识形态纠缠不清本身也是当代中国现代主义问题的一个组成部分。因而,对于现代主义概念的批判性建构必须通过同这一意识形态在历史和概念上作出区分才能完成。

　　为了历史地评价文学生产领域,在理论上区分文化社会学分析和某种审美冲动——即将文学建构为社会—文化体制的冲动——是十分必要的,可以说同将两者统一在一起的阐释一样重要。凭借这一辩证法,社会经验与知识、文化革新之间的关联和距离成了现代主义——这个当代中国特殊的表征模式——的内容。以下关于新时期文学发展史的评述并不是对于当代文学新潮形成的描述,而是建构了某种社会和本文经验,现代主义在这一经验中得以作为"问题"浮出水面。

作为历史叙事的现代主义

当现代主义在中国现代文学史中出场的时候,它与浪漫主义和现实主义一样,名字前面都带着个历史修饰语——"西方的"。现代主义被引入中国的历史并不一定比其他两个主要流派更短——波德莱尔、斯特林堡、霍普特曼、叶芝和安特莱夫(Andreyev)的名字在20世纪初期几乎与歌德、拜伦、雨果、惠特曼和托尔斯泰等一起进入中国,并且几乎同样受到中国作家和知识分子的热情欢迎并被视为白话国民文学的典范,然而,它的发展则显得更加不稳当、更加曲折和复杂,它的影响也隐蔽和短暂得多,更不用说在官方的中国现代文学史中现代派只是被勉强地一笔带过。尽管如此,浪漫主义、现实主义和现代主义在中国20世纪初期都遭遇了努力创造"新"文化的文学(及社会)力量,而且被后者所吸纳。

认为文学现代主义是后毛泽东时代的现象,这是80年代中国现代派的无知、自负或是策略性的错觉(常常是三者皆有)。西方现代主义不仅在八十年以前就被引入了中国,而且它在中国现代文学史上主要的文学运动当中和重要的作家身上早就留下了自己的痕迹和标志。对于西方现代主义的早期引介在二三十年代催生出一些边缘性的然而却极富特色的现代主义文学流派和社团,诸如象征主义诗歌(以李金发、戴望舒、卞之琳为代表)和新感觉派小说(以穆时英、施蛰存等人为代表)。此外,现代主义的影响还是所有主要的文学流派——文学研究会、创造社、各种左翼文学团体以及资产阶级自由派组织新月派——重要的构成性要素。现代文学的奠基者,诸如鲁迅、茅盾和郭沫若,都吸收了现代主义的影响,并在相当程度上改变了后者,虽然他们在根本上是"现实主义者"或"浪漫主义者",但是在其风格形成时期,也同样浸濡在象征主义、唯美主义、表现主义和精神分析理论的影响当中。新时期文学的形式革新与民国时期的现代主义运动也有着直接的渊源。当80年代早期的首批文学创新者召唤出"现代主义"来重新界定文学创作领域的时候,他们求助于研究西方文学的学者或解放前的现代主义老兵(或幸存者)。袁可嘉、郑敏和卞之琳似乎完全适合于这两个范畴,他们都同时拥有这两个身份,既是40年代的现代派诗人,同属"九叶诗派",又是20世纪英美文学研究专家。作为研究20世纪英美文学的资深教授,他们竭力提供关于所谓"西方现代派"这一虽然模糊但却激动人心的对象的知识。袁可嘉的八卷本《外国现代派作品选》印刷量惊人,而且成为高等院校文学初学者和所有文学革新者的标准教材。它帮助塑造了对于现代主义的最初感知,比如朦胧诗人们的感知。

80年代现代派的崛起是中国现代主义第三次到场(另外两次分别是在"五四"时期和三四十年代,抗日战争打断了这一现代主义,随后突然戛然而止于中华人民共和国的成立),这样说并非是要以过去的名义为中国现代派的"传统"辩护。我只是想直面这样一种变迁中的历史状况,在某些状况下,现代主义在解放前的几十年中没有得到充分发展(更不用说汇入主流了),在另一种状况下,现代主义在后革命时代已经再次成为了可能,而且作为一种更加斩钉截铁的、更富生产性的表征模式,变得极富切关性。

在一本90年代初期出版的讨论西方现代派与中国现代文学关系的著作中,唐正序和陈厚诚一方面力挺中国现代主义具有社会、文化及知识上的必要性的看法,另一方面详细地分析了现代主义在现代中国发展的状况(更准确地说,是所受到的限制)①:(1)建立在西方垄断资本主义和半封建、半殖民地中国这一社会反差之上的"时代需要的错位"——这一反差使得那种孤独和受压抑个体的现代主义式不满(包括它义无反顾地背叛资产阶级社会和审美体制)在某种程度上对于中国的启蒙和民族、社会的解放这种集体需要来说毫无吸引力;(2)马克思唯物主义和历史辩证法的影响,它提供了对于现代派的知识"超越",并且使得苏俄文学在中国人眼里高高凌驾于现代主义之上;(3)传统文化的负面影响——以儒家思想的"入世"和佛道的悲观主义和虚无主义为两极——削弱了对于现代派道德困境的迫切关注和探询。作者最后指出,西方现代主义的传播还受到了以下因素的

---

① 唐正序和陈厚诚主编:《20世纪中国文学与西方现代主义思潮》(成都,1992)。

阻碍,即(4)由于大众对于西方文化传统并不熟悉,而且在西方文学史上逐次出现的浪漫主义、现实主义、现代主义几乎同时被介绍到中国来,所以西方现代派的传播也受到了读者接受水平局限的影响。

作者认为,所有这些状况在某种程度上都落实在作为现代性之确定性的理性的矛盾和对立当中,作者这样写道:

> 西方现代主义文学的特点之一是反理性,这种倾向于"五四"以后中国的时代风尚是极不合拍的。当西方大谈其"理性破产"、"科学破产",各种反理性主义哲学盛行并成为现代主义文学的思想基础的时候,中国却正处在一个重视理性、提倡科学与民主的时代。那时新文化运动的先驱者们都认识到,中国的封建专制主义严重地窒息了中华民族科学理性精神的发展,以致全国到处弥漫着封建迷信、愚昧盲从、无知妄为的现象,并导致了数百年来科学技术和社会生活落伍的恶果……当时的中国,与18世纪启蒙主义时代的欧洲极为相似,凡一切封建的偶像、神圣的教义、民间的迷信等无不在理性的法庭面前受到审判……由于中国和西方这种重视理性的倾向与反理性倾向的对立,所以"五四"时期虽曾大量引进西方各种反理性主义哲学,而且对不少新文学者产生了强烈的震动和深刻的影响,但中国作家主要还是从这种哲学中吸取反传统精神和重视生命意志的方面,来作为反对封建专制和争取个性解放的武器,而对西方现代哲学中排斥理性的倾向则很少有人接受和认同。①

这里传达出来的主题是带着某种批判性与西方现代经验相遭遇(作为审美创伤)——这一在理论上被归结为同所谓反理性主义哲学的遭遇,它在一个不同的时空中被结构了出来(中国现代性的历史实现凸显了这一时空)。通过把"现代主义"置于现代中国文化的边缘,这一论题作为关于中国现代性的政治观点加入了官方的文学史书写。

---

① 唐正序和陈厚诚主编:《20世纪中国文学与西方现代主义思潮》(成都,1992),第11页。

这里有趣的并不是对于中国现代派历史境遇的解说，而是现代派的历史条件是以怎样的方式被设置的。这一论断为研究现代主义在后革命时代的复兴和发展提供了一个切入点。官方话语认为，社会主义现实主义在1919—1949年间历史地达到了它文化可能性的极致，在强调这一点的同时，我们也必须指出，根据这一说法的自身逻辑，新时期现代主义的大潮指向了现代性内部的断裂——如果不是现代性的失败给予了那些"反理性"取向第二次机会的话。或许，我们应该通过考察文学创作、文学批评和文学史书写中的国家话语，来开始我们关于新时期现代主义的讨论。

国家话语

只要国家机器在80年代仍然渗透在整个社会、文化和意识形态领域，当代文学生产中的官方话语便仍然在这一领域里拥有支配性的发言权。这种主导性贯穿了整个新时期，特别是它的前半期。国家在巩固自身的社会和政治基础时，也表达了大众在意识形态和物质层面的情绪和要求。只要国家自身仍然是巨大而深刻的社会变革唯一的领导力量，那么所有不同的观点都必须通过与官方话语进行或明或暗的协商来表述自己，并且在面对这一影响深远的存在时，以肯定的方式或否定的方式来界定自己。新时期文学的前半期因而是一个政治范畴——它的社会经验内容在80年代晚期的中国，日渐被"世俗化了"的世界开放了出来。当新时期的表征模式奋力寻求形式和言论的"自主"时（这一自主性躲避在人道主义的修辞之下），它的历史和政治表达却要另辟蹊径。80年代中期发生范式转变之前，国家实质上体现了中国"新启蒙"的价值和观念，或可称之为"思想解放的伟大运动"（即邓小平同"文革"期间的毛泽东路线拉开距离的委婉表达）。在这一时期，现代主义(modernism)作为对后革命时代现代化(modernization)和现代性(modernity)规划的更为积极的艺术表达，本身是无法脱离社会主义国家的深层意识形态而存在的，虽然在审美、风格和形式领域，它时时表现出一种异议和对抗性。正如后文中将要论及的，这就是朦胧诗人发动诗歌革命的历史情境。

国家权力反映在了官方批评家所支持的"新时期文学"全景当中。以下冯牧——作家协会的主要领导人之一——的论述便是一例。在写于1986年的《关于中国当代文学教材的编写问题》里,他界定了文学上的新时期。首先,这一文学是巨大转折时期的文学:

> 这一时期的文学和我国正在进行的伟大的深刻的政治、思想战线上的斗争发展是紧密结合在一起的。……这个时期有过很多历史上从未出现的新的问题、新的斗争。头一项具有划时代意义的事情,是我们进行了规模宏大的拨乱反正的斗争①,这场斗争,如此深远,如此广泛地深入到我们国家社会生活、政治生活、经济生活、文化生活的一切角落,一切方面。而这种影响又是那样地迅速,那样直接地,那样丰富地,那样广泛地通过文学形式得到了反映。这是新时期文学的一个十分突出的特点。

除此之外,这一文学是从历史交叠中产生的,而且也深刻地干预了社会:"像小说、诗歌、戏剧这样一些社会性比较强的文学形式,新旧交替、新旧交错的特点是如此深刻地反映了出来。没有哪一个时期的文学成果像这个时期那样,对社会、对人民产生过如此巨大的,足以促进人民思想,足以影响社会生活发展,包括影响某些制度改善的社会效果。"最后,它是关于社会解放的文学:

> 这个时期的文学是在人民经历了长期的高压、长期的沉闷之后所出现的思想解放运动的一个重要组成部分。从某种程度上说,好像是

---

① "拨乱反正"的字面意义是"理顺被搞乱的事物",这是邓小平早期的一个政治口号,它的具体含义是自1979年中国十三大以后从制度上"纠正"毛泽东的失误。这一纠正的政治步骤之一是在1979—1980年大规模地为过去十年"极左"运动中遭到清洗的官员和知识分子平反。它在意识形态(有时是哲学的)阵地上相应的行为是所谓的思想解放运动,包括围绕"实践是检验真理的唯一标准"这一哲学命题展开的政治争论。它的"自由(主义)"派生物包括著名的关于人道主义和社会主义异化概念的讨论,其理论来源有马克思1844年手稿和一些欧美国家的"新马克思主义",如波兰的亚当·沙夫(Adam Schaff)就是人们最多议论的人物之一。

一场火山爆发,十年积累的热量、潜力、智慧,一下子迸发出来。文学艺术的生产力开始真正得到了解放,人民群众的文学艺术创作力表现了空前强大的势头。……无论从作品的丰富性①、多样性,主题思想的深刻性或从作家创造力的发挥来说,它在中国文学史上都是一个罕见的、值得肯定的时期。②

尽管这一官方话语为的是阐明邓小平体制在意识形态领域的自我定位,它假定了并且在一定程度上宣布了改革早期社会生活的"总体性",然而这一生活画面并不总能见之于挣扎在边缘或非官方领域进行活动的各个现代主义流派当中。"总体性"是一个必要的幻觉,它既包括了可归因于国家话语的意识形态的支配性,也包含了集体记忆和期许的乌托邦内容,后者也正是国家试图掌控和利用的东西。只要国家掌控着的话语仍是主流,官方批评便可声称拥有盖过文学生产领域的优势地位,这一优势,用黑格尔的话来说,揭示了"现实性"(the actual)之中的"合理性"(the rational)或"合理性"之中的"现实性"。在文学史的写作中,这种权力优势来自邓小平体制在历史经验和意识形态内容上的复杂性,正是这种复杂性确立了这一体制的合法性,然而那些寻求更具世界主义、更高深的文体风格的现代派论者却常常忽视或规避这一点。这一历史现实的核心不仅使官方史学成为批判性反思的必要背景,而且也渗透在它的热情辩护者的细微情绪和自我意识之中。因而,我们看到冯牧不仅建议把那些不和谐之音归为文学新时期的"支流"(字面上与"主流"相对),而且进一步承认"支流"也必然有其自身的社会渊源和意识形态环境,因而须被历史地对待。

冯牧的分期由于处理了后毛泽东时代初期尘封已久的文学因而显得异常重要,这一举动潜在地为社会话语搭建了一个基本的话语平台,在这个平台之上,作为当下研究对象的"现代主义"可以具体地得到界定。冯牧将新时期文学的发展分为四个阶段:(1)毛泽东逝世以后和"极左"路线崩溃后

---

① 根据冯牧的说法,1981—1986 年间,中国涌现出了 400 多部长篇小说和 700 多部中短篇小说。
② 冯牧:《文学十年风雨路》(北京,1989),第 169—171 页。

的二三年间,这一时期的作品以政治上进行揭露然而艺术上却很粗糙的戏剧、小说和诗歌为主,它们声讨"四人帮"并且歌颂老一辈革命家;(2)紧随其后的是"伤痕"时期,卢新华的《伤痕》和刘心武的《班主任》是这一时期的代表作,这些作品反思过往十年的创伤,同时展开对于国家未来道路的思考;(3)1979年之后,新时期取得了意识形态正当性,在这一时期,作家们开始以新时期精神去再认知、再分析以及重新表现集体经验——这是冯牧称之为"影响很大的作品"出现的时期,诸如《犯人李铜钟的故事》(张一弓)、《天云山传奇》(张贤亮)和《蝴蝶》(王蒙)等;(4)80年代后期,作家已经"开始自觉地把自己的文学劳动和艺术实践同四个现代化建设的历史任务联系起来"①。

冯牧没有直接论及现代派的历史和文本,因为对于他来说,这一范畴并不存在。在他看来,那些"具有写作才华的青年作者"作品中体现出来的悲观主义和虚无主义并非"资产阶级自由化"的反映,而是"指导思想模糊"②的结果。换言之,冯牧认为现代主义并不是一个文化问题,依照他的逻辑,现代主义随同历史剧变时期作为表征模式的新时期文学一同产生,而且在后者中达至完满。因此各种"新潮"要么被新时期文学主流吸收(或容忍)(王蒙的意识流小说便是一例),要么被贬谪为"浅层次的通俗文学"和"庸俗文学"(在当时中国的语境中,这些词常常用来形容那些非常商业性的,因而是"资产阶级的",充斥着性、暴力和庸俗谣言的出版物)的遥远的同盟军,它们一起"攻击"、"挤压"和"挑战""我们的严肃文学"。③ 冯牧还指出,这些不和谐之音并非偶然混入新时期,而是有意地"脱离时代、脱离现实",乃至"偏离了社会主义文学方向",它们作为"某些不健康的思想倾向、艺术倾向在新的条件下的萌发"④成为"某种社会思潮的反映"。在这个意义上,现代派被宣布为"非历史化、非现实化、非社会化"⑤,对于冯牧来说,它"只

---

① 冯牧:《文学十年风雨路》(北京,1989),第173页。
② 同上书,第174页。
③ 同上书,第23页。
④ 同上书,第174页。
⑤ 同上书,第23页。

满足于以某些西方和拉丁美洲的文学成果为范本和指针","以至使有些作品看起来不像是植根于民族生活土壤之上的创作,而更像是对于外国某些流行作品和学说的一种从形式到内容的移植和模拟"。①

去中心化的修辞

在整个80年代,极力企盼和苦心营造伟大文学范式不仅成为官方的渴望,也是那些追求另类道路之人,尤其是现代主义者的兴奋点。后毛泽东时代的文学经验经历了十年蓬勃发展之后,作为一个整体已经成为批评和历史反思的对象。然而,它也是这样一个时刻,这一"营造"的文学和历史内涵在更严肃的意义上产生了疑问,而且一旦发生疑问,它就有支离破碎的危险。批判性的质疑自80年代中期文学创新风起云涌的时候就已经产生了。1985年②前后,组诗在朦胧诗人诸如江河和杨炼等人中间十分风行;杨炼在他有关中国历史和西藏神话的组诗的前言中提出了"智慧空间"和"现代史诗"理念。寻根作家诸如贾平凹、阿城、韩少功,特别是莫言发表了自己的系列小说。这些创作既受到福克纳和马尔克斯的影响,同时也有"回到事物自身"的文化渴求。他们的作品可以看成是新兴社会经验变形了、物质化了的,因而是持久的表征。在文学史领域,"重写文学史"成为热门话题,一批来自上海的青年文学教授以此来挑战文学史对于1919年以来"五四"文学传统的阐释,他们给出了另一种文学史话语。1984年,陈凯歌和他电影学院的同学拍摄了被称为中国"第五代"电影宣言的电影——《黄土地》。那个时候,中国的先锋艺术运动是如此热烈和复杂,以至于高名潞那本介绍1985—1986年期间艺术界一般情况和不同流派、圈子的作品竟然发展为一部长达731页的书(它被错误地命名为《当代中国美术史》③)。在整个文

---

① 冯牧:《文学十年风雨路》(北京,1989),第23页。
② 1985年作为中国文学创作至关重要的一年,已引起了许多批评家和文学史家的注意。李陀的《一九八五》生动地描绘了那一年体现"深刻并且惊人变化"的事件。
③ 见高名潞:《中国当代美术史》(上海,1991)。

化领域,中国年轻学者组织翻译的西方现当代学术经典译著"文库"、"丛书",由不同的"编委会"编辑出版,这为80年代后半期席卷而来的"文化热"提供了本文(和组织)基础。在"先锋小说"("实验小说"、"元小说"或"新潮小说",这些名称经常交替使用)产生前夜,文学界充斥着浮夸的美学口号、文化宣言和宏大的工程,这与改革时代初期那种在审美风格上单调、了无生气的文学创作形成强烈反差。被官方批评视为新时期文学支柱的现实主义在新生的主体看来,只是一种回过神来、苟延残喘的官僚化表征模式。

在这一点上,许多文学批评家所持的基本假设,即改革可以通过"文革"后幸存下来的文学制度的延续或发展得到表征,似乎与新的经济及其产生的新社会空间和这些领域内骚动的文学实验愈来愈不一致。从伤痕文学到改革文学这一官方的传奇,尽管在内部容忍了良莠不齐的风格探索,诸如王蒙的意识流手法、高行健的现代派戏剧,却只能够徒劳地掩饰新时期文学主流在审美和形式创新意义上的空洞和局限,所以它最终也不过是社会经济"双轨制"——即国营与私营企业的并存和发展——在文学表象领域里的戏仿(parody)。

刘再复,这位直到"八九风波"发生前夜依然奔忙于官方话语和新兴异端力量之间的协调者,对于将社会主义现实主义重新定义为"历史的开放体系"这一看法(由 D. 马科夫在 1978 年提出)极感兴趣。通过援引马科夫"现实主义在主题选择和表征方式上可以是无限的"的看法,同时运用拉美魔幻现实主义在全世界赢得巨大声誉的事例,刘再复认为"开放的姿态"对于现实主义的再生是至关重要的,而且必须把自己与"现代派文学的主体性"①结合起来。在刘再复的命题中,关键不是效忠现实主义(这一术语早就降格为国家机器内部的文学惯例和政治正统的标签),而在于策略性地引出"主体性"。刘再复痛斥"文革"导致了人(作为审美经验的主体)的畸形化、简单化和粗糙化,他呼吁将主体性建构为现代的、健康的、

---

① 刘再复:《论文学的主体性》,起先刊登在《文学评论》1985 年第 6 期和 1986 年第 1 期;后收入刘再复《文学的反思》(台北,1990)一书,第 131 页。

强大的审美心理结构。刘再复虽然声称"建设社会主义精神文明",但却很清楚地指出这一努力的政治目标并非使人屈从于任何"外在的规范"或任何"社会的抑制机制",相反,它将通过"人自身内部的激发机制"①争得自由。直到几年之后,现代派对于内在性(interiority)热情背后的意识形态结构才日渐清晰。随着官方意识形态本身也消散成后革命时代媒体千篇一律的论调,这种现代派的"主体性"也转变为感伤的无关之物和使人尴尬的过时之物,变成了某种关乎令人目眩却依旧模糊的消费社会的审美狂想。

随着现存结构的崩溃,某种以更加肯定、更富挑衅性的话语来论述当代中国现代主义的取向日渐浮出水面,它更决然地脱离新时期主流。但是,直到"八九风波"之后,不同的立场才真正明晰起来。李陀,这位80年代的文学批评家和理论"实验"倡导者,认为官方口中的新时期文学传奇十分可疑。他说道:

> 按照一种流行的批评看法,在70年代出现的"伤痕文学"和80年代初出现的"改革文学"具有一种革新的意义,甚至认为他们开辟了一个新的文学时期。这种说法不是全无道理,因为"伤痕文学"和"改革文学"的确给文学带来了一些新的因素,这使它们作为一种文学话语,不仅与"文革"中的样板戏有差异,而且与"十七年"②期间的文艺作品也有种种不同,由此,三者之间形成了微妙而复杂的冲突关系。但是,它们并没有改变"工农兵文艺"这个更大的话语系统中的权力结构,恰恰相反,三者之间的对立和联结形成一种战略,使得新的文学话语的产生受到极力的压制。

也就是说,李陀认为80年代早期的那些主导性文学流派根本没有带来一个新时期,而是分享了并以一种微妙的方式加强了中国版的"社会主义现实主义"——即"工农兵文艺"的政治和文学议程。对于李陀来说,对立于这

---

① 刘再复:《论文学的主体性》,《文学的反思》,第108页。
② 指中华人民共和国1949年成立和1966年"文革"开始这段时间。"十七年"普遍被认为是中国社会主义的黄金时代,并且在某种程度上是社会怀旧的基础之一。

一联盟的中国现代主义必须去拆解作为话语的官方表征模式或作为上层建筑实体的"毛文体"。

尽管李陀在反对他所谓"毛文体"的斗争中占得了先机，他的看法还是带有具体的文学和历史的暗示。他把我们的注意力引向官方当代文学史中三个文学范式之间固有的张力，即改革文学、"文革"中毛泽东思想的狂热性和中华人民共和国头十七年间中国社会主义现实主义的"黄金时代"，这一点很具启发性。此外，指出这一张力可以作为"策略"来使用，以反对文学话语领域更为彻底的转变，是李陀的论述真正富有洞见性的地方。然而，将这一策略等同为"毛文体"，完全是一种意识形态花招，它因为自我定位和建构后革命时代审美主体的缘故，歪曲了社会经验和文学历史的真实。

李陀凭借解读文学"实验"，并为之立传，来介入捍卫表征的权力斗争——反抗官僚机构的官方话语。在我看来，复兴作为文学媒介和审美宝库的汉语是知识分子一直以来坚持不懈的努力，但是80年代的这种努力却被现代派语言是否产生于外国的影响这样的讨论遮蔽了。况且以下看法亦是公认的真理：即现代中国文化在历史上受到新文化运动或五四运动所激发的启蒙精神的界定，它的结构也与中国革命史（资产阶级和社会主义革命）及其文化—意识形态要求相交织。值得指出的是，"五四"的思想遗产已经被充分地挪用了，对于新文化运动和启蒙思想的历史评价也被纳入到毛泽东所说的中国革命由"新民主主义"阶段胜利过渡到"社会主义阶段"这一逻辑当中。因此，它已经成为一个政治话题而非文学或思想史的话题。从李陀关于新潮文学与汉语发展关系的描述中，可以看出他的汉语反思背后的文学和意识形态主张。

"五四"以来，白话文的发展用阿城的话讲，是变成只有"白话"没有"文"，而当代文学恰恰改变了这个现象，又恢复了"文"的重要性。在此值得回顾一下"五四"时期对待白话文的两种不同态度，即鲁迅与茅盾各自代表的观点。无论在修辞或叙述层面上，茅盾的语言都是彻底的欧化，而鲁迅则强调中国的散文传统，强调与古汉语的承接关系。以后，在毛泽东的介入下，茅盾一派遂成主流，以至现代汉语逐渐变得苍白起来，近十几年里，中国文学又开始重建与鲁迅传统的承接关系，开始探索汉语的魅力。在过去,汉语只是革命的工具,而今又成为作家们追求的目标,而且对探索的热烈反响大大超过了"五四"时期,在一定程度上使现代话语又达到了古代汉语时期那种丰富多彩的面貌。(李陀,1990)

李陀认为某种语言的转向,即关注当代文学实验中的语言、形式创新和叙事技巧,突显了当代文学的实验性,这一点是对的;将看似是"形式"与"美学"的运动与中国现代历史、文化和政治复杂性相联系,这一点也是富有生产性的。但是我认为将"媒介"定义为所谓的重新恢复"文"的传统(大写的"文学"),简单地将它同"白话"(泛指一切缺乏形式技巧的作品)对立起来,这一观点很成问题。不可否认,语言是文化和历史得以落实的体系,但是,李陀对于"文"的强调需要我们细究。"文"的概念和传统士绅阶层的书写模式及其内部的不同趣味和特性有着千丝万缕的联系,因此,需要谨慎地反思这一文化传统,用本雅明的话来说,需要带着"小心翼翼的超然"态度来考察它们。有一点可以理解,即李陀试图唤起这一特殊意象——包括它的文化及意识形态内涵——来攻击既存的文学体制及其物化了的风格。但是在联系过去的时候,李陀没有能够提供关于过去的可靠的再诠释,而是将"五四"传统化约为鲁迅与茅盾的划分,对于"五四"之后发展的描述也同样粗略。[①]

这里对于"文"的使用,或者那种有意无意的概念滑动,透露出后毛泽东时代中国思想话语追求"语言"背后的意识形态。李陀(对于他来说,阿城是一个例证)将"文"与白话相对,认为"文"受到丰富的文化传统滋养,并且产生于后者的文学体制。它的文化和意识形态含义主要体现在两个方面:(1)任何文学创作必须基于语言、文化和风格体制,实际上也在其中得以被建构起来;(2)中国古典文学提供了极其独特的象征资源。因此,这一

---

① 我这里并非要细究李陀文章的论点和细节。李陀作为一个作家和活动家并不总是以"理论"的语言来论述自己的观点。但是,我发现这些具有这一时期特色的论述和细节同样为了意识形态的、话语的自我主张而将过去和全然新的东西非历史化。在这方面,这里所引用的正是知识精英迫切想要建立政治—审美制度更为直接的例子。这一欲望并非"知识精英们"自身的特权,而是不同团体共享的社会意识形态。我还要指出,李陀这篇文章的论述和细节也许受到了以下事实的影响:李陀的表述建基于 80 年代晚期他在斯德哥尔摩对中国流亡作家发表的谈话。

原本与传统士绅阶层的趣味和文化特性相关的古典文学传统,出人意料地成了现代派追求审美自主性的原料和跳板,它为那些受到中国现代性话语野蛮压抑的自由不羁、喜好沉思的心灵,或那些徘徊在中心话语边缘的人们提供了庇护所。鉴于80年代晚期的写作环境已深受全球性的影响(在中国文学研究领域,海外学者有时担当了不可替代的中介),而且自从"八九风波"之后,80年代相当多的文化精英一直在西方生活和写作,因而身为历史"边缘人"或中国伟大现代性(从启蒙到革命到"现代化")臣属的人们,常常期待成为新的意识形态世界秩序的中心。召唤解放前的文化特性和现代主义的国际语言可以被视作与普世秩序进行重新联合,而在革命年代,这一秩序受到了抑制。对于新文化运动(1919)和中华人民共和国成立(1949)之前那一时期文学生产的重新评价,以及对于晚清文化重新浮现出的兴趣,成为这一重新定位的两个论战领域。现代主义文学制度的自我建构与"欲望"和"神话"这种"永恒的"体制之间存在隐含的联系,这也可以解释作为保守的现代主义的寻根运动所发起的审美现代性和物质前现代性的独特结合(在寻根运动中,自然和古典中国似乎建构了一个精致的、"非西方"的表意空间)。

然而,一旦李陀的阐释运用到他所拥护的同一个文学文本,就会遭遇严重的问题。在他看来,在官方话语之外,从朦胧诗、寻根小说到实验小说的种种潜在的文学潮流似乎都已蠢蠢欲动。① 无疑,朦胧诗和寻根小说都带来了形式、文化和意识形态上的另一种选择;它们同时也渴望获得主流文学史的认同。先锋小说是否准备或乐意摆明自身的史前史,并且在社会、美学层面将它们纳入富有意义的"星座"当中,还很不好说。作为一个流派,先锋小说实际上仍然脱离于(如果不是颠覆的话)中国古典文学遥远的魅力或是象征和技巧的全球网络。正如我在第六章解读格非时所说,大多数人眼中新时期文学所能给出的最形式化、最具后现代文学风格的先锋小说,其实深深植根于当代社会—文化经验之中,而后革命中国主流的学术话语却从未触及这一经验。

除此之外,当李陀提出鲁迅/茅盾这一二元论,一边赞扬鲁迅凸显了传统

---

① 李陀:《海外中国作家讨论会纪要》,第96—98页。

与现代文学之间的延续性,一边指责茅盾全盘西化时,"文"的含义便戏剧性地改变了。这里的问题不再是新与旧,而是中国与西方。当然,即便令人窒息的现代化的意识形态已经横扫了 80 年代的学术话语,李陀的立足点也不是拒绝西方化或现代化。恰恰相反,李陀认为这一现代化的社会—政治和文化中介正是中国革命和社会主义建设的核心。就此而言,李陀的立场在对待现代性上带有深刻的暧昧性。在质疑中国启蒙运动的社会和文化遗产时(如果说还不是现代性概念的话),李陀和其他许多中国知识分子一样,一方面尽管致力于更加确然地联系"文"所体现的历史和文化连续性,另一方面也在寻求联合资产阶级文化体制和声誉。这种超越"五四"的焦虑并没有导向对于中国现代性历史经验进行批判性分析,反倒是在形式王国里实现了自身的升华——即倾向于对全球化语境中的既有规范进行审美肯定。

尽管存在着上面所讨论的文化—意识形态暧昧性,对于这种联合所怀有的知识和意识形态忠诚似乎使李陀和其他批评家走入了某个极其复杂的文学—历史地带——这里处处是扭曲的标签和空泛的结论。因此,李陀就不需要去提及鲁迅左翼的、革命性的取向及其激进的反传统主义,而这些东西不仅渗透在鲁迅的文学主题当中,也充满着不懈的形式试验,实际上《呐喊》(1921)和《彷徨》(1925)中的每篇小说都是这种实验的例证。似乎正是鲁迅对古典中国"潜能"或"绚烂"的痴迷,而不是他探索各种现代文类和表征模式(如短篇小说、象征主义和现实主义)艰苦的、富有开拓性的努力,成就了他为中国现代文学所带来的卓著贡献。① 同样的歪曲和简化也体现

---

① 鲁迅在中国文学、艺术和历史著作方面的早期训练与其后来跟这一传统发生密切关联是不同的问题。毫无疑问,鲁迅在这些领域是非常博学的。但是,在整个文学生涯中,鲁迅似乎有意把自己的文学活动同其他活动分开来。虽然鲁迅除了政治讽刺诗外没有写过"新诗",但他无疑是白话文的先驱。我认为鲁迅风格的独特性和丰富性更多地带有那个历史、文化相交叠的时期,以及实现庞大的文化再定位之困难的痕迹,与新文化运动中国际性的保存和重建中国古典文学精致的审美功业关系不大。李陀在强调鲁迅风格的丰富性(这有许多来源,包括中国古典文学)时,并没有认识到鲁迅挪用古典的批评性特征。对于鲁迅来说,即便是传统的白话文学也在形式、审美和意识形态上有着封建主义和文人士大夫文化的残留。他赞同瞿秋白坚持对"旧形式"进行批判性的改造。作为一位古代文本的收集者和编纂者,鲁迅的主要领域是传统白话文学、地方传奇和神话、神怪故事和稗史笔记。

在李陀对茅盾的评价上。李陀把他同后来那些塑造和守卫毛泽东思想主流的文学官僚相提并论,拒绝去发现茅盾创作风格的复杂性和异质性,以及这一风格形成和转变中的历史因素。最后,李陀谴责毛泽东的"干预"扼杀了文化和思想上的可能性,构筑了某种僵化的、同质的元叙事。如此为之的时候,李陀文章中所表现出来的这种修正主义历史观,就无法同作为现代性话语的毛泽东时代话语体系的历史意义和解,更拒绝看到这一话语所包含的极其异质的社会、文化、伦理和审美传统,而是强行将当下置入中国情境。

如果说文化主义、精英主义的议程只是潜伏于李陀80年代中期关于"重写文学史"和"汉语"的反思当中,那么,他后来对于主流的政治挑战就表现得更为显白了,李陀给这一主流贴上了"毛文体"这一似是而非的标签(毛文类、毛风格,或者采用它更为普遍、故意错译的名称——毛话语)。以下是李陀看法的第二部分:

> 二是对主流意识形态的解构和破坏,也可称为对"毛文体"统治的破坏。这一点是建立在第一点上的,即:对语言运用的探索导致了观念上的变化,而文坛上的新局面又必然地影响到整个社会和政治领域。实际上,一旦语言开始发生变化,就会涉及到整个意识形态领域。……可以肯定地说,文学的发展在这方面起了非常重要的作用。①

李陀对"官方文学话语"谱系这种经验主义式的把握与冯牧关于新时期文学四阶段的划分实际上相去不远。他们对这些现象的解读虽然彼此站在对立立场并且出于互相对抗的意识形态目的,然而两人处理不同文本的阐释逻辑却很相似。他们都以线性的、或好或坏的方式,试图通过单一的叙事来鸟瞰曲折的历史。李陀从官方/反官方二分法中推断出凡是非官方的必定是"先锋的",这一论述既有文学意味也有政治意味,即(1)发展现代中国(2)破坏或解构主流意识形态。在提出了中国当代文学"两条路线"的区分之后——即从伤痕文学到改革文学的官方路线对立于非官方的文学,从

---

① 李陀:《谈话》,第99页。

朦胧诗、寻根小说再到先锋小说这一新潮文学运动——李以一种有意不敬的调子称前者为"格调不太高的线索"。在他看来,官方文艺批评眼中能够代表"现实主义重要成就"的作品只不过是"政治通俗小说";诸如刘宾雁和张贤亮这样的文学"大师"只是些"根据公式写作"的"苏联文学的勤奋模仿者"。他们作品中的政治干预与其说是文学介入,不如说是对于政府进行"小骂大帮忙"的精明策略。①

李陀汇集了一批风格全然不同的作家构成"先锋文学"统一战线,这一战线单凭他们对于主流的挑战姿态就可界定。因此,老一辈作家汪曾祺——他曾是沈从文的学生,自己也是重要的中国现代作家,可以说还是寻根作家的导师(李陀说他是"寻根小说中最保守的作家")——也因其典雅的风格给"中心话语"带来了微妙的威胁而被归入"实验"之列。诸如张承志、郑万隆这些绝没有实验兴趣和风格的作家也因为他们作品中"政治"和"阶级"术语的缺席、"时空的抽象"以及对于边疆地理和边缘文化的偏爱而被包括在内。诸如王朔这样的通俗作家(他的成功是个非常复杂、有趣的现象)也因"带回'反讽'",或只因他们的"反叛姿态"而被冠以"先锋"②之名。李陀在对国家权力的语言或话语(他敏锐地把它同中国现代性话语联系了起来)发起的象征性的、话语性的"颠覆"中,有时却失去了对于自己所建构主体的掌控,而且无法认识到新的话语以及这一话语所建构的主体位置其实与后革命时代的历史形势及其不断变化的社会和文化空间交织在了一起。1987年前后出现的先锋小说,作为80年代现代派探索的灿烂终章(有人认为它是朝向后现代主义的辉煌迈进),颇为反讽地使得以下一点变得明了了:作为新时期文学革新热情庇护者的新潮批评陷入到了自身的意识形态网罗之中,并且理论上也不足以打开它所颂扬的文本。

在这儿,我想质疑的与其说是后革命时代的批评话语对于盘旋在新时期文坛的官方文学的劣评,毋宁说是这一话语定位自己以及界定现代主义

---

① 李陀:《谈话》,第94—96页。
② 同上书,第97—98页。李陀有关现代主义的更广泛的概念不仅使他的"文"这一概念看上去像一个文化—政治策略,也表明了知识分子话语在1989年后融合大众文化时与官方话语的暗中竞争。

取向的方式。对于李陀来说,现代主义"与前述的那条线索是相对立而发展的,是由对汉语的态度和对主流意识形态的态度所决定的"①。然而在我看来,李陀在他试图挑战官方文学话语的评论中,错失了本该提出的看法,即主流文学生产并没有从审美和经验层面真正地触及当下的历史。这一质疑所界定的问题意识,既是这个时期预期中的社会内容,也是某个文学范式计划中的审美与话语重构。这一问题性是我自己解读先锋小说的切入点。然而,暴露官方文学话语和它自己的历史性之间的结构性距离,并不是说这一话语没有发展出同现实的意识形态的表征关系;与之相似,探究先锋文学与其社会世界之间的结构亲和性,并不意味着这一风格就更少意识形态性,或是更接近社会或形式真实。在这里,这两种方向都旨在揭穿80年代那种猖狂的神话,即(1)现实主义文学是社会生活能动性的反映,并且服务于集体性人道主义的历史性建构②;(2)"先锋派"的出现标志着社会经验整体性或集体性的瓦解,实际上表明了叙事的分裂、历史的消失,以及中国后现代性的崛起。与上述神话恰恰相反,我认为"现实主义"和"先锋小说"都不是同质性的风格,而是卷入了曲折的、正在展开的中国现代性象征维度的建构之中。

由于新时期文学的历史是在官方话语以及作为官方话语的异端形式双重力量之下建构起来的,所以需要被解构和重构为某种欺骗性然而又是富有意义的"场景",它正作为历史与文化问题的现代主义的"场景"。批判性地建构现代主义,关键不是把这两个文本、审美谱系割裂开来,而是关注两者在社会寓言方面的交织和互相说明。这一关系不仅可以解释当代中国的现代主义——以个人风格呈现出来的集体性文学类型——的社会物质基础,而且同时又为我们解读这一风格的个人色彩及其特殊的审美结构所带有的形式和政治的必然性提供了线索。阿多诺所谓"社会史"和"形式史"

---

① 李陀:《谈话》,第98页。
② 刘再复被广泛讨论的"文学主体性"概念可被视为文学领域这一人道主义神话的一个证明。我认为,官方批评对他的斥责证明了这一人道主义章程同官方把文学视为工具的意图之间存在政治距离;第二,这一人道主义话语中包含着意识形态的可能性,这一话语既触犯官僚也与现代派无关,后者可能认为刘的"主体性"理论只是隔靴搔痒。

之间的辩证法是当代中国现代主义借以展示自己作为表征的辩证法的内在机制。现代主义如同一个庞大的社会—象征转换器,它将社会实践所生产(却又与其脱离)的社会经验移入一个装备更为精良的象征空间之中。想要融入更为安全的象征秩序的急切欲望(比如革命前的传统或国际现代主义)实际上泄露了改革时代中国现代主义的内在危机(在某种程度上正是空虚的表现)。它暴露了植根在以下事实之中的内在困境,即,作为后革命时代话语自由一部分的现代主义尽管通过弃绝自己的过去和历史发展了自身,但它还是一次又一次地——虽然是无意识地(也就是说,在符号学的意义上)——造访着这一历史。

(潘琴译,朱羽校)

第四章 "现代派"的介入

后毛泽东时代早期的文化生产在很大程度上可以说是前"文革"时期的体验在文学、意识形态甚至是经验上的重演。这一重演为建构社会主义人道主义"主体性"提供了话语空间和意识形态上的正当性。主体性这一概念是80年代很多文学创作背后的潜台词,它激发了寻找失去了的、内在的社会价值这一政治幻想。作为整个新时期文学第一个里程碑的"伤痕文学"是经历了"文革"的一代人的创作,他们在经受了痛苦的觉醒之后,推动了对于中国社会生活的人道主义反思,而他们那种渴望更为常态化的社会主义的政治要求则夹带着对于审美解放的初生的、模糊的渴望。① 与之形成对照的是,"反思文学"肇端于那些在1957年反右运动中受到迫害的作家,以及在"文革"前便开始自己的创作生涯而后又在"十年浩劫"中陷入灾难的那批人。与"伤痕文学"相比,"反思文学"是这样一种文学,不仅"受迫害者"能在其中实现自发的自我平反(这本身就是一个小小的乌托邦),而且它也隐含着一种恢复过往岁月的冲动。对于社会主义国家黄金时代(它是这些作家成长的土壤)的集体痴迷正是对于"文革"之前官僚体制和所谓中国社会主义日常领域这一理想化现实的怀旧。

---

① 1979年,刘心武发表了小说《班主任》。按照传统文学史的看法,这部小说是新时期文学的开端。它可以说是新时期含混性的一个例证。

否定性的增补

改革文学对于新时期社会经验内容的介入很成问题,而它政治上的出身以及它所深陷其中的意识形态—话语结构可以对此作出解释。似乎在经历了毛泽东时代政治氛围的寒冬之后,改革文学无论在内容和形式上都艰难地获得了舒展,获得了"重放"(第一次是"十七年")。这一文学凭借大声控诉极左政治所带来的灾难以及呼吁社会规范,得以在"解冻"年代里繁荣了起来,它带有被牺牲的一代青年人的道德愤慨和生命的紧迫感。"重放"的社会主义现实主义与汹涌的社会变化之间富有生产性的联系受到了官方话语的有意忽略。另一方面,复活了的表征模式和新生日常领域之间的不一致则招来了抹杀这一文学功绩(及其历史真实)的轻蔑、敌视态度。

新时期的前半段(大致是1979年到1984年)同样也存在着简化现代主义的情况(我在第三章中已作了一些探讨)。实际上,我们也许不应该完全抹杀新时期"官方"史的价值。历史地看,它在表达新生的集体经验和社会想象时起到了应有的作用。由所谓官方文学点燃的公众热情不仅反映了邓小平中国刚开始阶段整个民族共同的社会方案,而且也对建设社会意识形态贡献良多——这反过来又限定了整个新时期的文化生产。但是,最终"官方文学"的表征模式,它的感知和想象的内在逻辑在很大程度上却疏远了(如果说还不是完全脱离于)正在形成中的新时期的新生经验。两者之间没法建立关联并非因为这一文学的很大一部分坚持"现实主义",而是因为意识形态—话语上的盲从因袭恰恰是它得以产生的可能性条件之一。

就这一文学主流与社会经验及其机制的不和谐而言,李陀称那些作家为"苏联文学的模仿者"还是不无道理的。对于这一时期大多数现代主义者来说,官方文学的美学是一种脱离于现实的反映论;它的热情在本质上是虚假的,因为它的言论的内在出发点只是假想的公众生活所包含的"私人"空间。张贤亮小说中的情欲幻想和灵肉冲突标志着原来的右派的自我怜惜和自我放纵最后一次找到了对自己感兴趣的读者。

当主流文学对于中国乡村的描写远比城市来得生动有趣的时候,顾及官方路线以及为邓小平推行的政策提供政治图解的必然性要求却扼杀了这一文学的活力。处于这种境地中的主流文学往往会从曾经活跃过的社会主义时期那里借用过时的词汇来对现实进行学究式的注解。就算是官方批评家也并不总是满意这些作品,尽管前者拥抱新时期,忠于改革政策的用意早已不受怀疑。虽然翻天覆地的社会变化给予哪怕是最平庸的表征模式以某种戏剧性乃至史诗意味,但主流文学至多只是提供了社会外观的编年史,或是一出关于国家生产体制的浪漫情节剧。

现代派作为这一主流的否定性增补逐渐占据了上风。虽然它的审美方案似乎暗示出某种全新的东西,但是它的起源却分享了现代中国的历史歧义性,这种歧义性预示了新时期的进程。由于预设了自身在政治和风格上被压抑的地位,80年代早期的现代主义动力与某种乌托邦相一致,有时也同欢快地渴求新的生活形式相一致,这种生活形式正是建基于后毛泽东时代已经理性化了的社会主义。理性化的渴求随同铭刻其上的世界主义幻想,一同加强了改革时代早期文学实验的基础。有了这个共同基础,将现代派动力同更为主流的(文学)方式区分开来的东西就成了现代派眼中的"审美"或"方法论"。现代派的标志正是某种大胆的尝试,即从非理性或潜意识出发来界定新生的社会理性。"非理性"和"潜意识"的发现以中国汇入全球体系这一事件为前提条件,并且全由欧美现代主义经典本文来代表。可以说,正是通过"潜意识"这一媒介,后毛泽东时代中国的日常领域才本能地在现代和后现代西方那儿捕捉到了自己的意识形态幻想和正当性。80年代早期诗人、艺术家(他们凭借毫不妥协的姿态震惊了中国大众)的创新之处与其说是他们的风格实验,不如说是他们对世俗世界的到来有所预见。当大多数公民仍然依照技术进步去想象未来时,他们看到了由个体所主宰的公共领域。然而,现代派以一种英雄主义和自诩特权的方式设定了"个人"立场,这一事实表明这个理想化的公共领域的政治经济学本质,即市场自身仍然完全排斥了他们。然而,这种英雄主义标志着某个欢快的乌托邦瞬间,它的创造性能量必定与现代主义的解放潜力和形式强度关联在一起。

这种意识形态的歧义性（如果还不算悖论的话）有助于宣布新时期从大众革命的历史统一体中脱离了出来。"潜意识"的象征性呈现不仅宣告了挑战社会规范的个人主体性姗姗来迟，也为新潮诗人带来了隐喻技术的指南，这种技术肯定了作为政治异议、抵制和颠覆形式的现代主义在技术——因而也是在道德上的优越性。原本是"掌掴"资产阶级俗众的经典先锋派，如今却要显示出自己对于党政一体化体制的不敬，以及对于意识形态国家机器所生产出来的虚伪性的蔑视。先锋派挣脱19世纪艺术概念的努力，如今在拆解僵硬的官方表征话语的努力中找到了共鸣。

"潜意识"、"非理性"和"形式"，这些都成了寻求某种符合国际规范的日常生活的新时期话语的增补。在不同社会语境的交叠之中，中国现代主义显示了政治上的切关性、意识形态上的多余，以及表达上的本真性和道德上的伪善。对于这一现代主义来说，晚期资本主义的"普世"规范不仅是一个历经无数震惊（这些震惊建立了某种欲望机制）从而建立起来的新的梦幻世界，一个新的自我空间——在这个意义上，它以一种近似于经典现代主义作家诸如波德莱尔描绘现代大都市充满震惊的世界的方式，获得了寓言性的真实。但是如此一来，中国的现代派不可避免地把集体性的史前史（作为现代派个体的发源地）拖进一个重现和重新寓言化的空间。这一欲望机制的审美形式化必须同时对历史有所交代，要不就是得说明"符号"和"焦虑"这一形而上学世界的起源。杰姆逊"民族寓言"的概念运用在这里是很恰当的。现代本质的重新表述——即新民族的形成以及新个体的塑造——必须穿越既定的现代性话语，即那些关于中国革命和社会主义的话语。

在这一进程中，"先锋"不仅暗示着一种赋形的审美意志，而且也标志着历史书写以及一般意识形态领域的彻底修正。假想的异端角色巧妙地将中国现代主义放到了晚期资本主义的象征秩序当中；这也使它得以代表审美建构背后社会（和文化）共同体危机的象征，成为展示中国现代性和现代主义异质性的标志，并且最终宣告了某种遭到国家话语压抑的社会经验。然而，这一异端与新时期正统之间的相似仍然是一个谁也不愿承认的事实，即便这一现代派对于艺术体制和"个人"的苦心营造指向了艺术和人性——新时期文化的两个支柱。这一现代主义与其外在动力机制的相遇被"内部"处理了,即通过宣告文学史内部革新的必要性,有意识地"重写"审美及话语范式。这一风格上的转向标志着社会共同体的分化和象征统一体的破碎——人们曾经渴望在后革命世界的集体冒险中重新将它们统一起来。

朦胧诗

在 80 年代早期,公众对于社会改革的信心,对于人道主义的政治热情以及那种期待以更加"现实"的方式来探索新生的社会现状和内部问题的"艺术"趣味制约着文学革新。这种同质化的氛围不仅使文学生产中的官方话语欢庆"文革"寒冬之后春天的来临,而且也孕育了 80 年代中期那些具有温和的实验性的、混杂的表征模式——它们为新时期文学制造出了空洞的范式或虚假的繁荣。朦胧诗却与这一背景格格不入,它是企图在主流之外探索和重建社会—政治以及审美经验的首次独特的"现代主义"尝试。虽然导致朦胧诗产生的社会起源并不一定可以为现代派后来的发展提供共同的基础,但是离开这个时期所开创的新的话语空间,那么"先锋小说"的意义将无从获得解释,而这一话语空间的轨道和轮廓、主题和意识形态尚有待说明。

朦胧派诗人在"文革"末期开始出现,并要求进行诗歌革命,因此他们寻求的是政治上的喘息空间,以及通过审美方式确认一种新的社会性自我。他们创作于 70 年代中期甚至早期的作品,虽然零零散散而且质量参差不齐,但是对于黄子平这样的批评家来说,却显得特别重要,他这样评论道:"即使是在'无产阶级全面专政'的情况下,个人也可以通过一种'边缘写作'来保存生命的体验,保存情感和记忆,表达焦虑和希望,来对抗语言(陈词滥调)的暴力。"在"新"诗出现二十年后的 90 年代中期,距黄子平这一感伤评论也有一段时间,质疑这种早期现代主义的意识形态价值和审美投资已经不是难事,因为那些诗人和批评家大多已获得稳定的社会地位或是流亡西方。在 80 年代早期独特的社会、政治和文化环境里,诗歌语言的意识形态在政治和美学上被构想并被接受为某种理想。政治和美学之间的张力却因"艺术地"捕获了那些稍纵即逝却又持久永恒的感觉(它指向社会乌托邦的另一种世界)而得到了"解决",或者说得更好听一些,在寻求与诗人们在六七十年代所经历的社会政治风暴这一个人和集体生活经验相兼容的"形式强度"(最初它的模式是浪漫主义而非现代主义)过程中得到了"解决"。朦胧诗的社会经验内容及其附带的审美维度对于它所诉诸的公众而言是独特而清晰的;它的首批读者在被引向某种集体"表达"或"表现性"而非个体的艺术"实验"本身时,可以感觉到这一诗歌的诗性利刃,要知道在那个时候,艺术和个性都处于最令人震惊的政治异端和社会象征之列,而这些异端本身都是由新时期集体幻想创造和散播出来的。北岛的诗歌宣言《回答》是时常得到征引的早期朦胧诗,它记录了后毛泽东时代的中国现代派特殊的社会—政治处境和切关性。这首诗是这样开头的:

　　卑鄙是卑鄙者的通行证,
　　高尚是高尚者的墓志铭,
　　看吧,在那镀金的天空中,
　　飘满了死者弯曲的倒影。

诗歌最典型的诗行在第四节中:

　　告诉你吧,世界
　　我——不——相——信!
　　纵使你脚下有一千名挑战者,
　　那就把我算作第一千零一名①

这自然不是出自马拉美或卡明斯(E. E. Cummings)之手。这里似乎没什么特别"朦胧的"地方。"朦胧"——那些觉得不耐烦的(如果还称不上不满的)官方批评家给这些诗所取的称号,反而成了这些诗歌战胜所谓"宣传诗"的得胜标志。正如这一人所共知的误称成了诗歌创新直接背景的提

---

① 北岛:《回答》,《北岛诗选》(广州:新世纪出版社,1986),第 25 页。

示,那时的现代主义(它希望自己被人理解成毫不妥协的[即超功利的]形式自我构筑和调整过程)实际上穿着现代主义长袍上演了一出历史剧,因而也是对于某个特殊历史时刻进行了中国式的创造。作为新时期文学的组成部分,这一现代主义通过在"文革"的废墟上寻求社会—政治交流得以成形。如我所言,它"审美地"呈现自身以及被"审美地"接受,这其实跟当时的社会—意识形态需求——即重建"价值"、"意义"以及使过去和未来获得意义的"世界图景"——关系甚密。人道主义,或中国社会主义主体性的建构,提供了可以共享的价值和意识形态基础,这完全可以视为中国"五四"启蒙精神的回归。这一回归暗示出早期朦胧诗表现出的社会—政治和形式激进性(这一诗歌实践正如中国先前的启蒙运动一样)倾向于将社会生活的全景集中在围绕个人经验和主体意识的强烈的悲剧冲突之上。

  在朦胧诗中,我们很容易就能辨别出"五四"式现代主义的两种内在冲动:民族必将复兴的社会达尔文主义式确信和知识分子沮丧(羞愧)于中国社会的物质贫乏及精神麻木。现代主义的"戏剧"在"五四"时期曾经达到了现实主义表征模式的顶峰,如今则在更具"世界历史"特征的象征和意识形态环境中实现了诗学复兴。它的核心(主要还是"五四"产物)在朦胧诗的抒情和史诗倾向中被概述为某种获得成功的内外统一体,或者可以这样来说,概述为内在对于外在的克服,或历史对于自然的克服。从这个角度看,现代主义为发动"第二次启蒙"提供了"物质"基础与象征框架,在这个框架里,激进的历史意识获得了遭遇同样激进的历史存在(作为客观化主体及文化力量)的机会。然而,启蒙主义历史规划与朦胧诗所代表的现代派之间的差异集中体现在社会主义(它早已被宣布为是对启蒙运动所发起的"新民主主义"革命的历史超越)的文化危机之中,同时也表现为过去的集体经验整体拒绝自身的非历史化和零碎化,并在这一抵抗过程中,再一次呈现在现代主义自命不凡的自我意识和审美立场面前。

  上述差异同样由各种不同的方式标示了出来,其中,西方高峰现代主义的象征资本被合并了进来。中国现代主义在早些时候只是一个有用然而又格格不入的意义系统,它通过选择性地建立与某些中国作家的亲密关系走出了自己的路;与之不同的是,我们可以从朦胧诗这一例证中发现,正是在象征空间之中,某种集体性的自我在语言上被建构了出来。那些30年代最具"现代派"特色的作家(诸如戴望舒和卞之琳)那里仍然残留着中国社会文化世界的特征,对于晚唐诗与五代词无处不在的暗示,道家、禅宗情绪与西方"世纪末"哲学的特殊混合,尤其证明了这一点。追求诗的智性(这使他们靠近了西方现代派)是前一批诗人在社会剧变中趋向顺从的征兆。而对于80年代早期的朦胧诗人来说,这一切是完全不可想象的,因为对于他们来说,新的主体性就镌刻在维持新时期真理的新诗当中。这种差异或许可以在某种程度上证明"传统"(从汉语著述所代表的文化世界到中国知识分子的社会、道德和政治角色)已经因中国近十年的现代化而遭到了废弃,也证明了尽管当代中国仍然坚持自己的社会和思想的独特性,却已经进入了与全球性力量接壤地带的中心。

结果,内与外的辩证法(鲁迅以来的中国现代文学大师奠定了这一辩证法)在"更高"的层面上得到了重演。在这里,同革命、意识形态的对抗不得不通过某种审美机制,从而被抬升为与"中华民族五千年文明"诗意的、哲学性的遭遇。我们可以在主要的社会和意识形态力量中感受到中国启蒙的失败,这些力量推动后革命时代的文学插手某种特殊的"现代主义",在这一现代主义中,"主体"不仅按照它与外在社会—政治环境的关系得以建构,对于朦胧诗来说更为关键的是,这一主体也通过某种次要的、半自主的生活经验的自我构筑,通过充满震惊的形象和思想构造被建构了出来。正如我在上文所说,这种全盘性的、超历史的图景揭示了现代中国的社会经验及其可传递性、可交流性和叙事性内部的另一种断裂。这一图景在使自己的安身立命之地以诗的方式可见的时候,也通过自身的凝视,投射出某个伟大的观者,以之作为自身的镜像。从中浮现出来的现代主义主体性既不是什么新东西,也不是社会主义人道主义和社会主义现实主义主流的支流(冯牧语),而是80年代早期社会和文化意识形态的构筑。

离开了这一社会历史内容,这种现代主义就会是抽象的或寓言式的,从而栖居在某个特殊的象征性的可能状况之中,这一状况赋予了历史经验特殊的当代特征。换句话说,中国语境中的现代主义与其说是一种审美制度,不如说是中国历史的转义或譬喻(trope),虽然往往是前者给予我们刚刚开始研究时所需的内容在理论上的可描述性。

1983年,朦胧诗最有力的提倡者之一徐敬亚在《评我国诗歌的现代倾向》这篇极富争议的文章里,总结了这一新流派的"艺术特色":

> 时代的大悲大喜被他们转换成独白式的沉吟。感受生活的角度与建国以来的传统新诗迥然相异——诗中,细节形象鲜明,整体情绪朦胧;内在节奏波动性大,类似小说中的意识流手法;结构奇兀闪跳,类似电影中的蒙太奇;语言,似乎可以擦亮读者的眼睛;一个平淡、然而发光的字出现了,诗中总是或隐或现地走出一个"我"!①

徐敬亚继而又列出中国现代主义这一新的表征模式的艺术手法或技巧的长长清单,其中包括"象征手法"、"视角变幻"、"变形"、"蒙太奇"、"表现感觉及意识的原始状态或特殊阶段"、"通感"等等。北岛、舒婷、顾城、江河和杨炼等人的早期作品中大量运用通感这一艺术手法,而且专注于隐喻形象;在多多以及几乎每一位朦胧诗人那里,我们都可以看到对于自传的执迷或自我指涉的倾向,这并非透露出个人的创造性(这是朦胧诗派过来人仍然坚持的神话),而是揭示出推动个人自我发现的社会热情,以及构成这一"自我"诗意膨胀基础的集体力量和律令。建立在自我特权化的主体(这一主体成了宇宙的中心和意义的立法者)基础之上的诗学机制成了对于大众需求的"美学"回答;作者与读者之间的关系成了后毛泽东中国及其独特文化生产可能状况的症候。

有人或许会争论说,朦胧诗一开始其实是作为"人民诗歌"出现的,也就是说,被人们读解为"人民诗歌"。这使我们回溯到了1976年4月5日天安门广场群众示威游行的社会起因。这一事件不仅是朦胧诗人,也是整个"文革"一代的荣耀。② 由此,它给出了个体经验的结晶,给出了生于毛泽东

---

① 徐敬亚:《崛起的诗群》,姚家华编:《朦胧诗论争集》(北京:学苑出版社,1989),第249页。
② "四五运动"是指1976年春天为纪念周恩来总理的逝世在天安门广场上举行的群众自发的抗议活动,最后遭到了镇压。这场抗议活动所反对的主要对象是以江青为首的"四人帮"。知青文学作家经常被他们的读者称为"四五一代"——即批判和觉醒的一代、二次启蒙,或者说是现代派——与第一次启蒙的"五四"那代人,以及与作为共和国奠基人的延安那代人相区别。关于这代人的讨论,可以参见刘小枫《我们这一代人的怕和爱》(香港,1993),第18—27页。

中国的那些孩子集体生活的诗歌回忆录。

那种认为朦胧诗只是想要通过审美革命来宣告政治律令的看法,显然过于简单了。实际上,北岛的诗歌标题《回答》就透露出某种社会想象和意识形态信念——有某种东西需要回答,必须被回答,而且实际上可以回答。社会经验的可交流性经由更加"困难"、更加持久的交流,即通过插入某种叫做"现代主义"的意义网络确实得到了强化。同时,通过创造出艺术家形象——他的社会功能基于被抬高了的个体和专业身份、尊严和威望,某种参与大众对话的主体的、诗歌的欲望得到了滋养。个人与集体之间这种政治互动转变为朦胧诗的两种风格倾向性:抒情倾向和对史诗的热忱。

稍微看一下朦胧诗的文本,我们就可以得出结论,正是被压抑的过去,而不是引人心动的未来建构了诗歌想象的题材内容。然而集体记忆不是作为一种共享的经验,而是作为建构自我中心的、自我指涉的诗歌体系的心理和象征仓库而参与其中。抒情与史诗这两种倾向可以在多多的《手艺——致玛琳娜·茨维塔耶娃》中找到典型样本:

> 我写青春沦落的诗
> (写不贞的诗)
> 写在窄长的房间中
> 被诗人奸污
> 被咖啡馆辞退街头的诗
> 我那冷漠的
> 再无怨恨的诗
> (本身就是一个故事)
> 我那没有人读的诗
> 正如一个故事的历史
> 我那失去骄傲
> 失去爱情的
> (我那贵族的诗)
> 她,终会被农民娶走

> 她，就是我荒废的时日……①

在这里，诗之纯真的失落传达出了艺术家的自我肯定。这种悖论性的交换存在于抒情机制的核心，正是通过这一机制，革命年代物质上的粗陋和意识形态异化转变成了建构现代主义诗歌的震惊意象。

就朦胧诗的史诗倾向而言，其风格上的连贯性来自同自身经验内部的断裂性所作的抗争，来自这一对抗过程中产生出来的审美本体论的战斗姿态。这种经验反过来投射到作为历史或超历史断裂的风格之上，或者说通过这一风格实现了对象化。江河那种超越两千年文学的停滞从而恢复屈原传统的宣告，杨炼那种创建现代史诗空间的卓越努力，都表现出某种历史观（作为特定历史经验的超历史想象）。这一历史观构成了由高峰现代主义所发动的诗学想象的戏剧性强度和广度的基础。杨炼组诗《礼魂》的第一段《神话》是这样开始的：

> 祖先的夕阳
> 一声愤怒击碎了万年青的绿意
> 大地和天空骤然翻转
> 乌鸦像一池黑睡莲
> 惊叫着飞过每个黄昏
> 零乱散失的竹简，历史的小小片断②

作为一个群体，朦胧诗人企图通过将集体性的过往投射为历史的形而上学图景来建构介入的审美空间。他们作品里无处不在的政治寓言不过是民族境遇风格化了的无时间性最为世俗的踪迹。③ 他们的创造性同某种社会乌

---

① 老木编：《新诗潮诗集》（北京，1985），第 392—393 页。
② 杨炼：《礼魂》，老木编：《新诗潮诗集》，第 299 页。
③ 杨炼也是最早创作了后来被称为"宣叙调"风格的现代诗的诗人，这标志了早期朦胧诗的文化主义抒情风格向"叙事性"的拓展。同一首组诗的另一段是这样的："那么你，黄土，黑夜高原的严峻父亲，最广阔的梦的歌手/将不再率领我们继续那朝海洋流浪的辉煌旅程了么/远去的部族，以消逝的足音点燃东方之火/直到肩头的晨曦登上岁月的高峰，化为一片徐徐蓝色……"《新诗潮诗集》，第 301 页。在这里，石化了的历史似乎找到了自己的物化形态。同时，从"黄土"到"蓝色"海洋的想象性迁徙也成为电视片《河殇》对"蓝色文明"的呼唤的诗的前奏。

托邦交织在一起,很快这一乌托邦就被诗人们自己放弃了,理由正是为了建构诗学体制。同时这一乌托邦也被更为宏大的、着眼于"社会主义市场经济"的社会剧变抛弃了。

除了构成第一人称自我表达的多重声音之外,我们还可以从它在文化领域所引发的批评性反响中看到中国现代主义的集体使命,这一使命强化了读者在情感上对朦胧诗的认同和钟爱。吴思敬那篇发表于1981年《诗探索》的题为《时代的进步和现代诗》的文章,不仅代表了关于这种特定现代主义的社会性、思想性理解,也代表了关于一般现代精神的社会性、思想性理解。

为了反对种种对于"现代诗"的"误解",吴思敬认为最好的方式就是"阐明时代进步与现代诗的关系"①。对于他来说,"诗歌现代化"是中国白话诗歌发展的核心,它包含双重进程:一是对中国传统诗歌包括在苏维埃美学影响下出现的某些"定型"的新诗的突破;二是对古今中外诗歌珍品包括现代流派诗歌的借鉴。因而,这一现代化意味着"艺术个性艺术风格的多样化和创作方法艺术流派的多元化",意味着"以现代化的艺术语言反映现代中国的时代精神,反映现代中国社会的生活节奏,反映现代中国人的思想风貌和心理情绪"②。

吴思敬独特的历史感使他能够雄辩地反对那些认为"现代诗"不再是"中国诗"的观点。但是,更加有趣的是,吴思敬在文章中表现出了某种广为分享的历史感,这一历史感却是建立在对于进步——首先是技术领域的进步——这一概念的反历史理解之上。在参考了马克思主义学说——即文艺在根本上受制于生产力发展——之后,吴思敬似乎转向了托夫勒(他那些带有未来主义倾向的作品在当时的中国相当畅销),以此来为现代专家治国论提供"唯物主义"基础:

> 当前世界社会生产力的发展是有目共睹的。以电子技术为中心的世界工业革命,带来了现代科学技术的迅猛发展。蛋白质可以由人工合成,婴儿可以在试管中诞生,人类开始飞出地球,电子计算机

---

① 吴思敬:《时代的进步与现代诗》,姚家华编:《朦胧诗论争集》,第88—96页。
② 同上书,第88页。

能够作诗谱曲……由于工业化电子化时代生活节奏的加快,由于交通通讯工具的高度发达,世界上国与国、地区与地区之间空间距离的相对缩小,人们收到的各种客观事物的信息成千成万倍地增长,人们思维的深度和广度以及抽象活动的能力都是过去的时代根本不能比拟的。①

现代与未来世界的图景紧密相连,中国就是要加入这一未来。专家治国论作为邓小平时代早期流行的一种意识形态既代表了毛泽东革命论的官方替代物,也表达出后革命时代群众性的欢欣鼓舞。吴思敬还从墨西哥壁画画家大卫·西盖罗斯(他1956年曾经访问过中国)那里获得了暗示,他提议说,现代艺术的所有技巧——"野兽主义的色彩,立体主义的形式,表现主义的感情,未来主义的运动,超现实主义的想象等等"——都应成为创造现实主义艺术的组成要素。这不仅是美学异端"任人支配"的策略——这透露出它的社会基础的暧昧和政治正当性的松动;更重要的是,还反映了邓小平时代的中国融入现代世界体系结构的可能性和意识形态上的意愿。

在何种程度上朦胧诗运动(它作为某种审美化的政治异端发展了起来)意识到了这一意识形态仍然是个问题。但是,可以肯定的是他们的诗歌革命所传递出的现代意象就是在这样的意识形态、文化氛围中得到接受的。对于吴思敬来说,这一"现代诗"的诗学特征——抽象变形、意象暗示、隐喻通感、省略跳跃——都可以依照"联想的频率"和"意想不到的、最新颖的组合"②来解释,而使得这一切成为可能的,正是转型了的时空和现代方式的内在骚动。吸收未来世界的可能性(和幻觉)所产生的震惊这一绝望的需求被转译为一种追求内在性的哲学语言。因而,吴思敬用现代诗歌的"向内转"将外部刺激的本体论空间界定为"向内心开掘"。③

吴思敬以为,连接文学现代主义和现代化社会方案之间的现成渠道还未被利用。社会经济领域的变化与知识精英所期待的技术—审美专制背道

---

① 吴思敬:《时代的进步与现代诗》,姚家华编:《朦胧诗论争集》,第89—90页。
② 同上书,第90页。
③ 同上书,第92页。

而驰。随着世俗化在所有社会阵线上站稳了脚跟,"朦胧诗"运动的自我定义与其说是由取自于直接社会经验的诗歌创作来完成的,毋宁说是通过将"内在生活"建构为某种自我服务的机制来进行审美超越,从而完成了这一定义。对语言的寻求(正是这一追求引导"自我"进入了现代世界)迫使现代主义陷入了"更为黑暗的存在王国"。这种现代主义依赖于自身与现代性的社会领域之间的疏离;它的转型极富戏剧性,它从中诞生的那个领域根本无法料想这一转变。在这儿,令人吃惊的与其说是毛泽东时代的遗产和美学制度(作为迟来的资产阶级现象)之间的不一致,不如说是个人经验在何种程度上被感知、理解为社会经验(以及相反)。这一结果揭示出了共享的媒介、共享的文化和经济领域,正是这些领域在80年代早期赋予了"集体性"以具体意义。现在这种过分张扬的现代主义议程不得不让位于假想中的更为真诚的现代主义流派,后者的存在理由不是介入,而是摆脱社会政治集体性,远离日常领域——无非是出于将艺术建构为半自主体制的目的。这种小小的英雄主义并不源于个人的奇思异想,反而给予现代派某种建议,它实际上是强加给早期现代派的东西——某种仅凭良心作出的选择,这是面对80年代中期汹涌而来的各种生活方式和风格所能拥有的唯一的光荣退路。然而,这样一种艺术概念对于大多数读者来说是陌生的,因为他们早已第一时间就让现代主义成为了可能。在这个方面,朦胧诗运动显示了(实际上预示了)后毛泽东中国不可避免的社会分化。在建构审美主体性成为成功分化出来的文化精英的职业之前,公众都不会厌倦朦胧诗中"自我"的膨胀。然而对于更加成熟的后革命社会来说,对于市场偏好的个体生活方式的时代来说,这一审美主体性已经成了一种义务。

就历史价值和诗歌自主性之间的交换(后者作为前者的增补被召唤了出来,并替代了前者)而言,这一后革命流派在结构上期待到普遍的现代主义神圣家族(或如宇文所安所说的"全球诗歌"①)的承认,并且期待进入

---

① 宇文所安是从一个特殊的角度来看待北岛和其他朦胧诗人的创作的。他认为北岛等人诗歌中对于"国际影响"的接受和顺从不过是痴心妄想而已。因为在他看来,中国诗歌不可能自发地变成"现代的"、"诗的"、"中国的"。Stephen Owen, "The Anxiety of Global Influence: What is World Poetry?" *The New Republic*, November 19, 1990, pp. 28-32.

这一家族。然而,由于"纯诗"或"全球诗歌"的美学体制已证明是这一昙花一现的高峰现代主义最后的庇护所,它如今只是作为某个濒临绝种的流派残存于海外——这还多亏了西方大学和基金会的"学术"兴趣。朦胧诗运动所处的严苛环境及其自身的幻想把它从自己的社会起源,从任何可能的有意义的社会实践和政治实践当中连根拔起,使它和两者极大地疏离开来。

朦胧诗运动的困境,或者说它的悲剧在于:在割断连接形式自律的脆弱胚胎和集体经验自然史的子宫之间这一令人尴尬的脐带之前,它永不能以任何令人满意的方式成为"现代的"。当它在物质、政治层面上专注于社会世界时,绝没有料到自己会成为审美对象。诗人们设想现代主义是"西方"事物,这是对的;然而这一设想中的经验和想象性的投入暴露了这一现代主义的本土起源。就朦胧诗人借以看到自身的那种内在冲突来说,他们是经典意义上的现代派——即如本雅明描述的,以波德莱尔的方式凭借体验(Erlebnis)给予某些活生生的东西以经验(Erfahrung)的分量。① 如同波德莱尔一样,这些诗人也"暗示出现代感所可能付出的代价"②,也就是说,在他们同"全球"诗歌充满震惊的遭遇中(他们拼命想要跻身其中),在他们一厢情愿地构筑审美体制的过程中(他们流浪的心灵能够栖身其中),某个历史时代崩溃了,而他们还妄想在那个审美体制的庇护下,从不间断的政治风暴、物质匮乏、文化贫瘠以及被排除在现代盛宴之外的耻辱中逃离出来。如同波德莱尔一样,朦胧诗人确信诗应该"高于"政治,而且诗人必须潜入更深沉的黑暗去猎取诗歌的战利品。但是,与波德莱尔不同的是,他们从不(也许永不会)把自己视为市场里的妓女。

80年代早期的商品化并没有构成关于这些诗人的优势地位,这一事实本身揭示出他们的诗歌想象建基其上的物质和社会—政治基础。他们现代主义的"恶之花"同自波德莱尔以来的欧洲现代主义有所不同。他们诗歌的张力源自于集体(而非个体)经验;某种共同的生活经验,而不是经典资本主义市民社会的经济交换,使得这一诗歌的社会空间成为可能。他们的

---

① Walter Benjamin, *Charles Baudelaire*, p.154.
② Ibid.

"纯诗"的内在目标其实从"外部"接受了指引,也就是去建立经验上的交流性而非寻求孤立的自主性,即如徐敬亚所说,朦胧诗是具有共同社会记忆和政治经验的同代人之间"兄弟般的彼此呼唤"。诗人日常的敌人尚不是由资产阶级个人组成的城市大众,而是社会现代性的物质贫困和文化贫乏,以及由此而来的对高度政治化的日常生活及其背后的绝对国家权力的怀疑。但无论是在积极抑或消极的意义上,这一过渡时期的现代派在文化阵线上提出了中国社会被扭曲了的可能性。"朦胧诗运动"重新激活了作为诗歌资源的现代汉语,对之有所贡献,这一点是无可否认的。朦胧诗人如此狂热、如此虔诚地追求着诗歌的超越性,以至于把诗歌(和现代主义本身)变成了供人膜拜的对象。这一偶像既标示出新生的主体,同时也落入了意识形态幻想。在这一幻想景观中,不是北京的建筑或上海的集市,而是一个远方的、尚且"朦胧"的全球市场提供了物质文化丰富性和审美仪式化的想象性资源和价值基础——而现代派诗人在这一景观面前且惊且喜,既信又疑。当社会领域里的分化变得愈来愈清晰时,叛逆者们意识到自己被大众出卖了。他们发现自己的主体性在新的世俗世界里根本没有立足之地,他们只能用形而上学的词汇去想象和拥戴这一世界。这就是异化的完成时刻,也是他们的意识形态最终被带入语言的时刻。现代派似乎只有在自己消亡之后,作为"身后之名"才被人认可——或者在单纯的地域意义上,只有作为"流亡者"才能在"母语"里找到自己的位置。无论朦胧诗人付出了什么样的代价,我们都可以(用本雅明的语调)说,这是为自己的体验(Erlebnis)所付出的经验的代价,而这就是诗歌的法则。

现代主义风景:回顾"寻根"

朦胧诗运动的诗歌英雄主义创造了时间性的否定和空间性的再生。"寻根"这一显著的现象(它决定性地改变了80年代的文学风景)则可视为一种对于朦胧诗精神的叙事刻画——虽然是通过全然不同的修辞策略,而且在看似对立的文化语境下,它有时也分享了现代主义多变的意识形态。

寻根作家群中不乏极具创造力的作者,如莫言、阿城、王安忆、张承志、史铁生、贾平凹、韩少功、李杭育和扎西达娃。

黄子平在《幸存者的文学》中描述了这些"寻根者"的困境。就他们与改革文学的关系而言,黄子平指出,复出的老一辈"右派"作家(用他的话说,即"五七族")对生活持一种"伦理功利态度",构成他们的人物核心的是"道德、责任和使命感"——投射出属于古典人道主义和个性主义范畴的"高大的男人"形象。相反,寻根作家"对人生持美学的艺术态度,醉心于日常劳作、风俗人情和自然山川中的领悟、体验和感受"。黄子平进一步比较了这两个流派:

> 前者("五七族")的小说中注重人物的政治命运、仕途坎坷、悲欢离合、自我忏悔和自我实现;后者("寻根族")小说中要紧的是意境、氛围、文化底蕴、大自然的力的渲染、粗鄙的原生态生活中或古或拙或狂野或质朴的美。前者要求读者的感奋,后者要求读者的鉴赏。前者侧重小说的教化功能,后者却将之融入审美观照的功能之中。前者营造了一个道德的"世界",由正义和责任主宰着,后者建构了一个文化的美学的"世界",有诗意的光辉笼罩着。①

黄子平指出,虽然"这两种'世界'都在某种程度上满足了当代读者的梦幻要求,成为他们的'当代神话'",然而对于"诗"的文化主义热情和诗意化的文化决定论在其中仍具支配地位。他认为,"寻根"其实就是寻找一个民族在现代世界生存下去的根据和意义。正如黄子平所断言,这些根据和意义只能经由寻根者所探寻的"人类的行为、姿态、符号即其表达"这种"文化"和"审美"的迂回来理解。对于黄子平来说,这些"入迷地挖掘民族民间文化堆积层"的现代(如果还不是现代主义)精神,在寻根作家"坚信汉语表现力"当中,在他们坚信这一表现力的充分开拓"能够使中国文学提升到与世界文学对话的水平"②当中传递了出来。

---

① 黄子平:《幸存者的文学》(台北:远流出版社,1992),第 192 页。
② 同上书,第 191 页。

作为"伪现代主义"讨论的发起人之一,黄子平始终在抵制"现代主义"这一术语的诱惑。相反,他认为寻根文学意味着对"现代派文学单纯模仿"的"超越"。在黄子平对于台湾批评家王德威的回应中,他挑战了后者的看法:即诸如阿城这样的寻根作家的文学成就不过是承继了30年代"为人生而艺术"的文学传统,凭借"稍带浪漫色彩的、以广义人道主义起家的写实主义",拓宽了"伤痕文学"的发展余地。① 黄以巧妙的策略表明了"寻根"文学其实带来了审美和理论方面的范式转换(王德威不承认这一点),他坚持将这一流派放置在它最初兴起时的文化和社会语境中来考察。黄子平认为,"寻根"运动作为受到思想界的"文化热"限定的运动,其实源自于对民族民间文化的重新发现,反抗(使人们的注意力离开)都市现代经济生活开始呈现的"非人"面貌,以及与拉美魔幻现实主义的爆炸相关。对我来说更为有趣的是,黄子平从社会—政治层面定位和建构过渡时期现代派主题的方式,这一方式不仅更加清晰地为我们展现了黄子平没有定义清楚的"文化"和"诗歌"图景,而且也触及了同后人道主义、后历史主义和后悲剧时代相关联的表征模式的困境和焦虑(这确实是中国现代性中的一个环节)。对于黄子平来说,现代主义不仅应被历史地、文化地置于人道主义—现实主义范式和后现代犬儒主义之间,还必须从超越欧美模式这一层去认识和界定它。

对于黄子平来说颇具讽刺意味的是,虽然一些寻根作家(比如阿城)在台湾颇受欢迎,但是在大陆却毁誉不一。黄子平关于这一点的阐释主要聚焦于分析两种批评寻根风格的取向:

> 一方面的批评来自急于用文学介入社会改革、清除封建文化的意愿,指责类似的"寻根小说"遁入深山丛林,追求"天人合一"、"抱雌守一"、旷达洒脱出世的消极境界;另一方面的批评来自更年轻的一代作家,他们持彻底反文化反社会反美学反语言的激进态度,认定世上本无所谓"根",应该摧毁"寻根"的虚幻诗意,对文化媒介本身

---

① 黄子平:《幸存者的文学》,第186页。

质疑。①

在黄子平看来,置身于所谓中心话语——社会主义现实主义这一主流模式和形形色色的现代主义以及后现代主义风格流派之间,寻根文学的文化方案其实体现了中国现代性的主体性,它在当代中国的微妙(尴尬)情境可以被把握为文化自我的危机。在这一文化主体性的三重关系中,历史的戏剧召唤出了弗洛伊德的论说:本我和超我总是联合起来密谋反对自我。至于在这种情况下本我和超我分别是什么,这一阐释则必须保持开放,因为传统和后现代世界秩序在文化自我的结构中互相竞争、互换位置。在这一冲突(或战斗)中被稳固下来的东西正是中国现代性和现代主义的主体位置(这在历史上是一种真实的幻觉),这也是黄子平决意去守卫的东西。这一守卫姿态暴露出某种特定的时刻:一种怀旧的、基于个人价值和集体关切的英雄主义和理想主义时刻。当这一肯定性的、眼界宽阔的想象从"解放"的集体性意义中升腾而起的时候,它得到了同一种现代主义的拥抱,与之不同的是,文化主义式的象征主义提升并强化了中国现代性的特殊构造,这一现代性构造竭力抵御着历史力量的冲击。在这一抵抗中,我们可以将超越了80年代的中国诗歌和政治的"客观"历史解读为它自身直接的社会内容。

从严格的社会学视角来看,"寻根"作家与朦胧诗人分享了共同的社会经验基础。他们企图通过在审美上融入全球,将自身的题材内容拓展为从文化人类学角度重新发现汉语和生活方式。这一策略暴露了它超越现有的文化秩序——这一秩序植根于中国革命和中国现代性的过往经验当中——的政治意图。在这种超越的姿态中,"寻根"实践者们对待由后革命世界所重新定义的"现代"的态度是开放的。在这一重新定义的过程中,"寻根"独特的审美和文化强度可以被视为一种现代主义的乌托邦。比如,阿城的大多数小说都聚焦于毛泽东时代卑贱的个人;这些语言和形象上的精心布置涌入了系统性重写历史的大潮之中,某种象征资源和语言风格的稳固网络

---

① 黄子平:《幸存者的文学》,第188页。

保护并展开了这一重写。因此，寻根运动在文学上的创新关联于某种特殊的思想意识，这一意识形态试图寻找某种文化空间的异质性，关于社会主义现实主义的官方话语将在这种空间和异质性当中被作品预期的阅读效果所破坏。

现代主义早期形式的共同基础可以澄清同先锋小说之间的集体性差异。对于"朦胧诗"和"寻根文学"来说，表征的"现在"就是一种直接的过去，这一过去在自身的形而上学的形式当中支撑起社会共同体或集体性，而且赋予它一种被拔高了的文学、审美和政治感。虽然这些文学力求通过唤起美学、文化和神话使自己区别于归来者的文学——这是那个时期的主流，但是它们无疑与过去（这也是"它们"自身过去的一部分）是相连的——无论是通过摆出不顾一切地脱离过去的姿态，还是凭借亮出以这种或那种方式参与官僚政治时或明或隐的异议立场。当那些恢复了名誉的作家企图巩固社会主义现实主义体系时，拥有红卫兵出身的一代作家发现自己正在发动另一场反对这一成就的战争。这次他们似乎站在了正确的一边，联合起更为广阔的、"历经时间考验的"统一战线——从"本真中国"的前现代性到士绅文人的社会话语特征（两种要"寻"的"根"），一直到令人"大开眼界"的现代主义世界——以 T. S. 艾略特、E. 庞德和 W. 福克纳为代表的现代主义。对于他们以及他们的批评者来说，最后这一类是从未得到清晰界定的地带。比如，它同时还包括了作为灵感源泉的惠特曼，同时又延伸至诸如埃利蒂斯（Odysseas Elytis）、加西亚·马尔克斯（Gabriel Garcia Marquez）和帕兹（Octavio Paz）这样的当代人物。由于中国现代主义概念的"朦胧性"，由于它的内在多样性以及社会、文化起源的异质性，80 年代早期和中期现代主义的概念如黄河一样浑浊不清，在这方面它倒是确实可以与它的对立面——同样包罗万象和意义混杂的"现实主义"——相媲美。

当中国日渐安身于全球资本主义的结构之中的时候，回头再看看这些现代主义，它的意识形态就会变得越来越清晰。这些现代派背后似乎有着这样一种文化信念：存在包含于雷蒙·威廉斯称之为"媒介共同体"的形而上学空间，以技术性的隐喻来说，这一空间在一张名叫现代主义的高密度光碟中封存了从残酷的、压抑性的过去中解放出来的、统一的生活经验完美的自我表达。对于这样一种情况,现代派是最具特权的见证人。对于朦胧诗和寻根小说来说,这些意识形态和文化内容仍是抽象的,仅仅从审美或哲学层面得到了揭示。它们乌托邦式的语言所拥抱的神话年代不过是"民族"遭遇自身当代经验时产生的历史震惊的现象学空间。

一系列的社会危机引发了民族文化谱系的重新发明,这一点也不奇怪。在这个意义上,"寻根"小说代表了一种过渡期现代派,一个将由新的文化生产方式来完成的方案,而这种生产方式无论是在意识形态上还是在文化上对于前者来说都是陌生的。寻根作家似乎也是从这个角度看待"先锋"的。他们作品中的"抽象性"也为自身的方案带来了特殊的政治和社会可能性与相关性,新时期晚些时候的文学创新者则根本不具备这一点。比如,正是以这种抽象的方式,向外部世界开放才能像脱离过去一样受到赞扬。"寻根"运动对于(作为神话年代的)文化氛围庄严、辛勤的重建在莫言欢闹的文学狂欢——《红高粱》系列——中达到了巅峰状态,这一系列(连同张艺谋拍的电影)成了社会欲望能量的想象性释放,这绝非偶然。

陈晓明对此现象曾"讽刺"道:"随着《红高粱》被改编成电影,及时迎合了人们对'寻根'的那个历史性深度和玄虚的形而上学观念的厌倦,卓有成效地完成了一次自欺欺人的狂欢节。80年代关于'人'的想象力已经挥霍干净,英雄主义的主角怀抱昨天的太阳灿烂死去,理想化时代的终结倒也干脆利落。"①

(胡慧翼、刘卓译,朱羽校)

---

① 陈晓明:《最后的仪式——对于先锋派的历史评价》,《文学评论》1991年第5期,第129页。

第五章 "先锋派"的介入

朦胧诗对80年代文坛所产生的深远影响并非由这一运动本身的持久性所致,而是通过它的迅速传播和解体实现的。随着"打倒北岛"这一口号的提出,1984—1989几年间全国各地的大学校园内雨后春笋般冒出了许多更年轻的诗人、诗歌团体和刊物,他们都在探索一种在形式意义上更具诗性,同时在题材内容和感受性上更加切近个体日常经验律动的表达模式。年轻一代的诗人是新时期的产儿,他们诗歌革新的源泉是瞬息万变的日常生活世界,而非"黑暗过去"的形而上图景;是真正的全球象征资源的共时并存,而非新发现的构成诗人"教养"(Bildung)的西方高峰现代主义仪式(high modernism)①。实际上,当他们开始创作之时,革新的概念和"现代派"的行话已经不再是受人崇拜的偶像了。他们生长在浓厚的实验氛围

---

① 多多1989年写于阿姆斯特丹的一首流亡诗《居民》,可以解读(或误读)为一种相互纠缠的"他们对我们"的关系,这种关系显示了西方作为诗学规范与社会政治规范对移情的限定。这种感觉在80年代的新生代或中国现代主义的后来者身上是没有的,或者说不那么明显。《居民》全诗如下:

他们在天空深处喝啤酒时,我们才接吻
他们歌唱时,我们熄灯
我们入睡时,他们用镀银的脚指甲
走进我们的梦,我们等待梦醒时
他们早已组成了河流

在没有时间的睡眠里
他们刮脸,我们就听到提琴声
他们划桨,地球就停转
他们不划,他们不划
我们就没有醒来的可能(转下页)

中,将朦胧诗运动那种不甚完美的现代主义视为一种自然环境。北岛和他的同代人苦心经营的美学体制在80年代这些大学生看来则是理所当然的前提;对于后者来说,这种体制只是一种初级的语言结构,是必须予以告别的出发点。"校园诗歌"是破碎的、个人的风格及取向组成的集体合奏,它重构了当代诗歌创作的新的风景;其主要人物有海子、西川、韩东、于坚、吕德安、陈东东和臧力,他们中除了海子之外,没有人被奉为偶像,而是以各自诗歌语言的精度和独特性形成了一个个小圈子,在80年代后期,这种校园诗歌小圈子已经取代了北岛、江河和顾城等"新诗潮"元老在诗歌领域的核心地位①。

新生代,或校园诗歌

当大学校园越来越成为后"文革"时代的高中毕业生的天下时②,后朦胧和"新生代"的诗歌创作逐渐发展成为羽翼丰满的运动。当经济改革在

(接上页)在没有睡眠的时间里
  他们向我们招手,我们向孩子招手
  孩子们向孩子们招手时
  星星们从一所遥远的旅馆中醒来了

  一切会痛苦的都醒来了

  他们喝过的啤酒,早已流回大海
  那些在海面上行走的孩子
  全都受到他们的祝福:流动

  流动,也只是河流的屈从

  用偷偷流出的眼泪,我们组成了河流……

① 除了几个例外,朦胧诗人已集体移居西方。顾城1994年的杀人与自杀使一些公众想起了这些几乎被遗忘的诗人。
② 从社会学的角度上看,最后一批知青大学生毕业于1982年,即中国1978年恢复高考制度后的第四年。也是在1982年,后来以"第五代"闻名的中国电影人成为北京电影学院第一批毕业生。

国家体制内部产生了诸多裂隙和飞地时,现代主义作为统一的观念和宏伟的风格经历了碎片化,但同时也在文化与象征层面落地开花,繁衍不息,为个人写作创造了可能性条件,而这种写作只是间接表达社会政治的指令,也就是说,语言作为自足的存在,它的自我主张构成了社会政治表达的中介。对于新环境中形成的趣味来说,朦胧诗似乎代表了一幅太过英雄主义的自我形象和一种太过粗糙的诗学,而这两者看起来都无法胜任建构(而非"突破")复杂而微妙的当代(而非"现代")诗歌写作的任务。

当现代主义在"文革"后的中国蠢蠢欲动的时候,许多著名的批评家都贡献了一份努力,从而为这一新兴的文艺思潮提供了一种社会和思想氛围,但当这种风格试验深入到新一代人的写作实践中的时候,他们中的大多数却都无话可说,陷于沉默了。对于他们自己长久以来一直向往与渴求的文本成品(artifact),这些批评家似乎已经不再具有细读和批评的能力。这里必须考虑到"代沟"的问题,因为这是"文革""幸存者"(在后毛泽东时代,他们支配着文化和知识的动力机制)第一次面对这样一代人:对后者来说,80年代不仅是思想的发源地,而且是一种自然的环境。这种社会经验的差异决定了两者之间文化和审美趣味以及想象模式的分野。理论训练也许是另外一个要素。因为文学批评家与他们的哲学和社会学同行不同,后者熟谙西方马克思主义的批评理论,直到90年代中期,他们在自己的研究领域里仍然具有社会批判和理论创新的能量,前者却不能适应舶来的理论和批评工具的"利刃",而这正是打开和解码"元小说"(meta-fiction)迷宫的必要装备。奋战在文学第一线的批评家虽然了解社会经验的变迁和象征空间的改变,但在根本上却与之无法相容,面对"寻根"运动的退潮和"先锋"的兴起,他们深感失落。

作为新时期文学的第一场现代主义运动,"朦胧诗"运动并没有真正地遭到官方媒体的"压制",尽管现代主义被斥为"资产阶级颓废";相反,80年代早期一些保守团体发起的否定朦胧诗的批评攻势实际上催生出与北岛、舒婷和顾城的诗歌能够发生共鸣的读者群。更准确地说,"朦胧诗"运动是通过两个渠道退出历史前台的:第一个渠道是现代主义的自我异化,现代主义被理解为脱离社会实践的艺术体制。从这个角度看,"朦胧"诗人有时颇为坦率地表现出一种同社会主义主流意识形态格格不入的政治立场，也时时体现出一种沮丧的情绪，这是由于在后毛泽东时代，在专家治国的行政系统和市场商业运作的夹击下，由"个体性"界定的纯艺术（和孤独的艺术天才）及其体制化变得越来越不可能了。第二个渠道则是风格、意象和话语的萌发，这使得纪念碑式的艺术作品越来越不合时宜。在文学管理部门看来，无论在政治意义上还是在审美意义上，"朦胧诗"都是一种冒犯，而在新生代眼里它们又完全落伍了——当然，这一判断仅仅是趣味问题。朦胧诗人是共和国的同龄人，校园诗人却是60年代生育高峰时期出生的一代人。前者的诗学被视为只有"业余"水准（这令人想起艾略特等现代派诗人对浪漫派诗人颇为轻蔑的艺术评价），他们的形而上修辞和自恋（这成了朦胧诗的标志）在新生的社会力量看来无非是一个政治格言和生活哲理的字谜，而新一代人似乎已经对谜底不感兴趣。具有讽刺意味的是，仅仅在此前不久，当"朦胧诗"冲破种种阻力登上历史舞台之际，北岛和其他朦胧诗人们还在指责老一代诗人写的不过是"口号诗"、"政治诗"、"非诗"。但严肃的新生代诗人，不可能不在一种新的历史意识里理解自己的到场、使命和局限，并在一个后来者的位置上向前辈致敬。比如西川就认为，是朦胧诗又一次"把良知和常识重新引入诗歌语言"。但同时他发现，"令人感到尴尬的"①是，现代主义的老手们无法随着时间的流逝接近艺术的完善。西川写于1988年的《死豹》可解读为这一"艺术的完善"的寓言，它也可以被视作年轻一代对艺术本身的理解。

---

① 在西川看来，1979年以来中国诗人做了三件事：(1)朦胧诗人把"良知和常识"重新引入诗歌语言；(2)新生代诗人"在主观上"赋予诗歌以大众色彩；(3)有几位无法归类的诗人赋予了诗歌以"精神性"和"独立性"。这一后毛泽东时代中国诗歌的简史是从新生代的角度来理解的。就现在中国诗歌创作面临的"问题"（这里他涉及这三个阶段整体的诗歌创作），西川作了如下评断："陈腐的纯文学观念，风格的摇摆不定，不恰当的真诚，语言和意识的脱节，与存在分离的艺术的异化，自卑感和极端的利己，思维的单向性，小聪明，小灵感，小哲学等等。"见西川：《一个发言》。

死　豹

棕黄色的豹子
尾巴敲打着落满青苔的
山岩，敲打着
我的手掌

它移动，像一座花园在移动
野生的葡萄珠
在风中滚动，而羞涩的
百里香射出苍白的光芒

没有运动的肉体
我们不能称之为肉体
这只年迈的豹子，轻柔地漂移
流水般疏懒，放松警惕

我听到水的泠泠声在我的手掌上
从它的脚下渗出在我的手掌上
水声激荡结疤的红霞
而它的眼睛里一片安详

现在，它要按自己的方式死去
让背上的花园
攫住一寸泥土开出绚烂的花
它的尾巴敲打山岩

敲打我的天使绿色的手掌

> 水呀水呀,知更鸟去后
> 幻影出现
> 它在我绿色的手掌上安眠
>
> 从此我据有一块琥珀垂挂腰间
> 而它本是大地的宝藏①

这样的诗歌明显不同于杨炼式的高峰现代主义诗人的自我表达,但就像许多人已有的尝试那样,转向"中国后现代主义"这一概念来寻求解释也并无裨益。尽管诗学经验和个人(作为集体经验的个人化建构)经验的意识形态发生了剧烈的变化,但在这里,知觉灵感和诗学结构的内部却只形成了微妙的转变。通过那只转动意象的无形的手,通过"我"的故意缺席,通过"我"的对象化——这是摆脱主观性的手段,这些转变被表现了出来。尤其是,"我"的对象化得到了耐心而精巧的设计,它出现在相互重叠的(作为一部包含着主体—客体辩证法的诗剧)隐喻之中:"落满青苔的山岩"(纯客体性),"我的手掌"(纯主观性),以及死豹沉眠其上的"我的天使绿色的手掌"(扬弃[Aufhebung]的结果是自然与"我"合一的道家理想)。这种隐喻的重叠通过其对应物的运动,即通过意象的变换,得到了强化和扩大,它从首行中的"棕黄色的豹子",通过"一座移动的花园"和"一寸泥土",转到"系在我腰间的一串琥珀",最终到诗末的"大地的宝藏",从而在生活、艺术作品和更广阔的存在领域之间建立了一种动力机制。这一精心安排的运动把自我散播于差异和他者(otherness)的王国,而不是把它扩大成宏大的自我认同的主体,在80年代日渐集中的商品和意象之中,它指示了主体性(有时通过解构)匆忙建构的过程。那"一块琥珀"是生命和自然兴衰变迁的缓慢结晶,它表明,80年代晚期主体及艺术自我定位的过程和修辞发生了改变。

自我定位的过程变成了美学—诗学的判断力和技艺的问题,这一过程

---

① 黄祖民编:《超越世纪——当代先锋派诗人四十家》(太原:山西高校联合出版社,1992),第171—172页。

生产出的作品精妙地传达了唯名论和个人主义的感觉,而这可以看做是对后现代感受性的预示,甚至是后现代感受性的虚拟实践,这种感受性将出现在不断成熟的日常领域。这一观念的文化—社会符码尚待仔细研究,但其背后的进步和现代化意识形态则有立即分析的必要。可以肯定的是,对语言的刻意分疏与精心部署标明并实现了范式的转换。然而,新的语言并不意味着新生代在精神和独立性上有了进步或更趋复杂化,事实上,新的经济资本和象征资本的汇集塑造了一种后革命的、更具世界主义特征的文化(和社会)空间,新的语言指明了这个空间里有着更为复杂也更为密切的交流与协商。在这个新的象征体系中,T. S. 艾略特、庞德、屈原、当代的拉美作家抑或居住在城市另一头的诗人朋友几乎无甚区别,他们再也不被当做偶像受人崇拜,而只是作为一种工艺、趣味、想象力和创造性的提示存在于当代汉语写作的内部风景之中。这一文化的转向连同财产所有权、人口的流动和人民穿衣购物方式等方面的变化构成了80年代中、晚期中国诗歌创作的新环境。意识形态的相互作用、象征的相互作用形成了一个高度中介化的领域,新生代的诗歌作品是对这一领域的再现,在这个意义上,这些作品(如《死豹》)可以被解读为一种寓言,它们喻指着十年改革的后半期社会生产提升了标准,由各种社会关系及意识形态环境组成的整体变得更加复杂,也给予了人们更多的选择。如果说相对于"朦胧诗"运动的英雄主义式的"现代",这些新生代不得不被视为"后现代"的话,那么,问题便是这一"后现代"意味着什么,或在这种具体的语境中这一术语如何流动,从而暗示出一系列特定的含义。

  臧力的《燕》呈现了一种复杂的组合,其中一方面是新生代视为理所当然的种种象征可能性,另一方面是他们通过否定,通过"死而后生"的策略,极力从内部捍卫的精神自由。面对想象主体和象征秩序之间非政治化的、"松弛了的"关系,臧力可能发现诗歌张力的中心已转移到并内化于另一个充满焦虑的领域,这是在象征层面上构建的存在。这一微妙但却可感的焦虑出现于改革十年转折期的写作中,它同时建构和解构了人性、艺术和观念——这些是80年代理想主义的基本成分。这种焦虑指向一种困境,"后主体性的"主体这一意象便从这一困境中被建构了起来。新生代作为新时期文学后起的一代,注定要终结这个时代(他们正是这个时代的产物),而其终结的方式在《燕》(1989)中得到了戏剧性的描画:

> 可以断定是一只燕子在飞
> 在窗外,在岛屿般的屋顶上
> 它的飞翔,像刀光一样触摸着
> 黑沉的云雨在黄昏布下的棋局
>
> 一只燕子在飞
> 在它之前,是一群鸽子在飞
> 在它们之前,是上发条的蝉噪在飞
> 我要你猜:在蝉噪之前,横飞的会是什么?
>
> 我可以在给上帝的信中告诉任何人
> 是一只燕子在飞,像铁锚的影子
> 像信仰的冲刺:它飞得最低时
> 只有一只配不上对的皮鞋那么高
>
> 我还可以向遇难者的灵魂讲解
> 一只燕子在飞翔时的各种姿态
> 我摒弃"最佳的"概念:看啊,它飞上去
> 而后像遭遇到浪涛似的,箭一般滑下
>
> 总之,我愿把晚饭后最先开始的
> 那段时光,赠给一只燕子
> 但假如它企图闯进我的头脑,带着阴郁的
> 背景和预言,我就会不皱眉地说"滚你妈的"①

---

① 黄祖民编:《超越世纪——当代先锋派诗人四十家》,第5—6页。

飞翔的燕子在这里不仅刺穿了事物的秩序,而且摧毁了意识形态和象征的墙壁与禁忌,它们存在于自我的不同部分之间,犹如一盘因被"刀光"切断而没有下完,有可能被放弃的棋。不同的意象和声音交相混杂,填充了意识的空白,也在意识的空白中获得了物质形式,而在这种混杂之中,时间已经失去了它不可抗拒的时间性(temporality),似乎并不特别急于继续向任何方向流动。阴谋似的黄昏(这是自艾略特以来现代派的套话)这一意义不明的剧情在恶意的调侃和渺小的崇高、"信仰的冲刺"和"配不上对的皮鞋"、"遇难者的灵魂"和"一只燕子在飞翔时的各种姿态"之间前后摇摆;另一方面,过度的自我意识,虽然偶尔落入对于事物的幻想或陶醉,但它决意要保护自己私人的内在性免遭任何外在的(亦即社会政治的)和内在的(即由"'最佳'的概念"所暗示的哲学或美学)秩序的侵入。城市的轮廓("岛屿般的屋顶")和特意指出的日常生活("晚饭后最先开始的那段时光")都使得对于艺术家或知识分子生活状况("配不上对的皮鞋")的含混不清、难以捉摸的暗中指涉在社会层面上显得无比生动。在某种意义上,《燕》似乎是一幅无悔的——如果不是自嘲的——对主体之不可能性的描画;这种不可能性根本上属于精神分裂症的范畴,唯有在神经质的琐碎和防卫性的妄想中才幸存了下来。然而由于赞同自我意识(准确地说,是从属于某个社会和文化阶段的自我意识)的分解,这首诗生动地展现了"自我"在发生了变迁的(据说是"后现代的")物质和象征场景中的重组和再建。

我认为《燕》的惊人之处不在于它与某些现代主义价值神话之间蓄意的断裂,甚至也不在于可称之为后现代"漫游者"的那种个人主义式的厌世,而恰恰在于它乌托邦式地渴望与期待着同更大的存在化为一体,这表现为它与鸟、天空、运动以及日渐世俗化的世界之外的生活有着短暂的(也被巧妙"解构"掉的)联系。这样的接触甚至蕴含着更为短暂的浪漫主义和理想主义,它身处这种似乎已成为常规的琐碎和妄想之中并与之抗争。一方面,这首诗可以解读成(用一种特别秘而不宣的方式)终结神话、主体和历史的宣言;另一方面,自我认同的"我"或主体性的消散和分解必然导致一种隐秘的但可能是更为详尽的阐述——言说欲求自我认同和永恒性的状况和历史性。《燕》似乎低调地、戏剧化地再现了后革命社会的个人辩证法,这一个体甚至在完全建立之前就趋向于消散,并且可能一直不满于自身的建构,直到怀着节制的喜悦,看到自己被驱散,进入了符号的迷宫。

元小说

把新的感受性和诗性诉诸叙事的语言是先锋小说的任务;从各方面考虑,先锋小说都可看做是对于后朦胧诗介入的回应,并最终发展成后者更为成熟、更有影响力的盟友。对这两者来说,与昙花一现的高峰现代主义彻底的分离——在辩证的意义上看却是一种发展——要通过一种更复杂的诗学机制和叙事机制来完成。先锋作家们在致力于实现这一目标时对于中介本身极度敏感,他们似乎通过关于写作的写作重新界定了文学创新的领域,因而他们的作品被冠以"元小说"之名。对于那些在新时期仍致力于主体建构并且沉迷于人性、文化和艺术这些宏大概念的人来说,某些新生代作家不仅破坏了文学之"道"(the way),也破坏了这种文学之道借以实现的"器"(means,或工具和手段),先锋小说无非就是通过这种文学的破坏而实现的一种玩世不恭、听天由命的行为。

去神秘化的文学和文化生产领域是一片寓言的天地,它包含着创造活动的遗迹,也包含着对于时代的种种历史事件及其主题的未完成的建构。带着一抹忧郁的光辉,80年代文学和思想的活力和动力暴露了它的历史场景:它被裹挟在政治国家的全面控制和商品化的世界秩序之间。从前者之中逐渐获得解放,并迅速与后者融为一体,这构建了日新月异的文化生产环境,并为这个环境提供了社会政治背景与物质上的可能性条件。整个新时期社会经济关系内部的变化在文化生产的不同阶段和不同关节点上都以象征的方式不断地被建构、解构和重构。作为这一变化的结果,文化生产领域通过把自身融入国际语言(这种语言仍然被视为"现代主义"),创造并因此一直表现着自身半自主的语境。因而对权力关系的变化作历史的辨识,对于批判性地认识80年代最后几年(并且一直持续到90年代早期)蓬勃兴起的中国先锋运动尤为关键。在这一阶段,市场经济的迅猛发展重建了中国日常生活的物质与社会背景;这一变化引起了调整人与世界之间想象性关系的必要。与这些社会存在所发生的变化相伴而来的是国家权威话语无力再提供凌驾一切的内聚力或一致性。

在这种背景下,早期现代派正确地认识到先锋或元小说的实验仅仅是表现新的社会文化关系复合体的一系列修辞策略,它们使得这一复合体内部的主体位置发出了声音。然而,由于早期现代派自身的意识形态(及不可避免的乌托邦)姿态,他们不能透过自身社会和文化的可能性条件去看待这个问题;其实在这一可能性中,当下的现代主义的形式史变成了它自身寓言式再表述的题材内容。相反,早期现代派认为这是新生代在形式、审美和文化诸方面向自己提出了对于范式的挑战——即文学史上的代际冲突①,因此他们集中精力予以反抗,虽然他们的反抗并不那么具有生产性。

上一代人着力建立起来的现代主义的表意空间似乎阻止了他们历史地看待这一空间:他们狂热地追求青春的补偿(作为"文革的"幸存者),这种追求在新近产生的社会经验内部造成了断裂与鸿沟,这使他们感到十年改革的后半期所形成的新世界(不管在经验还是在审美的意义上)几乎变得不可接近。由于文化生产和思想生活中的时尚令人眼花缭乱,无所适从,这一社会历史的鸿沟在当时被轻易地掩盖了。因而,对于许多著名的文学批评家而言,后寻根文学,尤其是先锋小说,不仅是文学的异数,而且在更深刻的意义上则是

---

① 关于这一代际冲突,陈晓明提供了一个典型叙述。在试图描绘先锋小说的"历史轨迹"时,陈晓明对他讽刺性地称为"晚生代"的"代"的确定性作出了以下评论:

对于他们来说,摆在面前的不仅有西方的那些古典的和现代的艺术大师,同时更加难以承受的是还有整整一代的"知青群体"——他们有着不寻常的战斗经历,他们的痛苦和磨难已经深深铭刻在历史的墓碑上。而这些后来者拥有什么呢?快乐而苍白的童年和少年?他们是一些生活的"迟到者",永远摆脱不了艺术史和生活史的"晚生感"。1987年初的这些"先锋小说"(当然还有其他的我无法一一列举的作品),显然急于摆脱"晚生感"而表达新的艺术经验,反"传统小说"的态度过于明确,淡化情节、压制角色、形而上的寓言思考、语言的修辞策略……等等。

(《最后的仪式》,《文学评论》1991年第5期,第132页)

认知的谜团。黄子平解释他为何对余华、苏童和格非这些作家不置一词时说:这并非由于他比别人迟钝,而是他比同代中的某些批评家(这些人因趋奉时尚而获利)更"诚实"。① 先锋派与整个新时期文学之间的断裂并不如预想的那样表现为文化、美学和政治领域的斗争。换言之,对先锋叙事形式的实验最有意识的抵制和批评并非来自于文学官僚或主流的表达模式,后者自从1985年年中就显而易见地撤出了社会和文化舞台,以至于这样的接触不仅不可能也没有意义。先锋小说遭遇的唯一激烈的(而又并未宣战的)对抗来自于新时期的"现代派"文学。当"早期的现代派们"最先感觉到新文体的出现所带来的冲击时,"先锋"小说却似乎过分专注于技巧,过分迷恋故事的迷宫,他们过于舒适地安居在元小说的大厦中,无暇去挑战对手。

对于那些期待一个更具有可持续性和"本真性"的文学现代主义概念的批评家来说,马原、余华、格非和孙甘露作品的突然出现和风靡似乎宣告了中国文学时代的到来,它最终把自己确立在一个"非功利"领域的基础上,即确立于文学媒介本身。多年来,对许多中国文学批评家来说,中国现代主义的"本真性"仍然是一个紧迫的问题,他们不能判定徐星和刘索拉之类的作家是否只是骗子,或是否中国"现代派文学"最终只是"伪现代派"。一种隐秘的焦虑困扰着中国现代派,国家的全面控制也盘旋在他们心头,但围绕在先锋、元小说实验周围的那种"后现代主义"大获全胜的气氛,似乎打消了他们的疑虑②。与80年代早中期那些昙花一现的、自封的、不成熟的现代派相比,所谓的"后现代主义"实际上意味着一种更完善、更确定、也

---

① 黄子平1993年4月22—25日在爱荷华当代文学和批评工作坊(Iowa Workshop on Contemporary Literature and Criticism)上的谈话。

② 李陀似乎更关心各种新潮从"边缘"向"中心话语"提出的"战略的挑战",而非中国现代主义的建构。他深刻地指出了构成寻根运动政治和形式激进主义的基础的东西,它在其他方面似乎以"文化保守主义"为特征。李陀在解读"先锋小说"时继续运用这种批评逻辑,在他看来,先锋不仅是对官方话语,而且是对整个中国现代性话语更具挑衅性也更成功的解构或"颠覆"。李陀的立场和论述是多方面的,但他不能以一种超越意识形态的、政治的工具化的方式去对待新生的文体。历史、社会经验以及文化一象征形势,是先锋实验小说产生的条件,而先锋小说就意味着要在美学上重建这一形势,然而李陀完全没有注意到形势的问题,因为他一心将官僚体制作为自己批评的对象。

更自足的现代主义。对"后现代主义"欣然领受,但又于心不甘(如黄子平文章中所显示的),这正表明了中国现代主义的困境。当新文体在"颠覆"、"解构"、"游戏"、"播散"等术语中获得了新的(可能是更坚固的)基础,却错失了早期现代派那一套特殊的意识形态,即社会、文化和美学总体性的形而上学图景——它激励着对于中心、存在和起源的狂热追求和建构,并追求在文化上构造主体或自我意识,构造作为超历史空间的历史,构造作为形式强度的叙事。对于一些人而言,这一转变标志着失去了创造社会集体性的文化丰碑的另一种历史可能性。① 而对另外一些人来说,对历史空缺的哀悼不过是一厢情愿的悔恨,通过它"后现代主义"获得了特定的文化、美学和意识形态含义:后革命、后历史、后悲剧,可能还有后叙事。在80年代后期,无论是自身已经异化了的、急需进行重新定位的知识界,还是承受着社会经济和文化剧变的阅读公众,都需要一个粗糙的分期概念。

由于置身于这一意识形态氛围,并受早期现代派特定的文化焦虑的驱使,批评家们开始接近余华、苏童和格非的作品,希望能发现——并且界定——已经被感知到的那种范式转换。对于黄子平而言,这一转换的标志就在于"这种'实验'的彻底性当然远远超出了'伤痕文学'以来的所有创新尝试"。他指出:

> 此前的一些小说(譬如"寻根文学")所进行的创新中,小说的基本功能并没有根本的变动,只是在道德的、历史的、文化的寓义和叙事技巧方面去与传统的小说有所区别;而"实验小说",却试图从根本上摧毁小说本身,破坏小说的一般性的功能,赋予这一文学体裁以全新的性质。他们不但置换小说所载的"道",而且质疑这"载道"的"器"本身,加以颠覆和瓦解。小说与读者的阅读关系,遂也发生根本性的改变,批评家的品评方式和尺度,也都面临调试和应战。②

---

① 陈晓明就是其中的一个,他秉持着这种文化主义视野,而从这一角度来看,1985年之后的时期反过来证明了他所说的新时期的"文化溃败"。他评论说:"我们时代的先锋派是在文化溃败的历史时刻步入文坛,他们的怀疑主义或虚无主义本质上是一种失败主义,既然他们不再寄望于成为新的历史主体,他们乐于把自我(及其人物)流放到写作的快乐和叙事游戏中去。"见陈晓明:《永无归期的流放》,《小说评论》1992年第6期,第8页。

② 黄子平:《幸存者的文学》,第190页。

换言之,先锋小说从一开始就被理解和描述为一种世俗的狂欢,在正在进行中的中国现代主义建构活动中履行着它的功能。它的无数标签——从"纯文学"到"实验小说",从"元叙事"到"新潮小说"——都表明它包含着一种隐秘的兴奋。因此,马原的"叙事圈套"被认为开动了激动人心的元小说转向,陈晓明则称之为"从'创作'向'写作'的退化"[①],"我就是那个叫马原的汉人"这一故意表现得了无趣味的话就是这一圈套的体现。洪峰写于1986年的《奔丧》被解读为对于悲剧意义的最后反讽,对于父亲死亡的庆祝,以及人的无可挽回的消散(可以说是以后结构主义的方式重写了加缪的《局外人》)。孙甘露的《我是少年酒坛子》、《信使之函》和《请女人猜谜》因对文体界限的公然挑战受到热捧,它们把散文、诗歌、音乐、哲学和寓言故事(parable)自反性地混合成一幅寓言的(allegorical)拼图,一个由风格、文类和思想碎片而非事件所构成的历史的蒙太奇。虚构的力量超越了历史,风格超越了内容,手法的纯熟超越了对于所指意义的天真迷恋,在这些方面,苏童的中篇小说《罂粟之家》和《一九三四年的逃亡》都被归于最雄辩的例证之列。北村的《逃亡者说》被认为是现在与过去、现实与幻觉的积极混合,逃亡在叙事之流中成为存在的本体论条件。余华的写作建构了一个由诽谤性语句、诡异的阴谋、不祥的歧路与河流组成的迷宫,借此,它尽职地履行着迷惑读者的任务,但这一切又被维持在一个高度艺术化、形式化的水准上,并通过这种"艺术化"的转换手段,把极度残酷的暴力和感官刺激的强度变成了先锋小说有关集体记忆和形式自由的社会性的象征。

批评话语无一例外地集中在新文体的形式方面,而忽视了先锋小说的物质和文化背景。这一批评倾向本身需要经受文本的解读和意识形态的分析,因为它拒绝研究其对象的社会学内容。在美学方面,新文体标志着对于新时期直接经验总体性的首次话语建构。所有以前的文学风格都立志于既有生活经验的复原乃至"复辟",都在新时期展开过程中,通过一系列"拨乱反正"的解放性体验得以形成。与之完全不同的是,先锋小说处理的是一种完全的当代生活,它的抱负在于通过形式的(即"元小说"的)技艺,把对

---

① 陈晓明:《最后的仪式》,《文学评论》1991年第5期,第130页。

这种历史之"新"的体验转化成一种语言表现力。这也是现代主义文学运动第一次没有把自身建立在主流模式的对立面,或把自己定位成国家话语或明或暗的反叛者。这一姿态当然与其具体的政治倾向无关。恰恰相反,这应归因于其存在的环境:政治上的宽松、经济的市场化、由于各种话语并存而营造出的新的文化和意识形态空间。这一环境既是旧的主流话语留下的真空,也是产生新的个人和社会经验的沼泽。它并没有构成元小说的社会背景(因为分析这一尚有争议的新的文类的辩证内容需要一种新的批评方法),但却成了新生代、新的想象共同体的自然环境和物质温床。

严格地讲,元小说并非美学实验,而是一种语言的创生和构型;在此意义上,它宣告了文化生产暗中依赖邓小平意识形态这一状况的结束,至少,新时期的集体冒险转化成了单子式个人的传奇和童话。先锋小说的形式革新伴随着旧秩序的逐渐销蚀和新生的社会形式的骚动不安,它们不仅是一种外在的风景,而且也是滋生自身叙事经验的空间。换言之,元小说的叙事性存在于邓小平巨大的社会"实验"所产生的个人经验。不管"元小说"的标签传达了什么意义,其主要作家的作品——余华、格非、苏童(在此仅能涉及这三位作者)——极具可读性,也很有读者缘。这些作家一面保持着鲜明的"可写性",一面固守着讲故事的承诺。实际上,先锋小说以成组的矛盾作为自身的特征。它是所有种类的词汇、句法和风格的混杂,同时也是新时期个人遭遇和集体冒险的故事的百科全书。它将以前的文学实验的风格空间作为自身的起点,其表现力却来自中国80年代后期的都市生活①。它一边耐心地建立新的一代和新的共同体的语言档案,同时又凭借高度的生产性和技巧打入文学市场,而这反过来满足了公众对当代感和全球竞争

---

① 大多数元小说实践者所表明的都市经验和感受明显都是相似的(尽管他们有不同的个人风格),可以说都具有以下特征:社会时刻的交叠和城乡之间的互动,后现代成长小说的主人公所把握的日常生活所形成的一种一般形式或纹理。然而元小说中的城市不像北京和广州:前者太政治化、太威严,后者过于商业化,而香港——它令人震惊但又舒适安逸、不断变化但又充分无时间性的环境似乎最适合这一文体。这个群体中的大多数作家来自于经济繁荣但在文化和政治上温和中庸的长江三角洲,从这一地区的大都市(如上海和南京)直到小城镇都包括在内。

感的期待。确实,先锋小说将语言安置在尽可能远离主体的区域。因此,我们面对的旅途几乎是不由自主地走向了错误;撩人心弦的悬置,无数出人意料的转折,以及带着轻微解放感的迷失,这些都是先锋小说的典型标志。暴力游戏、性爱幻想、与陌生人不连贯的对话,细枝末节的流水账、对某个图案神经质式的注意,对引人注目的客体固执的、艰苦的寻求——不管它是一个路过的女人还是读者和叙事者自身都难以理解其意义的罕见的字——常常把读者弄得不知所措。我们可以看到,通过把所有这些意象、事件和故事重新组装成一件元小说作品(和商品),先锋派的自我描写和自我建构的劳作中运行着一种游戏的冲动(如果还不能称之为乌托邦欲望的话)。

孟悦在品评苏童的"拟家史"在"枫杨树系列"中所建构的记忆时①,即刻就指出,作为迈向广阔的叙事可能性的"决定性一步",小说的"差异""很可能已是现实的产物",因为,"苏童写作的年代和地域——80 年代后期迅速变化的中国南方,已使经济、生活方式、文化及意识形态上的差异性本身有了可感知的形式"。

至于文化、象征(在最具唯物主义色彩的意义上)的条件,陈晓明列举了 80 年代外国象征资本纷纭复杂的影响:

> 我们是在短短的不到十年的时间里浏览了西方一个世纪的思想成就和文学成果。在理论方面,人们粗通唯意志论、弗洛依德、现象学、存在主义、符号学、结构主义、逻辑实证主义、后结构主义等;在创作方面,也知道卡夫卡、黑塞、纪德、塞林杰、意识流、新小说、荒诞派、黑色幽默、拉美魔幻现实主义,乃至后现代主义的实验小说等等。虽然谈不上融会贯通的理解,但是对于酝酿一次文学观念和写作立场的改变则是绰绰有余的。②

---

① 枫杨树是苏童的叙事者的故乡。他的几个短篇和中篇,如《飞越我的枫杨树故乡》、《一九三四年的逃亡》和《罂粟之家》都基于这一虚构的地点。显而易见,在先锋作家的作品中,这是福克纳的约克纳帕塔法郡或马尔克斯的马孔多的中国版。莫言的高密乡和格非的麦村是另外两个例子(虽然后者更像一个人类学的场所而非历史全景的看台)。

② 陈晓明:《最后的仪式》,《文学评论》1991 年第 5 期,第 129—130 页。

乍一看,二次建构的叙事(即关于写作的写作,或元小说)似乎解决了文学史上对于革新和范式转换的内在要求。在 80 年代后期,它前所未有地积聚了物质和象征资源,以此为基础重建了彻底的"当代性"经验,也提供了一个与迅速变化的社会世界相比相对舒适、安全的文化空间。作家和批评家们刚准备把自己安置在一个半自主的居所,80 年代晚期准消费社会的形成(特别是在中国大都市)就使这一努力变得无足轻重了。元小说本来是文化—意识形态的先进工事,结果却成了社会—象征的庇护所。这一写作模式在 90 年代早期的持续和发展使它成了后毛泽东时代中国持续最久、产量最高的文学运动①,这使得我们有必要探索这些看似自我封闭的叙事作品在社会和文化上的可能性条件。

对自主话语的寻求结果成为对于模糊零散的个人记忆或生活经验领域的重建,它以一种普鲁斯特式的方式(即一种非意愿记忆的方式)与集体的过去联系在一起。如果这是事实的话,"理性的"寻求(作为意愿记忆)证明是一场徒劳。元小说不仅是"自主的",而且事实上孤立于社会领域(现在这个领域意味着市场),在这个意义上,它的文学"专业主义",既是主动寻找的结果又是被迫接受的对象,既是意志的产物也是偶然捕获的目标。从中国现代主义(和作为未完成的方案的中国现代性)的体系结构的不完善性来看,后朦胧诗歌运动几乎肯定不能看成是对后结构主义诗学的翻译;相反,它提供了另一个角度以透视文化和经济生产范式变化的模糊背景,以及一条通向审美建构和社会意识形态生产的道路。因而,小说的迷宫凝聚着一场持续的努力,以求扩展记忆和经验的碎片,捕捉现在的形象,打捞深溺于集体遗忘之中的过去,并以出众的风格再造当代生活的纹理。所有这一切都在平静的意识中完成,依靠的是小说耐心的、巧妙的建构;所有这一切也都以深刻的焦虑和不安(卡夫卡《地洞》提供了这种"创造性想象"的原型)为特征,希望从前的时光(人们在此有一个机会来恢复他或她的经验)

---

① 苏童一个人就写了两百万字。余华、格非、洪峰和北村都转而写长篇小说,同时在短篇小说和中篇小说场域中保持着生产性。人们推断先锋实验在小圈子之外将有很少的读者,但元小说作家结果却证明,无论在大陆还是在港台,他们都被列入了最受欢迎的文学作家之列。

出现在本雅明所谓叙事的"佩内罗普的劳作"中①。

众所周知,在当代中国文学生产中,象征的对象化过程不仅抓住了其原材料,也抓住了文学语言的中介。在审美上沉迷于社会、文化和意识形态差异的空间化,在神话学的意义上等同于卢卡奇所说的"细节肥大症"(swelling of details),这在中国现代主义各种各样的探索中都非常普遍。我解读的目标,是要将这一客观化过程看做是社会环境的直接产物,也看做是一个延伸至更大象征领域的间接作品。差异的话语场域的基础从来不是如其表面看上去那样是纯"艺术的"或纯"文化的"。相反,它一直包含诸多政治和意识形态的倾向和要求,并且表现在不同立场和观念之间或明或暗的对话与竞争中。这些裂隙和偏差不仅提供了一种"空间",一个可能性条件,而且还把话语的神话过剩消解成历史背景。

后新时期?

对于像张颐武这样一直致力于建设"后新时期"文化领域的批评家来说,90年代文学生产的母题具有以下特征:(1)建立了不仅充分"后现代",而且充分"本土化"的大众传媒或中国文化产业;(2)"严肃文学"领域出现了回返,其标志是脱离先锋实验并将其去神秘化,"放弃了对'人'的意识形态幻觉批判"。对于张颐武来说,由这两点产生了一个极度需要浪漫化的驯顺的、单调的日常世界的意象,并且这一需要已及时地在电视系列剧和新现实主义的市民小说中得到了满足。张颐武认识到文化生产发生了巨大变化,在此,商品化成了唯一的参照系,同时他也看到可能出现了一种"后乌托邦话语",即"承认对传统乌托邦幻想和神话的消解的前提下,进行新的超越的尝试"。② 对于张颐武来说,"后乌托邦话语"不仅显示了一种修辞策略,以表述"后乌托邦思想"在一般世俗世界中的具体形式,而且指出了第

---

① Walter Benjamin, "The Image of Proust", *Illuminations* (New York, 1968), p. 202.
② 张颐武:《论后乌托邦话语》,《文艺争鸣》(长春)1993年第2期,第181—182页。

三世界知识分子从事"与西方思想及周围的文化语境的辩证的对话"的途径,因而它是"对第三世界文化处境的投射"①。

　　文学批评家李庆西强烈反对"后新时期"文学这一概念,而他的抵制采取了对新时期本身进行认识重组的形式。在他看来,1985 年以前"已经奠定了新时期文学的总体艺术空间"②,各种为这一观点提供支持的作家都体现了他的认识重组的范式。这种范式出现于"现代主义"诗学革命和"后现代主义"小说之间,因此它是一个双重否定:既否定官方话语(这种话语无论在艺术上还是在意识形态上都一定是"前—新时期"的),也拒绝从根本上转向表现"后新时期"经验的文学风格。李庆西把元小说作家等同于"后现代"、后个人主义的(对他来说,这些概念可以互换)意识形态③,他以一种讽刺的口吻说:"据说他们的语境游戏颠覆了世界也颠覆了自我。"④对于李庆西来说,重要的问题是:"文学的嬗变不一定非得是有序的",那么中国文学在 80 年代后半期是否经历了实质性的变化;当代中国文学发展因此是否已超越了其前辈们在改革初期建构的空间;最后,在中国现代主义缺少坚固基础的情况下,到底是否有理由宣称中国后现代主义已经到来。

　　李庆西坚持"新时期"的观念所体现的现代性的社会与文化价值,而不是为作为话语的现代主义进行辩护(在这一方面,他使人想起了黄子平在评价"寻根"运动时为现代主义主体所设立的位置),这构成了李庆西的批评与文学史研究的基础。他将具有改革思想的主流作家同叙事、自我和历史时间的建造联系起来,由此认为,1985 年以来,剧烈的社会变化和文化领

---

① 张颐武:《论后乌托邦话语》,《文艺争鸣》(长春)1993 年第 2 期,第 187 页。
② 李庆西:《百无聊赖的"后批评"》,《文汇报》1993 年 1 月 16 日。
③ 这里,李庆西似乎暗示,"后现代"的"理论阐述"在 F. 杰姆逊 1985 年访华后才变成了可用的东西。李庆西与杰姆逊的许多中国读者一样,很少注意杰姆逊论述的内在的历史化和意识形态批评,而这才是他关于文学、理论和后现代文化的作品的本质特征。这种认识的缺乏导致在现代主义者和第三世界文化主义者中间出现了不同的但却同样误导的关于批评理论的观点。前者倾向于依赖像杰姆逊这样的理论家解释的权威性,后者却倾向于把任何(西方的)理论都视为内在的歪曲、总体化、霸权以及殖民者。"后新时期"的文化领域经历了这两种态度更加复杂的冲突和混合。
④ 李庆西:《百无聊赖的后批评》,《文汇报》1993 年 1 月 16 日。

域的方向转变,基本上外在于他所支持的文学的发展。他指出,任何"成熟的"文学生产方式都会设法与社会的主流文化保持一定的距离,根据后者的变化来判断前者的发展很易陷入机械唯物主义;他的这一观念是正确的。① 李庆西进一步关注的是当前的环境,在那里,商品化的大潮正吞没着文化领域,庸俗的、高度商业化的"新写实主义"正侵犯着"严肃文学"。李庆西站在"历史理性"的制高点,看到新时期文学正在经历"结构的调整"。他以一种哈贝马斯式的姿态为作为资产阶级启蒙未完成的方案的现代性辩护,并认为对中国现代性的攻击来自于两个源头:一个是社会经济领域的市场化,另一个则是"后现代主义"、"后个人主义"的价值及其在象征领域的再现。② 我认为,问题并不在于李庆西对现代性危机(它决不局限于文学领域)的理解,而是他界定"新时期文学"及其之后(posthistory)的那种意识形态姿态和理论框架。李庆西对于"艺术空间"的建构,预示(并包含)了 80 年代后期的快速发展,而支撑着他的建构活动的,则是新时期内在的政治救赎。对于李庆西来说,80 年代不是一个历史关头,而是一个哲学范畴;80 年代以对大写的"人"的无尽发现与塑造为特征,而非形成并消解于社会变化和意识形态冲突的处境之中。在集体意义上被理解的"主体性"(也就是说,它既是前资产阶级的,又是后资产阶级的),同实证的、具体的历史运动保持着意味深长的、建设性的关系,在这种关系中,这种"主体性"代表着社会的白日梦和理想主义,在此,邓小平时代的中国知识界认为自身已光荣地脱离了历史。出于根深蒂固的人道主义和历史主义,李庆西拒绝接受由更激进的现代主义建立的语言的物化和乌托邦,而不同的社会力量都居住在这个乌托邦内部。这一拒绝导致了李庆西一厢情愿的思考并使他的编史学问题重重。李庆西强行在高晓声的传统现实主义和寻根作家的风格化特征(尤其是阿城和莫言)之间,在张承志浪漫的理想主义狂热和马原奔放的元小说的故事讲述之间进行联姻,凝聚起一个联合阵线来反对与排斥在他看来邪恶的后现代主义敌人,然而这一切却证明了这个联合阵线的不可行性。

---

① 李庆西:《百无聊赖的后批评》,《文汇报》1993 年 1 月 16 日。
② 同上。

在李庆西的想象中,"成熟的文学"会形成与"社会主流文化"的"距离"或者"价值取向的自主性"①,但是,这些东西常常不是在他所赞赏的作家,而是在他所摈弃的作家身上有着详尽而坚定的表现。无论是与"社会主流文化"的"距离"还是"价值取向的自主性",在市场化和全球化的视野中,它们都被赋予了这种功能,即为在更大的市场里彼此竞争的文化"精品"提供意识形态和语言的基础结构。

李庆西将改革时期的能指过剩迅速等同于"后新时期"这一引人注目的范畴,并没有解决问题,因为虽然激进现代主义的轨迹落在新时期主流文学之外,但在后毛泽东时代整个文学革新的进程中,这二者在社会、政治和审美层面上一直相互纠缠。在改革鼎盛时期,共同的社会条件以及在生产方式、意识形态和文化取向等方面的冲突为这一时期的中国文学提供了一个共同的基础。如果李庆西意在表明当代现实主义的"现代"(和现代主义的)特质与现代派接受集体生活的激荡和灵感而产生的"实验"创新之间具有内在联系,那么他的论点将会更具说服力。

当代中国文化生产的后现代、后新时期,或用张颐武的话说"后乌托邦"时刻,已经面临着一个关键的尝试,以描绘、分析和理解从业已变化的社会、文化和意识形态环境中产生的这些问题,同时,据称已死去的新时期仍然要求它的知识分子在意识形态和审美上忠诚于它,知识分子有时也尽职尽责地接受了这一要求。在这十年间,社会—文化意义上的自我经历了一个紧张的建构过程,而新时期所要求的忠诚揭示了支撑着这一建构过程的意识形态和精英思想。除此之外,更重要的是,这种忠诚触及作为历史进程和社会文化方案的中国现代主义和现代性深刻的困境。整个80年代,人文主义的启蒙目标(被概括为"艺术和人性")常常通过本体论真理和美学整体性的一种反人文主义的、现代主义的介入而得以实现。同时,现代主义宣告了它的理想,即在一个更发达的社会秩序和更分化的社会领域内部,建立起一种自主的艺术体制和社会个人性。中国现代主义正当乘着社会世俗化的浪潮去靠近其美学目标和意识形态幻想时,却在一个不可思议的更世

---

① 李庆西:《百无聊赖的后批评》,《文汇报》1993年1月16日。

俗的社会中以死亡的形式"完成"了自身。中国现代主义的扛鼎之作——它早期的、充满政治色彩的纪念碑式的作品，或后来更加"精致的"和更具技巧的艺术作品——都产生于一个过渡时期，并可能消散于这样一个世界：在那里，铭刻于"艺术作品"的最内在的社会理想不再激动人心，甚至变得漠不相干。如果要把这个过程看做一个过程，把必然是暂时（和混乱的）的东西视为在历史、社会和文化上有意义的存在，我们就必须超越新时期的主体性及其在现代主义审美空间里的自我投射。

我对当代中国现代主义的解读，解释了其当代品格中具备的彻底的历史性：它在后革命社会世界中的情境性，它对全球文化互动与象征互动的参与，以及最后，它的叙事规划——其自身是所有这些经验的产物或再现。社会起源的寓言既是历史创始（genesis）的记录，也是历史的神秘化的记录。先锋小说之所以在其他的实验文类中卓尔不凡，是因为对于同主流之间的复杂关系，它漠然置之，而不是激情应对。寻根作家在一个想象的历史连续体中将文化的"根"作为话语的支柱，对此，先锋小说也没有兴趣。先锋小说的漠然意指着新近出现的社会和象征空间的自我主张，这些空间既"内在于"而在某种程度上也"外在于"后革命中国的日常经验。正是这一代的"经验—历史"的复杂性，使得配合良好的"官方—持异见者"的二分法不能充分满足过去十年编史学事业的要求。先锋小说在 80 年代后半期的自我定位和迅速繁荣，并不是表现着"自我意识"的文学感受性提高的产物，而是社会、文化和象征领域业已变化的可能性条件，使得这一文体成为了可能，并且这一文体是在与这个领域中其他立场和声音的紧张协商中得到实现的。①

在这里，通过批判性地解读审美编码，对于社会起源的寻求不仅面临着

---

① 在这里，我想修正——如果不是取消的话——我对"自我意识"的用法，在我早期的写作中，到处都能看到我把"自我意识"作为现代主义在语言上和在历史上运作的支撑点，尤其是在《自我意识的童话》（《八方》[香港]1990 年第 2 期，第 308—329 页）中。"自我意识"想要为解读中国现代主义提供一个历史—寓言空间，但却提出了一种元叙事，它似乎只以文学和社会文本的思想—历史解释为基础。邹羽《先锋小说与先锋批评》对于我的这篇文章提出了有益的批评。下面一章仍以"自我意识的童话"作为主标题，但正文记录了我在修订上所做出的努力。

话语的中介和延异(différance),而且也面临着必须从理论以及社会历史层面来回答的理论问题。这一理论问题引发了中国后现代主义极为复杂的议题,或者更准确地说,它在后革命中国的语境中,在现代主义和后现代主义之间形成了不断变化、相互依赖并且实际上相互补充的(而非井水不犯河水的)关系。在促进民族文化秩序与全球文化秩序融合(在任何意义上,这都已不再是现代主义的了)的过程中,现代主义生产内在的功能性或工具化,是80年代后期审美革新最重要的经验之一。同时,现代主义在过去十年的意义,也在于其形式的、审美和文化的剩余价值,这是它为应付变化的社会、政治和意识形态的随机性而精心生产出的东西。

(刘卓译,朱康校)

第六章　自我意识的童话：格非与元小说的几个母题*

格非是中国先锋文学的代表人物之一。通过细读他那些具体的文本，我们能够阐明80年代后期中国实验小说的几个母题——记忆、时间、自我或主体性以及历史。将零碎的集体记忆整合为个人意识，这是元小说的特征，格非借此呈现出一种叙事的自由状态；而以历史为参照，尤其是以后毛泽东时代中国特殊的历史时刻为参照，这种状态便可以被准确地把握。在这一章里，我重新把格非这一案例与社会空间联系起来，与改革全盛期的集体经验联系起来，从而以现代主义所具有的历史的真理内容为目标，试图把格非的写作的辩证法转化为一种批判性的思考方式。

虽然可以说，这种真理内容与后现代主义的真理内容相似，但我将表明的是，它更少以"后现代"的方式发挥作用，而更多地代表了特定关头的现代冲突。新的社会领域浮出历史，而它的意识构造则在能指的层面上，通过种种文学的字谜曲折地表现出来。这种默默传导着的历史能动性不但赋予先锋小说审美的新奇性与朦胧的解放感，而且在道德上乃至政治上将它正当化。叙事迷宫使格非的作品具有"后现代"的外观，但我将证明的是，格非的叙事迷宫并不是作为雅克·德里达所构想的"语言的自由游戏"而存在，相反，它作为一种符号的掩体，为时间、记忆和历史提供意象和叙事的庇护所，在坚持作为符号和形式而存在的同时，为读者打开了一个集体经验的交流空间。先锋小说是对新时期的一种默默的肯定，与其说它带来了主体和叙事的终结，不如说在变化了的历史可能性条件下，表明了某种自我与历

---

* 本章更早的版本曾以《自我意识的童话》为题发表在《八方》（香港）1990年第2期。

史的起源。因此,"新小说"所表征的不是后现代主义所欢呼的"人的终结",而是一种社会性意识史的开端。在这个意义上,当对于格非(和他的同辈作家)的阅读在形式史和叙事史中展开时,批评本身就从审美行为变成了集体经验的历史记录。

通过细读格非发表于 1986 到 1989 年间的短篇小说①,我想考察的是:元小说中记忆和个人视角的作用,名称、意象和故事的物化和半自律性的结构,艺术家对自己的工作不断的自我描绘,作为历史时间构造的叙事结构,以及最后,通过在元小说的旅程中有预谋地消解意义而达成社会个体性的确立。此后我将回到两个基本的问题:(1)先锋小说同白话文学革命(即新文学运动)以来的中国现代文学遗产的关系,这一关系再次呈现了在历史过程中不断变化、反复出现的中国现代性问题;以及(2)社会经验与叙事的可传达性:当代中国现代主义(以及仍有待被界定的中国"后现代主义"的概念)与后革命的生活世界对峙时,也力图保持自己在这个异化了的世界里自我表达和被人理解的权利和可能。我对所选文本的解读,正是在与这些历史和理论主题的互动中展开的。

记忆的起源:《追忆乌攸先生》

格非的处女作《追忆乌攸先生》发表在 1986 年的《上海文学》上,故事是从一个刑侦场面开始的。三个穿警服的人带着令乡下人感到新奇的手铐和测谎器之类的东西在村里四处打听关于死者(乌攸先生)的细枝末节;而对于那些被询问的"缺乏热情"的村民来说,整个询问的过程似乎只是一个阴谋,强迫他们披露自己最隐秘的和最"私人"的关于过去的记忆,这些记忆看起来已经死灭,但仍然"像姑娘的贞操被丢弃一样容易使人激动"。对于乡下人来说,乡村医生乌攸先生的惨死,与他同他的女弟子杏子关系"暧昧"有关,而事实上,杏子已经被村里让人又爱又怕的"头领"给强奸和谋杀

---

① 参见格非:《迷舟——格非小说选》(北京,1990)。

了。色欲的爱恋,冷漠的旁观(在鲁迅那里,这是民族精神麻痹的象征之一),连同无时间性的乡村节日的复归,使过去变得鲜活与完整——虽然它的规模缩小了,它的位置也只是记忆的一个遥远的角落。"那天确实是端午节",由此开始,格非第一次对场景作了长段的描写:

> 妇女们有的通宵未睡,到河溪里去采苇叶,用竹筏、舢板以及脚盆之类的东西装回来包粽子。清晨,河上的薄雾像蒸气一样还没有退去,空气里有一股浓浓的苇子的清香。男人们开始淘米,用大号的筛箩。小孩子们就跟在大人后面转,用剥了皮的柳条打溪里的水。这时有一个小媳妇从村东跑到村西,她一路叫着,村子里的人马上就知道了今天要枪毙乌攸先生,村子里的所有人都看着她跑。只有几个小伙子不知道发生了什么事,小媳妇的叫声他们一点都没有听清楚,因为他们光顾着看小媳妇粉红的衬衣里面的小肉团在跳动了。事后,小伙子向人们谈起那天早上的情形时,他们说,他们第一次看见那个媳妇跑,周围的一切生命都停止了。①

"色欲"(如果不是审美)的弥漫解释了他们不愿说出真相的原因。不仅如此,作者不动声色的揶揄也表明:对于故事的内在秩序来说,调查员如此热情地遵循的程序恰恰是使记忆变得不可能的东西,就像测谎器甚至使一个唠叨的人变得说不出话。

警察也出现在另一篇小说《蚌壳》的现场:他们(那种既被他人误导,同时也误导他人)的测量、记录、跟踪、盘问形成了一个重大的自主领域。在这里,叙事者"我"和他的对话者小羊在交流上的困难再次证实了事件领域和语言领域在结构上的不可通约性,而小羊很快就成了叙事者的性伙伴(后来医生和他的女病人再次重现了这种关系):"谈话像是被冰冻住了,我们只能在一些无聊而又断断续续的句子之间尴尬地徘徊。过不多久,这些干涩的句子又一次次被重复……"然而,并行是语言之外可被预言且不可

---

① 参见格非:《迷舟——格非小说选》,第3页。以下凡引自该书,页码插注在每段引文的末尾。

避免的运动,它沿着命运的逻辑展开,或者它以叙述策略为依据而沿着欲望的逻辑展开:"我觉得我的双脚在踏进这个令人窒息的门洞时,我就预感到了以后将会发生的一切,这一点也许在那年春天我离开原野上那座孤零零的瓦屋时就已经感觉到了。……我觉得在我和小羊之间,一个像注定要发展成为癌肿的小疖正在急剧膨胀,这一点让我兴奋不已。"(第231页)

完全当代性的(radical contemporary)经验——诸如城市居民任意的性冒险——在无时间性和史前史之中看到了它自身的游戏规则,这指明了想象领域和日常生活领域之间在意识形态上的亲密关系。格非的小说是以这样一种方式被建立起来的:他将想象和日常生活这两个维度组合在一起,而对于其中的任何一个,他都没有赋予叙事的稳定性;相反,它们借助于经验的悬置和文体的特殊做派(mannerism)而彼此指涉,使写作的辩证法变得清晰可见,而这种辩证法正是我试图从审美和社会两方面出发来破解的对象。某种"理智的图谋"与那种推动叙事发展的真实动机间精心策划的裂痕占据了格非小说的中心地带。这暴露出那种表层的"案情"与元小说建构的深层目标之间存在距离:作者有意识地把叙事结构建立在一个远非任何外在秩序所能触及的地方。对于叙事的推动力来说,外在秩序作为现实自身,似乎只是一种普遍的混乱,本身亟待整理。

虽然这里对于侦探小说的运用显得虚假,但是"侦探小说"的元素在格非的作品里也并不是一种偶然的、仅仅服务于某种局部效果;不如说它与叙事整体相伴而生,并通过自身的瓦解将某种规则推到了前台。《追忆乌攸先生》的篇名也已标明了它的母题:记忆。"时间叫人忘记一切。"村里长辈对年轻人这样说道。这篇小说就像格非许多其他的小说一样,变成了反抗这一格言的一场旷日持久的阴谋行动。警察在这一叙事构成中具有特殊的功能。由于他们突然卷入这些事件——在小说的描写中,这种卷入带来了暴力而不是带来了希望——或如本雅明所说,人们从"空洞的、均质的时间"中惊醒过来。就像启示总是从最世俗、最平淡、最无希望的时刻开始,时间的裂痕和遗漏变成了格非叙事的迷宫。

在80年代,与以前叙事风格的时尚相比,格非的叙事非常清晰,在意识形态和品位上也非常周正,这并不是因为它在意识形态和审美意义上更透明或者更折中,而是因为它的叙事性是通过叙事的不断解构与重构得以实现的。对于格非来说,历史与小说之间不存在边界;也就是说,历史首先是一个诗学的建构,就像叙事首先是一种语言的作用。然而具有反讽意味的是,就像诸多其他先锋作家一样,格非愿意选择记忆——通常是最个人化的记忆(例如性爱或自我认同)——作为检测自己的写作哲学的中心场地,仿佛元小说已经给了他风格(与政治)的许可证来唤起陈旧的、无法抵挡的童年幻想、社会诱惑以及集体记忆的尘封的储藏室,而一个热心形式的实验者宁愿与这些东西保持距离。

请注意,在意象的自我指涉性(autoreflexive)结构中,叙事者毕竟不像他假装的那样不偏不倚。不仅如此,作为中心行动元(actant),他在名称和故事的想象空间里努力扩张自己的经验的领地。在《追忆乌攸先生》中,我们看到了这一艰辛的扩张过程(用格非自己的话来说,即"还原"),它存在于视点的隐秘发展中,存在于视点向更高(有时是更深)层次的内在运动中,随着村社生活画面的逐渐展开,它显露了出来。在小说一开始(或者在记忆的远端),叙事者是一个孩子,他提议带他的弟弟去看"真正的杀人"场面。他的弟弟杀不死一只鸡,却在回来的路上得出了这样一个结论:"杀人要比杀鸡容易得多。"这是"老K……以后三天中唯一的一句话"。在这里叙事者立足于存在的领域,而在这个领域里,语言仍然在前语言的意义上存在,或者说,由于法律没有成文,因而具有更为可怕的力量。诗意在于童真,残酷则是自然孕育的结果,就像村子里的人对枪毙那天的回忆掺杂着色情的幻想。当警察引起记忆的骚动,过去场景的突然闪回变成了乡村生活自身的神话记载。同时,这种骚动(作为一场自然的灾难)也提供了一个物质背景,在这个背景中,自我意识通过辨别叙事与所指世界之间的距离得到了实现。现实主义必须通过占用"现实"本身来捕捉和维持这一距离,而元小说则将这一距离变成了审美体制中的一个象征化的空间。就这一点而言,在"事件"半自主的飞地之外,四处游荡的讲故事的人变成了心灵的眼睛,以一种令人不安的冷漠沉思着名称与意象。这种冷漠激发了寓言性阅读,而寓言性阅读作为文本效果史的一部分,首先必须对文本的风格进行修辞和技艺分析。我们以这种眼光来阅读下面的句子:

村里的人请来了两个见习法医,他们都是第一次解剖人体。他们把赤裸裸的杏子放在一张三只脚的乒乓球桌上,每个人拿着一把杀猪刀。杏子安静地躺在桌上,就像人们常看到她夏天浮在溪水里一样,脸色红润富有生气。这两个见习法医手足无措,不知从哪里下手。尸体足足解剖了一整天,尸体被搅得不成样子,被分割成大小七块,最后法医得出结论:

杏子被强奸时窒息而死。(第8页)

暧昧不明的生活样式深深陷进了自然史的连续统一体(continuum)之中。当无时间的集体记忆成了从事件的沼泽中挣脱而出的个人景观时,这一生活样式就在"三只脚的乒乓球桌"这一场景中,在残破的尸体意象里变得清晰了。在这种意识的景观里,记忆的混乱成了一种无时间的野蛮状态,只有它内部的突变才能带来想象中的兴奋。那种无回忆的意识状态同这种无语言的野蛮是浑然一体的。在这个村子里,乌攸先生是一个异数,因为只有他拥有书籍,而书的在场却使他成了某种极其柔弱的存在。行刑前他还曾"努力地张着嘴",但却说不出任何东西,因为他的舌头"一个月前就被割掉了"。暴力与沉默的交织变成了一种传统,对于这种存在方式,格非的小说《陷阱》里一句突兀的插话倒像是总结:"他们无非是造成一个他们自古以来就居住在那里的自然状态。"(第21页)

当无名的过去不断涌现的时候,有某种类似普鲁斯特式"跳跃"的东西;也就是说,非意愿记忆用感觉、名称与意象的巨大洪流,接管了叙述和记忆的冲突所经历的一个长期的僵局,在感觉、名称与意象的构造之中恢复了在日历时间之外的那些过去的"精神岁月"。这种从具体的物质对象里重新组织经验的企图,使得格非的小说像是一组普鲁斯特式的探案。在格非的笔下,当那些无法为理智所捕获的记忆突然从幽深的时间中纷呈叠现时,警察的位置就已经被叙事者替换了。

在普鲁斯特那里,过去的灵韵(aura)有一个确定的历史支撑点,即早期的资产阶级生活。在被垄断资本主义所包围的私人内部世界的残留飞地里,这种生活在回望中被审美化了。相反,对于格非和他的同辈作家来说,拯救却是对于启蒙迫不得已的执迷。元小说那种可疑的游戏性背叛了这种执迷,由此,过去在破碎的形式中舞蹈,狂欢化的意象汇入了个人史,在那里,通过中止和驱散对于启蒙的执迷,想象的共同体,实际上即想象的社会文化系统被揭示了出来。与普鲁斯特笔下的贡布雷(Combray)相比,在《追忆乌攸先生》中,"我"所经历的刚刚流逝的过去更为古老也更为抽象,它可以一直追溯到史前的部落时代,格非关于那个村子所提供的少许"人类学"信息——"首领"及"首领"被崇拜的方式——证明了这一点。对神话的调用绝不是先锋派的发明,事实上这是寻根派作家惯用的策略,他们赋予"落后"的人类学材料以一种审美现代性。元小说作家作为社会群体,作为邓小平时代的产物,断然拒绝了由不再迷信"文化大革命"的一代人所提出的人道主义、历史主义议程。同时,元小说作者们也根本不把神话内容看做是一种文化;恰恰相反,对他们来说,"文化"或"文明"不过是讽刺和寓言的大仓库。他们继续向前,在符号的网络中重新分配史前史,常常在当代城市感受性的喜剧场景中上演神话戏。因此,"头领"对乌攸先生的暴揍被叙事者"我"瞅个正着——那个时候"我"正从打开的"阁楼的窗子"远眺着拥挤的"广场";而当警察找到一条线索时,他们高兴得说话都"夹着一些扭秧歌的调子"。可以看出,在格非叙事语言的肌理中,乡村场景和城市意象以一种纯粹个人的、略带怪癖的方式混合在一起。

在格非本人的"个人画廊"里,《追忆乌攸先生》不仅是个人意识诞生的石版画,也是客观环境的风景图。在这种自然环境里,对空无(vacuum)和空白(blank space)的寻求正是格非小说的起源。那些真空往往出现在自然法的断裂处,显形为历史的或仅仅是个人生活的零星记忆。但就是在这些瞬间里,想象的主体自信地把一切都看透了。这意味着:新的经验将新的生活秩序作为自身的基础,并随着时间的展开渐渐成熟。对于"自然状态"来说,这种为新的经验所捕捉,又为这种经验所充满的时间,暗指的却是又一个"历史的起点",而在80年代,每两三年就要宣布一次"起点"的重新确立。作为一种恢复记忆的努力,格非的故事讲述把自己放在对于自身历史(作为史前史)的理解之中。因此,《追忆乌攸先生》有了这样的结尾:"当小脚女人满身是泥赶到枪毙现场,乌攸先生已经被埋掉了,她看到了地上的血水和几根像猪鬃一样的头发。雨还在下着,远处有一队迎亲的队伍,吹吹打

打,穿着红衣绿袍正消失在河堤的另一边。"(第10页)

独立的个人视角从神话之网中剥离之后,变成了一种全知视点,因而投射出一幅超个人的图景。这样,对童年经验的现象学还原就融入了对历史画面的构造。这种叙述策略同中国现代文学的伟大经典——比如鲁迅的《在酒楼上》和《祝福》——是颇为相似的,某种个别性从集体经验的背景中凸现出来,并寻求通过叙事行为重建自身的客观性。《追忆乌攸先生》可以看做是此种努力在一个新的社会和象征环境里的再创造,元小说里的空白与省略变成了这一环境的特殊指引物。在对这种"还愿"的明确意识中,空洞的时间重新变得生动起来。这种由想象所触动的时间是格非与读者的共同经验,正是这一新的时间维度决定了格非作为作家被读者接受的方式。意识结构自我呈现的努力在格非90年代的作品里得到了加强,虽然这一意识同时给自己的定位只是安全地把玩脱离了历史的语言。

格非的作品形成了两组经验的会合:一方面,读者遇到了一种神秘的存在方式,鲁莽的性、恣意的暴力、可疑的地方史、久远的传说和肆意的谣言向读者揭示了这种存在,而所有这些内容又都与童年记忆有关,那记忆难以名状、支离破碎但又气味芬芳,四处闪烁着光芒,暴露了黑暗的、压抑的群体记忆的年代。作为一种有意营造的整体性,神话的意象网络均匀地散入(并舒适地栖居于)元小说的建筑结构之中,而元小说所构筑的就是一些半自主的故事飞地。神话的意象网络是神秘的(如果说它富有"异域风情"不算合适的话),这个重新栖身于语言之中的无时间的、沼泽般的世界只是在文学和历史书写的支配性话语之中被建构了出来,因而就其社会性而言,它不仅同邓小平时代不相关联,也远离了现代中国。这样一来,过去就作为诗和色欲的世界再度出现了,它那模糊的边界变成了鼓动的环境,激发了极具当代性的想象。当格非的写作小心翼翼地记录下当代"自我"艰辛的生长史、成人史,他的发展、冒险以及在物化的世界里不时迷失,这个悬置的主体位置最后所获得的自我,也在叙述的现实化过程中,作为一种元小说的形而上学效应而被捕获。

与这种幻境般的乡村交替出现的是无名的、往往表现出不安的个人所拥有的城市经验。这一个人通常并不是叙事者"我",他的匿名性和抽象性变成了一种被动的装置,全部的社会、文化症候或者感受都通过它汇聚到了一起。这一叙事支撑点乐于从传统的叙事束缚中挣脱出来;通过沉溺于自己的幻想和幻觉,通过一路上不断追逐飞逝而去的意象(这条道路仿佛是由交叉小径组成的迷宫),当然首先还是通过在回忆、反思和重构叙事经验的层面重置叙述声音,这一支撑点的功能恰到好处地消解在了关于虚构的虚构之中。所谓的"元小说"为新的主体位置提供了明晰的意象,也给予了这个主体决意想要拥有的社会和象征空间。如果不是 80 年代社会和象征资本无序地聚集在中国城市的中心地带,这个空间将不可能形成;如果不是新时期意识形态幻象和历史可能性有着相互一致的部分,这个空间也将无从想象。就审美而言,围绕后革命时代的游荡者(flaneur)展开的物质环境建构了元小说风格的内部世界,然而这个游荡者,这个"人群中的人",感受到了静观的冲动。他拥有一个安全的甚至难以触及的物理的和象征的空间,他怀着某种自我意识从这个空间里远远地眺望着世俗世界。因此,先锋小说可以看做因外部世界和内部世界的混合而产生的社会寓言,而在这种混合状态里,邓小平时代中国的社会环境成了私人风景的小宇宙。

　　外部与内部这两个经验领域在格非的小说里紧密地交织在一起,它们一同熔铸了格非写作的实质。细微的、即刻的反应,情绪的变化,做派(mannerism)以及怪癖(idiosyncrasies)建构了内部世界,但这个内部世界更多地被视为修辞策略而非内容。因此我们可以认为,构成格非的诗体学(prosody)的是一个双重的努力:一方面,它试图在新近出现的文化空间里重新设置经验,并由此重建一套新的社会和文学经验;另一方面,它借助一种后叙事的(postnarrative)讲故事方式探究象征空间,并由此界定了这一空间。作为整体的元小说文体所构成的这种内在运动,其性质不同于先前诸多的文学革新潮流。在充分风格化的故事讲述这一层面之下,你能感受到作者无处不在,他不断抹去痕迹,同时又铺开一张由名称、意象和事件的片段构成的几乎无法穿透的网,这使他热切的行动变得明显可感了。突然的遭遇,同陌生人片断化的、心不在焉的对话,对某些事物病态的着迷,特别是已然成为日常生活叙事规范的性方面的震惊,这些东西组成了一幅拼贴画,而隐含着的主体性或意识构成就从这幅画面里显露了出来。这一切作为一种抒情经验被重新生产了出来,这种经验正是元小说构型的基本单位。

抹去痕迹的行为是一种策略性的背叛,它就像骚动不安的自我意识:在它的社会位置和诗学结构里,自我意识已成为自己的客观世界。一方面,在元小说的层面上,生活经验的重构需要预先对读者进行适当的评判。谜语期待着谜底,元小说作为一种文体,以同样的方式期待着读者。"谎言一旦离开了合作者便无法存在";在《蚌壳》中,不贞的丈夫需要他妻子的合作来相信自己的谎言,这或许是对作家写作经验的一次小小的滑稽模仿,而写作经验是格非小说主要的经验源泉。另一方面,就像记忆的神话内容一样,元小说所暗指的社会环境并未在日常生活领域被安顿下来——这是个太棘手的问题,无法在认识上加以把握,可是,它所吁求的正是某种文化主义和唯美主义。为了传达这一社会环境实际的性质,必须用一种幻境的风格来建构它。在这一层面上,元小说指向了现实主义意义上的叙事的终结,因为对于元小说而言,现实不是一个史诗概念,而是一个神话概念,它代表了叙事的彻底的他者和对立面。在格非看来,在最古老的意义上,讲故事就是一种"阐释人与世界的关系"①的努力,它运用种种技巧与手法建立了一个记忆的世界,而遗忘的**大地**正是通过记忆的**世界**来言说的。就我对于格非的解读而言,在意象的后叙事结构里捕获历史知识是至关重要的。这一任务要求对历史、叙事和主体性的概念同时进行批判性的重构。

元小说的经验:《褐色鸟群》

把罪犯和线索换成时间中的意象是格非的"侦探"故事所采用的基本手段。记忆和自我形象的不断建构已成为元小说故事讲述的物质空间,这表明个人的时间经验发生了戏剧性的变化。《褐色鸟群》被认为是 80 年代

---

① 格非在"批评家俱乐部"的发言,参见《上海文学》1989 年第 6 期,第 62 页。

最复杂、最隐晦的短篇小说之一，我们可以在这篇小说里看到，一种不厌其烦的自我分析和自我建构发生在了所谓的社会生活的外部空间里。在这个虚构的世界中，一种将时间带入静止状态的想象性的斗争使自我的建构成为了可能。

这篇小说围绕着一个作家（"我"）的焦虑和幻觉展开，他受出版社的资助，临时居住在一个叫做"水边"的公寓里。尽管有了一个安静的工作环境，可他写作小说的进度却十分缓慢，因为他相信，或者是他的记忆，或者是时间自身已经出了问题。他住在一个没有季节甚至没有时间的环境里，那里唯一的时间标志是每天飞过的鸟群；他害怕当鸟群消失的时候时间也消失。一天一个叫"棋"的年轻女人来访，她告诉他，他们过去常常同几个共同的朋友一起鬼混——而他却无论如何都想不起这些朋友了。从棋的视角所看到的事物明显有所不同。例如，她告诉我们，"水边"只是"锯木厂旁边的臭水沟"，但是这位招待她的主人自从"离开城市"后一直住在那里。对于棋来说（她称这位主人为"格非"），作家的记忆"完全让小说给毁了"。（第31页）

《褐色鸟群》整体上是"我"讲给棋的一个多层次、多结局的故事，这个故事的主题是"我"对一个过路女人挑逗性的、幻境般的、幻觉似的追踪，而这个追踪行为变成了一个带有错综交叠、相互指涉与分离脱节等手法的叙事谜语。伴随着"棋"随意的、暗示性的问题"后来呢"，"我"耐心地、缓慢地建立了一个博尔赫斯式的迷宫。棋那种对于叙事者进行"精神分析"的渴望，作家的自我反思，以及他有时在对话状态里对于听者的观察，不时打断"我"建立自我迷宫的过程。对话的动力就这样形成了：

> 晚上，棋没有离开我的寓所。当然也没有一对男女在一处静僻之所的夜晚可能有的那种事。整个晚上她都在静静地听我说故事，关于我的婚姻的故事。我想棋的聪颖机智使她在意念深处一定存在着某种障碍或者她宁愿称之为压抑。这是不是我们在看画时她发现的呢？在整个晚上她充当了一个倾听诉说的心理分析医生的角色，这也许不仅出于对我的怜悯，而且我似乎看出我们都信奉这样一句格言：
>
> 回忆就是力量。（第33页）

第六章 自我意识的童话:格非与元小说的几个母题

在《追忆乌攸先生》里我们遇到了那个警句:"时间叫人忘记一切。"而"回忆就是力量"这句格言似乎就是对它的回应。实际上,与空洞的时间相抗衡的记忆的构造已被视为爱好冒险的"自我"的大本营了。随即我们便会看到,"力量"在此既表示了一种叙事动力,也意味着一种誓死追逐自我—客体的欲望能量。格非的小说不仅将自我变成了一种自我的书写系统,而且进一步说明了这个系统如何叙事性地建构了自身,因为在格非看来,记忆只能通过语言的运作并在语言的运作内部才能被塑造成形。

尽管元小说自我指涉的幻境中的起起落落——换句话说也就是小说本身——使《褐色鸟群》的戏剧性张力不断发生偏向,这种张力仍然存在于故事讲述者"我"的建构性原则与听者"棋"的解释性原则之间,并且只显现于想象的缝隙之中。对我来说,棋和"我"之间的对话,似乎是在对格非的写作进行戏仿:

后来呢——棋问。

后来我就再也没有见过她,她捡起靴钉,转身走远,在人流中消失了。

棋审判一样的目光紧盯着我,让我觉得不舒服。棋说,你有自恋情结。我说大概有吧。棋沉默了片刻,继续说,事情好像还没完。我说,什么事情?

你和那个女人的事。

我不由得一怔。

那个女人捡起靴钉后,朝一个公共汽车站走去,她上了一辆开往郊区的电车,你没能赶上那趟车,但你叫了一辆出租车尾随她来到郊外她的住所——棋漫不经心地说。

事情确实如棋所说的那样,不过她说错了一个无关紧要的细节,我当时没有足够的钱叫出租车,而是租了一辆自行车来到了郊外。

不过,我说,你怎么知道事情还没完呢?

根据爱情公式,棋说。

爱情公式?

我想事情远未了结并不是棋所说的所谓爱情公式的推断,它完全

依赖于我的叙述规则。(第36页)

事实上,《褐色鸟群》将自身呈现为讲故事的人所操纵的语言游戏,而这个讲故事的人有时宁愿放弃自身而投入一次"对话",一次对事件和意象的世界的移情与联想。他在这一过程中一边做梦一边仍保持着意识。然而,这一过程中彼此交流的部分可能更接近于故事之谜背后那朦胧的内部世界。我将这一部分视为对于艺术家工作的仪式性模仿,它包含着一种小心翼翼的自我描绘与自我分析的努力。在这个意义上,《褐色鸟群》是关于幻想的幻想,而这正是写作的正常情境。小说一开始就是"我"在"水边"写作。随后的部分可以看成是对于写作过程一次详细的、想象性的演练,它包括了对于意象和事件的设计。叙事者同那个陌生女人的相遇包含着各种自相矛盾的场景,如果把这些场景看做是出现在前叙事的写作形式里的一套交替出现的叙事选择与解决方案,那并没有什么特别新奇之处。对我来说,这里令人感兴趣的似乎不是那一事实,即那些场景只是针对故事梗概的诸多选择与解决方案,而是这种情况:它们将自身呈现在一个完整的形式(元小说的形式)里,不能或不愿进入任何一种更高层次的、能够提供某种象征统一体的叙事结构。换句话说,这是由彼此相连的讲故事的单元,也就是体验(Erlebnis),或者说抒情类的"事件"所形成的构造,它确定了叙事世界的可感度与经验性。此外,我们更想知道的是这种叙事法则的社会条件。

元小说的精神分析特征,一方面在于符号学意义上生成的私人空间的符号,另一方面,对于在社会、物质空间里构造自身的新的主体位置来说,它又表现为一种认识论上的必要性。社会、物质的空间产生了个人位置,但个人位置不再那么容易接近这个空间;在最最身体性的意义上,世界与人之间的震惊遭遇,已经成为时间美学的题材内容,同时也成为时间美学的真理内容。波德莱尔在大街上所遭遇到的"震惊体验",在元小说里得到了表征,但这种表征不能只是被读解为80年代后期社会系统剧变的寓言。工作中的艺术家所作的自我描绘,并不简单指向关于写作的写作;在格非的小说中,这种自我描绘进一步获得了一种历史的特殊性。

格非尝试了许多种方式,企图将汹涌而至的能指纳入更耐久的设计之中。我们会发现,在不懈的自我治疗的努力中,正是这种相遇、推测、检验、建构和重构的行为,而不是在这一过程中发明和放弃的任何临时解决方案,赋予了没有形式的生活以形式。记忆的混乱在《追忆乌攸先生》中代表了史前的残酷,但它常常作为个人在精神空间里所遭遇到的叙事危机,不断重返格非后来所创作的小说。值得注意的是,在格非的小说里,同一种经验、情绪或者印象片断会不断重现。当《褐色鸟群》里的叙事者"我"在下雪的晚上追踪那个过路女人时,"像是听到了一种轻微的刷子在羽绒布上摩擦发出的声响"——响声发生在这样的时刻,叙事者"我"在狭窄的桥上遇到一个"像蝴蝶一般歪歪斜斜的骑车人",奔往与"我"相反的方向,而"我"的衣袖擦到了她的衣袖。这种声响让我感到"轻松"了一些,因为叙事者担心自己迷失在桥边老人所谓的"雪夜错觉"之中,但他现在感到"能够通过它(即那种声响)把自己和现实联接起来"。对于过路女人的追踪似乎意味着追求更多"故事"的欲望,这种欲望迫使诸多的叙事走向了自身的"终结",同时,如衣袖擦过的声响这样的身体性细节揭示了一种抒情机制,这种机制将元小说那些半自主的单元组织了起来。

《褐色鸟群》通过对于技巧和手法的不懈控制而展开,就像波德莱尔在诗体学上同忧郁和通感保持共谋关系一样,这种控制似乎精于算计它的寓言效果。我们可以在两个相互交织的过程看到这种控制:一方面,我们感到,任何一种建立叙事秩序的"智性"努力(就像棋所说的"爱情公式")都消散在梦游、激情和幻想的谜题之中;另一方面,对于叙事法则几乎让人察觉不到的移植,使这个谜题在元小说层面上获得了解答。这种转换不能仅仅用手法和技巧来解释,虽然格非和他的同路人都认为手法和技巧是小说的全部;如果不对诗学所触及的大量社会能量和个人欲望进行疏导和编织,这种转换将是不可能发生的。

在格非的小说中,色欲在记忆的保存上发挥着重要作用,我们在《追忆乌攸先生》中已经看到了这一点。而在格非90年代以来的小说里,色欲更为平均地渗透在所讲的故事之中,变成了先锋小说规定性特征之一。众所周知,苏童的大部分作品都充斥着性爱场面,譬如《妻妾成群》。余华一贯迷恋加诸人体之上的暴力和残忍,这可以视作小说和人体之间性爱关系的主题变奏。

将色欲归结为作家自身的性幻想和性压抑是不恰当的。然而,作家对于性幻想和性压抑虚构性的解决,可以解读为具有社会—政治切关性的符号。元小说这种文体并没有使这种解决更具诱惑力;相反,由于在结构上脱离了艾略特所说的"情感",元小说提供了一个利用色欲(或任何社会的、心理学的或语义学的指涉对象)讲故事的框架。弗洛伊德的白日梦模式在审美的游戏性之下偷偷夹进了私人的欲望想象,就算运用此种模式,也不能以令人满意的方式解释色欲的意义。对于"形式"和精神分析的真理内容之间的任何联系,格非都坦率地予以拒绝,在他看来,"如果你在小说的外部大搞形式,而使读者产生了一种心理分析的愿望,我觉得小说就失败了"①。在《蚌壳》中,医生/分析师竭力要把某种"现象"同病人编造的"故事"分离开来,可这种努力最终也归于失败。

在我看来,在一般的元小说中,任何关于叙事的自我—空间建构的解释,都必须首先探讨运作中的诗学,在格非的小说中就更应坚持这一要点。正是通过这种诗学,而不是从这种诗学的外部,社会参照系被启动了起来。"乏味的青春期"——这是批评家陈晓明的说法——有一套令人厌烦的陈规,用这套陈规对性接触进行抒情性的重构,在太多情况下变成了一串令人激动的意象,而这些意象使某个特定的生活时刻继续保持着生气。"我一生中最重要而又最模糊的经历就是这样开始的。"《陷阱》里的这句话指出了格非小说中的每一个时刻被建构的方式。在能指结构中被取消的色欲,规定了一种高蹈的风格以寻找一种强化了的现实,也规定了一种形成中的意识在 80 年代后期面对消费社会的来临时获得一种语言的支撑。色欲直接引导着作者和读者之间的关系,在维持父权制体系的社会总体性和话语总体性解体之后,这种关系如果没有破裂,也变得问题重重了。色欲以放纵的"纯虚构"的方式,提出了一种具有多重意义的交换:主体向"视点"背后的退却,"意识"作为行动元之一在叙事结构中的重现,坚守在私人幻想飞地这一断片化的集体乌托邦之上——抒情性的冒险将古老的东西和崭新的东西连接在了一起。作家在想象的深度上工作,这一工作方式戏剧化地表

---

① 格非在"批评家俱乐部"的发言,见《上海文学》1989 年第 6 期,第 62 页。

现为侦察、搜集与案例相关的细节，汇集线索以及追踪罪犯。"我"骑着一辆租来的自行车追随一位过路女人，对这一事件的描写不仅夸张地隐喻了诗人追逐在他心灵的黑暗中一闪而过的意象，而且也照亮了作家与自己的意象之间那种根本上从属于色欲的关系。这样，讲故事的技艺的自我指涉运动便将色欲作为自己的产品，并通过色欲使自身插入了常规化的日常生活的肌理之中。在先锋小说里，色欲和性常常成为一般的社会利益交换的中轴，在这一点上，新时期社会历史的特殊性被翻译成了元小说迷人的意象。

在《褐色鸟群》里，棋代替警察出现，而在格非的其他小说里，棋则代替了医生。棋的到来、倾听以及对故事制作的参与，完成了元小说最理想的状况之一：在两个对话者之间展开的对话；调查者与证人所玩的猫鼠游戏；在分析师和病人、引诱者和被引诱者、作家和他创造出的人物（通常是女人）——她走出小说来听他讲故事——之间不停的位置转换。"棋"这个字似乎同时意味着禅意、直觉与两个弈者之间的转换与较量。正如关于记忆起源的理解已经从集体经验转移到了个人经验，棋所体现的不再是原始混乱的暴力；相反，她是来自充满诱惑的世界的信使。值得注意的是，这个"他者"第一次出现就有一种似是而非的美，一种似是而非的性魅力，而这也正是现实本身的歧义性。在格非的笔下，女性的形象展示了社会利益的寓言替代物，这一利益以叙事诱惑为基础。诱惑存在于先锋派实验的中心地带，这一事实告诉了我们某些关乎社会关系的暧昧、勉强与短暂的事物——正是它们使元小说得以诞生，并最终预言了文学市场上生产者与买主之间的商业关系，而这种文学市场的境况一直要到新时期仓促的终结后才会变得清楚。在这方面，我们可以认为元小说是它自己的前史（prehistory）与后史（posthistory）在风格上进行协商后结下的果子。新时期早期的世界与"八九风波"之后的消费社会，都在元小说中以象征的方式得到了表达。

在格非的大部分小说里，写作变成了制作，变成了实验。在写作中，想象中的对话与阐释的循环将小说推向了一个未知的领域；在某种程度上，写作甚至筹划了发生在未来的、同世界之间的对抗：世界的象征秩序变成了元小说叙事法则虚拟的敌人。看来格非必须发明一个搭档来一起探索世界，这个搭档有时就是世界自身,即它的世俗性(worldliness),但格非宁愿通过一种想象的对话,有时是一种想象的分析来探讨这个世界。将激情应用于构思的目的,这是格非讲故事的一个基本方法;叙事者设想自己被女性来访者诱惑,是为了将她包裹进自己的历史。对他来说,棋不仅是一个他者,一个个人,而且也是他性和个体性的化身,她传达了外部世界的信息;事实上,她是那个外部世界的密码的携带者,而他为了写作割断了自己同那个世界的联系。棋似是而非的美证明了在格非及其同辈作家的整个创作中,女性形象具有一种绝对的歧义性。运用现实原则(the principle of reality)只是为了使思辨原则能够进入并获得那个外部世界。这种色欲的(必然也是男性至上的)活动和机会主义揭示了自我与他者之间不稳定的、常常不协调的关系的轮廓,而自我与他者的关系则变成了元小说的一个显著的主题。

在格非的小说中,叙事者用不安的,有时是绝望的方式构造由诸多虚构性的解决方案所组成的迷宫,叙事者的这一方式让人联想起卡夫卡的《地洞》,在后者那儿,想象的逻辑受到了科层化(bureaucratization)的大规模地面建筑的规定、压抑和操控,而科层化模糊的在场和抽象的威胁正是这个地洞居住者殚精竭虑要逃避的,为此他(它)动用了所有的本领和特长,一种特殊的、神经质的方式,在只属于自己的空间里昼夜不停地盘算、计划、劳作。工作中的艺术家,同样在这种不安和压力的阴影中劳作,他们的焦虑、快感、"纯虚构"的想象力乃至讲故事的热情,像巨大地面建筑之下的地下工程,暗地里针对社会经济总体性的解体和一个新时代的形成,后两者影响了一系列审美、叙事策略。所有这一切,都在先锋小说重新汇集碎片化了的抒情时刻的努力中被细致地记录下来。因此在元小说中,一种"形式的形式"(我们曾讨论过的"幻觉的幻觉")的必要性似乎是对只能被感受为碎片的世界的回答。因此,恢复这种构造的元层次,既体现了对于内在性的渴望,也通过将直接的感觉确定性的表象赋予历史上的新事物,庆贺了这种新事物的到来。从这一角度来看,在格非的小说中,叙事和自我之间形成的是一种建构性的关系。这种关系使我们以元小说结构为中介,理解和分析当代的主体建构。

元小说标志着中国现代文学诸多建构性时刻中的一个,用早期卢卡奇的语言来说,在那里"形式"——一种形式的整体和强度——被召唤了出来,赋予作品以力量和远见卓识,为重新赋予生活以语言上的秩序提供了支持。① 根据这种形式史与社会史之间隐含的类比关系,现代主义文本的内在张力变成了一种经验教训。从当代中国现代主义所处的全球语境的内部去观察,对形式的欲求导致了一种想象的一体化,它被并入了西方高峰现代主义和二战后跨国文化生产(这二者之间的基本差异反映了后革命主体所面对的多多少少一致的现代风格所具有的内在多样性和活力)所设计的象征秩序。在80年代早期,这种一体化是现代派规定性的特征之一。从历史的观点看,这样一种对于形式的欲求,常常与现代中国不断变迁的社会经验一同期待着(如果还不能说是相符)新的现实、新的感受、新的立场、新的世界观的形成。按照产生同一构造的事物或意象之间的关系,格非和余华的作品可以看做后现代作品;但是这一构造和格非努力捕捉的无形现实之间的关系,却在隐喻的意义上把他们放回到作为漫长进程的现代性或现代主义的行列之中。

自我的问题既是困难的,也是有趣的。我们业已看到这个"自我"拒绝成为纯粹的心理学的对象,拒绝成为仅仅被探究的客体。它有意识地将自己展现为一种正在生成的东西,并在这一过程中幻想式地加入世界的法则。在格非的小说里,自我作为一种意识状态,总是在同另外的意识状态进行交流。"自我"的特权有能力将另外的(首先是它自身的)意识变成某种"环境"(milieu)。值得注意的是,在格非的笔下,自我与环境之间的外在关系,被把握及表述为意识的不同状态或不同环节之间的过渡与中介。有了这种认识,我们就能将格非的"纯虚构"技巧理解为对自我"孤立于"他人的克服,以及修补个人意象同集体经验之间的缝隙的努力。这种努力在格非看来就是一种生活样式,它为经验的还原提供了一种补全,对他来说,经验的

---

① 参见 Georg Lukacs, *Soul and Form*, translated by Anna Bostock(Cambridge, Mass., 1971), p. 1。

恢复正是写作的本性。①

下文这段具有典型意味的对话表现了格非小说中那个写作的起点,而上文所说的补全的技巧则给这段对话提供了解释。《褐色鸟群》仔细描写了可称为"零度"意识和交流的东西,而这个场景可以看做是格非写作的独特标志:

> 我想我们都已忘记了时间,也许在天亮之前我们会一直这样默坐下去。我试着找出一些无关紧要的话题来润滑一下现在多少变得有点尴尬的气氛。我觉得我的电脑像是一个空空荡荡的器皿,里面塞满了稻草和刨灰。就在那个时候,我想到了棋在和我初见时谈到的那个李劼。
>
> 你是怎么认识李劼的?我说。
>
> 棋的脸上慢慢地浮现出一层红晕。她似乎立刻沉浸在幸福的回忆之中。(第43页)

在《蚌壳》中我们发现了一种更成熟也更稳定的关系,在那里,男女对话迅速陷入了充满令人激动的情节的性游戏。叙事者认为他的任务就是恰到好处地讲一个条理分明的故事,但是,他不曾脱离过主体性的骚动,那种骚动甚至渗透在格非最具有叙事取向的作品之中。《迷舟》里时时侵袭着萧的那种飘忽不定的虚无感,《青黄》中因调查毫无进展而产生的意识的悬置,《风琴》里冯保长酒后的恍惚,《蚌壳》里令人"上瘾"的沮丧,乃至《大年》里豹子行窃时的极度紧张,这些都表现出某种意识的梗阻("我觉得我的电脑像是一个空空荡荡的器皿,里面塞满了稻草和刨灰")。在所有这些情形中,意识的梗阻或者悬置状态既是自我重构的起点,也是想象切入历史的突破口。

由于意识的这种悬置状态,在格非的描述中没有什么确定之物;一切事物的意义都在他者之中,一切都取决于它将如何在意识的不确定性中生成,这些不确定性漂浮在作为调节机制的叙事结构当中。意识的悬置也进一步

---

① 参见格非《迷舟》一书中的《自传》。

解释了格非小说的探案特征。它在讲故事的层面上表明了:想要在诗学上追寻和建构自我形象,唯有同语言结成共谋关系。有时这种写作的共谋变成了格非的题材内容。这种叙事或许就像你在做梦的同时记录梦境一样悖谬。在《褐色鸟群》中,叙事者承认他在跟踪陌生女人的时候怀有一种犯罪感:"我心里意识到一丝隐隐的恐惧感,这种恐惧感只有当一个罪犯在明朗的月光下撬锁行窃才会有的。"我们注意到,这种恐惧感与一种极度的兴奋是难分难离的。

在格非的小说中,每当意识抓住了自我的时间,并试图把个人经验当做某种新鲜的东西,它就会发现自己陷入了机械时间的紧紧包围之中,以致不得不把刚刚获得的一切作为意识的空白或单纯的想象游戏提供给读者。先锋小说不仅是符号的胜利狂欢,同时它也是"苦恼意识"的象征化,在黑格尔的《精神现象学》里,"苦恼意识"被界定为分裂的、二元的、仅仅是矛盾着的意识。① 在格非的许多小说中,那种不断制造出来的虚构,那种叙事网络表面上的悖谬现实,似乎把自我从读者的视野里清除了;但事实上,它却戏剧性地展现了如何打破在它自己的社会和知识地盘上建起的牢房。作者意识到他必须在那种"难以言传的经验"中打开一条通路②,这意味着回忆或回溯那条自我意识从自身的史前史中出现的路径。这正是格非通过"还原"所意指的东西。

从一开始,格非的写作所铭记的主体位置就试图摆脱单纯的心理学范围,从而进入到更深的现实之中,并在他者中发现自己的生活。探索这种现实,把它作为一系列倏忽即逝的"此刻"把握住,正是格非的现实主义原则。他那些面客独坐,彻夜长谈的场景是80年代后期的文学令人难忘的乌托邦时刻之一,在那里,对永久性的形而上学追求在想象状态里获得了有效性,在那里,我们以一种理想的但又是现实的方式遭遇到了他性的缺席。由于不断提及一些名称、场所与活动(像乡村的酒店、某个诗会、城市广场,或者不经意提及的"一些自称为'彗星群体'的年轻艺术家"在"城市公园"举办

---

① G. W. F. Hegel, *Phenomenology of Spirit*, pp. 126-129.
② 格非《迷舟》一书中的《自传》。

的"一个大型未来派雕塑的揭幕仪式"),这样的对话情境创造了一种模糊而又准确的 80 年代后期的共同体的感觉。如果说叙事者听起来像个心不在焉的讲故事的人,那是因为格非的故事只有一个意想的听众:时间。与时间殊死搏斗的意识,似乎是格非小说里令人困扰的乐观主义的真正根源。

通过把时间确立为意识的唯一尺度,格非的故事似乎变成了私人内在性的纯粹声音。这样元小说不仅幻想着过去,而且发明了一种时间在其中停滞的理想状态(就像在"水边"一样)。然而,在意识的这种停滞状态里,真正的活动存在于想象的情境之中,存在于它内部的矛盾之中:在这里叙事者似乎相信,通过扭曲时间,他也会使时间变得充实与具体;他似乎相信,由此他更"接近了"作为整体的社会经验,这种经验不仅是抽象的,而且基本上超越了所有艺术技能的范围。这是元小说为了自身被接受而创造的幻境。在这个想象的空间里,读者同纯粹的声音展开了交谈,同时也发现,通过主体间的交流而形成的对于时间的执迷,包围着他自己以及其他的一切。《褐色鸟群》是从主体的观念论和自我建构发展出来的,这个主体在符号的迷宫里找到了一种关于破碎之物的叙事。这并不意味着这个主体放弃了寻求交流,相反,正因为把自我降格为一种纯粹的声音,它在叙事中重新又获得了可传达性。可传达性植根于新的生活形式的历史特性,而格非的童话正是在对这种可传达性的探索中建立起来的。

时间的构造:《迷舟》

在时间的建构之下,主体的困扰透露出虚构所携带的、以某种方式呈现出来的历史断层和交叠。这在格非的故事讲述之中始终是真实的,格非讲故事的目的就在于将一种不可思议的形式赋予沉睡的记忆。在他的大部分小说里,历史以其多样的形式——个人史、家庭史、群体记忆以及遗忘(而遗忘作为黑暗的环境因为救赎的亮点而变得可见)——将自身展开为一个由巧合与重现组成的博尔赫斯式谜语(Borgesean puzzle)。有种阴影始终伴随着格非的叙事,它构成了格非小说的一个维度。格非用一种完全无时间的方式,展示了时间的持续运动,展示了那常常看不见的命运之轮的旋转。也就是说,作为一种被还原的经验,作为名称与意象的诗学构造,历史参与了"我"的自我建构和自我解构。当历史宣称自己是风格的无意识的时候,叙事性的"我"就是时间处于停顿状态的症候,是历史处于危急关头的症候。

在格非的空间里,时间运动的速率和范围并不总是具有历史性,更别说什么宇宙性(cosmic)了。格非的背景环境范围很小,我们常常能在地理和文化上将它辨认出来,例如80年代后期位于长江三角洲的农村或城市环境等等;他也通过策略性地泄露与时尚、广告、性别伦理、街道名称、艺术团体及其短命的口号、特殊的风格等等有关的信息,故意暴露了这些环境在社会学上的真实性。这种场景在所有其他方面都是清晰的,但却在叙事者本人的"形式的伦理学"或价值论意义上显得模糊不清。这就要求读者去把握"元小说"非历史化、非政治化写作方式本身所承载的历史信息和政治内容。从这个角度看,格非早期作品的客观内涵明显超越了小说中主角的直接经验范围,而且也超越了读者的直接经验范围,而把作者归入了"新时期"以来的集体性文学和思想潮流。同"朦胧诗"作者们一样,"元小说"作者也在呼唤自己的同代人,即能够印证和呼应其具体社会经验和集体记忆的读者。这种作为同代人的读者不仅能够细致入微地辨认出"元小说"形式工艺中包含的技术含量和社会性劳动的经济信息,也能一眼看出其中透露的欲望信息和政治信息。只有在这个严格的意义上,"元小说"才能够在离"文学表象性"最远的"形式实验"的空间里,出人意料地获得一种"文学再现"价值和历史认识价值。

在格非的小说里,时间总是这样或那样地陷于停顿。比如《陷阱》里那座城市便是"缺乏时间概念"的。另一方面,时间却又往往猝不及防地展开。《风琴》的主人公冯金山感到所有的灾难仿佛一场噩梦,弥漫在"他精力中最杰出的部分",又像是"大地突然降雪";而在另一位主人公赵谣的记忆里,"时间常常在人们毫无准备的情况下出现错乱"。格非似乎对"突然"有一种特殊的偏爱,他笔下人物的行动和意念总是"突然"发生,就连阵亡士兵的家属也是"突然"出现在萧的指挥部里(《迷舟》)。这种突然性把时间之流变成了零星瞬间的构造;而此时的意识不如说是一个意象的灌木丛。停滞的、空洞的时间不再被奉为一种经验的连续统一体了。事实上,对于格非来说,首先正是时间的瓦解使写作成为可能。陈晓明认为,先锋作家在新时期"文化衰颓"和社会崩溃的时刻(不)合乎时宜的到来预示了他们的意义;要理解他的这种观点,就必须依据我们正在讨论的这种文体,必须依据这种文体确立它同世界的关系以及通过这种关系理解世界的方式。

异质的时间片段在意识中交替和交叠,这不仅造成了格非小说特有的纹理和复杂性,而且在一个更基本的意义上确立了叙事被重构的方式,而作为时间的人工制品(artifact),叙事的这种时间性甚至适用于它的创造者。这种叙事结构作为一种时间的构造,为分析受形式约束的自我意识的社会结构提供了一个操作框架。

格非写于1988年的短篇小说《迷舟》[①]在他早期作品里占有一个特殊的位置:它似乎是格非由一种静态的、抒情诗式的时间分析向一种动态的、以叙事为导向的时间构造过渡中的第一个平衡点。

萧,一支军阀部队的旅长,回到家乡一带从事同(蒋介石领导下的)北伐军的战斗活动。敌军刚刚攻占了兰江对岸的榆关要塞,指挥官正是他的哥哥。一位老太太来到他在棋山的指挥部,告诉了他父亲刚刚去世的消息。在新来的警卫员陪同下,萧秘密渡过涟水,去他的家乡小河参加葬礼,同时也侦察一下这个具有战略意义的中立地带。在那里他看到了过去的心上人杏,她现在已经结婚了,嫁给了一个打鱼人。杏的丈夫很快察觉了她与萧的私通,随即把她吊在房梁上,像骟猪一样割除了她的性器,随后把她遣回老家榆关。杏的丈夫在扬言报复后消失了。萧没有告诉任何人自己决定在重返驻扎于棋山的军队之前,冒险去一趟榆关,那是他哥哥的军队占领的要塞。第二天早上,萧设法从榆关安全返回时,不可思议地摆脱了渴望复仇的杏的丈夫,但却被他的警卫员枪杀在他母亲的院子里。警卫员是萧的上级

---

① Ge Fei, "The Lost Boat", translated by Caroline Mason, *Polygraph* 6/7 (Durham, NC, 1993), pp. 239-258. 以下凡引自该文,页码插注在每段引文的末尾。

派来的,他一直在盯着萧以防他有任何可能的叛变举动。

　　这篇小说并不是特别复杂,但作者为了方便我们的阅读,在开头给我们画了一张地图。这张由两条河流和三个地名组成的地图既可充当进入虚构的路牌,也可被用作一个叙事分析的坐标。两条河流(涟水和兰江)将故事的空间划分为三个部分,分别代表着军事意义上的安全地带(棋山要塞,指挥部)、敌军地带(榆关,或杏的家乡)、中间地带(小河,或萧的家乡)。这似乎是主人公萧作为一个尚不明确的"我"面对的"象征秩序"。

　　一旦他渡过了第一条河流,他就跨入了记忆和想象的丛林,在那里"此刻"作为意识之中的一块空白,被简化成了保留着大量意象的空洞的时间。忧郁和不安这两种情绪的交替,构成了萧的内在生活,他依附于时间经验的空洞性来寻求自我认同。虽然被置于自我困扰的中心(这给予这位年轻的军阀以一种知识分子气质,并使他对当代读者产生了吸引力),然而萧并不知道他是谁,又将去向哪里。他缺少感知的能力,这表现在小说的开头他同警卫员见面的时候,"阳光正对着他"使得"他的双眼不能完全睁开"。这束阳光预示着,在相当程度上,持续的自我认识恰恰引发了萧那里的盲点。这种自我意识使他对"这个美丽的村落不久以后给他带来的灾难一无察觉",这是作者在"第一天"的第一段告诉我们的内容。

　　意识和无意识的结构性关系存在于《迷舟》叙事的戏剧性的中心。就这种关系而言,我们或许应该注意的第一件事情是,事件链条的两个端点总是在任意的、非人为因素的作用下陷入恶性循环。以民族主义革命为大背景的军事活动,与通过叙事游戏追逐着萧的宿命论力量没什么关系。父亲的死亡只是返乡的一个随意的理由;我们知道,"孝"绝不是年纪轻轻就离家参军的萧所关心的问题。当他划火柴的时候,他的手指"有些颤抖",萧知道,"那不是源于悲痛而是睡眠不足"。

　　可以说,历史的任意性和解构的自我意识之间的遭遇在其他方面并没有产生什么效果,而在这场遭遇中,令人感兴趣的是无尽的过去的意象,它们的突然出现,使历史沐浴在可被救赎的过去的灵韵之中(就像在萧的记忆中与杏联系在一起的那股熟悉的果香)。在被还原的过去所吹来的微风中,萧的不安、急迫、忧郁的消极状态、他对于行动和胜利突发的雄心壮志都获得了意义。涟水仿佛是一条时间的界河,而通过跨越了这条河,萧将不同的时间编织到了一起。小说中的计时小标题("第一天"、"第二天"……)为小说的展开提供了一个形式的、机械的框架。从"第一天"在河上呼吸潮湿的、芬芳的空气,到"第七天(结局)"直接面对"黑乎乎的枪口",萧便是在这两种状态中摆荡。这两种极端状态谋求的是同一种效果:萧的经验的丧失。这种经验的无能在小说中一次又一次被赋予了梦幻般的表象,"我"在"内心深处"感受到的那根"纤细的鹅毛"就是一次具体的体现,它"在拨动内心深处隐藏的往事",此时,他正凝望着母亲"瘦弱的肩膀"并感觉到内疚。但是这种感觉,就像构成萧的自我意识的所有感觉一样——"转瞬即逝"。这种无能也体现在难以消退的爱的冲动上,萧感到"杏的秀颀的身影"所激起的"无穷的联想"把他自己淹没了,这使他"像是在夏季的热风中闻到了一阵果香那样贪婪地吸了一口气"。这种无能跟随着萧,一直到他的死亡时刻。在《迷舟》最后的场景中:

> 天已经突然亮了。黎明的暗红的光消失之后,天空飘飘洒洒地下起了小雨。面对那管深不可测的枪口,萧的眼前闪现的种种往事像散落在河面上的花瓣一样流动、消失了。他又一次沉浸在对突如其来的死亡的深深的恐惧和茫然的遐想中。他回忆起道人闪烁其词的忠告,现在,迫使他跨入地狱之门的似乎不是盛满美酒的酒盅,而是黑乎乎的枪口,他莫名其妙地感到了一丝遗憾。他看见母亲在离他不远的鸡埘旁吃惊地望着他。她已经抓住了那只母鸡。萧望着母亲矮小的身影——在抓鸡的时候她打皱的裤子上沾满了鸡毛和泥土,突然涌起了强烈的想拥抱她的欲望。他在听到枪声的一刹那,感到有一股湿乎乎的液体贴着他的肚皮和大腿往下流。(第257页)

意识和无意识之间的猫鼠游戏展开为机械时间("第一天"、"第二天"……)与还原的时间之间的纠缠。虽然小说用一种时隐时现的精神氛围抒情性地建构了萧的形象(对于军队指挥官来说,这种经验完全是意识的困扰和混乱),但从叙述或结构上说,小说支持着那些将萧推向毁灭的宿命性力量。因而萧,一段不平凡的个人史的主人,大量回忆和感觉的拥有者,只能像一个婴儿一样无助地滑向一个蓄谋已久的圈套。他的个人意志不过是小说中所展开的命运力量的借口。他身不由己地要渡过第二条河流,而我们知道,这条河流将是萧生命的最后边界。他的死是一个预言的应验,因为它早已存在于萧的意识深处。"紧紧困扰着他"的"不祥的预感"送来一条消息,他错误地认为这消息与"即将开始的大战"有关。他的母亲也这样解读这条消息,这个无助的女人目击了这个家庭中父亲和儿子的死。在她看来,"他的眼神和丈夫临终前的眼神一模一样,深陷在眼眶里的眼球没有丝毫新鲜的光泽"(第243页)。

事实上,意识和无意识之间的斗争是一场生与死的事件,具有反讽意味的是,后者正是萧向那个预测吉凶的道人问询的内容。无意识的力量如同死亡的阴影,在整个故事里作为拉康所说的"他者的话语"而存在。根据拉康的逻辑,我们可以认为,正是语言本身驱动着叙事走向它的结局。《迷舟》并没有特意渲染这种无意识之于主体的宿命论意味(尽管它为萧安排了一次占卜生死的算卦)。

这个关于萧失败生涯的故事是一篇关于语言、自我和历史的小说。在阅读的过程中,我的兴趣在于洞悉无意识的内容,它作为缝隙和省略,作为遗忘,作为对历史尽力的追赶而存在于语言内部。乍一看,爱情似乎是无意识力量的代理人——这篇元小说作品的可读性就在于爱情与死亡的故事,在故事里,阻止萧准时回到他的指挥部、使"他又一次改变了自己的初衷"的是"他意念深处滑过的一个极其微弱的念头……他想到了杏"(第255页)。但这种解释很容易遭到否定。杏在叙事中很难说是一种实质性的因素;进而,正如我们所看到的,萧的意识在他和杏的暧昧事件发生之前就已经相当混乱不堪了。毕竟萧不是被复仇的丈夫,而是被自己的警卫员杀死的,看起来警卫员才是游戏规则的执行者。那个"极其虚弱的念头"是某种更深邃的事物的符号,正如杏在叙事里不是作为欲望的对象,而是作为欲望的能指存在着。"杏"与"性"在语音上的一致似乎表明女主人公并非简单地是一种具体欲望的对象,而是一般欲望(desire in general)的对象,它作为一种普遍症候指示出欲望的存在方式。"杏"早在《追忆乌攸先生》中就出现过了;作为一个类型,"杏"代表着与《褐色鸟群》中的"棋"完全不同的女性形象系列。棋是外部世界的样本,是现实的原则,而杏则是在记忆中开放的想象的花朵。与棋那种似是而非的美相比,杏总是带着某种不可捉摸的圣洁,与男主人公相聚在他所投身的事业的中途,而男主人公的个人生命注定要在灾难中结束。在格非的作品里,女性的世俗形象和想象形象直到《蚌壳》中的小羊才真正结合到一起,在那里,由新出现的城市空间所滋养的一种完全的当代性的生活形式变成了一个陈规俗套,使得80年代种种思想游戏和文化中介失去了存在的必要性。

杏的圣洁是一个可疑的观念,萧与杏之间的通奸则是一个追寻往昔气息的仪式。在记忆的祭坛上,杏是一个牺牲品,她不是像棋那样听"我"讲故事,而是将她的注意力献给"我的故事"。一旦杏同萧的意识的混乱结为一体,她就变成了海妖(a siren),把迷失的萧引向他命运的终点。不过这里没有歌声,取而代之的是杏被丈夫毒打时发出的"哭叫"。正如海妖在歌声中已化为纯粹的美的魅惑,"性"在小说最后也被排斥了出去。三顺——杏的残忍的丈夫,放弃了杀死萧的念头,可能就因为"萧对于一个已经废掉的女人的迷恋感染了他"(第256页)。这些事件证明了古典的智慧——格非很少错过表达他对古典文学的艳羡的机会——爱情与激情(我愿意加上自我意识)一样,只是将人引向命运启示的盲目的向导。

具有命运威力的无意识结构如果不是存在于爱情之中,那一定存在于另外的地方。从一开始那里就一定存在着真正的"他性",存在着被遗忘的年代,它们位于构成萧心智混乱状态的个人时间或心理时间之下;这种破碎的无意识必然已经是一种"他者的话语"(拉康)。如果我们从《迷舟》的叙事统一体中剥离出一种时间制度,那种遗忘的时间、那种个人历史的史前史看起来就只能是父亲的时间。

从作品的开头,"父亲"已经作为一个巨大的磁场吸引着萧的意识,使他偏离了现实的航线。父亲的存在作为一种缺席的在场,匿名地为整篇小说定下了基调。《迷舟》"引子"里的一段文字像是在详细介绍萧的身世,但事实上,它悄悄把一部漫长的史前史同叙事的"此刻"安置在了一起:

> 他的父亲是小刀会中为数不多的幸存者,也是绝无仅有的会摆弄洋枪的头领之一,他的战争经历和收藏的大量散失在民间的军事典籍

使萧从小便感受到了战火的气氛。萧的梦中常常出现马的嘶鸣声和隆隆的炮声。终于有一天,他走到父亲身边询问他为什么投身于一支失败的队伍,父亲像是碰到了痛处,他的回答却是漫不经心的:从来就没有失败或者胜利的队伍,只有狼和猎人。(第242页)

父亲的在场给萧的战斗投下一片阴影。这片阴影在萧徒劳的抗拒中从他意识的深处复活过来,勾画出了萧内部世界的场景。几乎萧的每一次行动都植根于这个场景。当萧走入他已故的父亲"阴暗的尘封的"书房,坐在父亲的写字桌前,他像是赴早年的约定来领取死者留给他的遗言。凝望着墙上父亲的画像,注视着父亲"苍劲、粗粝"的字迹,萧面对着巨大的命运发来的消息。他不仅看到"雕花红木制成的高大的书架"照出的自己的身影,而且在父亲写给兄长的一封书信里发现了自己的名字,信里预言了他的死,也预言了他的部队耻辱性的结局。

在那个阴暗的尘封的房间里,死者作为被扼杀的历史而活着。这部历史的总体延伸入一个如此巨大的时空,以至于现在融入了被压抑的过去的闪光的意象。萧感觉到了父亲的预言给他带来的"耻辱";就是在这个耻辱的时刻他来审视着发生过的一切,然而所采用的却是一种否定的方式。他将抗拒历史作为他最后的责任,随之,时间重又变得明确可分了,而事实上,"他像是第一次从小河的这些天浑浑噩噩的梦魇中苏醒过来"(第254—255页)。在这一个人史的制高点上,过去不仅结晶为一个整体,而且渴望将它那些最为纷乱的时刻,融入到这个整体恢复自身的过程。在这样一个危险时刻,一丝"微弱的念头"就足以揭示隐藏在后面的那只操纵整个游戏的手。对于那些一闪而过的致命的念头,格非是这样描述的:

> 他想到了杏。
> 他的眼前出现了杏那温柔而迷惘的目光。像是一阵清冽的果香在他面前漂浮而过。他回忆起在榆关过的那个炎热的夏天,临水而筑的药房竹楼。他想起了在纷飞的战火中她影子重重叠叠地闪现的时刻,想起了他来到小河的这些天给她带来的灾难。一种深深的原罪感在他的心头暗暗滋长了。

对岸的情形究竟怎样,萧是否见到了杏,他又怎样度过他一生中的最后夜晚,故事精妙地留下了空白。我们看到的只是,在自我意识最后的搏斗中,三重时间——日历的时间、记忆的时间和遗忘的时间——汇合到了一起。此刻,萧除了死心塌地地听从命运的安排,再也没有其他的选择。

作为虚构,且仅仅作为虚构,《迷舟》使时间成为想象的伙伴;然而一旦想象成为时间的构造,这种虚构就变成了一个历史的寓言。正如萧没有走出父亲的阴影,当代意识的任何个人想象也无法摆脱它同历史之间的父子关系。那个遥远的年代像一个巨大的遗忘的网络,静静地匍匐在我们语言的四周。瓦尔特·本雅明在《弗朗兹·卡夫卡逝世十周年纪念》中对这类创造性遗忘有一段极富洞察力的评论:"被遗忘的东西从来不仅仅是指个人的东西,任何被遗忘的东西都是同史前时期被遗忘的东西混淆在一起,通过无数非持久性的、变化无常的结合,不断创造出新的产物来。"①

解构即创世(Genesis):《青黄》

我们不妨把《追忆乌攸先生》到《大年》这部分作品归于"乡村蒙太奇"一类,而把《陷阱》至《蚌壳》这部分小说归入"城市景观"一类。这两条"交叉小径"并不通向格非虚构世界的"内部",但帮助我们确定了格非在更大的语境中的位置,同时也描画出格非的小说叙事于自我展开的过程中在特定社会空间里划出的轨迹。《青黄》(1989)就是一个颇有说服力的个案;作为这两条路径间移动的交点,它像一个小宇宙,浓缩了格非的童话世界。

小说一开始,叙事者"我"就着迷于一个"充满魅惑"的词语——"青黄",这是他在研究当地妓女史的时候从麦村地方志中发现的。他这一兴趣起初似乎纯粹是学术性的,也没投入特别多的热情。"青黄"这两个汉字本身的意思非常清楚,然而作为"一个颇有争议的名词","青黄"似乎令人生疑地存在于甚至更为可疑的当地历史结构的中心,这个词引发了"经久

---

① Benjamin,"Franz Kafka",in *Illuminations*,p.131.

不息"的传说、拙劣的学术研究,以及从地方志的歧义性和空隙中生出的幻想。它最终激发了"我""再次"回到麦村进行学术研究——麦村是一个偏僻的乡下渔村(虽然叙事者没有挑明这一点,但是很明显,"我"的出发地是座大城市,有着研究型大学)。在临走之前,叙事者"我"碰见了他的研究生导师——新近出版的《中国娼妓史》的作者。这位教授做了一个"不耐烦的手势",告诉他:"你到了那里将一无所获。"

"我"的旅行注定要陷入迷途,而随着对于旅行的谨慎、详细的描写,《青黄》的故事缓慢地向前推进。旅程无规律地前后摇摆:一方面是"思想"老开小差,悠闲得(甚至自我放纵)、漫无目的,又不时陷入幻觉;另一方面则是对于事实,或更确切地说,对于故事着了魔的追逐,即一种由"我"内心的黑暗王国中某种朦胧的东西所推动的追求。《迷舟——格非小说选》出版于1989年,这是格非第一部短篇小说选集。在前言中,吴洪森告诉了我们小说《迷舟》的创作背景:

> 记得86年夏,我俩去千岛湖(名为考察)旅游。白天四处闲逛,晚上在旅馆里神聊。县文化馆长给我们介绍了当地风土人情,其中关于九姓渔户的故事使我们极好奇,特地到该渔户的所在地去了一趟,结果空无所获。那儿的人知道他们的祖先是陈友谅的部下,可这所谓的"知道"是因为县志上这么写的。他们矢口否认该船队的妇女史上有卖淫的传说,他们关于祖先所记得的是帮助太平天国打过胜仗,可是县志上并无记载。两年后格非把这次经历写成了《青黄》,可是现实的经历在小说中只是一个引子,其余的天知道他是怎么弄出来的。一次上当的寻访在他的小说中竟变成了一个如此有滋有味、引人入胜的故事,真叫人惊叹!①

《青黄》的内在动力沿着两个相互交织的轨迹显露了出来,它们彼此独立但却相辅相成:一个是虚构的构筑,另一个则是元虚构的反思;一个追求象征层面上的("青黄"在寓言维度上的)意义,另一个则追求想象层面上的"自

---

① 吴洪森:《序》,《迷舟》,第3页。

我"。《青黄》这篇小说对于解读元小说来说特别有趣,关键就在于当代主体性的自我构筑,这一主体性在现实性和本真性的解体过程中确立了自我的主张。

值得注意的是,小说第一节里,当异乡人"我"到达麦村时,格非以前的作品似乎都一一重现了。一连串的想象——地势不平的村庄朝着飘雨的、阴沉的天空敞开,忧郁的"顶着凉篷的破船"漂浮在河面上——让人联想起鲁迅的《故乡》或者《在酒楼上》开头的场景。就像六十多年前深受鲁迅影响的那些乡土作家的作品,格非的《青黄》(只是它是元小说)包含着城市和乡村的冲突、不同时空框架的交错以及语言和主体的不确定性,但正是以主体的名义,个人冒险开始了。不容错过的是第一节开篇的句子,一个当代的旅行记录却运用了史诗的笔调:"埃利蒂斯说,树木和石子使岁月流失。对于一件四十年前发生的事,人们不至于忘记得那样快。我来到麦村三天后的一个傍晚,在苏子河边的一片低矮的榛树林里,我遇到了一个正在给羊圈加固木栅栏的老人。"(第175页)当老人的转述、"我"的独白以及最寻常的描写、谈话和传说全都运行于同一种克制的韵律和高蹈的风格时,这种史诗意味就直接滑入了元小说的复杂性之中;然而,所有这一切都受讲故事的规则的支配,它在形式和题材内容之间维持着一个结构性的距离。老人的回忆正是从这句话开始的:"那条顶着凉篷的破船是在黎明的时候到岸的。那时正巧碰上了仲夏时节的梅雨。"(第176页)

修辞特质和叙事策略的相互协调赋予了虚构的"拼贴画"某种统一的行动时空。元小说层面上所发生的"二次装配",将麦村的日子同"我"所搜集到的故事焊接成了一个叙事。主体性并非叙事者的在场,因为后者只是叙事游戏的行动元之一。相反,主体性存在于阅读的最终效果之中,由此,主体性的重构通过自身的消散得以实现。只有在叙事者"我"成为听者的地方、成为故事的收集者而不是恢复经验的行动者的地方,格非故事讲述的内部所出现的戏剧性转换才能够被确认,因为对于元小说而言,只有在经验得到重构的地方,经验才是可能的。换句话说,经验总是某种有待被规定的东西,某种有待通过写作的化学反应被创造出来的东西。对于格非及其同辈来说,由乔伊斯一直到博尔赫斯所代表的现代主义体制是一个象征的实验室。

然而,伴随着主体位置的转换,听者——有时是他者或被倾听的对象——获得了一个悖论性的内部世界,一种不同的自我意识投射在了这个内部世界之中,同时自我意识也从这个内部世界向外张望。这个内部世界,这种感觉的内在性,正是在构建元小说的自律性的过程中确立起来的。在元小说的自律性里,叙事主体着了魔似地在符号网络中寻求自身的蒸发,然而也着了魔似地谈论、审查与分析自身,仿佛要在一个陌生的情境里理解这个陌生的"自我"。对于自我的探寻被记录在自由漂流的独白和闪耀着光芒的评论中,而这些独白与评论交织着抒情的语言、景色的风格化表现以及对于客体无止歇的描绘——或者说重构。例如,小说开头对于老人的这番描绘:"悲伤的阴影重叠在他的脸上,使他的皮肤看上去像石头一样坚硬。我在那圈散发着羊腥膻的木栅栏前踯躅了好久,老人才开始和我搭上了话,他在回忆往事的时候,显得非常吃力,仿佛要让时间在他眼前的某一个视点凝固或重现。"(第175—176页)

《青黄》对于"真相"的寻求发生在一系列这样的描写之中。当"我"来到麦村的时候,那位老人和村里的所有人一样,不愿谈论过去那些"不光彩的事"。过分热心甚至有些一厢情愿的旅行者—调查者遭遇到沉默寡言的村民,这正是格非小说开头的原型。对于叙事者来说,这个村子就像作为整体的客观领域,"缺乏热情和好奇心"(第178页),精心抛出的词语"青黄"没有激起任何反响。叙事者"我"不得不通过移情于自己的对象,以使探寻活动继续下去;因此,叙事者有了那种"奇怪的印象":"他(老人)在揭示一些事情的同时也掩盖了另一些事"(第177页)。移情作为小说中"发现"与"分析"活动的感应能动性,与其说揭示了写作的心理机制,不如说揭示了认知冲突的社会状况。叙事者无止歇的甚至全然迷失的自我意识在波德莱尔那里找到了自己的先人,——后者在移情中看到了诗人的特权。波德莱尔写道:"诗人享有这无与伦比的特权,他可以随心所欲地成为自己和他人。就像那些寻找躯壳的游魂,当他愿意的时候,可以进入任何人的躯体。对他来说,一切都是敞开的;如果某些地方好像对他关闭着,那是因为在他看来这些地方不值一看。"①瓦尔特·本雅明在他的波德莱尔研究中指出，商品自身就是这里的言说者，波德莱尔的敏感同马克思称之为"拜物教"的东西产生了共鸣。一种相似的主客体关系在格非的小说中——尤其在《青黄》中——被记录了下来，虽然是以不同的方式，同时也有着不同的含义。

如果移情体现了一个人的"自由"，而这个人发现对象（商品）的世界对他或她不再有兴趣，那么被放弃的自我在对象中的虚幻化身就是拜物教的文体学，它包含了自我与世界的异化关系，而这个世界无法回报他或她凝视的眼神。在讲故事的人与听众之间，在旅行者与当地人之间，甚至在意象与元小说空间所包围的事件之间小心翼翼地重建交流关系的努力，反映了一种对于日益非人化世界的隐秘的焦虑。如果在《青黄》里，商品还不是实际的言说者，那是因为80年代后期集体经验总体性的消退——考虑到对于这种总体性的历史的和政治的理解——同时也是一种"存在的澄明"（海德格尔），它带来了这样一个世界：经验在其中生长而非凋零。元小说的世界得以建立的基础是新兴的感觉、知觉和想象的世界中产生的灵感；元小说在经验上的原材料则是邓小平时代中国的社会关系和物质环境，两者作为膨胀的个人史而被小说捕获（用格非的说法——"还原"）。在一个既具有历史性同时也有虚构性的空间中，一切东西——从黑暗的、尘封的过去到充满震惊体验的大街上所遇到的女性过路人，从本土的奇闻轶事到国际象征资本——似乎都对中国先锋作家大开方便之门，等待着他们进入其中。

中国和外部世界之间的差异并没有毁坏移情的活动——这种活动被看成是所谓的"纯小说"技巧——华丽的新世界正是通过移情被接受了下来。在逐渐接近作为想象与幻想空间的未知世界的过程中，一条现实社会的、同时又是认识论方面的裂缝出现在了先锋写作的内部，而且还在不断地扩大。一定程度上，元小说可以看做是一种符号的拜物教，或者不过是"虚构"的拜物教，由此，主客体间的结构性距离或历史的歧义性可以被转化为一种意象和事件的戏剧。

---

① 此处采用郭宏安的译文。见波德莱尔：《巴黎的忧郁》，郭宏安译（上海：上海译文出版社，2009），第26页。

历史的歧义性催生出格非的叙事者那梦游般的旅行。他旅行在故事、传奇、流言和想象的丛林里,而这一切产生了一种记忆和想象的幻觉经验。《青黄》的主体部分包括收集来的故事、无意间听到的流言以及情色的丑闻,这些道听途说彼此盘根错节,抓住了就拖出一串。调查者(叙事者)的活动,是贯穿这些细枝末节、赋予它们以一种叙事和形式强度的唯一决定性因素。

反过来,这种行动构建了一张意义的不可能性之网。关于词语"青黄",唯一的解答是一个乡村郎中提供的,但这个信息的提供者告诉我们的研究者,这个解答也只是一个推测:"在这一带我没有听说过这个词,不过,它也可能存在,在九姓渔户的船上,妓女一般分为两类,'青黄'会不会是那些年轻或年老妓女的简称?女人们总是像竹子一样,青了又黄。"(第183 页)

在走向"意义"的途中,叙事者被那种将自我从自身挣脱出来的努力压垮了,而这两者都在意义的岔路上使自身获得了自由。《褐色鸟群》里的那种关键性的经验——梦游,在一个更为自觉的层面上由《青黄》重复了一遍。叙事者遇见、听见与看见的东西不仅被并入了故事(故事其实是虚构性的客观领域),而且在形而上学的层面上,对于"充满魅惑"的词语的调查转化为意义的后现代旅行。一切都被悬置了起来,一个故事引向另一个故事,一个事件导向另一个事件,而终结或目的(end)以及确定性都变得不可能了。叙事者自己似乎被正在枯萎的过去紧紧抓住。他真正的"任务",即追寻意义和历史确定性,引诱着他走入了一个黑暗的谜语之中。只需稍加留心,便可发觉叙事者同自己的那种解构活动之间的默契。在整个旅途中,叙事者从容地享受着这种悬浮游荡的快乐。在寻找的旅途中,他似乎只是在东游西荡,但这种迷途和延宕却又像是有意为之,甚至出于一种精心的设计。时间与叙事的竞争关系(《褐色鸟群》中对之有着生动的描绘)不再是叙事的感应能动性了,这是因为探究这个神秘的词——"青黄"——成了自我放逐的阴谋。

"蓄意"构成了叙事者那种心不在焉状态的基础,这是因为迷失成了叙事者推进自己充满焦虑的研究最有效的方式。任何一条小路都使他改变初衷,引他走向一个未知的命运;任何一个暗示都召唤出过于活跃的联想。似乎他就是来搜寻一些细枝末节的事情,从而得以安宁地沉溺于幻想之中。在写作中,与他人交流的焦虑消失了,似乎叙事者已然不知所以地感到了安全。小说一开头,当主人公同大路边的老人之间"因找不到合适的话题来闲聊"而陷入沉默时,气氛是相当轻松的,用格非的话说,"这一切都非常自然"。《青黄》的叙事者就像卡夫卡的 K,在他身上同样混合着敏锐和心不在焉。就像 K 一样,当叙事者陷入某种可疑的情境时,他似乎并不过分忧虑;就像 K 一样,他满足于四处漫步,拜访没有恶意的人们,倾听别人讲述奇闻轶事,躺在陌生的房间里出神(或许更恰当地说,焦虑)。这种习惯暴露了格非的叙事者的真实身份。他既不是一个土地测量员,也不是一个民俗学家,而是一个在梦游中搜寻灵感的作家。

当叙事者真的迷失在虚构之流里,当时间、意义、自我和历史的蒸发被视为常态以及自在的真理,这一启示的时刻事实上并没有到来。只有当叙事者在徒劳的追寻过程的中途把握到一种独特的落实感(settledness)时,启示的时刻才能够到来。就在他放弃自己的当口,他成为了"他自己"。小说设置了一个空间—时间的进程,在这个意义上,我们可以认为《青黄》是一种重新表述个人经验的特殊方式。当一切都悬浮起来,一切都漂游不定时,对于自我的凝视却几乎没有停止过;在艺术家的元小说画像里,写作的程序预设了对于自我的凝视。在第三节一开头,我们遇到了当代主体的另一幅自画像:

> 我的调查一无进展。时间的长河总是悄无声息地淹没一切,但记忆却常常将那些早已沉入河底的碎片浮出水面,就像青草从雪地里重新凸现出来一样。在麦村的日子里,我在白天像游魂一般四处飘荡,追索往昔的蛛迹,却把一个又一个黑夜消耗在对遥远过去的玄想之中。
>
> (第 181 页)

即使在"调查"过程中,这种自画像也时常保留在某种独特的叙述句法当中。如果不将自我形象的结构记在心里,读者就不会接受叙事活动中出现的这样的句子:"站在那堵行将颓圮的院墙下,我对一只木制的稻箱凝视了很久"(第183页),或"传说中那个事件的片段……时常混杂着童年的记忆一起侵入我的梦中"(第189页)。在这个意义上,《青黄》里的"自我"与其说被叙事解构了,不如说被叙事编织了出来。这里最引人注目之处在于这样一种写作的辩证法:意识越充分地放任自己沉浸于纯虚构的逻辑,它就越能把握到自身的自由状态,把握到自我在他者之中存在的状态。它在他者的密度中消逝得越彻底,在黑格尔"精神"发展的意义上就越具有"真理性"。

如果我们决定将这种写作的辩证法转化为一种批评的辩证法,我们就可以认为:后叙事世界里的后现代道路为某种朦胧的但却充满朝气的自我意识的出现铺好了路,使后者得以获得想象性的解放。《青黄》的戏法不过就这么简单:散播虚构的碎片,却收获了一个更完整的自我。然而无可否认的是,在虚构的尽头重新获得的自我需要社会史的、文化的以及意识形态的定义与修正。

从元小说中自我的"事业"着眼,后现代的歧义性同前现代的歧义性正相符合。未来能被想象成什么样,取决于这个自我意识脱离传统的僵化秩序之后,如何在过去的经验一闪而过的时候将它们一举捕获;取决于这个彻头彻尾的新事物如何被表征为一种历史经验,表征为新生形式中的历史性。

在格非的小说中,"过去"往往表现为某种反常的、常常令人困扰的"当下"的问题。过去在当下顽强的存在具有着"空缺"的形式。这儿有一种"还原"过去的冲动——在这个意义上,"青黄"一词代表历史中被抹除的一页,在那里,"九姓渔户"必定经历过的痛苦和灾难作为虚构的谜语被记录了下来。

《青黄》是一次意义的冒险,它成了以元小说的方式上演的"当下"所发生的事件进程。主体性最明确的标志既不在于虚构性,也不在于历史性自身,而是再次表征这两者之间的关系时所遵循的建构性原则。在整个故事的写作里,主体性只是闪闪烁烁地出现,但最终它在一个幻觉性的时刻里,将整个枝蔓丛生的故事都"据为己有"了。

  一个黄昏接着一个黄昏,时间很快地流走了,在村落顶上平坦而倾斜的天空中,在栅栏和窗外延伸的山脉和荒原中没有留下一丝痕迹。

> 我整日整夜被那个可怜的人谜一般的命运所困扰,当我决定离开那里的时候,我又突然有了一种不真实的感觉。这个村子——它的寂静的河流、河边红色的傻子、匆匆行走的人和他们的影子仿佛都是被人虚构出来的,又像是一幅写生画中常常见到的事物。(第 197 页)

如果不从生成着同时又瓦解着的主体着眼,我们就很难理解这里的场景、句子和叙事自身。格非也让他的读者明白了:语言对他来说意味着可传达性的最后堡垒,意味着渴求着自我的最后避难所。语言的迷宫不是历史与主体的终结,而是它们的起源。在这个意义上,黑格尔在 19 世纪关于"精神"的思辨有了一种后结构主义的声调。黑格尔在《精神现象学》中谈论"理念的分析"——"理念"(idea)在他那儿的含义就是我们所熟知的"表征"(representation/Darstellung)——的时候,告诉了我们关于"被表征的东西"如何"变成纯粹自我意识的财富"。这一过程牵涉到历险和承担困苦、权力和魔法,它是元小说作家的起点。黑格尔写道:"但是精神的生活不是害怕死亡而幸免于蹂躏的生活,而是敢于承当死亡并在死亡中得以自存的生活。精神只当它在绝对的支离破碎中能保全其自身时才赢得它的真实性。……精神所以是这种力量,乃是因为它敢于面对面地正视否定的东西并停留在那里。精神在否定的东西那里停留,这就是一种魔力,这种魔力就把否定的东西转化为存在。"①

在历史和理论上展开的社会发展还有待观察,尽管元小说只是曲折地表现了社会发展,它仍然构成了后革命一代成长教育的记录。这个通过象征的方式被书写出来的主体位置,同时受到了历史以及文化变相的规定,如此一来,异化变成了自我建构与自我理解的可能性条件的一部分。在童话世界里,虚构的图景总是指向主体经验。后结构主义的"人的终结"更应该被理解为自然史上的"人的开端"。在当代中国,想象性的寓言作品总是指明了——不管积极地还是消极地——自我反思在个人经验中的苏醒及其在

---

① G. W. F. Hegel, *Phenomenology of Spirit*, p. 19. 译注:此处采用贺麟、王玖兴的译文,见黑格尔:《精神现象学》上卷,贺麟、王玖兴译(北京:商务印书馆,1979),第 21 页。贺麟将 representation/Darstellung 翻译为"表象",此处为本书译名的统一起见,改译为"表征"。

物质环境中的出现,而个人经验已经受到了物质环境的规定。

格非的读者见证了经验的巨变。他或她已经认识到,一个读者不能再用一种自然的或前文学的方式来接收文学信息了,作品也不再天然地将作者与读者联系起来。作品不是经验融合的催化剂(在艾略特的意义上),它早就成了一个不可化约的分化领域,这一领域通过将经验包裹进自己的结构来提供经验的真实。这样,作品的概念就从中介与交流一极转入了建构一极。

格非的读者也必须承认,在令人目眩的社会文化变迁中,作为整体的集体经验破碎了,同时,以差异与异质性为基础的个人经验却弥漫于表征的真空。自从朦胧诗式微以来,作为公共形象的读者已经蜕变为原子化的"个人"。新风格的前卫精神在语言领域反映了重新安顿这种经验的紧迫性。

新一代作家面临着挑战——他们要在小说结构中捕获无情的时间。他们所用的素材并不直接接触日常领域,而是与历史缠绕在一起的叙事和认识的剩余物。因此,"还原"也是重构有待历史化的事物。面对精心设计的元小说作品,读者会提出这样的问题:在一个以集体经验的碎片化为特征的环境里,如何才能理解主体的起源?如何才能将一种争取诗学自律性的风格看做是社会变化的表征?如何才能将这种审美努力界定为现代主义,同时还坚持它其实是别的东西?最后,如何才能表明这种自我指涉的文体已作为形式—话语空间在社会交流中发挥着作用?此外,人们会问,由这种叙事所传达的新经验实际上是什么,或者包含在这种语言结构中的主体在社会—意识形态层面上意味着什么。总之,对于"文化意识"的历史条件,人们有充分的理由要求一种更为详细的分类。

根据这些问题,过去十年的文学史,甚至过去百年的文学史,可以看成是一个统一体。正是这个统一体赋予了80年代某种历史形式,使它同90年代的意识形态与文化工业区别开来。集体经验的解体和主导表征模式的破裂(包括各种现代主义和"新潮")构成了80年代中国先锋文学的现实情境。这种情境尽管充满陷阱和诱惑,却能使当代作家站在一个独一无二的优越位置上,时间经验和空间经验都外在于这个位置,但可以同意识的生成一起从内部加以把握。批评在历史和理论两方面都同写作的辩证法相互交织;它面对着自身的辩证法,由此,对于题材内容的探查就成为对于文化文本的客观诠释。

(朱康译)

第二卷
与历史相遇的视觉政治
——解读"第五代"

导 论

1989 年后的中国,有两大"奇迹"令世界瞩目。一是中国经济的高速增长率,它已然在国际资本的流动中制造出"巨大的吮吸声"(译注:"the qiant sucking sound"为 1990 年美国独立总统候选人、德州亿万富翁 Ross Perot 所言,指国际资金大举流入中国,仿佛被一个无形之口强行吸入,发出巨大声响)。另一个更是奇迹中的奇迹,即中国电影,或更准确地说,某一类特殊的中国电影。自 80 年代中期以来,中国"新浪潮"电影在国际影坛崭露头角;尤其在 1989 年之后,更多的作品频频出席电影节,接连获奖。① 陈凯歌、张艺谋、田壮壮的名字不仅出现在电影研究的专业期刊上,也出现在 CNN 和国家公共电台(National Public Radio)的节目中,出现在从《纽约时报》到地方报纸(诸如北卡罗来纳州)的评论专栏上。对于西方人来说,这些"中国制造"的电影作品展现了令人震惊(纵然亦是非历史)的中国意象。以"蔚为奇观的"视觉效果,和"特异的"、"富有异国情调的"、"强有力"的故事(在西方媒体对中国"第五代"电影的描述中,所有这些都已经是标准化了的形容词),这一"世界电影"舞台上的新来者开始在跨国及日趋文化多元的市场上展示出昂扬的竞争之势,也确实在全球流通与评论网络中,逐

---

① 以下是年轻一代中国导演拍摄于 80 年代后期且赢得各种奖项的电影的简短记录:张艺谋的《红高粱》1988 年获柏林金熊奖,他的《菊豆》与《大红灯笼高高挂》,在中国大陆被禁一年,然后分别于 1991 和 1992 年获奥斯卡最佳外语片提名。他 90 年代初的电影《秋菊打官司》1993 年在维也纳国际电影节上获金狮奖。田壮壮的《蓝风筝》1993 年获东京国际电影节最佳影片奖。陈凯歌的《黄土地》为他赢得过许多不那么重要的电影奖项;而他最近的影片《霸王别姬》却在 1993 年收获了戛纳金棕榈奖。如果算上谢飞那部获得柏林金熊奖的《香魂女》,中国电影获得了(或是分获了)1993 年所有主要的国际电影节奖项,以至于《新闻周刊》(*Newsweek*)的一位专栏作家称之为"国际影节大满贯"。

渐争得一席之地。对于那些从更近的距离审视中国电影发展的中国学者来说,这一新浪潮清晰地标志着一大飞跃,它使自身从毛泽东时代中国的文化与政治遗产中挣脱了出来。

这一批作品——从张艺谋的《菊豆》(1990)、《大红灯笼高高挂》(1991)到陈凯歌的《霸王别姬》(1993)——创造了一个独属自己的电影类型,并且反过来培养了自己的市场与观众。国内外市场的接受状况证实了这一事实:批评界显然对这一电影新浪潮持褒奖态度。在这些围绕中国新浪潮电影的大量称赞中,托尼·瑞恩斯(Tony Rayns)的《中国词汇》(陈凯歌电影剧本《孩子王》英文版的导言),以其新闻报道式的"客观性"与微妙感,揭示了这一认可背后的意识形态。瑞恩斯写道:

> 在所有重生于1976年毛泽东去世之后的年代里的中国艺术,电影具有最广泛的国际影响。世界已然知晓,《黄土地》于1984年发动了一场"新浪潮",而认为中国电影乃是毛泽东思想教条同义词的偏见,也已被摧毁……冲破种种阻碍和预期,中国年轻的电影导演们成功地改造和复兴了他们的电影。他们最好的作品不仅优于过去整整三十年的中国电影,也比国际影坛的大多数影片更为丰富,具有更深的情感与更多的想象力。他们已在世界影视圈赢得了一席之地。①

中国电影新浪潮的作品——从《黄土地》(陈凯歌,1984)到《蓝风筝》(田壮壮,1992)——正是这一观察的鲜活证明:它们以"高品质"的视觉品质(诸如"华丽"和"奇观"之类的形容词已成为赞美这些电影作品的通行词汇)成功"摧毁"了社会主义现实主义的传统;在平稳航向全球市场的旅途中,它们似乎也获得了某种超出流通于同一文化—意识形态空间中的其他可能性的优势。这些电影为了迎合真正的国际观众,在制作的专业性上可谓人民共和国出产的精品。

瑞恩斯说出了学界关于这一话题的通行看法。然而问题是,我们当前所面对的"新浪潮",已不是十年前处于形成和发展期的"新浪潮"了。前者

---

① Tony Rayns, *King of the Children and New Chinese Cinema* (London, 1989), p. 1.

源自与其自身历史的根本断裂,即中国电影的现代主义运动和产生了这一运动的社会与文化语境。我们必须对 80 年代中后期潮起潮落的影像现代主义(一般指"第五代"电影人的创作实践)与同一批电影导演在 90 年代全然不同的社会文化及意识形态环境下拍摄的作品,作一个基本的区分。在这里,"时尚"的令人晕眩的节奏,此"热"与彼"热"间的热烈交替,事实上,邓小平改革时代鼎盛期的整个文化生产领域,都应当再一次接受历史性区分和批评性辨别的检验。

作为一个自 80 年代中期开始流通的标签,"第五代电影"或"中国新电影"就其社会—文化要义及审美—政治构造而言,在很大程度上仍然是模糊不清的。通过对自身特异风格的不懈追求,中国年轻一代电影导演们努力让自己的作品成为审美研究的对象,从而使之不再陷于政治或社会经济状况纯粹图解的境地。然而,这一让"第一世界"不再忽视的小小成就,却带来了一个问题:它恰恰植根于国内外的某种狂热,即将新浪潮电影视为美学战胜了政治,甚至视其为社会生产力新标准的象征性证明。中国的先锋批评家们只知道赞赏"第五代"电影形式机制,可以发现他们的评论显现出某种倾向,即使用一些广泛流通的科技方面的术语,诸如"中国电影语言的新范式"、"造型意识的突破"等等来定义这一突破。所有这些命名都指向新电影类型的政治寓意,即,它对掩护于现存政治和生产系统下的功成名就者们的挑战,以及它向新秩序开放所带来的异端性和颠覆性(虽说这一行为还不能算是有目的地预期这一秩序)。中国新浪潮电影表现为与主流对立的边缘性存在,同时也将自身展示为新兴民族电影的替代和补充。说它是替代,是因为无论是在技术上、叙述方式上,还是意识形态上,它的审美意识和影像强度(cinematic intensity)都有效地使过去数十年间统治中国电影产业的社会主义现实主义电影传统变得过时了。在这个意义上,边缘位置揭露出新浪潮电影跨越国家的边界,整合进全球权力中心,进而与之保持亲密关系的意图。然而,它又是正在发展中的民族电影话语的补充,因为新电影发现自己作为社会、政治及话语诸情境的形势,不断回到或是被放置于民族问题的源头。作为整体的"第五代"电影和新电影如果不跟"民族"发生关系,如果缺失了那种营造新形象和新神话的努力,则是不可设想的。从它早期寻找民族文化之根的热情——这一电影浪潮凭借电影人类学的方式考察中国人民,由此这些早期的经典作品具有手术刀式的锋利,一如它们极端的视觉暴露或文化观淫倾向——到后来对民族传奇的情节剧式处理(我们可以在陈凯歌的《霸王别姬》、田壮壮的《蓝风筝》和张艺谋的《活着》[1994]里发现这一倾向),美学阵线上个人成功的故事总是在集体政治中发现它们的背面(或是这一背面在西方大众媒体中的拟像)。某种程度上,民族主题和感受性的发现或再发现,产生于新电影对全球文化生产语境的全面参与。在这日益市场化(国际电影节以及商业资本与流通网络)的语境中,"第五代"电影和中国新电影得以诞生。

对这一主题极富审美激情的评论文章,都渗透着一种政治同质性,由此而导致了中国新电影话语的高度统一。作为"第五代"导演实践的精神同类,与之同时发展起来的电影评论,常常忽视了形成"语言"或"意识"的具体权力关系,也没有注意到通过不同方式最终铸成电影终端产品(cinematic end product)的文化——有时亦是经济的——资本的流通。通过将社会话语鲜活的形成过程化约为一场形式革命,甚至于一场审美政变,许多中国批评家从"形式"入手的研究路径,揭示出改革时代的主流意识形态是怎样以一种不可见的方式,在已被认同的理念、象征、形象的结构中发挥着作用的。正如"第五代"电影"审美突破"的美学本身便包含着全新的政治—意识形态寓意,批评家的这种批评倾向也绝不是非政治的,或是不受意识形态支配的。在中国的具体语境中,它不能不被看做是一种摆脱一般性国家体制及其特殊的电影生产体制,以便在改革时代主流社会话语内部实现审美突破和思想解放的政治性努力。

国际市场上熠熠生辉的电影商品——让人想起90年代中国的经济"奇迹"——起源于中国现代主义,而后者的危机反过来可以在新电影的景观冒险中获得解释。"第五代"电影运动占据着一个关键时刻,在这一时刻,中国现代性的文化重建热切地希望将艺术自身的体制化建构为具有形式—思想自律性但却受到国家和改革时代意识形态保护的一种文化生产形态。这一热切的希望作为中国具体情境下的产物,支撑着"第五代"电影人关于社会风景的文化和审美主张。理想和物质环境间的距离容许后者被捕捉为一种"物质现实",在此现实面前,自我或主体性不仅将自身视为意义的栖居,亦是藉由"现代电影语言"对客观真理加以解放。对我来说,关键是要展示这些现代主义主张如何为中国现代化的悖论和中国现代性的困境所预示,如何在意识形态、文化和象征性场域的紧张斡旋间得以建构出来。"第五代"沉迷于审美自足性,然而,却是它与历史问题(体现为乡村中国的形象,中国农民阶级,未被中国革命与中国现代化的旋风驯服而依旧存留下来的文化、宗教和政治结构)的迎面相遇,成为了具有"现代派"特征的主题和内容。中国语境下的这一现代主义体制的建立,同时也是一种视觉上的存在之澄明、一种"祛魅"和一种新神话缔造的实践。这一现代主义通过它更高的形式强度,拉近了与客观世界的距离,由此带来了一种审美的解放。这种富有形式意味的细察,使得一个新兴的社会世界的粗糙地貌变得清晰可见了。因此,"第五代"导演自恃的种种影像的发现,也必然深深植根于"文革"后中国的政治冲突和意识形态斗争之中,并成为其忠实的表征。

从这一视角出发,我认为,90年代以来以国际电影节为导向的"第五代"电影,偏离了作为现代主义实验的"第五代"电影——如果说还不算背叛的话。不管两个时期的关联如何(应当承认,其间的连续性也很清楚),90年代频频出席电影节、赢得电影奖的影片,打上了基于国际资本、全球发行网络和多元文化导向的观众的生产体系的烙印。1989年夏天的风波本身并没有解释这一转变;它们只是驱散了岌岌可危地依赖于一种界定了过渡时期社会经济关系的新时期意识形态幻象。幸存的现代主义电影导演已经将自己的意想读者从集体观众转变为国际消费者,从而产生了一种"影像的成熟"和一种意识形态的重新定位。市场似乎正是悬于不断变迁的社会气候之上的审美风格的宿命。这一转换也使我们得以将现代主义视为中国电影史的过渡时刻,视为一套特殊的矛盾与可能性的形势或是构造。国际市场不仅是中国影像现代主义的终极命运,也是其期待已久的愿望满足。如果说张艺谋通过在新电影实践中发展出全新的风格(他1987年的作品《红高粱》是这一作为意识形态发明的风格转变的首次宣言)来确保他的市场,那么,"第五代"电影人中的绝大多数,特别是陈凯歌和田壮壮这样的领军人物,似乎意识到他们的市场价值时已经有点晚了。仿佛是为了弥补失去的时间(和机会),陈凯歌和田壮壮不得不使他们的电影看起来比张艺谋的电影本身更"张艺谋化"(具有讽刺意味的是,与此同时,张艺谋自己开始探索一些风格上的变化,这一持续的实验记录在他 1993 年的电影《秋菊打官司》之中)。从陈凯歌和田壮壮那一面来说,这一自我屈尊在市场上获得了空前的成功。陈凯歌的《霸王别姬》和田壮壮的《蓝风筝》都提供了异国景观的陈列橱、情节剧式的史诗,以及对"文化大革命"的标准式谴责。市场份额甚至让田壮壮得以信心十足地回溯自身的过去,使他承认了自己早期审美风格(它在国内外都被视为"激进")不过意在成为"通往(市场)成功的捷径"。① 在这一事例中,我们就可以理解 1989 年之前的文化精英们所定义的中国现代主义的破产了。

那么,80 年代的影像现代主义是如何为一种更为彻底的后革命文化生产范式奠定"审美的"(和意识形态的)基础的呢?它是如何建构了主体性(作为感觉、感知、观念和意识的构型),由此而为自身的后现代经验做好准备的呢?这一经验由跨国资本主义更为彻底和无情的渗透,以及地方的、社群的和个体的资源与可能性所组成。在接下来的章节里,我把"第五代"电影运动处理为一项建构当代中国审美现代性的未竟事业,审视那些标志着这一转型的具体步骤的电影文本,并讨论作为整体的新电影背后的政治与意识形态,从而来具体处理上述问题。就这一审美介入在后革命社会中意味着激进的政治转变,以及新电影风格受制于文化全球化与碎片化的双重进程而言,"第五代"的兴起与延续,提供了一种现代主义与后现代主义间的本土互动,其间,两种历史与理论范畴不仅为对方提供了可能性条件,也互相将对方挪用为一种寓言式表达。

---

① 田壮壮说道:"当我制作《盗马贼》的时候(1986),中国电影正在被介绍给世界。我被国际电影节的光耀迷住了。我想要人们观看我的影片——为了我的荣耀。我使用了最简单的故事,没有对话,以便人们可以理解和接受我的早期电影。后来,我意识到自己的方式乃是通往成功的捷径。"见霍华德·费恩斯坦:《电影导演田壮壮剪断"风筝"线》,*New York Newsday*,1994 年 4 月 10 日。

对中国新电影的批判性解读必须从审美领域之外开始。毕竟,中国新浪潮,如其在一系列电影文本中所体现的那样,是被建构为审美制品的,而且它自己坚持被如此看待。它的意识形态和政治信息并非只是简单地传达为这些电影的内容,而是被编码为一种独特的、密集投资的(就象征资本而言)电影语言,并由此从普通观众所能理解的范围中移除或提升开去。对"第五代"电影的批判性解读必须经历与其形式构造的彻底碰撞,以在意识形态和审美之间建立具体的关联。将这些审美对象历史化,并非是诋毁中国新一代导演的形式努力。相反,它承认我们称之为"80年代"的那一动态进程的有效性,以及建基于独特经验和感知的电影制品的重要性。为了理解作为历史建构与源起的中国新浪潮电影,我们必须维持其风格化、形式化努力与社会文化情境之间的辩证能动性,在这一辩证关系中,话语寻求着问题的解决途径,同时自身也是问题的一部分。新一代电影导演那种作为审美体制的现代主义观念,必须在意识形态批评的视野中接受细致的考察。

鉴于80年代文化市场领域中审美与意识形态的复杂性,这一现代主义不过代表了众多立场、取向或声音中的一种。通过强调它特殊的重要性,我并非意在将这一电影运动评估为一种杰出的审美成就;相反,我的目标在于展示中国现代主义的形式或电影构造如何成为一种记录了激烈的社会、文化和意识形态斗争与冲突的历史性的适当形式。这一电影导演小群体以一种曲折的路线获得了公众认可,它的形成和发展轨迹暴露了一种特殊的权力和象征复合体。通过这一文化的棱镜,这一群体带给了当代中国电影活力、动力以及在国际市场的份额,捕获了西方评论家的注意力,并在国内培育了中国影像现代主义的概念。然而从历史和批评的视角来看,"第五代"电影作为一项审美事业,自身其实是特殊的可能性条件的产物。这一现代主义所追求的视觉自律性,演化自历史性时刻和社会文化空间在80年代后期的交叠。新电影是对一整套地方性、民族性和跨国性事务与政治的电影表达,它通过新的象征性空间中的新的想象逻辑,将后者转化为纯粹的影像奇观。

中国现代主义在这一语境中不可避免地成为了邓小平时代中国的寓言,成为了矗立于毛泽东时代中国遗址之上的表达方式。中国现代性(正如革命经验对它的定义那样)与80年代的理性主义及理想主义之间的寓言式关联,成为了一个关键话题。这是因为,80年代的文化生产标志着中国第一个,也许也是最后一个在思想上的自我主张。如果说它的象征性和意识形态地带远远超越了中国的时空界限,它的生产力和可理解性却打上了作为毛泽东和邓小平时代产物的几代人经验的烙印。在这种语境中,如果我们审视社会与政治现实被翻译为现代主义影像奇观的方式,"第五代"处理材料的方式就不得不被视为一种有意味的失败。这个意义上,将"第五代"电影描述为一种力图赋予自己代表新时代联合战线的神话的权力,必须通过一种辩证式的阅读予以揭穿。

我具体关注的是自我标榜的影像现代主义——包括它的余波和变种——在具体的社会与文化语境中卷入无情的意识形态和政治斡旋的方式:它如何与同一空间中的其他声音或话语竞争,去获得认可、赢得特权以及代表新时代的权力;它如何运作和调整自身,以适应在80年代中国的崎岖道路上所遭遇的社会变迁;它如何派生于既存的政治、文化和意识形态资源。在如下两个层面之间,既存在着沟隙,也有流动性:一方面是翻天覆地的社会变迁和改造世界的集体性努力,它的影响激发了对于新形式和更深的现实的渴望;另一方面则是视觉新形象的实际运作和建构,其间,整个象征性空间都将被重建,以使新的社会意识形态的物质现实变得可见,而这一现实体现在审美、神话,以及最终已然改变的日常领域的常态性之中。就这一后革命美学在真正的全球风尚中寻求自身的常态标准而言,就中国知识精英在都市中产阶级想象中期待自身的职业标准和社会归宿而言,"实验"这个词必须既照字面义来理解,同时也将其视为邓小平时代常见的粉饰之词和反讽用语。

将中国影像现代主义视为一场文化运动,一种形式建构,以及一种社会—意识形态的困扰,是要模糊内部阅读和外部阅读的边界。但这一阅读策略不能局限于一种时间维度,或是受限于民族现代化的议程。大体而言,中国与外部世界间日益增强的交流,在相当程度上规定了80年代中后期的社会和政治氛围,包括寻求自身表现的变迁中的日常领域、电影生产界的代际结构、此时此地的文化及思想潮流,以及中国电影理论和批评的范式转变等。这一交流给期待着电影新话语的观众所带来的深刻影响,深深地渗透于"第五代"的审美感受力,并直接呈现于电影语言的结构之中。对此影响的抵抗或是与它的斡旋,决定了中国影像现代主义的独特声调及其自身暗含的社会政治方案。从另一个视角来看,"第五代"美学的建构——它的影像符码,它的叙事原则——自身趋向于将神秘氛围拆解为占据着这一空间的意象、观念和权力之间的持续性交互作用,由此成为了这一类型背后的社会历史力量的记载。

  在接下来的章节中,我将以一种独断然而尖锐的区分来使用两个术语:"中国新电影"和"第五代电影"。虽然许多批评家对两个术语不加区分,但在我的使用中,它们意味着两种不同范畴的事物,我会在下面的讨论过程中逐步澄清两者的区别。在我看来,虽然中国新电影的概念不可缺少以"第五代"为标签的形式突破,它的意识形态空间却更富有异质性,在风格上也更为多样。我在这一更广的范围内纳入许多先于和后于"第五代"的电影导演所创作的影片;我也会纳入一些传递了社会和视觉意义上"生活世界"的新图景的"娱乐片"。新电影在此被理解为当下社会文化瞬间的再现,因此是一种历史观念,而"第五代"电影则被视为一项寻求"现代电影语言"的影像及话语事业,一种带着明白无误的社会政治信息的形式制品。作为建立现代体制的短暂努力,这一运动为社会与审美经验提供了过渡性的通道,后者在新电影中则以更为复杂的权力关系表达了出来。我将新电影看做是与当前展现在全球环境中的激烈社会变革并存的开放式进程,而将"第五代"视为一项失败了的事业,一种卓越然而流产了的尝试,它试图通过使媒介的可能性匹配于历史瞬间的可能性,通过将自身的机制掩蔽于国家的保护之下,来建造中国现代主义。它是一种乌托邦和英雄主义的尝试。对于"第五代"电影的历史性解读,既作为未完成的话语,也作为审美的过渡设计,将阐明 80 年代中国现代主义的冒险,以及作为社会、意识形态政权的邓小平时代中国的生涯。

  若干事件与思考的线索交织于此,决定了本卷章节的布局。一方面,是贯穿于 80 年代始终的中国电影纠葛的发展,"第五代"在这一时期脱颖而出所带来的骚动。从风格化的矫饰主义（Stylistic mannerism）到更为灵活多样的电影叙事或虚构的激进转化，包含着一种次一级的历史，一种历史分期的客观基础。另一方面，80年代中国电影批评话语内部的变化则提供了一个不同的观察角度；它形成了如下章节的隐含情节。

我将细致探讨若干电影文本（诸如陈凯歌的《孩子王》和张艺谋的《红高粱》），也会不断论及其他一些作品（例如陈凯歌的《黄土地》），但并不进行细读。对我而言，每一部影片都代表着对于新的文化意识和新的意识形态位置所面临问题的一种独特建构和再现。在处理这些问题时，每一部影片都探索着一种不同寻常的风格和技术。最后，每一部似乎都预示了——某种程度上可以说创造了——一个新电影的新的维度，这种新的视觉和影像维度的出现，总是对应着社会图景的变化。

如果在第七和第八章中，我将描述"第五代"神话被构建的社会与象征语境，那么，在十二、十三和十四章，我则会探讨这一建构表达了怎样的社会力量，以及文化与政治要素怎样被转化为寻求着其自身审美解决的视觉表现。坐落于两者之间的九、十和十一章，是对两部作品——陈凯歌的《孩子王》和张艺谋的《红高粱》——的解读，其中，"第五代"的一些历史和理论主题将获得明晰化。

虽然我寻求以一种叙事上富于建设性的方式来编织我的线索，却只能在有限的范围内做到这一点；历史—分析的职责与叙事—批评的取向之间的争斗，困扰但也启发着我，这将成为贯穿于本卷的内在张力。诸种主题和母题不能总是以一种平滑的论述得到处理。通过在它们之间跳跃穿梭，将它们相互掺杂混合，我希望能在各种社会空间与思想议题的交叠重合之中，实现一种寓言式的批评叙事，以此来捕捉和分析激进社会变革时代的文化构造。

（崔问津译，朱羽校）

第三部分

现代电影话语

第七章 "代际"政治:什么是"第五代"?

究竟谁属于"第五代"电影人？就事论事地讲,答案很简单:北京电影学院1982年毕业班的学生。某种程度上,这一极富生产性的小团体之所以获得神话般的地位,还是源自它传奇般的同质性和人员上的排他性。它的成员都是当代中国唯一一所提供电影专业正规训练的机构在"文革"后培养的第一批毕业生。其主要人物包括①:

陈凯歌,导演《黄土地》(1984)、《大阅兵》(1985)、《孩子王》(1987)、《边走边唱》(1991)、《霸王别姬》(获戛纳电影节金棕榈大奖)。

张军钊,导演《一个和八个》(1984,首部"第五代电影")、《弧光》(1988)。

张艺谋,《一个和八个》及《黄土地》的摄影师,之后导演《红高粱》(1987,柏林电影节金熊奖)、《菊豆》(1990,奥斯卡最佳外语片提名)、《大红灯笼高高挂》(1991,奥斯卡最佳外语片提名)、《秋菊打官司》(1992,威尼斯电影节金狮奖)和《活着》(1994)。

田壮壮,导演《猎场扎撒》(1983)、《盗马贼》(1985)、《摇滚青年》(1988)、《鼓书艺人》、《蓝风筝》(1992,东京电影节最佳影片奖)。

吴子牛,导演《喋血黑谷》(1984)、《晚钟》(1988,柏林电影节银熊

---

① 我在本书中探讨的导演和作品,是所谓"第五代"的"主流"的代表。我之所以这样选择,并非暗示有任何等级可以被强加于北影"82届"或是"第五代"运动的整体。那些没有在此提到的,诸如孙周、胡玫(这一运动中唯一一位女性导演),以及张泽明,其实他们的作品也非常有趣,特别是体现出了与一般"第五代"电影的差异性;对于作为更广阔的社会—文化范畴的中国新电影来说,他们有着文化与批评上的重要性,我将在后文论及这一点。

奖)、史诗片《欢乐英雄》与《阴阳界》(均为1989)。

周晓文,导演《最后的疯狂》(1987)、《疯狂的代价》(1988)和《二嫫》(1993)。

这些人都是同学。除了张艺谋和周晓文学的是摄影,其他人都毕业于北影导演系。

除此之外,"第五代"导演可以说是一个热切追求革新,而且摆出一副挑战体制姿态的独特群体。然而,我们从一开始就应该指出他们内在的多样性与异质性。这一"代"同样也以其成员间的互相竞争为特征。为了探索足够鲜明和独特的个人风格以求从其他人中间脱颖而出,这些导演在脱离更大的群体,甚至彼此之间互相分离这一点上,可谓是手段用尽。"第五代"导演显著的风格多样性与个人主义,已然被视为当代中国电影制作深刻转变的标志,后者在80年代上半期还得服从于一种无情的划一感。

尽管存在着这一多样性,客观环境、压倒一切的物质与政治条件、观念与经验在更大的社会文化语境中的密切交流,当然首先还是改造中国电影的集体冲动,为这一代提供了一种群体认同和个体策略。如同电影史上大多数的先锋作品,几乎所有"第五代"电影都是由摄影师、美工、录音师、剪辑导演、灯光师,以及严格挑选出来的非主流演员所组成的小团队集体努力的结果。① 作为同学聚在一块儿拍电影的经验,也许为我们理解"第五代"电影制作本质上的实验性提供了传记性线索。我并非意在概括以此种方式被创造出来的电影的审美特征,而是想探索形式的"内容",展示它的风格内在性是如何为外在的矛盾提供解决的。为了展现"第五代"电影演进为一场现代主义运动所处的空间,我将考察电影制造业的谱系结构和意识形态—象征关系,后者催生出想象性的现代电影语言的中国声调。

"第五代"电影,或者说作为整体的中国新电影,并没有现身为某种抽象的、自我界定的以及自我封闭的观念。它发端、成形于在特殊的文化和政

---

① 比如,在1987年,顾长卫同时是陈凯歌《孩子王》与张艺谋《红高粱》的摄影导演,虽然陈和张代表着"第五代"电影的两个相反的极端;巩俐,到90年代中期为止主演了张艺谋所执导的每一部电影,成为最有世界知名度的中国女演员之一。

治环境中(80年代)表述一系列经验(诸如"文化大革命"和改革时代的经验)。作为电影话语,它通过与其他众多话语进行直接或间接的对话实现了自身,这些话语包括前革命年代的遥远传统、居于特权地位的他者——不必一定是西方,毋宁说这一"他者"其实是世界电影①,以及它直接身处其中的话语环境(这一话语作为意识形态主流发挥作用,而新的视觉上的"新"通过反对它来界定自身)。因此,"第五代"对我来说不是静态的范畴,而是一种情境的能指,一种对于社会、文化困境的瞬时"超越",使这一超越得以可能的,正是80年代中后期象征—政治可能性的随机性聚合。当情境或环境改变的时候,"第五代"电影作为一场运动也必须经受重新检视,并且服从于实质性的界定。但是只要当下中国的新旧电影导演仍然面对着这一情境或环境的问题性和可能性,"第五代"就将提供富有启发性的参照系,来帮助我们思考作为中国新电影新阶段的当下电影探索。

本章试图呈现"第五代"电影的谱系。在这儿,谱系不是事件线性的、进化论式的图示化,也不是过去被编码的社会或文化起源。对我而言,谱系是共时概念,也是历时概念。它指向一种历史形势、一种根本性的意识形态空间以及无可避免的政治空间、一种张力和动力(其中,每一位参与者都以最为自然和致命的方式背负着一个特殊的历史时刻,背负着一种由不可磨灭的经验和记忆——正是它们使个人成为他之所是——所携带的瞬时的真理)。通过检视80年代中后期中国电影导演内部的代际结构,我寻求全然不同的诸种立场和观念的具体"星群",这些立场和观念在彼此的迎面相遇中,创造着不同历史的交叠重合。这些电影史以及社会史,释放出一道寓言之流,并触发了围绕着转变、定义和表征的权力而进行的斗争。

在这个意义上,"第五代"电影这一概念处于历史矛盾和表征矛盾的地域。即使它的当代锋芒指向着中国电影语言的现代化,其谱系性的位置却使自身从自己的神话制作中解脱了出来,所采取的方式正是将这一位置摆

---

① 日本电影及其杰出导演诸如黑泽明、大岛渚以及今村昌平,对于年轻一代中国电影人头脑里的"现代电影"概念(未必是西方电影)有着重大影响。塔可夫斯基则是另一个影响颇大的导演。

在社会—文化的分期当中。

就当代中国电影业内部的代际观念而言,"第一代"指的是在电影于欧美诞生之后最先将它引入中国并在20世纪最初二十年间开始制作早期中国电影的先行者。这一时期的作品主要包括京剧实录或是基于富有异国情调的传奇改编的短剧。动荡的社会变迁以及1911—1927年间的革命运动,几乎全然为这一时期的电影所忽视。"鸳鸯蝴蝶派"大多拒斥新文化运动以及"五四"之后的中国启蒙运动,这一派沉溺于毛泽东后来称之为半封建半殖民地社会的世纪末氛围中不能自拔,而且对这一氛围顶礼膜拜。即使郑正秋、洪深和田汉的早期电影作品有着不可否认的重要性,也已经激发起严肃的学术研究,这一代的遗产(乍一看,似乎充满了欧洲崇拜主义、感伤主义、唯美主义以及传统主义的色彩)相对来说仍然很少有人探讨。

"第二代"指的是30和40年代那些活跃而有才华的电影导演。他们探索了不同的电影类型和风格,尤其是发展了中国电影的现实主义传统。左翼文化是这一阶段的主导力量。这一代电影人除了对于社会—政治生活进行了有效介入之外,还将苏联电影与好莱坞的影响以及传统中国戏剧创造性地转化为视觉上令人耳目一新、政治上富有批判性的电影叙事,由此启发了往后几代电影人(甚至在当代仍有影响)。德国表现主义(法国先锋派的影响稍逊一筹)在这一代电影人身上有所反应,但不应夸大它的影响。相比于欧洲先锋电影的各种流派,30和40年代进步的中国电影的生产是自发的和反对形式主义的,电影在那个时候仍然是一种有待探索的新兴媒介。被一厢情愿地冠名为30年代中国电影现代主义的作品虽说风格多样,却往往有着理论上的不确定性。电影风格上的大胆创新,也更多是透过电影镜头毫不妥协地质问社会问题的结果,而并不是具有自我意识的实验。这就是为什么中国电影研究中的修正主义观点倾向于将现实主义诋毁为由左翼政治驱动的、不够连贯不够成熟的风格,因此也是一种"霸权性的、压抑性的"套路,说它就像一片巨大的有害的阴影遮盖了中华人民共和国的电影工业。一些批评家通过挪用这一充满生产性和动力性的时期,试图将30年代边缘化并重新定义为过早夭折了的本土现代主义的温床。然而,对于"主流"批评家和研究者而言,三四十年代是艺术进步与政治介入的年代,它的遗产赋予了共和国电影一种无可置疑的历史和审美正当性。"第二代"代表了这样一个阶段,它能够吸收之前的电影成就,并将它们转化成一种更大的叙事,从而使之能够再现前所未有的民族矛盾和阶级矛盾以及令人敬佩的电影感受性。这一时期电影的成就和意义甚至可以与二战后初期的意大利新现实主义相提并论。

很少有人会否认,这一遗产无论好坏,都在"第三代"那里获得了继承和彻底改造。① "第三代"由"革命电影工作者"组成。他们成长于中国共产党的部队,因"革命需要"自学了电影的制作。这些革命电影工作者用社会主义现实主义和社会主义浪漫主义标记了中华人民共和国电影工业的开端,并以之作为正式的风格。"第三代"电影的鼎盛期是50年代和60年代早期。在这一时期,事实证明中国社会主义不仅有能力进行工业化和社会动员,而且也足以培养生机勃勃的日常生活世界和公共文化。苏联电影的影响(比如瓦西里耶夫的《夏伯阳》,而非爱森斯坦的《波坦金战舰》)非常明显,正是它定下了社会主义现实主义的标准。然而,银幕上活跃着的还是具有鲜明"中国"特色的电影。毛泽东思想作为马克思主义的中国化和国家正统,决定了电影的首要任务在于表现中国革命活生生的经验,以及共和国独特的城乡生产、社会和政治结构。如果蔡师勇所言不错,那么苏联模式的引入对于提高中国电影现实主义的质量可谓有害无益;它提供了更为成

---

① 作为这些电影工作者的一分子,蔡师勇试图将30和40年代的社会主义挪用予以正当化。他这样写道:

事实上,从事三四十年代进步电影事业的绝大多数艺术家,在解放后都程度不同地成为人民电影的骨干。在他们带动下,中国进步电影的优良传统,不曾中断……例如,1956年在全国范围放映《马路天使》、《十字街头》、《风云儿女》、《夜半歌声》、《桃李劫》、《乌鸦与麻雀》、《一江春水向东流》等影片;1957年,上海影联举行"中国电影传统"座谈会;在"厚今薄古"之风盛行的"大跃进"年代,《中国电影》杂志发表了田汉的《影事追怀录》、洪深的《1933年的中国电影》等十几篇回忆、介绍解前十七年进步电影事业的文章;1959年,中国电影出版社出版了《"五四"以来电影剧本选集》;1962年,程季华同志主编的《中国电影发展史》(初稿)第一卷、第二卷出版;1963年,中国电影资料馆在北京、长春两地举办《三十年代优秀电影观摩》,公演《春蚕》、《姊妹花》、《船家女》、《神女》等13部影片。怎能说新中国电影工作者对于前十七年的优秀电影传统毫无所知呢?

(《现实主义和中国电影的两个十七年》,《当代电影》1985年第3期)

熟的电影技术和社会主义人道主义向度,由此有效阻止了当时十分盛行的日丹诺夫主义。蔡师勇指出,通过新中国初期有限的国际交流,"第三代"导演意识到"现实主义在全球规模上迈进的步伐"①。

更为重要的是,这一电影类型以其显著的意识形态,提供了毛泽东时代中国早期集体经验的珍贵记录,这是一个如今不为人知的"地带",然而它在某种意义上仍然作为文化的政治无意识坚强地存在着。并非如同倪震所指出的那样,50年代制作的电影展现了一种"社会主义美学",或仅仅是展示"社会主义新人形象"的画廊②——虽说我们很容易就能感受到从这些电影流露出来的改造日常世界的活力与自信。诸如《白毛女》、《董存瑞》、《李双双》、《老兵新传》、《二月》、《林家铺子》以及《舞台姐妹》,可谓是中国版的约翰·福特电影或《卡萨布兰卡》。这些影片连同一系列的传播模式,诸如公共集会、连环画小人书、宣传册和舞台表演,极大地促成了社会主义大众文化的形成,由此反过来重申了社会主义日常世界的意识形态正当性。在我看来,这一日常世界及其意识形态强度,似乎成为了社会文化厚实、划一的基础,正是这一基础成了无产阶级"文化大革命"(1966—1976)的特征。

"文革"一代(正是从这一代人中间走出了"第五代")的两位批评家——贺琦和刘小勇,感到有必要向父辈们致敬——虽说他们是那么奋力地寻求超越前者。他们比较了"第五代"和这一代——"延安一代"③,使用了一种在他们而言并不常见的自我批评的语调,并表现出一种让人熟悉的

---

① 见《中国电影》1956年第1期。

② 见倪震:《电影与当代生活》,《当代电影》1985年第2期。尽管受到了未得善终的"清除精神污染"运动的干扰,1985年前后的思想氛围仍是活跃且激动人心的。因此,倪震的评论不可以被简单地打发为另一种迎合政府的思想,而应被视为革新性的批评家与自身传统的妥协。

③ 延安是抗战时期(1937—1945)中国共产党的根据地核心。正是在延安时期,在第五次反围剿中失败了的红军演化为令人生畏的人民解放军;正是在延安,毛泽东思想成为了一个精细的体系,并将自身建立为中国共产党的正统;正是在延安,游击队的领袖们为"新中国"规划了蓝图。因此,延安是中国革命的圣地、中国马克思主义的诞生地、中国启蒙的路标,也是中国社会主义的历史使命与活力的乌托邦式象征。埃德加·斯诺的《红星照耀中国》记录了一位美国记者在30年代早期访问延安的感受。在讨论陈凯歌的《黄土地》的时候——延安在这部电影中的在场(以及缺席)至关重要,我将回到"延安"这一问题上来。

迟来者的苦涩：

> 大陆第五代导演对"生活"的感知和直觉其实相当贫乏，你很难在他们的作品中发现活泼无为的"观察力"。我说延安那一辈尚属"幸运"，是说在当时集体的往往就是个人的。例如崔嵬的电影不做作，不矫情，他有真话要说嘛。那一代的许多艺术家的早期人格是健全的，远比我们健康、强旺。相较之下，第五代导演的人格成长太扭曲了，这就说到我们这一代人的痛处了：咱们生来就不是一个"个体"。

这两位评论家感到他们同时代人所缺乏的，正是他们在怀旧的片刻把握到的某种积极的、建设性的经验，这一经验是由某个得天独厚的历史时刻所给予的。他们悲叹随着参与正在展开的历史，"第五代"导演的实践迸发出粗犷的创造力，然而纯真的东西却由此失落了。尤其有趣的是，他们认为社会实践而非艺术创造，构成了"真正的个性"。对于志在从革命史的符咒中解脱出来的"第五代"导演来说，那些形象代表并且保存了一种不再向他们开口的历史—经验库存。然而，被遗忘的时代却延伸进了新时代——有时作为梦魇，有时作为乌托邦。无论以哪种形象出现，它都将自己强加于后革命图景之上，并宣告了自身不可磨灭的存在。谢晋，这位《红色娘子军》（1963）的导演复出于80年代，创作了一系列社会和政治上极具影响力的电影作品，由此催生出所谓的"谢晋模式"。① 被年轻一代批评家和电影导演冠名为"中国好莱坞"的谢晋电影有着自身的文化与政治重要性；而且，这些电影以一种"第五代"无法企及的方式获得了公众的青睐（仅有两部新浪潮电影与其地位接近，即《黄土地》和《红高粱》）。

"第五代"电影人实际上对抗和挑战的对象，并不是某种力图使自己的关切获得理解的声音，而是强大且居于主导地位的视觉话语，这一话语代表了官方意识形态并且制造出官方叙事。"第三代"电影同所谓革命历史小说一起，既提供了"现实"的正当版本，也提供了唯一正确的历史"主旋律"。

---

① 谢晋在新时期的作品包括《天云山传奇》（1981）、《牧马人》（1983）以及《芙蓉镇》（1987）。

"文化大革命"摧毁了"十七年"(1949—1966)时期革命日常世界与国家支持的专业主义之间岌岌可危的平衡,取而代之的则是日趋升级的革命通俗文化,由此却反讽性地导致了全然常规化和漫画化的政治图解公式。如果说大众革命的乌托邦的长远影响仍有待考察,公众对于这种公式的反感则是推动寻求电影新语言的主要社会力量之一。新时期给了前"文化大革命"时期的电影第二次生命。作为共和国早期电影——正是新兴的社会主义日常世界激发了这些电影的创作灵感——的对立面,复辟了的十七年美学或伦理学具有感伤主义和"散文气"(prosaic)特征。陈旧的电影语言和平庸的作品使得主流电影工业面对变迁中的社会潮流和文化环境时,被迫采取守势。如同"第五代"导演所喜欢强调的那样,中国电影制作向文学与戏剧的彻底投降,压抑了电影作为一种相对自主的媒介的探索。对于电影进行政治性利用在"文化大革命"期间达到了顶峰,在这之后,隐含于这一媒介中的微妙的审美与意识形态可能性,大都为专注于去政治化和现代化议程的新时期主流电影所忽视。为了重建社会秩序,社会主义现实主义与其说记录了80年代新兴的经验,不如说记录了一种(既是政治的也是审美的)英雄主义的失落。这一环境不仅为以审美突破为形式的电影语言创新留下了巨大的空间,也为各种互相竞争的意识形态在世俗化的无主之地(no-man's land)上宣布各自的领地留下了巨大的空间。

  构成延安一代和"第五代"之间"父子冲突"基础的,正是贯穿中华人民共和国历史的社会与意识形态变迁及冲突:理想主义的50年代;国家官僚体制的常态化;"文化大革命"期间毛泽东的政治实践向政治狂热主义升级;接下来是整个社会的彻底幻灭,接踵而来的则是创造了新的社会动力的政治修正方案和经济改革。重新组合起来的主体——这一主体将自身呈现在表意和发明的行动当中——构造出了一种新的视觉现实和社会图景,这两者与后革命的日常经验及其意识形态、想象正相一致。80年代中后期异峰突起的电影革命在自己的审美结构中承载着改革(在此,我使用"改革"这一术语,与其说是邓小平政治策略的委婉说法,毋宁说是某种集体实验的合宜的能指——即使两者在现实中难以分离)的两个基本的悖论式主题:

一、寻求超越正统或惯例意义上的社会主义和资本主义的中国式替代性方案;二、进入现代(同时亦是后现代的)世界体系的欲望。只要社会主义国家及其代表的生产方式的存留仍然是这一集体冒险可能性条件的关键组成部分,"社会主义现实主义"作为这一存在的话语机制,依然是改革时代的现代派力图挣脱的桎梏,创新行为正是凭借这一对象在社会—文化环境中烙下了自身的印记。

就在"第五代"导演向体制开战之前,有这样一个短暂的时刻:某种更为温和、更为暧昧的挑战指向了主流——或者毋宁说是在主流内部展开,这一时刻,正是属于"第四代"电影人的时刻,虽说这一时刻是那么模糊,那么不稳定,而且让人觉得不舒服,却值得我们再次审视。"第四代"由社会主义中国培养的首批"专业电影导演"组成。他们在50年代后期或60年代早期接受了相对正规的训练,但一直到"文化大革命"之后(1976)才获得独立制作电影或是发展自身风格的机会。这一代所受到的压制及其复兴的社会与文化意义往往被低估了。以"文化大革命"为界,充满着动荡经验的时间跨度决定了他们在新时期电影生产中的潜力与局限性。"第四代"导演同更老以及更年轻一代的重叠与不可避免的竞争,使得他们的作品在立场上显得很不稳定,在表达上显得暧昧,在内容上表现出自我矛盾,在影片组织上则取一种折衷姿态。"第四代"导演对于一切都没有太大的把握,却又坚持着他们已然暗地或公开质疑的东西,尽管如此,他们依然以怀旧的追寻者的姿态登场亮相——追寻形塑了自身经验的社会主义时代的真善美。年轻一代觉得他们在追求新事物时显得不情不愿、十分笨拙,充其量只是相信廉价人道主义与历史主义的尴尬信徒而已。对于老一代来说,他们只不过为了赶时髦,成了"现代派"不知羞耻的追随者——在那个时候的官方语汇中,这是一个多少有点猥亵的词语,指的是无耻追随资产阶级的颓废,沉迷于琐碎的"巧技"。倪震,这个自觉认同这一代的电影批评家,对于"过渡的一代"有如下观察:

> 这一代中年导演平均年龄在四十五、六岁左右,"文化革命"使他们独立创作的起步整整推迟了十年。然而,像压紧了的弹簧爆发力格外强大一样,当一九七九年他们作为一个群体登上影坛,呈献出第一批

处女作以来,很快发展成为我国电影中的一支中坚力量。他们的特点是:(1) 对于十年动乱后期,新时期开始初期的社会矛盾冲突,开掘得比较深入,把握得比较准确。刻画历尽磨难、在创伤中崛起的思考的一代主人公形象,有其时代的美学特点。他们之所以受到社会承认,与广大观众感情相通,就在于提供了像《巴山夜雨》、《邻居》、《人到中年》、《沙鸥》、《都市里的村庄》、《逆光》、《没有航标的河流》……等一批作品,发出了一代主人公内心的呐喊,闪烁出奋斗者们坚韧的性格光彩。(2) 八十年代初期电影创作变兴的同时,理论上出现了大发展,他们一面积极创作,一面活跃在理论阵地上,并常常处在漩涡的中心,在电影语言、电影观念、电影本性诸方面的争论中,形成具有相近见解的群落。从他们的论文中,以及导演阐述和拍摄总结中,可以看出他们进行着一种具有理论意识的创新活动。(3) 由于他们的年龄、经历、所受的教育和知识结构、人生观和伦理观、创作心理和一般性格,他们是一群具有很深的传统烙印的六十年代人。这决定了他们有很好的继承性,同时也带来了他们的局限性。他们本质上是属于传统美学观念的,他们是传统现实主义方法的恢复者和继承者(对于十年动乱破坏现实主义方法而言),他们是中国传统电影和中国未来现代电影之间的桥梁和铺路者,他们的作用和意义是:过渡的一代。①

倪震指出了一点,即"第四代"导演在很大程度上正是中国电影现代主义兴起的一部分。然而,尽管上述言语间流露着感伤的语调,他似乎并不想说,这一代的经验催生出遭到新浪潮遮蔽的另一种可能性——意味着某种不同形式。但是,当环绕着"第五代"审美突破的神话烟消云散时,当技术上以及理论方面的专门技能变得更易得到,从而在社会与政治的意义上也不再那么令人震惊时,"第四代"导演证明了其实他们十分善于用影像上复杂精致的方式来表达自身的政治关怀与艺术感受性。某种意义上,"第四代"只是在"第五代"之后才成为自身。80 年代中后期的许多重要作品都是这一

---

① 倪震:《电影与当代生活》,《当代电影》1985 年第 2 期,第 52 页。

代导演的作品,它们为中国新电影的历史与形式复杂性做出了贡献。这些作品包括吴贻弓的《城南旧事》(1983)、颜学恕的《野山》(1985)、黄建中的《良家妇女》(1985)、谢飞的《本命年》(1990)和《香魂女》(1992,获1993年柏林电影节金熊奖)、张暖忻的《青春祭》(1984)和《北京,你早》(1991)。在这些影片中,我们可以看到影像本身的动力与一种对于当代日常生活的细致观察——包括这种生活的物质现实,它的世俗轮廓与分支,以及它对于普通百姓的影响——之间令人耳目一新的结合。因此,他们得以参与到对于后新时期电影的界定中来。1989年后中国电影的特征——对于都市的再现、向日常生活的回归、电影类型的分衍以及"艺术"电影与诸如惊险片、中国西部片、情节剧甚至功夫片等电影类型的融合,最后还有意识形态以及文化上不同的表象风格——都意味着社会生活及其文化与政治内涵的新的基础。

但"第五代"导演在1982年前后所遭遇的是这样一个大一统的、缺乏艺术创新的、压抑的领域,以至于他们不得不在新一代的自我形象、对于语言与个人风格的渴求,以及一种变化着的现实的内在形式面前接受挑战、改造和重新定义。"第五代"栖身其中的代际结构应该被理解为一种政治上的隐藏内容、一种文化史上的彻底断裂。它同前几代的关系表现为:抽掉了"第五代"对于中国电影传统的继承纽带,同时将它连回到某个集体视域当中,这一视域寻求着新时期里新的话语主体。"第四代"与"第五代"的区分是彻底而决绝的:如果说前者试图将新的电影技术整合进大体上还是前"文革"式的惯习(habitus)当中,从而来建构一种怀旧的话语(人文主义、社会主义日常世界内部的世俗秩序、道德、美或是爱),后者则被卷入到某种动荡紧张的关系当中——即精神创伤、创造的激情以及媒介自身的根本不发达状态之间的紧张关系。"第五代"遭遇到的这种根本性的震惊,产生了"将内在震惊的原材料转化为银幕上的伟大象征"[①]的驱动。这一困境将年轻的电影导演们投入了一个文化荒野,以至于整个视觉世界似乎都必须由

---

① 可参看拙文《银幕上的象征之物与历史之物》,《电影艺术》1989年第5期,第11—16页。

一种持续的理性努力来重建。这一被投射出来的象征总体性遭遇到了已然变化的社会图景,后者并没有作为内容汇入这一总体性当中,而是作为它的视域和见识——或者毋宁说,幻觉——融合了进去。从这些幻觉出发,陈凯歌和他的同学们得以建构起一个奇观的世界。

我们可以简单浏览一下这一代的社会面貌。年轻,然而并非那么年轻(他们是中华人民共和国的同龄人),他们中的大多数人都经历了"文化大革命"(无论是抱着积极的态度还是消极的态度),作为红卫兵,或是在1977年高等教育正式恢复前作为知识青年被送往乡村。① 这一创伤性的然而又富于建设性的经验(如果回过头来看的话),成了"第五代"电影政治美学结构的基础。对于某些电影批评家而言,"第五代"电影天然地、不可分离地与红卫兵和知青运动纠缠在一起。如同胡克和姚晓蒙所指出的那样,许多"第五代"电影都或隐或显地具有自传性:

> "文革"之后,偶像的跌落和理想主义的消散把这一代人尚未完成的成长变成了一种艰辛的自我教育和自我探索的过程。寻根派文学就是随着这种探索和反思逐渐找到方向而出现的。知青运动在这代人心灵中留下了深深的伤痕和思想印记。在"上山下乡"的过程中,他们一方面从城市中被放逐出去,另一方面,在农村也没有找到立足之地;他们既有一种优越感,又有一种自卑感,所以往往难于找到自己在社会中的位置和认同感。这是孤独的一代。《黄土地》中的顾青和《孩子王》里的老杆儿都是游离于土地和人民的过客,他们来了又走了,占据他们思想意识中心的是一种孤独感和流放者的情怀。因此,当"第五代"导演以电影语言创新的方式反叛"红卫兵"运动的自我神话和社会陈规

---

① 知青按照字面意思就是"知识青年",指的是那些在"文革"中被送往乡村的年轻人。历史学家和社会学家对于这一现象有着如下解释:一方面,它建基于毛泽东的信念,即"资产阶级教育体系"必须被摧毁和重建,以适应训练革命知识分子的目的。但是作为一项强制性的国家政策,它同样也被设计来重新分配急速增长的中国人口,解决城市就业的问题,以及减少"城乡差别"。"到农村接受人民再教育"和"广阔天地,大有作为"是"上山下乡"运动中最常被引用的毛泽东语录。关于知青运动与"第五代"之间的关系,托尼·瑞恩斯有着简明透彻的讨论,见 Tony Rayns, *The King of the Children*, pp. 3-9.

时，他们内心深处也强烈渴望着社会接受和认可，这是他们的作品在世界范围里大获成功的灵感源泉。①

这些未来的导演们在电影学院所受的"专业"教育值得一提。如今声望极高、颇具精英主义特征的北京电影学院，在"文革"之后的数年中其实设施落后，人员缺乏。当代电影史与理论方面的图书馆藏几乎不见踪影，而它所招收的学生则刚刚从乡村回来，基本上没有什么阅读外文材料的能力。教授们在"文革"期间被剥夺了教学和研究的权力，自身也急于获悉过去十年间国外电影领域的状况。然而，除了媒介训练方面的基本设施和教育结构不尽如人意，有一点却使北京电影学院拥有了特权地位——即不断扩容的当代外国电影胶片或录像带的收藏。由于受阻于教科书的短缺以及不够充分的课程准备，教授们决定让学生通过观看任何可以弄到手的电影来学习如何拍摄电影。1978 到 1982 的四年里，这些外国电影为未来的新浪潮导演们提供了"专业"训练。因此，当老一代导演们正在徒劳地忙于恢复真正的社会主义现实主义，或是探索（对于那些学院派来说，可谓是无目的地）"电影创新"，这些大学生们却只是远远地观望这一情景。在更为细致的审视下，这一距离不过是一种个人化的空间——由维斯康蒂、伯格曼、费里尼、安东尼奥尼、特吕弗、戈达尔、法斯宾德、帕索里尼②、黑泽明，以及塔可夫斯基所构成的空间。现代世界电影正是由以上一系列人名来界定的，从这个优势视点来观察，实现中国电影现代化的使命变得具体了；北影 1982 届学生看到了将现代中国动荡的历史搬上国际电影节光彩照人的银幕的必要性。③ 这一情境创造了一种空间——在这个空间里，邓小平时代

---

① 见《中国新电影座谈纪要》，《电影通讯》1988 年第 12 期。
② 因为性爱内容，帕索里尼的电影在 80 年代的中国基本上被禁映。然而，他的剧本与理论作品（尤其是"电影诗"）却在激发"第五代"的电影观念革命时扮演了重要角色。
③ 在《蓝风筝》（时代设置在"文革"期间）获得东京国际电影节大奖后，田壮壮向媒体讲述了他的早期影片《猎场扎撒》和《盗马贼》的拍摄。这两部作品赢得过广泛的赞誉，并被视为"第五代"电影历史性出场的标志性作品，虽然它们并未获得任何主要电影节的大奖。根据田壮壮的看法，纪录片式风格、最低限度的情节线索、文化与自然的仪式化象征，以及非人之物间的"对话"——所有这些都被视为"第五代"电影语言的标记——都是一种策略而已，目的是为了使他的电影在国际电影节上更易被外国观众接受。

的中国被带入了世界电影的奇观之中。用阿多诺的话来说,这是现象变成单子的瞬间。

"第五代"电影中无所不在的作者的"签名"不应被归为充斥于新时期文化空间的颇成问题的主观性或"主体性"。"第五代"电影就跟其他文化现象一样,其实是它栖居其间的社会与象征性现实及可能性的建构。这一情境性的存在呼唤着一种强烈的主观性介入。说是主观的,并不是因为它植根于私人内在性独特的、不连续的空间之中,而是因为新时期的社会政治律令与人道主义情绪如同"第五代"所认为的那样,必须通过一种超越了它直接的物质背景,指向更高的、更为可靠的象征性秩序的独特语言表达出来。这一象征性秩序即是所谓的现代主义。它不仅指由欧美经验历史性地创立起来的审美体制,也指受到全球资本主义规定的当代社会—意识形态体制。这些凭借国际文化市场现身的社会—意识形态体制使"象征"成了真实。"第五代"导演是这一秩序最有意识的——和最焦虑的——对话者,这一点确定无疑。然而,"第五代"导演极力将这一秩序视为纯粹审美性的存在,视为自身具有内在的、绝对的价值,这个事实揭示出这一主体在新时期的社会起源与意识形态构造。"第五代"电影人将自己敞露在不同语境及秩序当中,这迫使他们(也使得他们能够)在自己周围收集起一切可获得的寓言形象,从而得以栖居在一种受庇护的内在形式当中,以求在席卷一切的变迁中确保意义和连续性。"第五代"导演面向这些语境,由此在中国电影史上首次树立了这样的目标:想成为审美对象,想让电影导演成为艺术家,想要在形而上学的或者毋宁说是寓言的层面上评价民族文化与历史的总体性。通过这些不同语境与意识形态之间具有创造力的张力关系,通过形式的辩证法,这一现代主义的介入也成为了呈现变迁中的社会物质现实的存在之澄明(clearing of being)。

由于同新时期的社会和文化动力机制混杂在了一起,一代人被压抑的经验在一种错位了的象征性秩序中找到了自己的位置。当现代世界电影的新视野向重新集合起来的自我意识许诺了一种特权位置时——可以从这一位置出发重新定义中国的电影制作领域,这一位置立即向整个领域发射出震荡波。1984年末《一个和八个》及《黄土地》上映数月以后,倪震为这一

代画了一幅速写,从中我们可以获悉这些新来者的同盟与竞争对手对这一代的理解。他写道:

> 和中年一代迫近现实的创作起步相反,最年青一代导演的处女作,恰恰是从对民族历史的再思考开始。以《一个和八个》和《黄土地》为代表,表现了这种思考的哲学和美学的深度和分量。银幕不再只是表层情节充斥的场所,而展示出空间和时间运动中特定的历史内涵。辽阔的高原和空旷的大地,缓流的时间和沉寂的节奏,雄沉的气度和铁一般坚硬冷峻的人物,构成了这一代人奏出的最初几个音符,却又是强劲有力的音符,显出了和作者的年龄不相一致的成熟。是的,他们是幸运的一代,不幸的一代,阅历丰富的一代,有所偏颇的一代;知识结构复杂的一代,缺乏应有的传统联结线索的一代;对艺术传统中不合理因素有合理性叛逆的一代,对传统艺术中正确的因素缺乏冷静继承性的一代。这一切,都是历史投射给了他们,他们又反射到银幕上了。①

当代中国电影的史前史完结于作为官方表征模式的社会主义现实主义的兴起,新一代电影人或是新引进的电影语言范式则遭遇到了由仍然延续的"第三代"遗产以及正在上演的"第四代"电影话语所组成的领域。在这一历史关头,80年代早期的电影领域所发生的社会文化的变迁,在某些人看来,背离了中心倾向,或简单地说,"焦点不实"。早在1983年,李兴业就作出了如下观察:"似乎在眼前晃动的是焦点不实的视象,缺乏清晰感——思想的清晰,形象的清晰、风格样式的清晰。"他接着说道:

> 对于电影创作的未来兴衰,艺术技巧与形式的探讨固然重要,但更重要的是仍需有切切实实的真正的内容,是银幕如何更鲜明、更生动、更广阔地反映生活的急剧变化,反映变化中的人,反映感情领域的丰富与美好,反映充满矛盾然而又朝气蓬勃的时代精神。②

虽然听起来像是为社会主义现实主义的正统性(以及新时期的正当性)辩

---

① 倪震:《电影与当代生活》,《当代电影》1985年第2期,第52页。
② 见李兴业:《收获,欠缺与期待》,《中国电影年鉴》(北京,1984),第256—262页。

解,李兴叶却正确指出了一点,即新引进的"变化"与其说是纯粹的形式或技术问题,毋宁说是得之于社会与意识形态领域的变化,也是对于这一变化的回应。由此,他依照现实世界中未决的变迁来看待形式上的歧义性。新的社会空间的生成,创造了贯穿整个新时期的某种情境,在这一情境中,很少有人确切知道如何调整他们自身,如何以一种非试验性的方式来回应现实。在日益无法命名的空间里,甚至在彻底的认识论上的断裂中,一种新的表意结构不得不被发明出来——赋予世界以形式。这一形式并不仅仅是无数可获得的选择中的一种,而毋宁说是所有当下形式的寓言式总和,它以形而上学的精确与稠密呼应着内在的现实。德勒兹的《电影2》在谈及二战后的欧洲电影时,有如下段落恰到好处:

> 那种趋于坍塌,或至少丧失了它的位置的,正是某种传感—动力机制(sensory-motor schema),这一图式构成了旧电影的行动—意象。由于这一传感—机动链接的松散,于是时间,"纯粹状态中的极小时间",浮现在了银幕的表层。时间不再源自运动,它显现于自身,而自身亦产生了虚假的运动。①

在中国语境中真正趋于坍塌的,正是社会主义现实主义话语中对于现实严丝合缝的构建,它不仅脱离了后革命生活世界细微的社会构成,也压制了突然展现在新时期面前的"文革"时期的集体经验。换言之,在全新的物质条件下,这一经验——尤其当这些经验具备了红卫兵一代所熟知的活生生的形式时——发现自己已经为一种审美(如果说还不是政治的)风格或历史形式的出现做好了准备。在姚晓蒙和胡克研究"第五代"导演的社会心理学构成的开创性著作中,他们提出,"红卫兵心态"——意指颠覆既存秩序(官僚化的社会主义)的热情,却又将自身的反叛能量交付于更高的事业(体现于毛泽东本身的革命理想主义)——与促成"第五代"电影形成的审美工程之间,有着紧密的关联。一旦社会主义现实主义的传感—动力机制被等同于官僚主义(本质上与现实相脱离)老套的话语,"纯粹状态中的

---

① Gilles Deleuze, *Cinema 2* (Minneapolis, 1989), p. xi.

极小时间"便已然作为感觉与观念的新体制建立了起来。这一无时间性的纯粹状态,构成了《黄土地》到《红高粱》一系列电影的影像空间化的基础。然而,"第五代"电影总是被卷进生产方式与社会结构变迁的漩涡,总是受到政治理想与集体欲望的锻造,由此作为一种更深的现实的解放性显现被掷回历史的领域。并非时间本身停滞于后革命时代,在这种情形中,作为体制的艺术必须分离于社会实践(依照彼得·伯格的看法,这是古典资产阶级社会所发生的情况)。这一"纯粹状态"与其说建基于艺术与社会的彻底区分,不如说建基于变化了的社会文化矛盾模式所带来的创造。它携带着自身的传感—动力机制,致力于重新书写自己的历史。由此,两种历史(帝国的与日常世界的)间的滑动,指向了作为审美突破的当代中国现代主义特殊的社会—意识形态内容。

在这一参照系中,新浪潮电影无论自觉与否,都试图通过转向许诺了某种自我封闭的表意空间(和逻辑)的电影现代主义,来超越现存领域。新电影话语指向的符号学体系,被证明既是指涉性的,也是自我指涉的。"第五代"电影并未在纯粹形式中寻求庇护,或是在审美领域内建构以自我为中心的空间,而是采取了比前几代更加政治化的立场,后者似乎承担着主流意识形态标准意象的复制者角色。"美学即政治",这一事实在这里有着最为具体的含义。在国家所掌控的环境里,开始谈论自身的过去,形成自己的立场,当然首要的是在表征领域呈现自身的经验,这意味着迫切要求一个新的领地,要求将异质性引入同质的空间,要求直面如此行动的社会与政治后果。政治性的动机可以追溯至1976年春天安门广场上的抗议行动,这是一个在社会谱系学意义上命名了这一代的事件。我并非想说新一代的意识形态空间仅仅是代际性的;事实上,它与时代的集体经验不可分离,并将自身呈现为作为整体的社会生活诸多矛盾的话语性结晶。

(崔问津译,朱羽校)

第八章　现代电影语言的形成

与"第五代"电影的实践相平行,并且为它提供了参照系的,是一种理论话语。电影实践与这一理论话语之间的互动在改革时代创造了"现代电影语言"。在本章里,我主要关注的是电影新浪潮是如何直接或间接地通过"现代电影语言"的概念来界定自己的电影实践,并反过来通过这种实践确定了"电影语言"本身在"新时期"的社会性理解。这一影响与反影响之网形成了某种物质语境,在这一语境中我们得以从理论以及批评的角度来处理意识形态冲突。这并不是说,关于电影语言的讨论需要成为"科学的"讨论,也不是说,我们主要应该从方法论角度来看待这一讨论。相反,"现代中国电影语言"概念从它可获得的象征资源那里演化而来,但却由此而提供了另一种角度来考察一个特殊的历史时刻,这一历史时刻通过电影领域,经由特殊的影像现代主义的中介得以折射出来。

"现代世界电影"的概念

"第五代"导演及其理论领域的同道强烈地渴望建立某种自给自足的表意系统。后一个群体主要包括电影剧本的翻译者、西方电影理论与电影史的研究者,以及有理论旨趣但未必身处"电影界"的批评家。早在1979年,一些电影导演以及批评家已经期待中国电影的新进范式能够决定性地重新定义落后的、传统的中国电影。影像突破这一想法在张暖忻和李陀《谈电影语言的现代化》一文已有体现,文章正是以一连串提问开始的:

在分析我们的电影为什么落后于形势的时候,可以从另一个方面

(这个方面常常被人忽略)提出问题:我们在有关电影艺术的理论研究方面状况如何?我们有比较系统又比较先进的属于我们自己的电影美学吗?我们电影艺术的实践,是否有明确的美学理论做指导?还是带有很多盲目性?我们对近年来世界电影艺术在理论和实践上的发展,有清楚的了解吗?我们应该不应该向世界电影艺术学习、吸收一些有益的东西?如果把我们电影艺术的理论和实践完全同世界电影艺术的发展割裂开来,采取一种"闭关自守"的姿态,这是正确的吗?这样做能否促进我们的电影艺术的发展?等等。

这一连串的问题,是无法回避的。特别是由于目前我国电影的落后局面,我们更应该正视这些问题,无论从理论上还是实践上,努力对这些问题给予回答。①

这些问题当然是修辞性的,可是张暖忻和李陀要求的却是实质性的回答。他们面对的是那些开始拥抱开放视野却又迷失在蛮荒之中的电影导演,正是物资和符号"贫困"阻碍了后者。他们表明了某种新的立场,它关系到重新定义既存的语境。某种意义上,他们为此后数年间中国电影语言现代化的理论与实践定下了基调。

中国新浪潮电影将自身构想为电影新观念的承载者或化身,在某种程度上,这一点也得到了承认。然而,这一电影新概念到底是什么,却仍旧模糊不清。"第五代"导演从来没有尝试去回答这些问题,也没有因为要为这些问题提供答案而烦恼:理论阐述并非他们的强项(即使陈凯歌似乎常常对中国历史、古典文学和道家哲学有所提及)。他们的电影观念是实践性而非理论性的;他们的想法往往随意取自可以弄到手的外国电影,而且在有意挑战老一代电影导演的影像符码以及与不同的文化、思想和政治潮流进行斡旋的过程之中得以成形。这一电影领域里随机性的自我定位而非任何产生于内部的想法或规划,使"第五代"导演可以自由地、有时不负责任地从任何可以弄到手的东西那里获得启发。在这个意义上,新电影本质

---

① 张暖忻和李陀:《电影语言的现代化》,侯建平译,收录于 *Chinese Film Theory: A Guide to the New Era*, edited by George S. Semsel, Xia Hong, and Hou Jianping(New York, 1990), p. 10.

上——即是说,在语言上——是一锅大杂烩,也是一场审美政变,其目的正是同时置身于权威性的官方话语和西方电影所导致的影响焦虑之外。它是由"第五代"导演自命为民族新电影立法者的幻想串联起来的现代主义拼贴画。作为在电影生产领域出现的一种挑战性实践,"第五代"导演似乎总是做好了颠覆既存秩序的准备,同时又接受更高的权威——不论是现代主义艺术的体制,还是新出现的社会主义市场经济所带来的大众意识形态。

我们可以从两个角度来处理语言结构与其历史环境间的关系。首先,后革命社会的意识形态碎片化(作为国家在文化生产过程中逐渐丧失主导权的后果,而且这一后果已经清晰可见了)和物质条件(社会主义市场经济的兴起),使"第五代"电影导演得以从自身直接的传统中解放出来,并且重新使自己定位在一个仍有待于探索和定义的开放空间当中。其次,精神空间与象征空间在一种特殊的文化与心理环境中彼此相连。

第二点需要解释一下。年轻一代电影导演在"文革"期间经历的经验性创伤,跟在电影学院观看特吕弗、黑泽明或塔尔科夫斯基时所体验的形式—技术震惊,在心理—寓言层面上是可以互相交换的。这两种经验一同激发出寻找属于自己的语言的冲动,这种语言能够让人觉得既现代又熟悉。这些不断交换的心理经验的不同层面或维度,创造出一种复杂的机制,在银幕上它可以看做是"第五代"导演隐藏的"签名",对于我们理解电影语言来说也至关重要。从物化的传统表征方式中脱离出来的斗争,成了一种政治、审美和个人事务。[①] 在关于这一先锋群体的"审美彻底性"的激烈争论中,正在进行重新编码工作的意识形态含义在一些电影批评家那里得到了强调。对于姚晓蒙来说,只要所谓"语言结构"(the linguistic)被视为"现存"的意识形态结构,中国新电影在本质上就是"反语言"的。他这样写道:

> 在反语言性间,存在一种颠覆性和革命性的东西。如同拉康所阐

[①] 在《〈黄土地〉:西方分析与一个非西方文本》一文中,邱静美(Esther C. M. Yau)指出:"《黄土地》从现代主义立场对于中国文化与历史进行了批评,它的力量来自于将资产阶级民主视为替代性方案的主张,这一主张显然处于潜文本的层次而且是非批判性的;正是……文本中的这一构造吸引着全球知识分子。"见 *Film Quarterly* 第41卷第2期(1987—1988年冬),p.31。

明的……即使语言是集体的和客观的,它的语法规范却导引着人无意识地服从社会秩序。在经典[中国]电影中,巧妙的语言技术似乎使观众经由幻觉退回到想象界。然而,中国新电影寻求颠覆传统语法,将观众置身于想象界与象征界之间令人困惑的地带,由此使对整个象征性秩序的批评式反思成为可能。①

"第五代"电影对中国经典电影符码的颠覆,肇端于80年代政治与经济体制的全面改革这一更大的语境。在社会转型的过程中,"第五代"电影不仅"颠覆了"旧的象征秩序;作为改革的隐在支持者,它也积极参与了关于新现实的意识形态话语的缔造。

即使话语自由一般而言更具意识形态性而非现实性,它仍在"第五代"导演的作品中随处留下了可见的踪影,在他们的创造性中烙下了自己的标记。"第五代"导演在文化上对于自己所继承的专业传统(电影上的社会主义现实主义)的背离,在意识形态上其实是对现状的不满,是寻求新的精神空间以及社会可能性的反叛举动。当"第四代"电影导演仍然试图发掘前"文革"式的语法构造来表达社会主义—人道主义的怀旧时,新一代导演却已经开始拥抱形成中的社会领域及其文化的、审美的可能性了。对于后者来说,现代主义不仅是一个美丽新世界(brave new world)的路标,也是一种表现机制,"第五代"导演凭借这一机制得以将自我形象——他们的精神创伤、被压抑的记忆以及扭曲了的生活经验——强加给经由审美介入得以被感知和建构的世界。影像那种前语言的深切情感——姑且这么说吧——使得每一位"第五代"导演都成了现代世界电影创新传统热心且具奉献精神的学生。

各种"现代电影语言"组成要素的概念传遍了80年代的中国社会。对某些人来说,现代电影语言意味着一种视觉语法,正是随着改革的展开而出现的激动人心且令人瞠目的工业社会规定了这一语法,后者也是对于前者的一种回应;对其他人来说,它不过是电影制作上的技术化与专业化,无非

---

① 姚晓蒙:《中国新电影:意识形态的观点》,甘阳编:《当代中国文化意识》,第200—201页。

是用作为国际风格的"现代主义"来取替第三世界电影的褴褛外观而已。许多人相信,现代电影语言有着可为一般人使用、识别以及接受的特征,同时又为本土性的、个体的原创性保留了一席之地。

然而,"第五代"电影导演并没有朝这些方向发展。针对这种自由主义的乐观主义与普遍主义(或它在中国语境中的对应物)背景,他们作为更有自我意识、准备更为充足的群体脱颖而出。从年代上来看,先锋派运动兴起于更具政治性的(即是说受到国家保护和支配的)环境之中,中国的好莱坞在这一环境中还没有成为可能。文化主义——在这一"主义"当中,自我在表达方式中的完成被视为人类活动的最高价值而非政治上的正统论与生产上的专家治国论——仍然统治着80年代早期的思想界。鉴于新兴的社会主题仍然晦暗不明,而表达方式还十分单一化,形式主义不单是风格做派上的问题,也是在意识形态常规与视觉俗套的网络中探索和构造新的视觉情境、新的想象性主体的必要事业。我们可以从电影入手来把握德勒兹所谓的"纯粹状态中的极小时间":形式空间被创造了出来,从而审美地表达历史的变迁。隐含在新电影语言当中的理论变迁,与中国现代主义这一文化政治同时到场。通过摆脱社会主义现实主义这一表征模式,新浪潮导演们有意识地丢弃了作为时间建构的深度模型的蒙太奇。由于不愿意再接受"扁平的"现实,他们选择了另一种深度模型,在很大程度上,这一方面源于安德烈·巴赞的电影本体论,另一方面则来自克里斯蒂安·麦茨的电影符号学理论。由于"第五代"导演很少谈及理论,对他们作品中不可否认的理论要素的探究,就必须从80年代中期关于电影语言的批判性讨论入手。

把巴赞和麦茨对立起来,这对西方读者来说也许十分难以理解。对于某些人来说,将影像现代主义建立在"现实主义"理论的基础之上,或许也显得非常奇怪。但是在中国,巴赞的名字从未与现实主义相提并论,因为现实主义让人不假思索地想到社会主义现实主义和主流影像编码,而这正是年轻一代导演竭力想要避免的标签。翻译家和批评家同时有意地回避"现实主义"一词;而巴赞理论的标志是"电影本体论理论",或者简单地说,"长镜头"理论。对于80年代早期和中期的创新者们而言,"本体论"着眼于有待镜头来揭示的隐蔽(隐藏的)现实。如同我将要解释的那样,这一行为之所以被视为具有"现代"或是"现代主义"意味,正是因为它既在电影中投射出一种新的视野,也从外部挑战了主流的表征模式。巴赞和麦茨之间的区别在中国语境中似乎被夸大了,这可能正是中国新的电影生产与批评话语过快的、不均衡的发展所导致的结果。当新浪潮致力于揭露"深度现实"以及在自身风格中培育新的本真性时,针对它的批评话语已然开始仅仅将象征主义视为能指了——也就是说——视为意识形态的符号。麦茨的理论恰恰适用于这一关键性的变迁,有时则被提出来挑战巴赞的理论权威。

"新电影"纪录片式、本体论性以及实验主义的概念逐渐成形的过程——有时经由一种创造性的曲解——值得引起我们的注意。1985 年,《世界电影》(一份半月刊,发表国外剧本的翻译以及历史、批评和理论作品)连续两期连载了崔君衍的长篇论文(崔的西方电影理论研究在中国电影界颇具声誉),文章低调地命名为《现代电影理论信息》。文章的缘起,是1984 年夏,三位美国电影理论家受中国电影艺术家协会的邀请,在一个暑期班上作演讲。① 崔君衍并未对这些演讲进行选择性转述,而是将自己的文章发展成一篇针对关键理论问题的系统性评论,诸如"现代电影意识"的兴起、安德烈·巴赞、电影符号学等等。② 他的目的正是"为了叙述的完整……希望这些信息能够传达给读者,引起更多的思考和反馈"③。由于当时根本没有对于现代西方电影理论的系统性译介(更不用说讨论现代西方电影理论的著作了),另一方面也是由于这份期刊的权威性以及影响力,崔

---

① 他们分别是加利福尼亚大学洛杉矶分校的尼克·布朗,他所作的演讲题为《西方电影理论史与当代电影理论的问题》;南加利福尼亚大学的罗伯特·罗森与贝韦尔力·哈斯顿,他们的演讲分别题为《从社会学的角度来分析电影语言的表现与发展》与《50 年代的美国情节片》。

② 然而,崔君衍并非仅有的、甚至也不是第一个将当代西方电影理论引介到中国并试图将之转化为生产性的介入手段的研究者。例如,周传基——一位北京电影学院的教授——翻译了巴赞的《摄影本体论》,这本书早在 1979 年就在电影界流传开来了。周传基还与李陀合写了论证巴赞作品的理论重要性的文章。它对于电影界的影响——更多是对批评家而非那些从影片中吸收"理论"的年轻一代导演——凭借崔君衍的文章在更大的范围内、以更为精巧的方式被再生产了出来。

③ 崔君衍:《现代电影理论信息》,《世界电影》1985 年第 1、2 期。引文摘自发表于《中国电影年鉴,1985》(北京,1987)的删节版本,第 635 页。

君衍对于西方电影理论历史发展的阐释遭到了去语境化的阅读,电影导演和批评家们将文章所论视为已被证实的、得到普遍接受的价值及判断的客观知识。在这里,崔君衍的描述与阐释可以当做个案来研究,这些表述正是某种语境的代表,"现代电影语言"的概念就是在这一语境里成形的。

在题为"理论是灵感的养料"的章节中,崔君衍向读者简略地描述了西方电影理论从《第七种艺术的美学》(卡努杜,Lisiotto Canudu,1908)开始,中经爱森斯坦、巴赞、克拉考尔,直至麦茨《想象的能指》(1982)这段令人目眩的发展史。文章的战略核心毫不含糊地定位于电影观念的"传统"和"现代"范式区分,一种带着"科学"腔的区分。在电影生产领域,崔君衍提供了美国电影 1975—1985 年间的鸟瞰式概览,并给出了这样的结论:"一方面是现代电影进入好莱坞电影,另一方面是传统叙事中包含着现代性,现代性元素渗入通俗影片中——这就是美国当代电影创作的辩证法。"①

在将诸如《克莱默夫妇》及《金色池塘》归入"传统电影"的范畴(可能是因为一些中国电影批评家把这两部电影挑出来作为"电影现实主义"的例证)之后,崔君衍紧接着就给出了"现代电影"的定义:

> 就叙事方式而言,"现代性"包含两层含义,一是叙事结构的"开敞性",一是表述内容的"启示性"。重视观众的参与,这是西方现代传播媒介的重要特点。现代观众不应当是被动的消费者,而应当是银幕面前的积极的思考者。现代人的思维模式是不仅要了解发生的事,而且希望独立地探索它的内在含义。②

对于崔君衍而言,拍摄"现代电影"的美国导演包括科波拉、斯柯西斯、库布里克、尼古拉斯·雷、罗伯特·阿尔特曼等等。有趣的地方与其说是崔君衍对于现代电影的阐释,毋宁说是植根于中国语境的现代电影的概念,崔君衍的文章正反映出了这一语境。在这个意义上,崔君衍的文章可以看做是"前理论的"电影评论家和批评家的观点的理论重构。比如说,评论界对于

---

① 崔君衍:《现代电影理论信息》,《世界电影》1985 年第 1、2 期。引文摘自发表于《中国电影年鉴(1985)》(北京,1987)的删节版本,第 636 页。

② 同上。

"第五代"电影开山之作《一个和八个》的赞美,很大程度上集中于陌生化(estrangement)的政治与审美效能。在这一个案中,八路军里的一位指导员被组织上怀疑是叛徒,上级把他和罪犯关在了一起。一开始他是这些罪犯的监督者,最终却带领他们参与抗日。电影在这儿使观众转变为反思者,督促他们去思考:共产党员被剥夺了正当性和可靠性时的道德意义。对于陌生化的强调,正当化了"现代"的外在技术性特征,诸如电影非常规的画面构图以及灯光的运用。对于邵牧君——80年代中期最有影响力的电影批评家——而言,《黄土地》的力量既不在于它有着"油画般静美"的视觉新鲜感,也不在于它的技术维度——融合了现实主义与象征主义、蒙太奇与长镜头,而在于"它第一次在中国银幕上用完整统一的风格形式对中华民族的历史负担进行了真正严肃的思考和批判"。至少在新浪潮的早期阶段,审美创新自觉或非自觉地与社会政治关怀联系在一起,人们也是这样普遍认为的。吸引了后来批评家注意力的"符号学"意义还不是主要问题。影像现代主义好似一阵重新激活了物化的表征形式的凉爽微风。邵牧君尤其激动地指出了那些早期"第五代"电影中的"一个罕见艺术现象":"从《黄土地》中,我看到了平常很少看到的一种艺术现象:艺术家真正处于创造主体的地位,不再沦为表现某种流行观念的工具。"①这里,对于新的电影语言概念的寻求提供了另一种语境,人道主义"主体性"观念在这一语境中被表达了出来。

在"现代电影"概念(这正是崔君衍文章的核心)内部,一种隐藏的对抗被勾画了出来:一方面是巴赞的电影本体论;另一方面是由艾柯和麦茨开创的对于电影的符号学理解。崔君衍以极大的热情描述了后者,而实际上是在暗示,后者体现了更为"先进的"电影概念,它使不同领域(语言学、人类学、心理学、哲学、社会学、神话学等等)得以在电影空间里汇聚到一起。很明显,符号学,连同马克思—阿尔都塞的意识形态批评以及拉康的心理分析,对于80年代后期的新浪潮及学院电影批评(主要是电影界的两份权威

---

① 邵牧君:《论〈黄土地〉》,《光明日报》1985年7月25日。

性期刊:《当代电影》与《电影艺术》)产生了巨大影响。① 但是电影批评家们所倾慕的这些尖端理论,并不必然能够助"第五代"电影一臂之力。相反,巴赞的理论植根于诸如意大利新现实主义这样的动态性电影运动之中,在许多方面,它似乎与"第五代"电影有着更为紧密的关联。在崔君衍的概念地形中,它不过体现了"现代"电影概念中更为"传统"的部分,"确立电影自身的特性"②。

在崔君衍的描述中,巴赞的理论体系是由三部分组成的连贯整体:电影影像的本体论、电影起源的心理学,以及电影语言的进化概念。不论崔君衍的阐释多么学究气,在中国文化变迁的一般语境和电影生产革命的特殊语境中,它的意义很大程度上在于提供了一种抽象性质的"视觉意象"(在这一意义上,崔君衍的技术是真正的理论蒙太奇)。题为"巴赞:新体系"的部分值得细读一下。巴赞的电影影像本体论,主张"惟独在摄影中,我们有了不让人介入的特权",既就本身而言富于启发性,也服从某种外在的文化—政治的征用,从而为新兴的社会意识提供了空间。在巴赞对于作为本体论概念的"真实"的寻求中,人类的在场被摄影的技术可能性所"取代",后者提供了一种新的现实,一种"贴近"真实的乌托邦瞬间(a new concept of the "closeness" to truth as utopian moment)。对于"第五代"电影导演来说,这一"理论"唤起了对于"现实世界"的"影像的"以及意识形态的介入,这一世界长久以来一直被禁锢在官方钦定的"社会现实"版本中。在这一过程中,被取代的东西当然不是产生于新的复杂的社会关系之中的"自我意识",而是作为电影"主观"方面的现实主义物化。因此,对于"第五代"导演而言,巴赞的"总体电影的神话"③不仅是关于客观性神话,它也指向了某种形而

---

① 阿尔都塞、拉康、麦茨、艾柯和弗雷德里克·杰姆逊的文章能够被译成中文,主要还是新浪潮批评家们的推动。他们背后有文学批评与哲学领域的同盟者的支撑。在80年代后期,这些"理论"在《当代电影》与《电影艺术》上的出现,较之任何其他现象,更容易被视为中国电影批评新流派形成的标记。它的成员基本上由北京电影学院的年轻教师与中国电影(艺术)研究中心的年轻研究员们组成。

② 崔君衍:《现代电影理论信息》,《世界电影》1985年第1、2期。引文摘自发表于《中国电影年鉴(1985)》(北京,1987)的删节版本,第637页。

③ Andre Bazin,"The Myth of Total Cinema", in *What Is Cinema*? (Berkeley,1967), pp. 17-22.

上学空间,这个空间容纳着骚动不安的新的社会关系。在其最极端的状态下,这一现代主义的冲动产生了一种反社会和反历史的趋向,它作为一种自我沉迷的风格做派反映在了自己的形式当中。从这一点上看,《黄土地》可以说受到了一种超历史冲动的驱策,从而要去呈现出中国生活的形而上学图景,电影摄制的形而上学维度就栖居在这一图景之中。只有通过第二道阅读(secondary reading),它在社会变革的特殊时刻与现代性的遭遇,方才演化为一种压倒性的"诗意"电影的哲学内涵。对于形而上学的痴迷,似乎支撑了邵牧君对于《黄土地》的赞赏。(我并不想说,在中国语境中对巴赞的利用本质上是形而上学的,因此在政治上及审美上很成问题。相反,"第五代"导演通过自己的实践对于巴赞理论的任意阐释,在建构当代中国影像现代主义的过程中有着具体的、动态的方面,我会在下面的章节中详细地探讨它的意识形态的内容。)如果说所有三个领域——本体论的、心理学的、进化性的——中,(新的主体性的)意识形态性的自我主张都在发展壮大,某种健康的、富于建设性的事物也同样产生了出来,它直指巴赞电影本体论的核心:对于摄影力量的乌托邦式庆祝——这种力量可以"裸露现实",也可以在视觉领域中呈现出同自身历史状况相遇的集体经验。

当然,这些变化与革命化中国电影以应对历史情境的文化与政治要求,以及与仍旧不可见的或是隐蔽着的现实紧密相连。如果这就是本体论的含义,那么,这一本体论空间连同它的心理表征和进化论式的表达,为"第五代"导演提供了他们着力探索的视觉空间的结构。

在他的《摄影形象的本体论》中,巴赞写道:

> 摄影的审美特质应当在它裸露现实的力量中寻找。它并非为了我,而在客观世界的复杂构造中,分离出这里潮湿人行道上的一个倒影,那里一个孩子的姿态。只有消极的镜头,剥离掉客体身上所有看待它的方式,那些层层累积的先入之见,我的双眼覆盖于其上的精神尘埃与污点,才能将其所有原初的纯粹性呈现于我的注意力之前,由此而获得我的爱意。藉由摄影的力量,我们既不知晓亦无法知晓的世界的自

然形象,自然终于不再仅仅模仿艺术:她模仿艺术家。①

崔君衍没有错过这一段落,它回应着"内在的",即对于新的中国电影语言的搜寻,它在社会意义上受到了多元决定。此外,他一改自己简洁的、技术性的文风,将"先入之见"这个词汇译成了一个略显滞重的短语:"习惯看法和陈旧偏见"。这一笔点出了新兴电影话语的靶的,而且显示出1985年前后"现代"、"实验"电影的关键所在。

　　我们可以借助巴赞对于穿透严密构建起来的官方话语的电影透明性或直接性的阐释,来考察"第五代"的美学。凭借透明地呈现现实,即通过让摄影、影像的维度接管一切,躲在摄影机背后的人成功地维持了他/她视觉世界的政治暧昧性与语义多样性;因此我们需要探讨新浪潮电影的"不透明性"。与此形成对照的是,在流俗看法中,社会主义现实主义正是通过强加作为视觉俗套的媒介不透明性,赋予了单一透明的政治意义以特权地位。电影观念的变迁表明了中国现代主义处在某个重要关头,这一现代主义作为文化语法恰恰是从这种视觉(和社会)不透明性演化而来的。当社会图景变得日益"清晰"时,"第五代"电影自己也成熟了,从而倒退成为某种更加明确的电影类型与意识形态符码。改变了的正是现实自身的概念;那种强加的、天真的现实主义的信念——即我们可以凭借某种方式捕捉到作为整体的生活本身(这种信念在现代中国的历史语境中本身全然是现代的建构)——已经丧失了。新电影的最初时刻在以下方面可以说是独特的:即它不断努力将自身经验与这一变迁相关联,将自己的标签经由再现的行为彻底烙刻在新现实之上。这个意义上,"第五代"导演也许是首批将表征既作为体制又作为问题性来把握的电影导演。通过同这一体制/问题性进行搏斗,"第五代"使自己的社会文化构造同关于"变化"的具体表述缠绕在一起。站在体制化了的现代主义(它的动机绝不纯粹是"中国的")的门槛上,"第五代"电影不仅将表征视为异化,而且从更加本质性的意义上说,出于80年代中国令人欢欣鼓舞的乐观主义精神,它还将表征视为自我的表现,

---

① Bazin, "The Ontology of the Photographic Image", in *What Is Cinema?* (Berkeley,1967), p.15.

视为某种挪用。这一植根于某种无可置疑的集体感而非个人英雄主义的强烈信念,在仍然带着"第五代"标签的 90 年代中国艺术电影中却明显地消失了——尽管这些电影在各种国际电影节上获得了巨大的成功。

"第五代"电影这一纪录片式、本体论以及实验性特征的结合,以及在建构现代电影语言的过程中对它们的平等相待,指明了 80 年代中期中国新浪潮电影的内在需要与矛盾——多方位的关切,同时迸发却互不兼容的激情,以及它尝试去适应的多维现实。"第五代"对媒介自身的探索,经常被理所当然地视为它的审美实验主义的核心,然而,这种探索却从来不能分离于它那种执著于揭露"更深"现实的社会—政治冲动;或用另一种方式来说,中国新电影符号学上的复杂性倾向于在本体论领域拆解"当下"的内在形式,这一本体论领域投映出某种视觉模式。尽管这构成了"第五代"电影观的基础,早期"第五代"电影的革命同样也热衷于捕捉客观世界原初的、未被加工的质地和物质性的"记录"。不过,只要"记录性的美学"致力于社会主义现实主义俗套之外的另一种表征方式,它就只不过是以反叙事的形式替代了已有的叙事,这一情况预示出 1987 年之后的影像虚构与电影语言规范之间的竞争关系。

这些矛盾解释了为何巴赞的中国"学生们"从未将他的现实主义理解为对于客观世界的被动反映。相反,它被当做一种寓言性路径:一种土生土长的现代主义通过命名新的观看与建构经验,从社会世界(充满了常规和异化的世界)中救赎出"客观的"或"物质性的"现实(克拉考尔语)。从这一点上看,任何进入后革命中国的"客观性",都必然意味着一种文化—意识形态断裂。自然、过去、小说和现代主义,都是某种审美揭示的组成部分,而这一审美揭示也是一种政治事件。

弗里德里克·杰姆逊在谈到巴赞的(也是克拉卡尔的)现实主义与法国电影学派的关系时,提出了如下的看法:

242

> 这一现实主义因此并不确切地是"自然主义"……即使电影摄制中自然主义的某种特定意识形态——与民粹主义和活力论相似的自然主义,比如让·雷诺阿电影中的例证——似乎尤其适合于这些电影理论家们所寻求并赞赏的现实—效果。由此,"本体论的"这一词汇,作

为跨越唯物主义与唯心主义对立以及强调——尤其在海德格尔那里——单纯物质性（本体的）与物质世界短暂地吻合于存在本身的那一时刻或事件两者之间根本性的区分，显得尤为合适。①

杰姆逊的评论不仅在社会与视觉性物化方面开启了一个辩证的空间，而且为80年代中后期所谓"文化热"期间，知识界痴迷于海德格尔这一现象提供了认知性线索。②

我们可以说，正是一种双重运动的结构开启同时守卫了"第五代"电影的审美世界：一方面是（传统中国电影）老的视觉俗套被淘汰后遗留或暴露了赤裸的空间；另一方面，历史新事物的意象已然根据一种独特的、明白无误的"现代"形式与技术符码得以建构了起来。"第五代"电影代表作以更高的现实主义的名义（摄影本体论）在视觉上废除了社会主义现实主义的规范，而在新的视觉情境中，新的视野所遭遇到的新的现实，则在大自然的边缘地带（黄河、青藏高原、蒙古草原、云南山村等等），在古老的、神秘的、乌托邦式的元素中成形（比如，张艺谋《红高粱》里所呈现出的古老风俗，或是理想化的——虽然是转瞬即逝的——前资本主义集体劳作的自足性）。田壮壮，这位《盗马贼》和《猎场扎撒》的导演，大概比任何其他"第五代"导演都更好地体现了这一基本的反社会和反文化倾向。80年代中期，旧的社会体系正处于解体之中，新的现实还远远不是可被视觉化的图景。因此，绝大多数"第五代"电影并不直接"涉及"当代生活。"第五代"导演有意地将镜头从当下未经中介的社会动态中移开，他们首先关注的是想象性自主中的审美性自我形象，而这一想象性的自主无非是社会内容的某种折射，即社会内容被吸入了风格化的单子当中，发生了变形并获得了形式。凭借"本体论转向"，"第五代"电影在物质现实的重新发掘以及意象的构建之中捕获了新兴的社会关系。"第五代"导演想要确认的是：自我形象或审美性的自我理解可以成为某种媒介，不可见之物凭借这一媒介能够变得可见。如

---

① Fredric Jameson, *Signatures of the Visible* (New York, 1992), p. 186.

② 对于"文化热"的讨论，可参见第一章。关于那场文化实验中对于海德格尔所谓"在场"的讨论，可看第一章第三部分："阐释学的政治"。

果黄土地上赤裸裸的山丘已然成为处在过去与现在十字路口的中国的寓言性形象,那么,这一形象赖以呈现的特异的风格做派,必须指明摄像机运动背后个体性主体的活动。

在这个意义上,"第五代"导演的电影机制既是"自我指涉的",同时也向日常世界中具体的社会政治指涉敞开。"第五代"导演敏锐地意识到了媒介的潜能,同时强烈地关注着自己的话语空间。他们渴望建立起一种个人化的意象构造。对于他们而言,要成为现代主义者,就得先获得超越直接物质与政治状况的自由,能够在一个为了创造而创造的世界中进行创造,即拥有"形式自律性"。然而这里仍然有着一个悖论:每当"第五代"导演开始探索这一自由时,他们就会被迫将注意力集中于先前眼睛未能看见的"物质世界"的细节。他们越是决意挪用物质的维度来为象征体系服务,风格的领域也就越受到材料的密度与强度的决定,这一材料在视觉上得到了记录和转化。银幕上所实现的密度与强度唤起了而且解放了社会、文化和政治的想象力,使它们不再可能受制于主体介入的领域。因此,栖居于细节之流而非玄虚的形而上学领域的中国现代主义,被各种期待、阐释以及显见的篡夺所淹没,这些因素使得现代主义的玄虚的审美与文化精英主义在当下的社会—政治结构中只能干着急。

在"第五代"得以发展的具体语境中,自主性与指涉性之间的冲突导向了某种影像层面的独特隐喻系统:缺失时间之流的隐喻(某种截然不同的时间框架偷偷潜了进来)和深深依赖于哲学或审美"深度"的隐喻(对于社会—意识形态性图景的发掘)。这一系统反过来使"文化"成了"第五代"导演的核心问题,他们极其想要获得的正是结构主义语义学。具有反讽意味的是,"文革"的强烈社会—心理经验提供了一种牢靠的内部经济来支持对于超历史性神话的寻求,彻底的历史主体在这种神话里能够感到自得其所。单单出于这一原因,蒙太奇作为一种影像观念就不得不被"禁止",造成这一情况的部分原因似乎是因为它与特定时期(及其社会主义现实主义的官方形式)之间具有基因性关联,部分则是因为某种留存下来的信息——让人产生不快的联想——任何对于现实的介入都不可能不带有政治倾向。因此,巴赞的概念被拿来用作一种理论性的清除:消解日益遭到怀疑的社会主义现实主义理论及其实践源泉——爱森斯坦—普多夫金传统。可以说,当代中国的电影影像本身带有一种历史幻觉的特性,由一种社会进化论的逻辑所暗中支配。透过这层社会进化论的帷幕,拥抱长镜头、拒斥蒙太奇就不仅仅是一种电影语言内部的技术性选择,而是标志着一个新的现代化起点,它暗示了走出由黑格尔—马克思主义历史观所支配的电影叙事,更隐喻着从行政政策和意识形态宣传的陈腐形式中摆脱出来而达到某种"审美自律"的社会性欲望。只要国家在社会世界中仍然居于主导地位,"第五代"电影的审美迷狂就注定是一种政治性迷醉,一种对于新空间和新领地的渴望。巴赞的"长镜头"原则出人意料地使中国电影语言的革新者们得以用一种痴迷的眼神来看待新兴的现实,一种审美—政治空间将在这一现实中宣告自身的出现,同时,新的风景、新的自我,乃至新的媒介也会出现在这一现实当中。

在考察这一风景之前,值得将"第五代"与它在现代世界电影中的导师们——意大利新现实主义、法国新浪潮、德国新电影、黑泽明以来的日本电影发展史,以及令人生畏的好莱坞电影工业(诸如伯格曼、安东尼奥尼及塔尔科夫斯基之类也应归入这一列表)——作一个简短的比较。考虑到"第五代"的语义性晦涩,它复杂的影响、迅速的发展,以及首先是它根本方案的未完成性,这一影像现代主义可能是一个如同它的许多样板作品一样复杂的研究对象。然而有趣的是,"第五代"先锋们从未试图将自身列入现代世界电影大师的行列——虽说他们从不缺少傲慢。然而似乎有一种审慎的文化政治使他们心甘情愿地臣服于现代电影的偶像。中国对于西方现代主义的感知和应用,总是趋向于比处在自身历史语境中的西方现代主义更宏大、更崇高、更不易接近。正如"文化热"中的中国哲学家们可能将海德格尔在意识形态上认同纳粹这一论点消解为不过是法国或英美反对德国思想及德国民族(他们似乎对于这两者都有颇多同情)的阴谋,对于新浪潮电影导演及电影批评家来说,现代世界电影是敬畏性沉思的神圣对象,因此能够免于世俗社会—政治含义的约束。中国现代派恰恰在这种纯粹的审美框架中找到了自己的肖像。

"第五代"导演与他们的导师们拥有语境上的相似性,这一点十分明显。

他们都回应了某个乌托邦时刻,历史在这一时刻驶向了新的航线;新兴的现实正是某种可以被捕捉并汇入新的政治前景的东西,当然首先是汇入一种新的语言。在这个意义上,他们都是乐天派。在新现实主义那里,这一政治前景是后法西斯时代的意大利,或一般而言的战后欧洲;对于法国新浪潮而言,它是60年代所投射出的可能性。就自身而言,"第五代"的革命所创造的中国新电影与正在进行中的改革紧密相联,正是后者迅速开启了朝向可能的未来的视野。但是"第五代"电影中到处可见的形式主义与精英主义气息在新现实主义那里不是问题,而它的本体论追求与审美构成主义则与法国新浪潮在某种程度上相抵触。某种意义上,作为与历史相遇的视觉政治(the politics of visual encounter)之核心内容的社会现实在中国新电影那里,无论就影像的还是政治的方面而言,都更为抽象和自我矛盾(并非说它不只是想象的空间)。后革命中国意识形态上的歧义性和社会变迁令人晕眩的节奏,使得致力于创新的中国导演们面对这一革新过程的内外压力时显得更为脆弱。强烈的解放感与实验感连同80年代的社会情绪,向那些中国电影现代化的实践者施加了一种错误意识,这种意识关乎空间进程而非历史进步。审美见习期似乎是"第五代"必须经历的阶段:为了进行自我教育,以及赋予难以捉摸的经验以形式;同时,他们必须寻找形而上学的视点,以在一种更高或更深的层面上安顿这一令人震惊的经验。

风景、自我与媒介:新电影的种种发现

若想用机械的、说明性的方式编撰"第五代"电影的符码索引,倒并不十分困难,这一索引看起来也并不会特别具有新意或创新性。它的组成要素包括情节线索的碎片化或极小化,动态的"非常规"的摄像机运动,出乎寻常的摄影角度,使用超16毫米摄像机以"接近"对象,大胆的聚焦与极端的画面构图,通过静止拍摄、重复、跨越轴心的跳跃等手法有意打破蒙太奇潮流。所有这些手段在"现代世界电影"中其实只是常规性甚至标准性的方

式,"第五代"正是竭力想要成为这一电影大家族中的一员。这样一来,我们应该如何看待"第五代"的影像摄制术(cinematography),并将之视为中国影像现代主义的建设性组成部分呢?我们如何将这一"审美革新"不仅解读为一套多少具有"现代"意味的电影观念或技术,而且还是一种集体经验的象征性构成呢?

要回答这些问题,必须对中国新电影从中演化而来的文化与政治形势进行考察。事实上,"第五代"语言作为某种社会体制的形成过程,已经给出了对于自身形式特征的阐释。如同上面所描述的那样,延续下来的过去与势不可挡的"当下"交织在了一起,这促使"第五代"必须使用一种全新的语言来适应剧烈的经验调整与重建。这一"语言游戏"得以展开的社会空间深深栖居于某种"交叠"之中,这一交叠不仅在历史意义上,而且也在地理与象征性意义上得到了规定。这一空间既是压抑性的,同时又是解放性的。作为被压抑经验的表现工具,"第五代"的主体性依赖于两种资源:一、对于当下社会变革新鲜的乃至常常是反叛性的感知,以及由此感知所塑造的新兴经验;二、如今已然辽远的"文革"记忆,在这一记忆当中,昙花一现的乌托邦瞬间铭刻着永久的创伤,激情及其滥用标记了这一青春时代,伤痕也是从这一时代遗留下来的。当这些内在能量的源泉寻求当代意义上的自我表现时,一种普遍的语言就成为必要了——这一情形下,也就是现代主义语言——它不仅要超越官僚主义话语所构成的直接政治环境,也要在一种全球语境中,即对比于西方来看待本土性的、下层的中国现实。作为"第五代"审美与政治宣言的《黄土地》,同样也是中国影像现代主义体裁的原型(archetype of the genre)。考察这一电影文本的视觉特性(这一文本绝非纯粹"审美"行为的产物),将为考察作为审美系统的"第五代"电影铺平道路。

上映于1984年的电影《黄土地》改变了当代中国电影制作与接受的版图。新鲜的摄像机与叙事运动让观众再一次确认了一个正在变迁的世界的躁动经验及感受性,也为新时期的观众提供了期待已久的替代性的视觉空间,这些观众长久以来一直失落地发现自身形象在视觉俗套所主导的电影里总是缺席的。观众们在这部电影中遭遇的正是震惊意象的洪流,这些意象敞露在严密控制的、缓慢的时间运动之中:反常的高水平线,银幕上极度不均衡的构图常常被贫瘠山丘的坚硬地貌、黄河、农民们毫无表情的脸以及光暗之间引人深思的对比所切割；极简主义的表演同斯坦尼斯拉夫斯基主义所倡导的夸张表演截然对立；设计、服装、灯光、音响以及其他技术领域大大提高了质量，这些元素都被用来消除先前中国电影摄制中盛行的文学—戏剧影响。作为年轻一代电影导演摧毁传统叙事模式的首次系统性努力，《黄土地》不受故事线索或情节的束缚——更不用说塑造典型人物的正统现实主义的规范了。简单说来，电影讲的是一个在抗日战争中被派往山区搜集民间传说的共产党干部的故事，他"启蒙"的努力间接导致了自己房东女儿的死亡。这部电影改编自一篇短篇散文（而非短篇小说），它把自己定位在讲故事领域之外，相反，致力于创造一种所谓的电影诗。《黄土地》以其"通过彻底、独特的风格来反思并批评中华民族的历史负担"的明确目标，在电影导演作为知识分子介入社会的思想旨趣同"第五代"界定新的电影范式的关注之间找到了平衡。这一范式的话语空间至少在三个方向上展开了突破。

风景的发现

首先，电影语言的突破导向了"客观"维度，并由"更深的现实"所界定，这一现实正是电影所带来的视觉奇观。对于这一超越了官方话语的神话之网所包含的更深现实的寻求和建构，正是电影创新的本体论基础，而这一基础绝非客观。这一本体论再一次由于表征领域内的激进变革而成为可能，它被理解为主体性介入的领域以及"纯粹状态中的极小时间"的影像化实现。反过来，一种令人眼界大开的现实的形成，作为一套新的影像原则所带来的视觉密度的建构，组成了"第五代"革命的形而上学而非物质性的领地。如同这一流派的支持者们所主张的那样，新电影作为一个整体带来了中国电影史上前所未有的视觉"真实性"：无论是翠巧一家人居住的黑暗窑洞（《黄土地》），还是雾气笼罩的清晨、静谧而辽阔的草原上升起于小部落村庄上空的炊烟（《猎场扎撒》），抑或是北京胡同的迷宫、传统住宅院落饱经风霜的前门（《弧光》），这些场景作为视觉体验的可能性，都以一种外科手术式的精密与无情暴露了包裹着历史当下时刻微弱不明意义的物质对象或社会存在的细致纹理。这一视觉现实较之在时间或文化的宏大结构中安置一种自我形象的直接的规划,更多带来了时间(发生的过程)从语言(在它最为官僚主义、体制性的意义上)中的解放,带来了特殊时代的生活经验的重建。

的确,"第五代"的力量铭刻在它重新定位历史的行为之中,救赎作为失落经验的过去的努力得以成为可能。对于开放的风景以及改头换面了的生活方式的发现,那种"人类学的"(如同在《黄土地》和《红高粱》中)、"民俗学的"(如同在《盗马贼》和《猎场扎撒》中)处理提供了这样一种线索,即当代中国现代主义通过遭遇当下实现了自身,恰恰是审美(或更恰当地说,社会与文化的)陌生化为之准备了这一遭遇。这种创造不仅直接地回应社会变迁,而且间接地试图在审美和思想领域确立一种永恒的当代性,这种努力之所以能够成功,原因在于在"第五代"的摄影机前面出现了一种新的可感现实,透过镜头,种种令人震惊的前现代甚至史前史的(如《盗马贼》里面的大自然)或传统文化的(如《黄土地》里中国农民的生活世界)"形式的缺乏"作为"影像本体论"的基本元素填充了现代主义银幕的形式空间。我们甚至可以说,正是"史前史的世界"构成了人们所热烈期盼的中国现代性的深层内容。在这个意义上,后革命中国的审美异类,无心地提供了对于毛泽东时代中国——农民革命所加冕的现代(和社会主义)政权——的寓言式赞颂。

在"第五代"早期作品所带来的一系列视觉突破中,他们更像是先锋派而非"现代派",即致力于"陌生化"影像陈规所遮蔽的"客观"世界。"第五代"的长镜头所带来的"客观性"之所以给人力量和灵感,不仅由于它外在于画面与摄像机运动,也在于感知性本身承载着一种精神的——即历史的——空间。通过使"物质世界"屈从于心灵之眼所注目的时间,用本雅明的话来说,"第五代"电影中的风景不断对人的凝视投以回报的目光,因此将自身建构为知识、意义、微弱的童年记忆、挫败了的爱情或是虚度了的青春得以在其中完整保存的灵韵的源泉。然而,这一风景的呈现所摧毁的不是时间性本身,而是铭刻于一种特殊表征模式中的时间叙述——官方的社会主义现实主义话语。这一风景对影像空间的捕获,通过"纯粹状态中的极小时间",把一个渴望自我表达的历史时代带入了表象的世界。

"第五代"所发明的现实与社会—政治潮流密不可分,不可见的世界正是凭借后者得以在个体经验面前展开自身。这也就是为什么几乎所有"第五代"电影或多或少都是"公路片"的原因。正是顺着黄土地山丘河谷间的蜿蜒小道,中国西北农民生活的"人类学"真实将自身开放为一种"风景"。它征服了顾青这位来自延安的民歌采集者(《黄土地》),同时也征服了隐去踪迹与之同行的电影导演和带着敬畏心观看影片的观众。在穿过茂密的热带森林与多雾的河谷的旅途中,"广阔的世界"展开在老杆——一位来自北京的山区村庄小学教师——面前(《孩子王》)。田壮壮以一种渲染着宗教虔诚的纪录片形式呈现出了通往拉萨的朝圣之旅(《盗马贼》),它在象征意义上正是强加于"文革"一代的流放经历,一种集体性的成长小说(Bildung Roman)中迈向世界的流放之旅。当陈凯歌将他的摄像机瞄向"黄土地"时,我们所看到的永恒的黄土高原上宛若人类划痕的纤细小径的确是不可缺少的。①

这些风景随同摄像机作为可触知的存在出现了,"第五代"导演通过将摄像机运动插入视觉事件看似自然的脉络中完成了这一过程,社会主义现实主义的"零度"剪辑缝合起了这些事件。"第五代"影像摄制术的特征,正是将沉思的摄像机之眼导向开放的风景,把意象转化为客体的生硬技术。这一技术被用来将社会寓言的爆炸式复杂性传递给仍在集体性地想象自身的观众。在《黄土地》接近片尾处那个激动人心的片段中,摄像机在穿越震撼的腰鼓舞场面时故意制造出的粗犷、颠簸的运动正是确保镜头的流动与"自由"的增补性运动,这一运动不为那种敬畏"自然的"时空结构的惯例所约束。陈凯歌(及其摄影张艺谋)以这一运动使得他的镜头切入观众所看不到的日常生活纹理(以及它所封存的历史内容),从而暗中努力实现表征上的去神秘化。反蒙太奇、反文学与反戏剧倾向作为"第五代"语言的构成性要素,内在地联系着集体经验以及变迁中的社会领域,产生出新的、陌生

---

① 根据李陀的回忆,陈凯歌要他的剧组成员花费了数小时来回在山丘上踩踏,以让这条小径"变得可见"(当他们到达现场时,那儿并没有小径)。

化的视觉—认知经验。骇人的贫穷与蒙昧将农民们生硬粗糙的脸打磨得凹凸不平——正如自然无情地雕琢着黄土高原的贫瘠山丘——因而被"重新发现"为"现实的语言"。他们是被某种神话形象所遮蔽的"黑暗存在",这一神话正是:作为"转变历史的决定性力量"的农民,或作为现代社会主义国家的中国本身。正是反思中国现代性与中国革命的意识形态环境,而非"人类学"研究,支撑着社会风景的"发现"。为了将电影"安全地"置放于(时空的双重意义上)遥远的处所,陈凯歌仍然需要一种审美风格与哲学沉思来减弱或平衡其改写中国革命与中国现代性历史经验的政治色彩。陈凯歌除了在"现代化中国电影语言"的旗帜下进行艺术探索之外,为了回应后革命时代对于文化与审美自我实现的公众渴求,他不得不着手设计一种叙事来"专业化地"处理邓小平体制下的现代化社会工程。因此,我们可以在电影中看见一种极为个人化的正反打镜头运动,这一镜头运动将士兵、女孩、她的父亲以及她的弟弟以某种方式进行切割,从而对于改革的隐在称颂通过顾青政治引诱的成功获得了实现。我们可以在令人震惊的腰鼓舞场面中,看到对于转变中国社会的有组织的集体性力量更为直露的赞颂。对延安革命化了的农民阶层活力的正面性的、鼓舞人心的再现,很快就被后一种再现抵消了:即描绘农民迷信的故作沉思状的忧郁画面。在电影结尾,两者形成了尖锐的对比,这构成了"第五代"摄像机面前的"黄土地"的内在张力。

自我的发现

"第五代"电影里的风景暗示着一种"主体性内面"(subjective interiorty)、一只藏在摄像机背后观看"奇观"的心灵之眼、一种可以视为社会文化性格与政治声音的"意识"。出于这一原因,那些电影界的功成名就者们明显恼怒于"新电影语言",他们立即提出了这个问题:"谁藏在摄像机背后?"这一问题同样也困扰着试图捕捉新电影"主体"的"第五代"的同情者们。

反讽的是,如果说现代主义在80年代可以看做是建构"艺术作品"半自主性领域的方式,显然它在电影语言方面的实践常常被视为某种"主体性"的体现。这一解读模式揭示出中国现代主义与新时期意识形态之间的共谋关系以及对抗关系。在这点上,"黄土地"作为一种物理现实,不仅旨在成为存在之澄明,而且也是寓言层面上的神话创造或集体自我的构建。"第五代"电影摄像机所捕捉到的风景不仅是社会意义上的地理发现,也是一代人的文化(和政治)自我的发现。

  我们可以将新电影的主体性视为置于电影客观化过程、建构新的视觉情境以及培育独特风格过程之上的签名。西北中国的壮丽风景成为一整套特殊的审美—政治立场与倾向的标志,它指向着一系列的个体幻想、集体欲望和民族焦虑。在《孩子王》中,风景被还原为明亮的背景,自我的黑暗轮廓在这一背景上凸显了出来;一系列自我的肖像呈现了出来,好比主人公被置于窗框之内、破碎的镜子之前,或是自己的戏仿形象之旁——诸如黑板上老师的漫画形象。如果说陈凯歌偏爱使用原色(《黄土地》的色调以黄蓝红为主)、大片的暗影与强烈的明暗对比,以及表面上极其粗糙但却颇为"精确的"艺术设计,从而以丰满透明的物质性来呈现世界,那么,这一粗糙的物质性最终是一种文化—意识形态创造、一种技术性构建。① 一旦新的电影语言从视觉俗套的意识形态整体性中剥离出意象的世界,它就为一种人与世界之间的不同的想象性关系奠定了基础。张军钊的《一个和八个》与陈凯歌的《黄土地》都寻求在旧经验模式的消散过程中安顿下一个新的焦点和一种主体的呈现,支离破碎的新经验可以通过指向这一主体凝聚起来。社会存在的去蔽从来不是自我揭示的过程,而总是出现在特定的沉思者面前,并且是为这个特定的沉思者而出现的展开过程。这一沉思者总是将自己置身于一个意义的荒原,这种安排不但呈现了一个孤零零的自我,也呈现了这个自我赖以出现的社会条件,这样,自我及其环境就作为历史的新生事物而被同时表现出来。这种现代主义表象逻辑的辩证法,在史蒂文斯

---

  ① 80年代初期,当国产胶片的使用在中国导演中仍然盛行时,"第五代"导演已经意识到了进口的高敏感度的胶片的重要性,这些胶片使导演们可以在自然光线下进行拍摄。事实上,对于柯达高敏感度胶片的使用正是生产诸如《黄土地》或《红高粱》这些精致而有启发性的电影文本不可或缺的条件。光与影的微妙表达与分化,在视觉上将"第五代"电影从极度依赖人工照明与过度化妆的传统戏剧化倾向的电影区分开来,从而扮演着战略性乃至决定性的角色。对于进口胶片及其他设备与技术的采用乃至完全依赖,成为中国新电影的直接标记。

(Wallance Stevens)那首著名的《坛子轶闻》中以一种近乎理论的方式表现得淋漓尽致①。在早期"第五代"电影里,我们也可以看到同样的"有"和"无"之间的意象转换,由此,一种新的社会现实和审美主体性把自己建构起来。海德格尔式艺术作品概念即将艺术视为一种建筑,存在的事件在这一建筑中得以被保存和形塑,这几乎在所有"第五代"电影中都能找到生动的展现。《孩子王》里那间坐落在野山间的竹棚(学校和住处),《红高粱》里毗邻野高粱地的酒厂,《盗马贼》里穿越西藏高原无情的自然世界的朝圣之旅,《边走边唱》里黄河边或是孤庙旁(盲艺术家就住在那儿)的酒铺:所有这些孤寂的建筑都充当着某种内在性的居所,无名、黑暗的存在在向它倾诉;所有这些人的装备都烙着社会行为的印记,并且使新的社会经验地带变得可见了。这一审美特性在"第五代"那里是如此明显,以至于因为遭到大范围的模仿而轻而易举地成了80年代晚期文化主体性的标准意象。因此,我们在诸如电视系列片《河殇》之类的流行意识形态产品中目睹了自然与历史之间庄严崇高的对立,我们也在徐克的功夫片中看到了"新龙门客栈"反抗着无情的戈壁滩和王朝政权的血腥更迭。

---

① 《坛子轶闻》(Anecdote of the Jar):

> 我把坛子置于田纳西州
> 它是圆的,立在小山顶。
> 它使得散乱的荒野
> 都以此小山为中心。
>
> 荒野全都向坛子涌来,
> 俯伏四周,不再荒野。
> 坛子圆圆的,在地上
> 巍然耸立,风采非凡。
>
> 它统领四面八方,
> 这灰色无花纹的坛子
> 它不孳生鸟雀或树丛,
> 与田纳西的一切都不同。
>
> (飞白译)

媒介的发现

影像突破所指向的第三个维度是媒介自身,这一维度呈现为一个视觉和话语空间,其他维度正是通过这一空间得以实现。导演们所寻找的"影像实在界的深度"(depth of photographic real)可以说是一种本体论转换,它允许影像变迁在一种新的视觉情境中、一种从物化了的传统话语挣脱出来的迷失了方向的时空整体中来重构自身。紧跟着《黄土地》缓慢开场的婚礼场面,陈凯歌采取了一切手段来消解事件的"自然"流动或单纯想象性连贯空间的常规韵律:通过重复插入对于一群围观农民(大约两分钟内出现了六次)、垂着红帘的大门、祭祀桌的静止拍摄,以及对于面无表情的司仪若干突然的正面特写。甚至在单纯运动中,比如当参加婚礼的人群列队而过时,情节线索也被消解为一连串复杂的隐喻形象:一个几乎完全被他吹着的黄铜小号遮住了脸的小号手、一面几乎填满了整个画面的表面极其粗糙的锣、一只载着婚礼聘礼的毛驴、人群中摇摆不止的严丝合缝的红花轿、女人悬摆着的穿着精致红鞋的双脚(古典文学中经典的色情意象)。① 在这儿,影像不再只是摄像机运动的补充。它不是一种视觉透视,而是以自己的规则重组了"现实"的表意结构。从始至终,陈凯歌从未倦于提醒观众,视觉意义是从电影文本,而且仅仅从电影文本中才能被捕获。在这一不留情面的(和妄自尊大的)方式中,陈凯歌给他的观众上了现代主义的一课:审美不是品位的问题,而是一种体制。

这一更为影像化的新位置从未掩饰它重新界定作为体制的中国电影领域的抱负。新一代的自我形象通过并入国际现代电影的象征领域(出于各种原因,以前的几代人都被挡在了门外)实现了这一雄心壮志。80 年代初期,1949 年之前中国电影的丰富而异质的遗产,长久以来不是被丢弃一旁,就是被吸收进电影摄制的社会主义—现实主义体制。这不仅仅是因为社会主义艺术工作者们为审查或是转化那一遗产付出了实质性的努力,更重要的是,急剧的社会变迁和社会主义日常生活已然确立了的领域(即使总有

---

① 在影片的第二部分,即当女主人公结婚的时候,整个运动以完全相同的秩序重复了一遍。

个人和社会性的不满)已经使得观众和电影导演在很大程度上疏远了那些表征(如果还不是完全不相干的话)。然而,导演们也有机会从这些早期作品中获得一些艺术的和意识形态的启示来帮助他们在新时期进行自我定位。西方电影作为一种标准或是参照系较少受到时代的影响,却仍然处在政府严格的控制之下。大多数进口的外国电影是平庸的商业产品(比如日本的侦探片)和严肃的古典作品(比如《战争与和平》和《悲惨世界》)。苏联的影响再也没有能够恢复到50年代的水平,虽然苏联电影不论新老,都在受过教育的观众中很受欢迎。国际电影创新的潮流以及大量跟从意大利新现实主义的电影流派,引入了作为艺术形式的电影概念,这是普通观众,甚至在一定程度上职业的"艺术工作者们"先前所不知晓的(或不喜欢的)。电影作为意识形态斗争的关键手段,曾经积极地介入了"文化大革命";电影中的"毛文体"以"八个样板戏"为顶峰,为新时期留下了渴望看到新事物的观众。他们寻求着"消遣"(对于本雅明来说,消遣隐含在作为现代艺术形式的电影之中,作为"聚精会神"的对立面,产生出许多审美和政治意味)。他们同样寻求某种世俗意义上更为人道与具体可感的事物。对于现世享受的社会性憧憬与补偿革命年代损失的集体意志,为审美探索和形式实验提供了巨大而持久的欲望能量。就此而言,媒介被视为一种形式体制,守卫并延续着新时期作为第二次解放(第一次是1949年的"解放")所许诺的自由、愉悦和享乐。

　　影像摄制的特性决定性地使陈凯歌及其同路人同"第四代"导演区分了开来,后者也在探索一种新的电影语言——在现代主义者看来,这一探索却局限于对选择性聚焦、闪回与闪进、多重曝光以及非共时独白的幼稚使用,正如同他们仍然忠诚于社会主义人道主义那种"过时"的信仰。"第五代"电影则不再试图强化基于电影的注视/对象(或正打/反打镜头)机制的视觉性质的中国电影经典编码。明显展露于《黄土地》中的"第五代"编码尽其全力以打断、悬置和侵蚀全知叙事与密合的想象空间的进程。"谁在摄像机背后?"——迷惑而恼怒的观众提出的那个问题——正是"第五代"导演有意促使人们提出的问题。通过搅扰人们的窥淫癖,通过悬置同想象空间中的元素相认同所产生的所谓替代性满足的视觉源泉,"第五代"电影引进了一个新的焦点,一种新的视觉情境,以及主体性介入的一项新维度。在这样一种审美颠覆或革命中,创新者的社会—政治责任,即受到物质与象征性匮乏所烦扰的彻底的政治性领域的圈套,突然成了从事作为社会实践一部分的审美重建的艺术性资产。换言之,旧的与新的、国内的与全然异国的元素的交织,使"第五代"得以将自己的"落后"转化为一种寓言性的优势,从而现代和现代主义的生产不再只是可想象的,而且被转化为存在之澄明的处所,并创造出了一个舞台,在这个舞台上,历史版图将在新的认知构型中获得命名。

在现存象征性秩序的断裂中,尤其是在表征领域中,当然更重要的是在任何意识形态倾向的一般真空状态中,"第五代"在后革命社会的地平线上以文化英雄的形象出现了。并不让人感到奇怪的是,出现在颇具神话氛围中的这一团体通过投身于一种借来的但也是想象和重新发明出来的象征性资本网络,从而在面对复杂的社会关系时进一步神秘化了自己的立场。现代主义者热情赞扬了"第五代",而普通公众也对之表现出了友善宽容,这说明了两点:首先,电影实验至少部分地回应了公众对于新事物以及对于正当化自身社会心理经验的耐久形式的需求;其次,在秩序得到了重建之后,伴随着指向民族复兴的迅猛发展,出现了一种体制性需要:创造能够满足全球竞争标准又带有独特中国特色的文体与风格——这是一项主流和正统电影导演们直到80年代后期仍未能完成的任务。换言之,"第五代"不仅有意识地回应了想要获得更广阔的视觉空间的大众渴望,也有意识地回应了文化现代化的民族规划。现代化中国电影的历史情境以及超越直接社会语境的政治、文化和代际需要,支撑着对于西方影像现代主义技术与审美观念的吸收、运用及阐释,后者不再特别地被视为"西方的"东西,而是已经成为当代中国电影所面临的内在情境的一部分。从这一点来看,选择再现穷乡僻壤或是文化边缘可以视为"第五代"的一种策略,即在历史的以及彻底当代的、全球的双重意义上来应对现代。

我们同样可以从电影新浪潮的文化起源的角度来看待这一影像现代主义的社会内容。虽然这一代电影人被视为在本质上是"反文化"和"反传统"的,但是他们的社会经验却牵涉诸多传统与文化的影响。"文革"期间的个人经验(包括他们在上山下乡时期与偏远乡村的俗文化以及各种亚文化的接触),使"第五代"较之中国主流文化更为接近和关注边缘及下层。"第五代"电影就如同"寻根文学"(某种意义上说,这也是知青文学的一类),其中的自然被一再召唤为人类与文化的资源,从而提供了一种人们需求着的栖居空间来反思社会经验以及超越理性的想象性自由。陈凯歌改编自阿城短篇小说的电影《孩子王》就是这一类精英主义的反文化主义——姑且这么说——的最好例证。大自然以无法状态或人类意志的形式同样在张艺谋的若干电影——诸如《红高粱》和《菊豆》——中扮演着关键角色。

"第五代"与西方现代电影的突然相遇构成了文化空间的另一个维度。除了社会上一些未获命名的反叛,即后毛泽东时代的政治无意识之外,现代电影符码作为象征性秩序在意象世界中挺立着,没有遭遇什么挑战。作为施加在既存表意结构之上的新能指,这些西方影响触发并解放了民族戏剧一整套被压抑的寓言,而后者也反过来将这些符号挪用为历史想象的可能性。

"第五代"电影的视觉新鲜感也使渴求着表现自身并解决自己内在矛盾的主体性位置——摄像机背后的眼睛——的在场变得可以触知了。在这里,我们必须面对造成了这一视觉革命的复杂性的裂缝与矛盾。从社会主义现实主义向国际现代主义/后现代主义的变迁,意味着一种文化与意识形态的产业联合,而传统视觉俗套的打破则带来了存在之澄明,从而将视觉上(及社会意义上)全新的现实呈现在裸露之眼面前。与之类似的是,当艺术先锋派的商业化宣告了充满政治意味的审美实验的终结时,一系列叙事形式的回归则在形式上促成了对于改革时代变迁着的日常世界更广阔、更灵活和更多样化的表征。

反讽的是,作为社会问题性的中国在潜文本层面的出现,同它作为那种独特的、唯一的革命性的社会经济与意识形态语境自我定位的终结,恰相吻合。就当代中国影像现代主义而言,这一变迁被捕获于"第五代"的审美特性之中,它揭示了与一种更广阔的时空在意识形态以及经济上的汇合。"第五代"电影运动正如后毛泽东时代大多数创新的文化实验一样,繁荣于这样一种意识形态环境之中：即新文化运动以来的中国现代性或中国启蒙方案的发展被视为某种失败的实验。在这一环境中，大多数中国知识分子所认可的"历史选择"，却在以"文革"为巅峰的革命狂热的废墟中遭到了强烈质疑。人们本以为资本主义与社会主义的规划已经超越存活了数千年的根深蒂固的封建主义，然而他们在80年代那个历史瞬间却相信这一封建主义胜利地挨过了中国现代化两个历史时刻对之的否定。对于大多数中国知识分子和作家来说，中国现代性的规划似乎从未到位。因此，在"文革"的庞大废墟中，人道主义者、文化马克思主义者，以及致力于建设文化、美学与哲学领域的激进现代主义者所组成的联合战线悄悄地复活了"第二次启蒙运动"。"第五代"的立场并没有特别偏离那一流行意识形态。它同样也以文化—审美体制的实现为目标。通过这一体制，"对我们民族精神状态的哲学反思"（陈凯歌语）能以一种不受官僚主义政治与物质—文化的贫乏状态（可实际上，反思恰恰是在这种状态中展开的）所阻碍的方式展开。

"第五代"偏爱影像化的建构，从而悬置了叙事；这种形式探索使得一种叙事分析——不仅仅是分析它的直接情境，也是分析它同革命年代的联系——成为可能。这一分析必然质疑这种影像美学或显或隐地提出的想象性解决。对于表征和批判两者来说，神话的社会发生是必要的物质条件与政治前提。在这个意义上，"第五代"所属的文化主义的现代主义是一种人们期待已久的起源现象，这一起源打破了话语与表征领域的物化与单调性。

除了构成"现实语言"的影像特性基础的意识形态松动之外，"第五代"所拥抱的审美现代性也来自与外部世界之间愈发频繁的交流。首先，先锋实验追求一种新的电影语言，当《黄土地》和《红高粱》成为经典时，它也成了一种新的准则。其次，一种符码系统通过将自身的文化与意识形态内容写入种种风格性虚构，寻求着与客观世界的和解。这一过渡时刻可以在若干1987和1988年的"第五代"电影——这一时期正是新浪潮电影生产的顶峰，这些电影的焦点由乡村转向了都市——中辨认出来。第三个阶段的特征则是短命的现代主义与正在兴起的日常世界的融合，在这个过程中，中国新电影将自身重新界定为多样化与分化的世界里无数讲故事人中的一个。如果说这最后一种变化的文化与政治含义仍然不甚明了，它的影像构造却带着后革命社会的特征，似乎同时是暧昧和多彩的、矛盾而令人愉快的，在文化上显得多样而在意识形态上却表现出同质性。

如果我们将《红高粱》视为一个里程碑——它分开了现代主义话语激进的铸造阶段与新电影随后延伸到更广阔的社会与象征领域的阶段，那么，"第五代"电影运动的短暂历史可以说是举足轻重而非昙花一现、意味深长而非浮光掠影。就1987年后席卷了电影领域的所谓娱乐片而言，我们可以回溯性地看到这一现代主义体制在文化和影像上的重要性，也会发现这一体制的形式苦行背面的社会寓言。流行文化和精英主义都是这一影像现代主义的有机组成部分；特别是流行文化召唤着"第五代"电影导演们进入日常世界以及迫切需要新型消费产品的市场。现代主义作为文化生产的强化模式，演化为肉体享乐与政治快感持续的、"自足的"社会表征。这一象征性空间在革命年代是不可想象的，因此可以说是对于后革命时代世俗世界的社会需求作出了有意识的回应。在我看来，似乎正是这一文化剩余价值而非表征的严肃性，揭示了中国新电影的另一维度，即它的商品化潜能，正是这一潜能唤起了针对国家之外的新生主流的意识形态批评。显然，"第五代"的审美突破并非来自建立形式体制的文化主义诉求，而来自使得一系列变动与修正成为必需的社会、文化以及意识形态力量之间的互动。在"电影现代化"这一通道中，正是正在展开的现代化瞬间产生了文化激进主义潮流（据此而被看做现代主义）。这一现代主义的历史任务正是既生产一种社会风格，同时又延续自身的审美意识形态。意识形态在这儿不再是中国特色而是全球特征了，原因就在于消费社会结构性地产生并维持着这一意识形态。就某种想象性的未来被设定为民族目标而言，批评家们可以暂时将这一意识形态视为"知识"。环绕这一"知识"，某个特殊时期以一种被认为是科学或审美的方式组织了自己的经验。在这一视野中，我们可以将"第五代"或新电影的二元性视为一种时间宣言和空间症候。新浪潮电影的"存在理由"正是同时将个人的、地方性的或民族的经验转化为投身全球象征性网络的跳板，并将现代的、国际的电影语言作为资本来使用，从而发展土生土长的、内在本位的现代性文化。

只有当革新中国电影语言的运动接近完成的时候,我们才获得了一种立场,从而可以来批判性地考察"第五代"导演对于巴赞的本体论现实主义的现代主义挪用。在我看来,这里的问题不在于他们为寻求一种"更高的现实"而试图主观地进入现存的象征性秩序,也不在于他们批判或敌视作为历史话语的社会主义现实主义。就这一介入或批评实现了启蒙规划或反对异化的新阶段的普遍要求而言,两者都可以得到积极的评估。这一规划在陈凯歌的电影里仍然表现为一个主导动机(leitmotif),贯穿了整个"第五代"电影领域。但是,我不那么相信90年代以后已然象征化的场景所负载的对于历史、自然、传统、文化以及人类社会的本体论的、有时甚至是形而上学的态度:空旷贫瘠的风景将天空挤压成一条狭长的线(《黄土地》);一个年轻人在雾气弥漫的野山里对着母牛讲解汉字(《孩子王》);西藏的冰河上漂流的死羊或朝圣路上燃烧着的巨大风车(《盗马贼》);绝望地在猎人马匹前挣扎的受伤动物(《猎场扎撒》);令人屏息的颠轿场景(伪造的风俗!),酒红色天空下舞动着的高粱地里发生的强奸,以及从前的草莽英雄、如今的主人以胜利者的姿态向酒桶撒尿却酿出了前所未有的好酒(《红高粱》)。

我想提出的问题牵涉到新的象征性秩序,后者作为一种常规约束着这些视觉能指和历史场景,"第五代"遥远而默然地回应着这些在"物质现实"中被感知到的场景。"第五代"电影中令人震惊的因素——同时作为影像风格与社会话语——正是影像摄制的布置对于电影叙事、本体论沉思对于纪录性表征,以及主体性图式化对于客体领域的自发动力的凌越。这一等级导致了应对直接的社会事件的冷漠和无力——即使历史因素经由风格化的、常常是寓言式的空间的中介而被复原。即便神话或形而上学也是一种社会产物,但在我看来,这指示出神话在社会变迁时刻所拥有的力量。与意大利或法国影像现代主义相比,"第五代"作为一种晚到的(以及第三世界的)现代主义,往往寻求着作为普遍语言的现代主义的形而上学空间之中的镜像。只要这一现代主义关于自身的幻想不仅是一般意义上的意识形态,而且是一种特殊的意识形态,即体现为象征(及经济)权力更为发达的秩序,对于这一现代主义的阐释就需要同时拥有有力的形式分析和彻底的社会政治解释。杰姆逊关于法国电影中的现实主义概念的探讨,再一次提供了一个富有启发性的参照系。他这样评论道:

> 这个纵深镜头,因护壁上的灰泥和庭院中的石块而呈现着粗糙的肌理,被雨划出斜纹(如同这类影像时刻中常有的),揭示着作为"化身于"物质与居所的社会过去的某一特定时刻的,不仅仅是存在中的,同样也在历史时间中的法国乡村;风景亦是如此:对于德勒兹来说构成了电影中法国流派最根本要素的那一河水的独特而尖锐的历史性,以及柳树,或是两侧长着榆树的空荡荡的公路,甚至是寂寥的田野的历史性,不仅仅是有一些"法国气"——因为是由雷诺阿拍摄的——更是某一特定时代的,现在久已消失的法国,甚至,如同在《游戏规则》(1939)中的,某一特定社会阶级的法国。①

被"第五代"电影的纵深镜头弄得模糊不清的东西正是当下时刻——这一当下作为同中国日常世界(及其奇特的神话)相遇的视觉真实性——的粗糙的肌理。这并不是说当代社会被一场审美奇袭完全改造或遮盖了。事实上,即使作为神话,"第五代"也开启了作为存在之澄明的现实新维度,这一情况作为一种历史发展在本质上是革命性的。然而即便如此,影像"突破"就其历史可能性而言仍然是一种失败的表达。作为一种实验,"第五代"电影运动为我们带来了这样一个世界,它仅仅是被扭曲地、抽象地转化为影像经验。正如对于《黄土地》或《红高粱》的标准评论所指出的那样,它的形式结构往往以一种主观主义的方式展开——不论是理性地反思本能生活,还是敏锐地捕捉这一生活。某种文化的主体性压制了当下社会领域的"物质现实",有时甚至取代了后者,这一主体性宣布了自己的想象性领地,从而形成了第二次得到建构的空间,并将自身开放给了意识形态批判。相对于台湾或香港的新浪潮电影②,没有哪部"纪念碑式的""第五代"电影以一种

---

① Fredric Jameson, *Signatures of the Visible* (New York, 1992), p.186.
② 这里我想到的是侯孝贤和杨德昌的台湾艺术电影,以及吴宇森、徐克及成龙的香港商业片。

世俗然而批判性的细察，聚焦于以个人形式显现的直接的当代日常世界。较之他们的台湾同行，"第五代"的风格密度和过度控制的节奏，揭示出一种根深蒂固的焦虑：唯恐丧失受保护的视角，生怕处于形式的庇护之外，畏惧面对着以不受防卫的异质性而呈现的裸露现实，或让自身跟随摄像机的漫步穿过破败无形的街道（如同侯孝贤的电影所表现的那样）。这一区别当然与不同地缘政治的可能性状况有很大关系；它同样凸显了中国大陆更受困扰的、多少更为沉重的现代性规划。

在反叛性时刻，"第五代"是激进地反语言的，因为陈旧的语言指示着对于真理的遮掩和锁闭。使真理显现因此变成了新电影影像学的终极目标。通过抵制一般意义上的象征秩序，通过维持内在现实与其可读性之间的缝隙，这一审美运动无愧于作为文化（和政治）激进主义的现代主义的称号。对于我来说，反语言似乎是现代电影语言的全部。然而这一语言——或任何革命性语言的深刻悖论性——正是它追求一种真实的、富有感官性的粗糙质感的画面，从而将视觉洞察力带入一种自足的影像语法。在这些象征中，语言本身以瞬间性的真实以及历史为代价，宣布着自己的权威。到了80年代初期和中期，新浪潮从中发展而来的社会现实及其政治含义都还十分含混和抽象。中国现实的直接外观绝没有壮观到可以满足现代主义欲望的程度。因此，决意以一种仪式性的严肃作为补偿的"第五代"转而诉诸神话。乡村风景在早期"第五代"电影视觉品质中的主导地位，因此可以看做是后来出现在"边缘性的"第五代电影——诸如《最后的疯狂》（周晓文，1987）、《太阳雨》（张泽明，1987）和《给咖啡加点糖》（孙周，1988）——中的真正的当代都市场景的反面。当"第五代"主流出于风格的目的渴望发明一种视觉真实（它反过来成了社会—意识形态"内容"），日常世界种种富于历史意味的事件则淹没在了政治以及象征性的暧昧当中。

如同他们在文学领域的同盟——寻根派作家们，第五代导演发现大自然是一个象征性大本营，在赢得政治安全与审美效果的同时，可以从中发动一场旨在捕捉躁动不安生活的文化进攻。然而，这一影像现代主义的未完成性正在于它不愿或是无力超越审美—人类学的硬壳——他们在里面感到十分自如。通过把自己提升到一种形而上学的位置，"第五代"使自身限制在视觉的仪式之中。因此,它所提供的当代中国图景更多是仪式性的而非社会历史性的。"第五代"将当代生活视为并且呈现为人类或文化物种内在的、自然的关联性抽象,而非廓清新的存在领域的特定实践过程。

然而,如果我们将它视为具体社会关系——如果尚非阶级关系——之内的实践,这一未完成的现代主义将告诉我们更多关于它自己的信息。"第五代"的特殊寓言使本质上不同形式之间的重叠交汇聚到了一起,并为一种无名的然而不可否认的具体现实腾出了空间。现代主义的审美结构想要成为正在兴起的社会文化自我的表达,从而转变为关于产生它的那一情境的勉勉强强的叙事。在这些残余与震惊中,电影类型的内在视野仍然是神话性的,而且有着极强的自我意识。但是,就这一神话的认知、表征及批评功能而言,它在意象上的过剩对于社会欲望来说可谓耳目一新——甚至是解放性的,因为它在同新的社会领域不期而遇时,带来了一种新的影像逻辑。作为对于中国改革的拐着弯的认可,"第五代"电影不仅通过提供欲望与享乐的能指在新的电影语言中赋予了新时期意识形态以理性形式,更为重要的是,这种新的影像逻辑为成形中的集体经验提供了自我建构的想象空间,在这一空间里,关于自我形成的叙事,以及这种叙事所对应的潜在的政治性,都变得生动可感了。因此,低调的或是夸张的色彩、光影间的戏剧性对比、非常规的视角与取景被调节为能够描绘当代的、具有社会具体性的风景。只是在这一风景的缺席中——以及在对于这一缺席的自觉中——黄土地的连绵不绝才占据了整个银幕。贫瘠的山丘、河流雕刻出的深深疤痕,无言的农民毫无表情的面庞,所有这些都不仅是中国式的,而且是某种特定的社会想象在某一特定历史时刻所捕捉到的中国。

(崔问津译,朱羽校)

第四部分
社会风景的寓言

第九章 "第五代"的分化

在 1987 年这一年都市成了中国电影的焦点。除了陈凯歌的《孩子王》和张艺谋的《红高粱》这两部将在以下章节里详细讨论的电影之外（有趣的是，这两位"第五代"领军人物的代表作都选取了乡村和历史作为背景），整个电影界都将目光投向了新的都市风景，并且受到了隐藏在城市空间与节奏之中的新的生活形式的启发。张泽明的《太阳雨》和孙周的《给咖啡加点儿糖》在同一年上映，这两部影片为我们带来了城市日常生活陌生化的却富有建设性的图景。两部影片都在广州——这个中国东南沿海经济繁荣的中心城市以及都市生活新时尚的发电站——取景，这并不让人感到奇怪。与张艺谋的《红高粱》在 1988 年所取得的巨大商业成功可以相提并论的电影，正是周晓文导演的《最后的疯狂》，这部影片采用一种中国的方式将侦探惊悚片与喜剧片混合在了一起，它丰富的影像及意识形态意味突然引发了对于"后第五代"电影的期待——据称这一电影更加敏感于市场的波动，同时又坚持探索个体经验与电影媒介本身的审美潜力。

乡村与城市

无疑，在接下来的一年（1988），所有人都目睹了都市电影的出现，这些影片呈现出了作为新时期产物的城市生活新的空间与节奏。除了周晓文的《疯狂的代价》之外，还有四部改编自王朔"痞子小说"的电影：米家山的《顽主》、黄建新的《轮回》、叶大鹰的《大喘气》和夏钢的《一半是海水，一半是火焰》。除了黄建新的《黑炮事件》（1985）聚焦于工业城市为他赢得了普遍的赞誉之外,其他导演没有一位跻身于"第五代"主流(虽然田壮壮的《摇滚青年》算是一部"城市题材"的电影,但却谈不上是自觉的都市电影实验)。

据报道,1987年中国经济的规模是八年前的2.4倍。人均收入自80年代初期以来翻了不只一番。当集体企业在数以万计的乡镇上兴盛起来的时候,当对外贸易飞速增长并占据了国民生产总值重要份额的时候,日常世界的基础性社会—政治结构却基本没有什么变化。产生这种不一致的原因,部分是由于政府对政治领域内任何激进的改革都持观望或谨慎的态度;同样也部分归因于公众信仰经济增长,对于政治却十分漠然——这一立场象征着后革命时代最广为流行的意识形态。然而深刻的社会经济变化必然会在政治生活中有所表现,贯穿于80年代的意识形态骚动也必然会找到其他暂时的表征形式。这一需要也许可以解释公众对于文化事务、理论,以及各种思想规划与论争前所未有的热情,这一热情既触发了同时也寄寓于1989年春之前三到四年间非同寻常的文学与艺术生产,其规模与独特性一同构成了这一席卷全国的"文化热"的文化史特征。比如说,1987年前后,北京大街上充斥着印刷精美的人体艺术摄影集,与它紧挨着的却是各种令人眼花缭乱的现代西方经典译著,仿佛阅读维特根斯坦不过是肉感刺激的另一种形式而已,而马尔库塞或丹尼尔·贝尔则与麦当娜和百事可乐代表着同样的激情与躁动。在《电影理论与批评手册》中,戴锦华是这样描述1987年前后的情境的:

> (1987年)一个充满了历史事件的与空前的历史契机的年头。经过新时期十年的积蓄和准备,改革以空前的速度向前推进。中国以空前开放的姿态大踏步地跨入了世界经济一体化的进程。随着都市化与工业化进程的加速,商业化大潮以人们猝不及防的来势砰然而至。西方/异族/商业文明的骤然展露,给陡然被抛入"美丽的新世界"的中国的人群以巨大的震惊,并以一种陌生而有力的形式呈现为一种全新的历史阉割力。民族文化在全新的商业文明面前再度遭到全面冲击,民族历史再度于历史感的消散中呈现出凌汛期冰河裂隙。中共中央在提出经济体制改革的具体步骤的同时,提出了关于政治体制改革

的初步设想。中华民族要在这空前的历史契机面前穿越窄门,步入世界。①

融入全球经济的驱动力加剧了中国社会生活内部的不均衡。在意识形态和文化市场领域,新时期的话语整体性让位于多样的、往往互相冲突的分化了的经验与立场空间。每种经验都争取在象征性领域中表达自己。这一意识形态分化以及贯穿80年代的象征资本的增殖繁衍,标志着这样一个时刻:"第五代"使自己从审美"突破"转变成了体制。这一体制只是在它的现代主义生产力被转移到,并且散落在正在兴起的日常生活之中时,才最终得以形成;也就是说,公众对于这一体制的接受,仅仅发生在它的实验热情与风格做派妥协于都市风景中的新导向时,这一导向致力于确认见多识广的消费者。

如果说转向都市带有某种后现代的特征——就形式以及主题而言,这一影像现代主义的想象性内核,即它的审美(和政治)乌托邦,却决意要保留作为其权力基地的乡村。如同前几章所描述的那样,"第五代"的风景、主体性和影像语法,都创生于乡村场景。乡村不仅是发现民族自我的人类学处所,也是从属于新电影的政治策略与审美叙事的寓言空间。当"第五代"电影从"与乡村相遇"(《黄土地》)进一步发展下去的时候,我们可以看到,它在80年代晚期的体制化牵涉到中国现代主义与中国乡村及其表征的历史存在之间更为复杂的关系。令人并不感到奇怪的是,当乡村已经因其参与到审美和意识形态协商而受到重新定义的时候,诸如张艺谋之类的电影导演一次又一次地回到乡村,通过重新遭遇乡村来重新发明他们的风格。这种复杂的关系,如同我将在讨论《孩子王》和《红高粱》(第十和十一章)中指出的那样,不仅提供了一种重要的视野来分析和评估"第五代"的审美工程,同时也用来分析"第五代"对于社会主义日常生活,对于作为全球体制的文化,以及对于将两者带入开放式辩证关系的乌托邦领域的悖论性处理方式。

---

① 戴锦华:《电影理论与批评手册》(北京,1993),第32页。

娱乐片

"新娱乐片"不仅是"后第五代"现象,也是"第五代"的发明。它果断地介入后革命世俗社会,正是新的环境以及持久性的矛盾的产物,可以说影像现代主义正是从这种矛盾中演化而来的。作为 80 年代后期的现代主义话语变革的重要灵感源泉之一,"第五代"第一个也是最有影响的一个文本正是张艺谋的《红高粱》,这部影片在 80 年代后期中国电影的现代主义审美与后现代叙事之间占据着枢纽性位置,甚至可以说改变了现代主义电影话语的主体结构。这一新类型的内在结构与社会含义超越了本书研究的范围。我只是想指出,它将一种源自电影的快速现代化的精致视觉品质,同受到具体日常世界滋养且敏感于这一生活的新的经验或叙事,结合了起来。作为不那么主观、也不太有形而上学气味,而是更为客观、更有政治性的风格实验,这一结合生命力极其旺盛,从而"八九风波"之后的政治低谷,或是紧随其后的、仿佛最终将 1989 年之前的文化领域斩草除根的疯狂市场热,都不足以压制它的活力。

如果说《红高粱》被视为电影实验主义的后退,"娱乐"则已经成为电影界的一个时髦用语。新娱乐片在 1987 年的出现,指示出转向世俗化的后现代城市的趋势,在整个电影界都为"第五代"主流叫好时,后者在很大程度上受到了忽视。新娱乐片为 90 年代后"第五代"的电影生产形式奠定了基础;值得一提的是,正是先前的"第五代"以及大量重新焕发出活力的电影界老将与躁动不安的新来者从事着这种电影生产,后一批人是彻头彻尾的后毛泽东时代都市生活的产儿。在"第五代"导演中,周晓文的《最后的疯狂》、田壮壮的《摇滚青年》、吴子牛的《欢乐英雄》(1988)以及孙周的《心香》(1990)是新形式的好例证。陈凯歌备受称颂的《霸王别姬》与张艺谋的三部获奖电影《菊豆》(1990)、《大红灯笼高高挂》(1991)、特别是《秋菊打官司》,均可以其影像风格、情节剧结构、政治寓言以及商业生机之间的和谐交织,而可归入同一范畴。陈凯歌和张艺谋凭借引进基于资本、设备、体制和市场这些国际化的新的生产机制,进一步使局面复杂化了。除此之外,一些"第四代"导演,诸如颜学恕(《野山》,1985)、谢飞(《本命年》,1990;《香魂女》,1992)和张暖忻(《北京,你早》,1991)再次将摄像机转向了普通百姓,积极地探索着关于日常生活的影片。被冠名为"第六代"的年轻电影导演(一个不可能持续太久的称号,因为代际游戏在新的语境中似乎已经失去了辨识力),在1989年之后开始独立拍摄电影,也展现出多样的风格与社会关切。他们挣扎在商品化的压抑环境之中,而且与"第五代"不同的是,他们既没有国家体制的保护,公众对于这些实验性创作也已不觉好奇,甚至不予同情。然而,这些导演将一种自觉的影像语言、日常生活的瞬时主题,以及新生的公共文化的视觉体制彻底地融合在了一起。他们是不得不花费大量时间拍摄广告的第一代中国"艺术"电影导演。这种新的混合的"产物"有:胡雪杨处理移民对于上海家庭生活影响的影片(《留守女士》,1992)、李少红的《血色清晨》(1992)——取景于中国乡村的影片,可以说是对加西亚·马尔克斯《一桩事先宣扬的谋杀案》(Chronicle of a Death Foretold)的再创造,以及何平《双旗镇刀客》对于功夫片的复兴,后者迎合了公众对于影像奇观日益增长的需求。在所有这些作品里,影像世界中的历史冲突被彻底地对象化和具体化了。日常生活的场景与普通人物(逃犯、警察、出租车司机、公车司机、大学生、小企业家、三流流行歌手、城市流浪汉、靠国外亲戚生活的闲人等等)如今占据了电影银幕,要知道,曾经执著于沉淀在集体记忆中的残存乌托邦的高峰现代主义主宰着这一银幕。当"后第五代"电影导演——虽然显得"后现代"和"非政治"——在30和40年代以上海为大本营的左翼电影导演那里重新发现了自己的先行者时,纵深镜头如今也包含了某种对于城市灵活而混杂的呈现。既不是作为政治权威的国家,亦不是精英知识分子,而是当代观影大众成了最终的陈说对象,他们的需求被积极地迎合着。这一电影拥抱着中国后现代性的到来——虽然它还显得模糊不清,但却已经能够感知到它的存在了——展现了一种源于分享的共同体感与安定感而非自我沉迷、随处漂移的英雄主义与精英主义感觉,当然,首先是指示出一种物质可能性与叙事动机,两者都源于更为安定的世俗世界,而这一世俗世界其实是以社会主义市场经济为基础的。

1987年标志着"第五代"初生的现代主义语言已然发展成为一种文化—政治剩余,从而停滞在通往受保护的形式自律的半途中。但它同样也是这样一个时刻:物质、政治事件的冲突在其中被感知为新视觉暧昧不清却明白无误的社会—政治指涉物。某种意义上,新兴的社会空间(它不仅要求一种新的文化自主,也将想象性审美客体融入了意象的沼泽)宣称象征物正是自身的寓言式呈现。恰恰由于将影像提升以超越邓小平时代中国的直接现实的风格努力,先锋运动连同艺术、文学及文化理论中的各种实验,创造出一种新的社会话语维度,并由此为批评与阐释创造了更为广阔的空间。

自1987年以来,相对抽象且岌岌可危的"象征性"自主已经逐渐被一种电影虚构所取代,后者日益向着一种新兴的主流,向着过于多样、过于复杂以致无法"从形式"上接近,然而又过于模糊以致无法在常规的社会—政治意义上对之加以辩护或是反对的集体现实敞开自身,并且与之纠缠在一起。回过头看,之前数年创造话语空间的思想与文化规划,似乎不可思议地为新的共同意识形态内部的社会领域分化——鉴于它内部的异质性,我们不应过度简单地理解这一意识形态——做了准备。利害攸关的不再是超越或取代官方话语,而是同未完成的现代主义规划与世俗的、后革命的都市世界及全球影响的戏剧性之间的互动搏斗;这是一个充满着动荡、痛苦、欲望与乌托邦冲动的世界,一个拥有提供不受社会、文化及意识形态偏见影响的替代性历史范式潜力的世界。在这个意义上,中国现代主义的幸存成为社会实验、历史进程以及政治斗争的关键指针。

陈凯歌与张艺谋

陈凯歌的《孩子王》讲的是"文革"时期一个失败的教书匠的故事,而张艺谋的《红高粱》则描绘了一个草莽英雄在抗日战争前后的冒险,有趣的是,两部影片都上映于1988年。而"第五代"所有引发争议的实验电影都处在《黄土地》与中国影像现代主义这一双峰之间。《孩子王》和《红高粱》

可以看做是个人宣言，标志着两人共同提出了他们这一代的宣言——《黄土地》（当时张艺谋是陈凯歌的摄影）——之后背道而驰的旅途。通过将他们的风格潜力推向极致，两人都预示着一个文化时代的终结，这一终结超出了所有人的预期。公众对于两部影片的接受呈现出戏剧性的区分——《红高粱》获得了巨大成功（虽然一些批评家很快指出电影有着某种恼人的不祥之物，即法西斯主义），而观众对于《孩子王》则普遍表现出不耐烦情绪（除了某些评论家承认这部电影在视觉上十分细腻丰富），这一情形澄清了"第五代"电影运动的内在矛盾（这一矛盾不仅仅是多样性的问题）——观众曾经以为"第五代"不过是种一致的、同质性的电影风格。某种程度上，这两部电影所标志的流派的分化，有助于揭示出围绕其美学与创造力构筑起来的神话，也使评论家得以以更有力的批评与分析来重新考察这些范畴。

从《黄土地》到《孩子王》这一短暂的时期内所涌现出的影像现代主义高潮，既是特殊的可能性状况的紧张构造，也是文化—意识形态重新定位的转型过程中惹人着急的瓶颈阶段。当创新者们终于获得了相对于国家传媒来说半自主的甚至半权威的地位，他们却发现自身面对着新兴的市场，这一市场已然开始生产一种新的主流了。一直到那个时候，文化主体的语言成熟似乎还与社会和政治介入处在共时状态，这种介入十分安全地隔着老远上演着，而且受到了内在的审美空间的保驾护航，从而有所升华。然而猛然之间，这证明只是幻象而已。对于呼唤着自身公共文化的日常生活领域来说，费力建构起来的风格之网就像一个笨拙无用的硬壳，置身于高蹈的影像感受性与某种同个体经验更接近的、更为灵活的联系之间。"第五代"所实现的风格工程不得不推倒重来，以适应社会生产的新步调，从而更为活跃地吸收公共生活的振荡。

就两部影片最终关切的都是某种安全的风格密度而言，《孩子王》与《红高粱》都可以看做是对于深层社会变革的自觉回应，也是外部环境的形式结晶化。这两部电影发动了一场内部的转型，即从隐含的政治先锋主义转向政治上显得十分暧昧的影像奇观风格，从而回应了诸种社会与意识形态替代性方案，或者说替代了正在衰退的官方话语。反讽的是，权威的消失同样也创造了一种环境，在这一环境中，很大程度上因为与这一权威发生联系而得以塑造起来的精英主义话语,对于公众来说显得不再重要了。这一实验流派曾经的标志——表达的焦虑,由此丧失了它的普遍切关性。表达新的社会转型未能明言的可能性状况——这一冲动需要凭借影像虚构的象征性链条来恢复,这一象征之链正是基于新兴的社会期待感。

对于陈凯歌来说,《孩子王》同时是一种声明:即承认某种变迁了的环境,现代主义的象牙塔在这一环境中变得不再必要了,同时也是一种有意策划的关联,即文化立场与个人史、集体史之间的关系。1988年他移民西方,回国之后拍摄了《边走边唱》(1990),这是一部彻底失败的作品,在这之后才有了1993年获得金棕榈奖的《霸王别姬》——这部拍摄于香港的"绚烂的"情节剧微型史诗。也许我们原本就可以预料到,陈凯歌电影的情节、人物的戏剧性元素以及商业价值与他毫不妥协的风格相结合,本来就可以铺平通向这一成功的道路。① 同样作为"第五代"符码的创始人,张艺谋也是第一个使电影实验转向票房成功的导演。在执导了一些商业上大获成功的影片——《代号美洲豹》(1988)和《古今大战秦俑情》(1989)——之后,国内市场与外国投资商的反应使他确信自己能够同时获得文化荣誉和商业利润。然而反讽的是,"八九风波"延长了"第五代"电影语言的市场生命,这一时期,张艺谋用两部广受称赞的电影——《菊豆》和《大红灯笼高高挂》表达了他的新战略。一旦社会领域重新恢复常态,市场也恢复了势头,张艺谋和许多他所启发的导演已经做好了迎接新环境的准备:《红高粱》与一大批具有商业活力的"艺术"电影的涌现之间有着显著的关联,这揭示出某种"道路"——"成熟的"影像现代主义准备将自己作为光彩夺目的新商品献给国际消费。

我们的确可以在《孩子王》和《红高粱》里听到市场经济的狂热鼓点以

---

① 关于这部电影的品质,美国媒体习惯性的文化盲视向我们展示了某种生硬却颇能说明问题的感知。《新闻周刊》(Newsweek)的大卫·安森这样评论道:"陈凯歌引人入胜的史诗《霸王别姬》不啻是一部让美国观众看到了中国电影新奇迹的影片。这是第一部赢得戛纳金棕榈奖的中国电影,在最近纽约电影节上也造成了非同寻常的反响。陈凯歌这部宏大而绚烂的影片有着贝托鲁奇的奢华以及老好莱坞史诗电影那种横扫一切的自信。""The Real Cultural Revolution", Newsweek, November 1, 1993, p.74.

及成长中的社会空间的嘈杂声响,虽说这些声响已经改变了自己的形式——野山中的牛铃声,雾谷中幻觉般的沉寂,黑板上突然出现的不存在的汉字,或是抬轿人与新娘之间大胆的调情,前工业的视觉美感,十八里坡酒厂所展现的集体劳动。80年代中期激进的社会变革与文化构成创造了一种期待自身公共文化的社会想象——姑且这么说吧。这一社会想象力反过来激活了一种社会意识形态,一种想象性的生活形式,其与集体性过去以及与"美国时代"的全球社会常规的双重认同撕扯着这一生活形式。我在这里指的并不是中国市民生活的海市蜃楼,而是现代中国历史,尤其是中国社会主义的经验性储备。作为集体无意识,日常世界中的政治取向在物质存在和意识形态的双重意义上,宣布了对于中国现代主义抽象的、不稳定的框架的历史所有权。如果说审美维度可以看做是受到文化剩余("现代电影语言")保护的政治介入,那么与之不同的是,本土先锋派所建构起来的"形式"工程现在似乎只是一种无用的礼物,除非它能够同寻求着自身肉体化的流行意识形态联系起来。在所有的可能性与选择中,新电影不断受到某种冲动的驱策:即将意识形态冲突以及个体欲望转化为更具叙事导向而非纯粹符号学式的对于社会经验的构筑,在这个意义上,新电影既是"第五代"遗产的继承人,也是前者的意识形态—欲望的反叛者。"第五代"早期纪念碑式的作品与新电影首批"成熟"作品的区别正在于:前者作为对于电影私密语言单枪匹马因而是"英雄式的"探索,同流行意识形态保持着想象性的距离,而后者则自觉地试图对集体的或是大众的情绪施加影响,以及通过对电影设备、资本与策略更为平衡的运用与分配,从而致力于复杂的意识形态建构的视觉显现。在社会层面,一旦文化语言的获取不再是享有特权的少数人的私人事业,"第五代"对于一代人的自我或主体性的表达,就不得不被躁动不安的后革命大众那些未被讲述的故事所取替。

这一变迁并不是在1987年一年的时间里完成的。甚至到了90年代中期,许多"第五代"老将们作为晚起的现代主义者,仍然支持那种由作者签名的总体电影(total cinema)的内在图式。然而在《红高粱》和《孩子王》这两部电影里,我们会发现各种意识形态空间与叙事可能性之间的重叠,这一重叠凭借寓言将文化自我相对未变的工程转移进了社会风景。《红高粱》

或是《孩子王》连贯的、政治上尖锐的象征主义,确证了新的物质与意识形态环境,而且有助于再现一种集体想象的持久战:对于个人过去的怀旧性甚至自恋性的注视,文化与历史领域的自我戏剧化的冲动,以及颠倒现存结构从而捕捉另一个乌托邦时刻的不可抑止的欲望。

在这个情境里,对于两位导演来说,将个人自传作为集体经验的参照系或是虚构社会欲望的神话的诱惑都颇难抵挡。两部电影都拒绝历史地看待自身,反而企图将一种特殊的现代性的视景投射进本体论的领域。暂且不论对于政治变革的诉求及其乌托邦倾向,这一电影类型作为改革盛期的思想与文化话语典范,堕落为一种意识形态蜃景,成为个体欲望、集体移情,及虚假的政治—审美意识的庇护所。这一独特的虚构事业——其中叙事不断地趋向反抗自我,也就是说,导向某种无时间性的事物——将这一时刻确认为作为现代主义乌托邦的"第五代"的终结,以及作为"意识形态的崇高客体"(齐泽克)的新电影的开端。

内心里不情愿承认"当下"的历史性,同时发明出各种方式抵制这种历史化,成了这一影像现代主义类型所包含的复杂的社会与文化矛盾之中的"客观背叛者"(萨特)。在我看来,只要这种对于历史的抵制取决于它直接的物质与政治环境,那么这种主观主义的介入就在寓言的意义上表现出了彻底的历史性。正如所有"第五代"电影所表现的那样,恰恰是因为这一抵抗将后革命社会的张力引入了艺术体制(电影媒介的自律性)——"第五代"力图在一种彻底政治化的文化中凭空建构并实践这一体制,它在中国语境中才获得了具体的文化与政治意义以及批判功能。建构这一自律性的策略清楚地体现在"第五代"的文化与代际政治当中,同时也体现在它对于现代电影语言的运用与发明之中。在这一进程中,"第五代"宏大的现代主义如此强烈地同它力图与之保持距离的日常世界纠缠在一起,以至于它最终以附加的审美维度与表象的主体性介入了社会领域。这一进程要求一种双重阅读:社会—文本层面的分析—批判阅读和自然史层面的寓言式阅读。透过这一本质上可视为阐释学的双重阅读的棱镜来看,作为晚起的现代主义的中国现代派,可以重新依据它的情境形势、它的问题意识,以及它所构想的解决方式来定位,而非通过跟欧美现代主义进行某种被迫的、自贬身价的比较来界定自身。

在经历了某段毫无目标或开放的时期之后——这一时期触发了大范围的尝试性规划——实在界,常常在它最为世俗的形式中,以一种前所未有的清晰从梦的世界浮现出来。以其挑起的所有视觉幻想,影像现代主义也许证明了无论它所逃避的或是陷入其中的领域,都富有揭示性。通过对社会风景的寓言式挪用,《孩子王》和《红高粱》二者都以一种较之这一运动中先前的大多数作品在视觉上更为具体、政治上更为鲜明的方式,呈现了一种电影事业与历史布景之间的相互作用。作为一种禁欲或是享乐,它们预示了自身在90年代早期的变化。

隐含于电影意识形态建构中的激进主义,对于经验的方式或是形式的方式来说仍在很大程度上是不可见的,然而它向寓言性阅读开放。这不是说多数"第五代"电影都是清晰的历史与政治意识的产物。事实并非如此。不过,在这些电影形成一种后革命文化领域的过程中,它们与社会、文化及意识形态的力量之间复杂的、常常是暧昧的关系已然创造了一种寓言空间,这种现代主义在这一空间里愈是试图象征性地将自身疏离于它的社会规定性,它就愈是在意识形态上陷入这一历史构造的张力性与复杂性神秘的表象之中。而在这一历史构造中,一种新生的社会主义日常文化形式作为石化了的梦而持续了下来。这一现代主义愈是接近于感受到后革命世界的感应—能动机制,它就愈深远地伸展进叙事或虚构地带,这一地带常常包含了不可预料的社会风景。通过追求一种形式自律——这一自律同时超越了国家政治文化,也超越了与市场纠缠在一起的新兴流行文化,"第五代"发现自身无法回避两者当中的任何一个。因此它最终的庇护所——影像风格做派,成了记忆、意志以及永恒变迁的环境(这一环境比"第五代"的审美工程更具自律性)之间的终极寓言式中介。

在《银幕上的符号之物与历史之物》一文中,我试图这样来界定这种影像现代主义:即吸纳了诸如历史断裂或价值冲突之类"震惊"的形式努力。[①]在我看来,"第五代"从既存的社会与文化系统中彻底地分离出来,使它暴

---

① 见张旭东:《银幕上的象征之物与历史之物》,《电影艺术》1989年第5期,第13页。

露在一种内在的困境当中——因为它夹在不可阻挡的创造之诱惑与难以想象的表意困境之间。我在这儿想补充的是:"第五代"的影像介入并非意在生产一些精心布置的"对象化",而是要建立一种表意语法,一种隔着审美距离来预想变迁中世界的意指的视觉整体性。寓言在制造一个分裂与歧义的统一世界的过程中,成为了基本元素以及主导样式。

寓言的观念

虽然只有当我们面对具体的电影——以及社会——文本时,出自我所谓寓言的理论阐释才成为可能,这里仍需要最低限度的概念限定。寓言在这里并不指涉图式性意象与抽象含义之间所开启的世界。我将自己的论点明确地建立在本雅明的寓言概念之上,即一种源自"自然与历史奇特混合"的表达方式。① 自然并非意指物质世界的本体论维度,而是历史时间中的一个危急时刻,在这一时刻,社会矛盾的歧义性成了超越象征性统一的社会空间的"自然"面相。同样,历史并非如黑格尔所谓自在的时间的现实化;对于一种寓言视野而言,历史仅作为变迁着的、转瞬即逝的、碎片化了的场景才可以被辨识出来——这些场景正是深陷在自己睡梦中的世界以及静静等待着救赎的自然主义戏剧的场景。如同彼得·比格尔所言,寓言"混合了两种生产—审美概念,其中之一关系到对于材料的处理(将元素抽离出语境),另一个则关联于作品的构成(碎片的接合与意义的安排),以及对于生产与接受进程的阐释(生产者的忧郁、接受者的悲观主义的历史观)"②。比格尔进一步指出了本雅明的寓言概念(基于他对于巴洛克文学的阅读)与20世纪的先锋派艺术作品之间的内在联系。比格尔写道:"因为(寓言的范畴)在分析层面允许我们分离那些关联于生产的方面与关联于审美效果的方面,然而又将它们视为一个整体,因此,本雅明的寓言概念可以视为

---

① Benjamin, *Origin of German Tragic Drama*, translated by John Osborne (London, 1990), p. 167.
② Peter Burger, *The Theory of the Avant-Garde* (Minneapolis, 1992), p. 70.

先锋派艺术作品理论的核心范畴。"①在 80 年代后期中国影像现代主义的语境中,寓言的范畴使得某种模棱两可的集合成为了可能——即错位的社会风景或梦幻的主体性内面的碎片的集合。因此,它不仅强调了"总体性的撕裂"(tearing of totality),而且也强调了这一总体性在社会变迁与集体想象领域里的暗中展开、置换与重建。没有寓言的灌注生气,没有寓言所提出的意义与流动性,"第五代"的视觉奇观可能不过是任意风景镜头的松散拼贴,弥漫着矫饰的人类姿态,装饰着随意——从塔尔科夫斯基到好莱坞,从老子到荣格——采集来的灵感缀片。

我或许应该再谈一下围绕"第五代"展开的批评话语中的"本雅明味道"与"拉康味道",或者毋宁说两者怪异的混合。② 本雅明和拉康都在 80 年代后期的"文化热"中被引介到了中国。由于中国批评家的文化—政治立场往往可以通过他们在特殊情境中所选择的(进口)理论模式辨认出来,对于本雅明或拉康作品的频繁暗示或运用,其实指示出 1987 和 1988 年间电影研究领域从审美工具主义到意识形态批评的范式转换。从这一方面来看,批评反映了而且平行于电影摄制的变迁。"震惊"、"经验"与"寓言"诸词在批评文章中的频繁出现,表明了对于历史断裂、后毛泽东时代中国的构成性在场(constitutive presence)的批判性承认,仅仅在遭遇了 1987 年前后出现的中国消费大众时,这一存在才被承认并被表述出来。拉康在 80 年代后期中国电影批评中的出现,进一步表明了对于意识形态批评需要的方法论增补,它同样可以看做是对于西方电影批评从"第一符号学"(结构主义)到"第二符号学"(精神分析、意识形态批评)转变的中国式回应(戴锦华的《电影理论与批评手册》一书本身似乎就是对于电影研究中的法国电影手册学派的暗指)。对于"更深的结构"——藏身于第一符号学中的视觉世界的本体论维度——的审美痴迷,让位给了一般语境中的符号或能指阅读(虽然在中国语境中,前者并非指涉一般意义上的结构主义,而是指安德

---

① Peter Burger, *The Theory of the Avant-Garde* (Minneapolis, 1992), p.70.
② 比如,戴锦华的《电影理论与批评手册》就充斥着本雅明和拉康式的修辞,诸如"震惊"、"经验"、"光晕"、"镜像阶段"、"欲望的能指"、"父之名",等等。

烈·巴赞）。曾经被褒奖为开路先锋的"第五代"，如今成了一个生产者，回应着——虽然是暗暗地——电影界里的各种力量。批评语言中的本雅明（克拉考尔的同时代人）与拉康（随同巴特、德里达和阿尔都塞的名字同时来到中国）之间的强制性联盟，自身就是新电影社会母题之内的历史形势的能指。

意识形态—批评转向的发生部分是出于建立一种"科学的"、具有理论广博性的电影批评框架的目的。对于理论的崇拜有时削弱了这一批评的倾向性。鉴于中国电影批评家习惯性地将自己视为电影导演在批评圈的代理人以及社会、文化和政治代言人，"科学性批评"无疑代表着一种收获。这一批评同样可以看做某类电影文本理论对应物——后者期待着自己被彻底地解读。我们可以在许多批评家的作品里辨识出"第五代"语调，这可以由批评家与电影制作人共享的思想立场来解释。

对于"第五代"自身而言，寓言与其说服务于理论思考，毋宁说是一种策略的必要性。首先，寓言隐含在经验与表达方式之中，这一方式起源于某种特殊的符号地形学，源自个体性的"想象界"向社会性的"象征界"的转换。这里，拉康的语言被同时用作阐释模型与隐喻。视觉世界的想象的、现象学的整体，或者我称之为第五代的"语法阶段"，似乎痛苦地或是以一种可疑的愉快方式（分别表现在《孩子王》与《红高粱》之中）迈向"象征"整体与客观性。在《孩子王》和《红高粱》中，我们都能看到一种文化自我形象与集体情绪及意识形态之间意味深长的混合；日常生活的戏剧性遮遮掩掩的然而已可辨识的出现；现代主义符号学之内挑逗性的"自由"——这是符号学允许了意象与作为历史场景的具体社会力量之间复杂而有系统的互动。

这一变迁出现在1987年左右几乎所有"第五代"电影导演都卷入其中的斗争之中。田壮壮曾经试图通过再现边缘文化——《盗马贼》中的西藏和《猎场扎撒》中的蒙古——寻求一种语言学的（同时也是伦理的）解放，并因此被视为"第五代"中的异类，在1988年却突然出现在北京的商业中心，拍摄一场摇滚音乐会。吴子牛，这位"第五代"的温和派，在《晚钟》里展现了混合第五代电影影像与人道主义说教的执拗兴趣。黄建新，这位凭借《黑炮事件》赢得响亮赞誉的"第五代"边缘人，在《轮回》中却将摄像机对准了当代城市,表现了混乱的生活那种完全混乱的图景。所有这些倾向和主题无一例外地在陈凯歌和张艺谋那里存在着,而后者多少仍成功地将摄像机控制在喧嚣的街道"之外",坚持面对隐藏在现代主义小宇宙之内的集体关怀——这一现代主义小宇宙可以看做摄影本体论的稠密世界。①

（崔问津译,朱羽校）

---

① 比如,戴锦华的《电影理论与批评手册》就充斥着本雅明和拉康式的修辞,诸如"震惊"、"经验"、"光晕"、"镜像阶段"、"欲望的能指"、"父之名",等等,第14—15页。

第十章　陈凯歌《孩子王》的批判解读

　　陈凯歌执导的第三部影片《孩子王》诞生于中国"文化热"的全盛时期。电影由西安电影制片厂出品,而后者正是"第五代"电影的发祥地。虽然这部影片在某些圈子里赢得了评论家的喝彩,但是普通公众对它却反响寥寥,即使不是彻底否定,也可以说是冷漠处之。与《黄土地》相比,它在国际上的反响相当糟糕①,在国内电影市场的发行量更无异于一场灾难。就这部影片的失败,一般看法认为,陈凯歌晦涩的影像表意方式和风格做派走过了头,甚至让最耐心、最具同情心的观众也敬而远之。许多人由此得出结论,认为80年代的电影新浪潮——它对风格毫不妥协的追求,曾经征服了各式各样的观众——正在走向末路,从而为张艺谋《红高粱》轰动一时的"热卖"留下了一个感伤主义的注脚。然而,这种看法没有道出的一点是:在一个日新月异的世界里——这个世界有着各种意识形态和文化选择,同时较少政治与思想意识的强迫,公众已经不必再去附和知识分子的强迫性的沉思与形式化,也不用再受文化精英自我沉迷的窝囊气了。相反,正如本雅明曾经指出的那样,公众似乎认为他们有权要求自己的形象通过新的媒介予以再

---

　　① 1988年戛纳电影节上,几个法国新闻记者聚集在当地一个咖啡馆里给陈凯歌颁发了非官方的"金闹钟奖"——"最乏味的电影"的象征。在国内,这部电影则被视为陈凯歌的探索已然贫乏的征兆。

现,这就像圣徒在中世纪的油画里得到了描绘一样。① 在这个意义上,《孩子王》既是一种骄傲的盲视的产物,也是一种计划好的失败,这一失败践履了陈凯歌最初的现代主义英雄主义目标。由于沉浸在自己对于艺术风格的探寻之中,陈凯歌或许是最没有可能以一种让人容易理解的方式去表述公众欲望的电影人。当然,实际情况远为复杂。由于执著于较之自恋更为复杂的文化自我,陈凯歌似乎还深深地沉浸在红卫兵现代主义那个遥远的、积满尘埃的世界当中——一个如今很少有人仍会以为具有切关性的、萎谢了的乌托邦或是古拉格群岛。这个昨日的乌托邦理想虽然试图通过"文化"、"启蒙"和"主体性"等关键词同80年代建立起一种道德和政治的相关性,但此时已经不同于"新时期"初期了,现代化进程已经不可逆转地进入世俗化、商业化、国际化和技术官僚化的轨道,由此,个人英雄主义的文化宣言对现实世界来说已经无关紧要了。因此,《孩子王》仍然是这位新时期重要的导演最少被讨论的代表作。

陈凯歌把视线从当下移开,并不意味着他对社会与文化领域正在发生的剧变视而不见。恰恰相反,《孩子王》在许多方面可以看做是在更深的层次上以一种更加微妙的方式去呈现这些变化的尝试;通过把最近的过去重新设置为遥远的时代——在这一时代里,对于集体自我的当代重建在历史错位的幻境中得到了探索,陈凯歌呈现了公众对于重新界定自身主体性的欲望。《孩子王》可以说表述了这一社会需求——陈凯歌将其理解为一种个体必然性,即再次构建一种统一性、意识以及主体的幻觉,由此来回应历史含义仍有待判定的"震惊"的涌入。但这种重建同时也是一个颠覆和解体的过程,一种在意象不断流动之中放弃瞬间性的中心的行为——这一意象流一方面把主体的轮廓勾勒了出来,使观众明确无误地感受到它的固执

---

① 参见 Walter Benjamin, "The Work of Art in the Age of Mechanical Reproduction", in *Illuminations*, pp. 217-252. 我给出这一类比的条件正是世俗化的进程,以及由之而来的本雅明称之为艺术作品的"膜拜价值"被其"展示价值"所替代这一状况。中国影像现代主义的延续与转化同样提供了一个研究"灵韵的历史性消逝"的有趣案例:当特权性现代主义的私人诞生地并入了从新的历史空间演化而来的大众情绪时,一个过渡社会的混杂与异质性及任何一种社会—意识形态体制化的未完成性,都使这个世界为迎接"寓言"做好了准备。

的存在;另一方面,却又把它架空和打散,抛洒在电影形象和符号的飘忽的瞬间之中,从而把它变成了一个不确定的或者说正在艰难地寻找自己的精神确定性的主体。作为陈凯歌早期作品的逻辑发展,作为现代主义运动内部所浮现出的社会主题所决定的进程,《孩子王》迎头撞上了后革命世界中普遍的松弛化或是去政治化;它使日常生活领域心生反感,这一领域萦绕着梦想与噩梦,却也受到了公众渴望改革所许诺的常态、世俗与发展的生活的庇佑。这种"后革命时代"的集体欲望虽然需要其自身的神话(反叛、创新、自我、内在性等),但在基本的伦理倾向上摒弃幻梦,拒绝"噩梦"(如"文革"),向往某种"更高"或不如说更现实、更可靠的"普遍秩序"。最终,我们会看到,这种自相矛盾的倾向在一种全新的全球性中产阶级日常生活体制里将自己安顿下来,但在 80 年代,没有审美现代性或"形式自律性"的中介,知识精英依然羞羞答答,犹犹豫豫,无法一下子完成这种意识形态的过渡和自我克服。事实上,此种新时期大众和知识分子对常态、世俗化、不断提高的生活水准充满渴望和憧憬的生活,正是"社会主义经济改革"所许诺的。无论作为文学文本还是电影文本,《孩子王》都在这一背景下,努力把作为上一个时期精神遗产的文化创造力和崇高感转化为当前时代高度风格化、个人化的"艺术表达"和"哲学辩护"。为了这个目的,阿城和陈凯歌都自觉不自觉地自居为现代主义英雄和先知,并甘冒此种形象同观众相疏离和被大众拒斥的风险。在这一背景下,影片内容的政治性以及陈凯歌通过影像安排而引入的价值观念都变得清晰可见了。

在一篇引人争议的讨论《孩子王》的文章里——探讨这一主题少有的文章之一,周蕾将影片定位在文化复制的意识形态地带。在她看来,这一地带培育着一种男性的、知识分子的民族身份认同或"主体性"①。周蕾的观察是一个尖锐的切入点,它开启了一种以政治为导向而非纯然理论性的批评、解构式阅读。也就是说,周蕾的性别分析成为了理论媒介,或者说一种话语转义(trope),在这种话语转义中,我们可以找到关于中国文化与历史

---

① Rey Chow, "Male Narcissism and National Culture: Subjectivity in Chen Kaige's *King of the Children*", *Cinema Obscura* 1991, no. 25-26:9-41.

的整全性阅读。在周蕾的解读中，女性主义视野证明了它有助于揭示中国现代性与中国革命话语内部的压抑与暴力。它同样有助于使"后殖民"语境中的诸种经验变得真实可触，这些经验通过松动仍然为"普遍现代性"与"民族文化"所主导的象征性"世界秩序"，力求使自己获得政治与理论上的切关性。周蕾处身于某种理论话语之内，虽然这给她的论述带来了一种形式上和政治上的安全感和力度，但也让她在讨论中对一些基本问题视而不见，对此，我们只有通过一种细致的情境分析来予以补足。因此，当她将"第五代"的现代主义电影视作一种为男性政治权力和民族国家暴力所主导的"文化生产方式"来解读时，就无法看到这一"方式"内部的特殊辩证法；而正是这一内在的特殊辩证法，揭示了一个正在兴起的社会领域及其"文化政治"的复杂性和矛盾性。同时，也正是这些矛盾性和复杂性，使一种不同于欧美经典现代派，有自己特殊的历史、文化、社会和政治内涵的现代主义风格具有了一种持久的活力，并使之以一种艰难的方式，在种种极具暧昧性的历史时刻展现出深刻的创造力。妨碍周蕾的阐释发挥充分批评潜能的正是她的意识形态立场，虽说这一立场起初使得她的批评介入具有尖锐的穿透力。

尽管此文还有其他许多颇具见地的看法，但是周蕾的批评介入基本上是从教育机制的分析入手的，她似乎相信这一机制是此片的影像与意识形态建构的核心。在继续讨论这个问题之前，我想从两个更为简单也更加基本的假设出发，即《孩子王》首先是一部自传性作品，以及影片里的每个元素——从主题到意象到题材内容——根本上都是寓言性的。事实上，这两个维度之间的辩证关系，即我所说的电影本身的辩证法，源自以集体回忆录的形式将知青经验重建为一种关键性的框架，从而来理解正在进行中的社会与文化构形。通过建立这一想象性的意义核心与社会风景——在这一状况下，它往往以自然本身的意象出现——之间的寓言性关系，我希望以此来分析集体性自我的建构。如同我将在下面展示的那样，这一寓言空间的建构使影像视野得以表述自身对于政治（"文革"或是作为总体性社会[total society]的社会主义）、文化（作为形而上语言，作为美学，也作为社会权力与声誉，所有这些都通过影片里的核心意象——汉语字典——的使用暗示出来)以及仍待命名的第三领域(自然指涉着什么?什么是属于这一空间的意识形态与乌托邦?)的看法。沿着这一概念地形学的关联带,所有三个范畴都破坏着彼此的稳定,每一个都在一种寓言氛围中被一个直接的他者否定掉,但又随即作为一个"否定之否定"重新在象征的世界里浮现出来。寓言式的新陈代谢、单一言说行为的不同维度间的互动与辩证关系,构成了这一缓慢而安静的影片令人屏息的戏剧性。

一代人的教育和成长(Bildung)

《孩子王》讲述的是一个并没有太多戏剧性的故事——一个知青教师在云南山区所经历的人生沉浮。小说原作者阿城是一个知青作家,把它改编成电影的导演也是知青。① 从社会学的观点来看,这部影片可以看做是"文革"一代的文化—影像自传。通过在影像现代主义工程内部展开自己的影像实践,同时怀着重建自身过去的个人冲动,陈凯歌筛除了当下社会环境所生产出的日渐增强的噪音,可以说如此为之,正是出于某种自觉的意识:赋予影片忧郁的灵韵以及特异的风格做派。自恋在影片中也起到了非同小可的作用,虽说它并非如周蕾似乎想要争辩的那样——即影片在严格精神分析意义上的决定性机制。

虽然因为公众的漠视使得这部电影边缘化了,然而它的影像特质却可以说是中国"第五代"导演的终极象征;就这一点而言,必须修正"失败"这一批评性的措辞。对于陈凯歌来说,公众的漠然正是他的作品能够预料的状况,而他那种可以忽略社会代价的艺术家立场,极好地证明了新浪潮实验所获得的自主性。在许多方面,《孩子王》都是第一部(可能也是最后一部)如此彻底地受到作者意识以及构建视觉空间以容纳社会自我的狂热与专注所控制的后毛泽东时代的影片。鉴于1987年前后社会状况更为严重的分

---

① 事实上,《孩子王》似乎有意在成为知青一代的文化陈列橱。引人注意的是,瞿小松是电影配乐的作曲者,瞿自己也曾经是一位知青,他是80年代晚期新浪潮音乐的代表人物之一。

化，《孩子王》不仅是"第五代"的逻辑延伸，更是一个可遇而不可求的关键时刻——一种对于集体经验的特定领域更深的、更为集中的探索转化了"第五代"早期电影所呈现的文化英雄主义。如果没有主体性与个体性神话所提供的价值强化，这一探索就是不可想象的。这一神话一旦建构起来，就成了社会领域的文化与政治探求的支撑点。这一辩证关系同时处在主观上渴求形式自律和形式上热衷内在性的中心地带。在《孩子王》里，被压抑的自我承认的冲动要把一个变化中的世界据为己有，在这个世界里，社会、意识形态与文化的可能性在一种影像意识面前浮现了出来。在这个意义上，影片可以看做是同时经历了"文革"年代以及新时期那一代人的私密内在性的形而上学设计。

知青经验的轮廓是复杂的，很难被某一种影像风格完全涵盖，但后者作为一种文化介入仍然凸显了特殊的感知与概念建构，这些感知与概念不仅对于拥有类似经验的人们，而且对于整个"后革命世界"都具有普遍意义。在《孩子王》里，电影的焦点或许是：被呈现的主体从一种有意铺开的富有哲学意味的意象世界——自然、文化以及以其最为物化的形式出现的或是由沉思的主人公自己创造的语言（比如说，汉字或是字典）的象征——中浮现了出来，这正如在《黄土地》里"第五代"自己从无尽的贫瘠风景的长镜头里浮现出来一样。在《黄土地》中，观者与延伸着的地平线之间强烈的视觉冲突，为聚集在小山坡旁表情沉默、喑哑的农民或延长的定格镜头捕捉到的粗大疤痕所强化——两者都是新的社会地貌的生硬的标志；在《孩子王》中，主体—客体的模式被一种更具自我反思性的视觉设置所取代，在这一设置中，社会性的焦虑被转化为一种文化性的危机。这与80年代后期中国社会总的思想氛围和精英做派是吻合的。

从"第五代"早期电影作品到新电影"成熟"之作的转变，的确近似于拉康对于镜像阶段的叙述。也就是记录于《黄土地》、《盗马贼》以及一定程度上的《孩子王》之类影片中的激进的自我指涉，揭示出一种集体性焦虑——在刚刚开始从镜像—影像碎片中辨认出自己新生的自我的内部，力图以一种强烈的想象性方式，将社会与文化的身体部件拉扯在一处，并将碎片整合起来。考虑到它的社会历史指涉及内在动力这两方面（我们需要注意的是，这些都隶属于"历史性"［the historic］范畴），我将大多数新浪潮导演所保有的现代电影语言定位在"前语言"地带（虽然一些电影导演觉得这一术语刺耳）。换句话说，"第五代"的现代电影语言始终置身于一种以理想甚至幻想的方式将自身确立于现实秩序的搏斗中，它始终带有"初学者"和"伟大的业余者"的激情，为一种自我发现的表达欲望所激励，因此，它尚不足以以一种成熟老到的符号语言服务于既定的、异化的意识形态。而后者是拉康意义上的"语言"或"象征界"的基本定义。当然，这样讲并不是要无视甚至取消"第五代"电影本身所具有的特定的意识形态色彩和倾向性；而只是说，相对于自我塑形和自我表现的"语言习得"倾向，它们的意识形态操演性的倾向还是次要的，至少在分析和理解这些影片的构成法层面上看是这样。我此刻的立场就是将先前所使用的拉康模式化入对于影片及其社会历史状况更为具体的阅读当中。我更愿意让拉康的分析方法服务于一种更关注社会背景、切入当代中国现实和思想矛盾的解读方式。

到了1987年，陈凯歌所面临的最为迫切的问题，不再是在严格的技术性的影像摄制意义上建立一套语言系统，而是如何将一个形式上安全的空间插入隶属于社会历史领域的更大的文化生活语境之中。这是这样的一个时刻：对于现存学说的单纯不满已然不再是各种文化探索的主要驱动力了。相反，面对各种话语与意识形态相互竞争的泥潭甚至后革命公共空间的蜃景，领域中每一种可能的主体立场都必须或隐或显地确认它同新近刨开的历史经验土壤之间的有机联系，甚至是前者对于后者的所有权。社会风景的标志并不必然是话语的或是文化的；事实上，它们包含着一系列广泛的指示物：非国营经济的繁荣；在工作选择、社会流动或是参与各种组织协会方面更大的自由度；公众对于性及其他娱乐或刺激形式——诸如电视体育节目、西方理论的翻译及地理探险——的重新发现。如同后毛泽东时代的文化生产所展示的那样，对于这一社会空间的政治追求，在一种审美或是哲学实验的意义上实现着自身；在这一实验中，并不是被寻求的客体而是对它的主体性感知获得了呈现。在这些环境中，一种关于"自我"的电影现象学或许可以充当社会寓言的镜像屋。

如果说周蕾将自己的论断建立在对于**教学法**（即学校教师或"孩子王"

的首要活动)的细致分析与批评之上,我则想将自己的阅读重心放在有着多重含义的**教育**概念上。这里,我想援引产生于19世纪德国的一个伟大概念——**成长**(Bildung),它似乎抓住了身为中国现代主义标本的《孩子王》里所记录的个体、文化与社会指涉的复合体。如同陈凯歌的电影所生动表现的那样,教育(成长的第一层含义)并不只是教授他人知识;它首先意味着自我教育、自我发现,甚至是自我革命。这是老杆儿这个知青教师和他的山村学生们从第一天起就经验到的事实。老杆儿(意指"瘦削")从未教过书(事实上他只是一个初中毕业生),他起初试图模仿自己学生时代(即在社会史上被称为"十七年"的那段想象中的快乐旧时光)的教学法,却受到了挑战,事实上是受到了他最聪明的学生与学校本身的物质条件双重的颠覆。第一堂课完全变成了一场课堂政变。老杆儿老师的身份从一开始就分裂了。一个摄录了这位教师两幅"肖像"的扁平纵深镜头将他的形象呈现在了银幕之上:上课前的老杆儿位于中景画面;黑板上是关于他的漫画,旁边写着"这是老杆儿",显然这是此刻安静地坐在他面前的学生们的"大作",而他在讲课时竟然一直都没觉察。就整部电影来看,常规的或传统的教学法呈现为老杆儿及其学生所实验的教育革命的根本对立面;在这场交锋当中,我们目睹了传统教学法的覆灭。因此,老师的双重形象预示着老杆儿作为老师的双重意识。教学法或文化的传播本身卷入了老杆儿自身的斗争之中:他必须摧毁赋予了自身教师职位以正当性与稳定性的权威,从而实现教学法首先得以成为可能的前提条件;他必须使自己处在危险之中,即戳穿教师的特权以完成他的教学任务;他必须把文化颠倒过来,使之对他的那些学生来说重新变得富有意义;最后,他必须诉诸一种大民主(radical democracy)以恢复具有建设性的教学秩序,这一秩序的社会目标已经不在他的目力所及范围之内,只是凭借一种朴素的道德准则和简单的做人常识坚守着。使这一图景变得尤为错综复杂的是:身为教师的老杆儿的最后一招悖论性地同时重新恢复了被革命狂热摧毁了的传统教育理念以及他自己试图逃避的激进的大众乌托邦主义。在我看来,似乎正是这一重新恢复或重生,使周蕾怀疑影片的政治意图与批判的真诚。然而对我来说,这一暧昧性或是含混性提供了一条关键线索,这一线索能够引导我们走向某种批判性的探究——即批判性地考察缠绕在寓言空间里的不同的社会政治与象征力量。通过卷入这一历史的泥沼,老杆儿这个被上级挑中的幸运知青、因为逃离了农场的辛劳而被室友羡慕不已的幸运知青——证明自己在内心深处依旧是一个红卫兵。毛泽东时代中国的社会构造经受了一种个体的震惊经验的探究并由其汇集在了一起,从而为一种电影的诗学乃至一种现代主义的叙事做好了准备。

因此,这部电影与其说关乎教学法本身,毋宁说是一个青年穿越政治混乱与文化蛮荒从而锻造出自己的道路的故事。整部电影可以看做由一系列挑战与回应所组成。正如老师的装备唯有一部《新华字典》,作为知青的老杆儿同样被化约为所谓的零度社会存在。没有任何社会生产、交换或组织(除了一种抽象的权威)的迹象;没有私人生活或公众文化的可感标记;没有任何个体灵感源泉的证据(除了一种与之并不相关的文化的程式化信息)。完全没有任何性生活,只有一种偶尔为秘密的、被压抑的自恋所补充的强加的集体性。这一被剥夺了物质、文化甚至身体财产与所有权的个体生活底线,正是此处问题的关键。这里存在着对于一位革命者来说最低限度的条件:正因为一无所有,所以可以拥有整个世界,甚至通过这个世界探知到一个扩大了的自我。对于老杆儿和他的同辈知青而言,这就是"成长"(formation/Bildung)的本质。毛泽东在社会—意识形态领域所发动的彻底无产阶级化、它所带来的人的自我牺牲以及集体性乌托邦渴望,都在这部现代主义影片中找到了自传式的回声。"教育"被理解为一次探险、一场考验、一种成长和一代人的成年礼。这一切是独属于"文革"这代人及其时代的——虽然这种经验和审美的世界只能在毛泽东时代之后世俗化、国际化、专业化(以"电影语言现代化"等口号为代表)的条件下,以"艺术作品"的面目呈现出来。

值得注意的是,电影一开始并没有出现学校;也就是说,学校并不表现为某种先验的东西(虽然电影里始终存在着现身为汉字的"文化",这正是一种无时间的结构),而是作为风景中一个未知的客体,好比古典文学中的寺庙或是小镇,在那里,旅行者将遭遇某种决定性的、宿命式的考验。这一风景的广阔视野一点一点地、耐心地聚合起来:从远处拍摄的微小人形正在自然风景里缓慢移动,一直延伸到远方高耸的地平线的泥泞的弯弯小道,面对着雾霭弥漫的树林一动不动的老杆儿,通往生活下一阶段的整个寂静的、幻觉般的旅程——所有这些开场意象都为随后展开的戏剧定下了基调,甚至预先闭合了它的戏剧发展。影片也没有结束于教学场景,而是结束于一段缓慢冗长的描绘:老杆儿缓缓离开,他走下了山(就像是无目的的漫游),然后遇到了神秘的放牛娃。包含着自然宇宙的主体凝视映射出觉醒的过程,这就如同汉字在自身的消极存在中封闭了老杆儿(和他的学生的)质询与介入的方式。两者都指明了藉由心灵之眼所看见的社会风景,甚至是这一风景先创造了这一心灵。这就是**成长**的第三层含义:一幅图景,一种世界图像(*Weltanschauung*),这幅图像关乎"我"能够被确证的东西。通过一系列的相遇与自我发现,甚至自我解构,中国广阔乡村的黑暗存在——革命修辞背后的直露现实,自然、语言之外的乌托邦,社会物化视域之外的幽灵,站在世界入口面前的自我——在一种失败,一种逝去的青春,一部被踩躏的个人史之中,在充满了集体热情与梦想之废墟的整个历史时代的光辉之下,被照亮了。构成《孩子王》**成长**进程基础的正是整个集体所经验到的严峻的社会考验与文化重建,而不是个体意义上的审美教养(cultivation)——就如同席勒在德国浪漫主义的脉络中所阐述的那样。换言之,**成长**一词表明了对于社会矛盾的寓言式吸纳,这些矛盾完全裸露在那一集体经验的主体立场面前。尽管电影中的文化主义冲动清晰可触,**成长**的活动却不仅仅是将主体性带入审美问题的一种方式,同时也将文化与审美范畴带入社会与政治问题,这种主体性正是在这些问题中诞生的。因此,《孩子王》里的困境代表了80年代后期文化现代主义的一般特征:如果说对于新的社会现实的寻求可能滑入将文化体制重建为一种意识形态机器的集体性劳作,那么,通过内在的(即是说,审美的或话语的)构建而力图超越社会状况与分化的幻想式努力,同时也将自身消解在同历史无尽的相遇之中——这一历史呈现为各种新旧意象。

因此,对于教学法中的说教主义的暗示应该说来自另一个源头:"第五代"想要向他人讲述那些未被讲述的故事、被埋葬的过去、不可或缺的真理的炽热欲望以及向他人传道授业的教学激情。在这个方面,陈凯歌是他那些"知青"同学最最声名远扬的发言人。这种极端的严肃掺杂着一种升华了的"现代主义感受性",渗透在摄影机所捕捉到的风景里面。在教育人民的努力中(只要这一意指的观众仍在社会和政治的意义上存在着),自我的表达转变为关于自我中心论的令人心醉神迷的空间集合。在这个意义上,周蕾指出影像缝合的意识形态重要性,就是正确的。电影过于丰富的影像特征往往是社会文化失语症的症候,这一失语症在电影里常常投射为他者的沉默——沉默的学生、王福的哑巴父亲、拒绝交谈的放牛娃、字典中的汉字以及同主体无比接近甚至进入他白日梦中的永恒自然。因此,对于文化主体性的自觉建构将自身消解在了无意识的寻求之中,所寻找的对象正是自然历史情境和社会政治认同。陈凯歌在这一探索过程中并不孤立,这是因为80年代同样也是一种集体导向的历史时间向充满着焦虑与乌托邦希望的灵魂揭露自身的时刻。在我看来,一种凝视着无形自我的内省目光与一种寻找自然历史存在的外在需求之间的深层联系与深刻矛盾,似乎正是周蕾试图通过设置"女性身体"与"男性自恋"这一政治上的尖锐对立,以及激烈抨击中国教育系统试图强化一种"男性继承权"以复制出一种"民族文化"所想要传达的意思。①

陈凯歌探索集体空间的努力并没有发展为一种社会性的质询。相反,他以自己的典型方式(整个80年代后期先锋派文化生产的典型方式),选择了一条穿越文化与重建自我(对于陈凯歌来说,两者正是内在性的支柱)的艰辛迂回的道路。陈凯歌发动超越仅仅是想象之物的工程时所采取的原则,并不是一种有着物质现实与政治具体性的社会性原则——即便这些方面在电影里得到了刻意的呈现;相反,电影采用了象征主义的影像原则来最大化视觉的整体性与稳定性,却以最小化内在生活的社会客观性为代价。依靠这种隐密交换,陈凯歌的电影留在了现代电影语言媒介之内,它正是社会与物质环境的未完成性与抽象性以及主体性幻景的忠实再现——这种主体性从属于一个特定时刻的历史内在性(immanence)的理想。

《孩子王》对于汉语的再现——某种程度上,这也是一部关于语言或语

---

① Rey Chow, "Male Narcissism and National Culture:Subjectivity in Chen Kaige's *King of the Children*", *Cinema Obscura* 1991, no. 25-26:15.

言习得的电影——值得关注,它远远超出了教育过程中的语言运用。语言本身疏通同时又阻塞了原初语言(通过整个地区仅有的一本《新华字典》里的汉字,这一预言生动地表现了出来)与原始的自然世界(云南这一多山的边陲省份的边缘地带在大量准军事化的知青定居点建成之前,正是少数民族的聚集地)两者之间的短路。语言与自然之间最具启发性的关联,同时又是难以置信的压制真理的障碍。语言与文化的困境由此同时成为了中国革命与中国现代化唾手可得的象征。在这个方面,《孩子王》中语言与自然之间的短路,既是对于社会异化的含蓄批评,又是中国现代派代表人物所进行的理想主义的、一厢情愿的、意识形态性的斡旋。将这一立场化约为心理学或文化范畴,诸如"中国中心主义"和"越权行为"(transgression),并不解决问题。文化上的有形之物不过代表着社会上的无形之物;当两者都趋向于一种物质经验并栖居于一种特殊的意识形态空间之中时,它们之间的互动提供了主体性的幻觉性的统一体。周蕾对于"物质现实"的关注——这一"现实"化身为遭到历史以及集体压制的女性——提出了切入这一问题的方式,这种方式很有意义。然而,当她将自己对于电影的阐释扩展为对于中国现代性的全面批判时,她没能超越自己的起点,从而无法处理电影内容的社会历史复杂性与表征方式的寓言性本质。因此,她的某些阐释——诸如电影里的大男子主义或"厌女症"(misogyny)、阉割或是孩童的理想化,旨在巩固男性寻求文化继承者的自恋式幻想,似乎更接近于意识形态派生物(如同周蕾所承认的那样,意在搅起一种"更为深刻的动荡"),而不是对于电影文本的语境化解读。在我看来,周蕾对于《孩子王》里的"心智主义"(mentalism)的强调肯定是错误的,这不过来自她诋毁某种复制"中国民族文化"的"空洞的男性议论"的冲动;从而她忽视了这一事实,即对于"民族文化"的批评不能从对于一种新的生活方式的历史性建构(至于这一集体性的努力是否遭遇了失败,则是另一回事)中抽离出来。周蕾的文章所依托的体制化的后殖民—女性主义话语,同一个不仅属于第三世界而且属于社会主义的文本之间的隔膜——这个语境不仅关联于某个地方的霸权性文化传统,而且关联于直接的革命史——在周蕾对于《孩子王》的评述中,表现得特别明显而且富有教育意义。

自我的镜像:作为寓言的"风景"

在《黄土地》中,全景式的、凝视一般的镜头为我们呈现出了荒芜群山的模样,从而缝合出一种连贯的经验,甚至一种统一的意识,后者引发了这样一个问题:"谁在摄影机后面?"与之相比,《孩子王》使用镜像组合,与其说是一种胜利的宣言,毋宁说是某种烦乱意识的体现,从这一意识中折射出了变迁中的社会与文化世界。如果说《黄土地》里的历史首先是一种形而上学背景,那么《孩子王》表面上看来并没有历史的踪影,然而却依然可以感知到后者的存在——这一历史既包含着直接的集体记忆,同时也包括了对于激变中的社会、政治以及文化重构的生动感知。《黄土地》与《孩子王》里摄像机位置与运动的单调性(兴许这是本质性的个人特征),将两部分属于不同政治地形学的影片捆绑在了一起。在这一形式上的相似之外,区别可以说是非常明显的。沉思之眼在《黄土地》里宣告着观者的哲学式自由,而在《孩子王》里则转向了内在性——漫游在主体性的固有领地或是社会可能性状况的外部领域。在这儿,追求超验的残留冲动必须同时看做是处在想象领域之内却又不具有想象的可能性。换言之,伴随着自我—空间的现实化,我们必须捕捉住一种新的物质与意识形态基础之碎片的辩证构型。因此,对于建构自我世界的痴迷变成了依循社会以及文化上的象征之链来悬置甚至消解这一空间。

我在上面的讨论中所提到的文化困境(而非焦虑)创造了两个存在领域与两种意象系列的持续冲突。一方面是语言的世界,这一世界由文本组成(教科书、字典、原初语言的消极整体性,体现于学校规章的社会体制的法律)。无论怎样的不安与不满,教育者与被教育者(表现为老杆儿和他聪明的学生王福)在这个世界里有着被分派的安全位置。无论怎样不忠于这一世界,他们都隶属于前者。另一方面是维特根斯坦所谓"不可言说的"世界或海德格尔所谓"大地",这一世界化身为——或者说暂时进入了由王福的哑巴父亲、放牛娃、牛、大山或是自然本身等意象所代表的脆弱不稳的世界。这一更为黑暗的领域似乎是意识形态内容的储藏室,是政治无意识的天然庇护所,同时也是解放性的荒野(wilderness),在这儿,主体性的空间之网使自己向各种游荡的幽灵敞开。然而,影片并未将任何反讽引进文化或是社会领域以呈现自身的异化结构;它也并未穷尽于我们对于自然风景中的社会乌托邦的承认。《孩子王》的激进主义及其根本的问题性存在于它的内在叙事动力机制,这一机制颠倒了表意等级:毕竟,陈凯歌的摄影机在不断告知我们,正是无言之物——大山、光影、动物、漂浮在文本中的幻觉般的声音、人、显然具有毛泽东思想意味的缺席的在场——决定了这一巨大空间的语法,语言与自我意识在这一语法中只是痛苦地生长着,它们往往把自己托付给更伟大的存在,期待它的承认。我们不能仅仅从字面上来理解电影里的道家思想,虽说它在阿城小说原作中扮演着重要角色;陈凯歌似乎依赖于一种哲学直观,他利用哲学残余物为政治宣言与文化建构服务。这一征用促成了电影的"颠覆性",这是种常常被某些批评家所曲解的特征,他们倾向于将"第五代"导演视为武装了现代媒介知识的政治异议者。周蕾将《孩子王》称为"颠覆性的影片",依凭文化批评采取迂回战术,结果却不过根据这部电影"没有做什么"而看到它的缺失,即指出它未能拆解当代中国政治和文化中存在的"巨大的超个人的压迫"。而在周蕾看来,这是所有"对现代中国文化有话要说的人"都应该从事的事业。① 然而,这一颠覆性并不局限于也并非纯粹展开在象征之链中,而总是牵涉到未知的与未命名的事物。在叙事层面上,老杆儿很难说是在与现存秩序做斗争;毋宁说,他如置身梦境一般凝视远方,倾听着那种"噪音",即使他无法理解这一声音,这一声音还是剥夺了他简陋居所中的安宁——竹棚、教师、村庄、群山,最后是语言本身。

当然,老杆儿最初以为他是被派往学校教书的。当他意识到所有学生都没有课本时,便开始大谈学习中应有的严肃与虔敬,并且追忆起自己上学时候那种井然有序的老皇历。在那一瞬间,一种怀旧性的追忆似乎紧紧抓

---

① Rey Chow, "Male Narcissism and National Culture: Subjectivity in Chen Kaige's *King of the Children*", *Cinema Obscura* 1991, no. 25-26: 36.

住了他,他回想起这样一个年代:所有事物似乎都各得其所,而法律只是简单地融入了日常生活规范。然而所有这些对于他的学生们来说并没有意义,他们只是充满好奇与怀疑地望着他。陈凯歌的摄影机位置未能赋予这一转瞬即逝的感伤主义太多的表现,因为老杆儿站在了黑板前,旁边是那幅题为"这是老杆儿"的不敬漫画;在这一戏拟式的双重呈现中,他严肃的说教轰毁了。老杆儿的两个形象乃至两重身份的重叠,表明了他的主体性处在精神分裂状态,随后他那种映现在破镜子里的双重形象也确证了这一主体性。这种双重性是政治性的也是精神分析式的,是集体性的也是个人性的。对于中国观众来说,"过去的好日子"的社会指涉对象并不神秘:即1949—1966年所谓的"十七年",在那段时期,"新中国"欣欣向荣,不仅革命性的大众意识形态迅速扩张,官僚体制下的社会生活秩序同样发展了起来,后者正是毛泽东后来称之为"资产阶级法权"的体制——他发动无产阶级"文化大革命"很大程度上就是为了颠覆这一体制。老杆儿刹那间的越界——转向自己的童年时代,却遭到两个因素的阻碍而悬置了:一是他对于自己不合时宜的感伤主义所身处的物质与政治环境有所自觉,二是他那些用探究的目光看着他的乡村学生。正如影片始终表现的那样,老杆儿的位置——那些好奇的学生在他面前,他所不喜欢的自我形象则在身后的黑板上——暗示出他并不情愿去拥抱任何作为社会、文化体制的表意链所提供和保障的**快乐**。没有任何证据可以证明陈凯歌想要将老杆儿刻画为作为一种文化精英或精神贵族的红卫兵。老杆儿从头至尾对于政治(表现为学校大喇叭所广播的政治宣传,可以说是作为一种背景性的噪音)的冷漠与疏离,尤其澄清了这一点。老杆儿在本性上并不激进;相反,他决定听从规则来复制一个已然失效的体系;这并不是因为他担当起了传承民族文化的责任,而是源于他的某种罪孽感:他占有了文化,他必须要为"山区孩子"不能识文断字的状况负责(以及他反常的禁欲主义,甚至是自我牺牲)。这些在惊人的物质匮乏条件下幸存下来的孩子对于教育有着盲目的信仰,而老杆儿却目睹了现存环境中教育的极度脆弱、无用与欺骗性。从一开始,老杆儿古怪的教学方式——抄写——就至少有三层"教育"含义:(1)克服物质短缺(只有老师一个人有教科书);(2)以他所能采取的最诚实、最客观的途径传播与开发现存文化;以及(3)彻底拆解这一文化—符号整体,像收集船沉之后所遗留下来的小碎片(汉字)那样,通过在新的生活土壤中散播它,同时凭借新的社会主体(农民的孩子)对于它的挪用,使之获得救赎。这些层面一步步地在影片的叙事推进中出现;事实上,这种设计正是这一叙事推进的核心——如果说还不算是《孩子王》唯一的戏剧性线索的话。

虽然也有一些不耐烦或疲倦(一个学生离开了自己的座位,以夸张的姿态打呵欠、伸懒腰),总的来说学生在抄写时显得颇为积极。然而,每一个拍摄写满汉字的黑板的镜头都紧接着一个表现周围环境的空镜头:精疲力竭的老杆儿面着空荡荡的教室,或是远眺着贫瘠土地的开阔天空——低水平线压迫着这一土地,正好同《黄土地》里的高水平线形成对比,这种天空被镶嵌在壮丽黄昏之中,最终与老杆儿的孤独身影融合在了一起,后者以一种令人陌生的溺爱方式摇荡着自己空荡荡的衣袖。抄写的场景与开放、空寂的镜头之间明显而持久的交替,以两种方式获得实现:一是老杆儿凝视自己的镜中形象时朝它吐唾沫的精神分裂瞬间;另一个则是受到广泛讨论的"超现实主义"片段:所有学生都点着蜡烛拼命地在抄写,而老杆儿渐渐陷入了一种幻觉,仿佛四周萦绕着漂浮在时空暗夜中的人声。在第二种进程之中,曾经的庇护所裸露了自己令人不安的甚至如鬼魂萦绕般的空旷。然而,这一毁灭性的瞬间却是建设性的,它期待着甚至预示着自然,也就是历史视域的躁动不安。这种不安在视觉上表现为一个几乎无法遮风挡雨的简陋竹棚(注意伫立在竹棚中央的巨大树桩),同时也呈现为老杆儿及其知青朋友的那些脆弱家具——他们以压碎这些家具为乐,最后是学校自身的建筑设计,这一设计使人与自然相互联系同时又令其相互分离。无论老杆儿的社会与政治意识怎么不成形,他在这所乡村学校里还是变成了信奉毛泽东思想与实践的人。不过,陈凯歌在社会乌托邦与风行一时的政治狂热之间谨慎地划了一条分界线,这一策略体现在:影片对于充斥在作为抄写对象的文本之中的政治陈词滥调保持了绝对的中立与冷漠。① 当下的日

---

① 在这儿,这些文本的内容相当重要,因为它们将不可避免地成为中国观众眼里的焦点。此外,作为"抄写的抄写",它们凸显了影片所处理的政治潜文本的张力。

常世界与一直延续到当下的"文革"时代之间社会性的、批判性的距离，由此在摄影机与观者之间建立了起来，就仿佛两者默默地达成了一种协议。

毋庸置疑的是，并不是"文革"本身，而是集体经验自身通过这一异常时刻——新时期的持续展开在这个时刻塑造了一种受到变化了的社会空间所限定的自我意识——向一个青年敞开了。蜿蜒在雾霭弥漫的群山间的小道，或是在老杆儿及其同行者面前铺开的荒原，由此成了一种集体仪式，以及一种社会政治成年礼的膜拜意象。而这个新的、在80年代后期的中国浮现出来的社会政治领域正是因为其政治—经济秩序的不清晰，才获得了一种"文化"上的神秘色彩，才有可能被作为一种审美期待的理想而受到膜拜。"第五代"电影自传的自我反思性(self-reflexity)并不仅仅存在于这一环境之中；如同戴锦华所指出的那样，它存在于"对其创作的历史窘境的自指与自陈"①。回应一个消逝了的时代的理想与幻灭的不懈努力，以及与后革命时代社会变革及文化混乱的不断斗争，都加深了这一困境。这一困境的影像式呈现藉由主人公梦幻似的、空寂的沉思，以及我称之为看与被看对象之间非缝合性机制的独特的摄像机运动而成为可能。这一延伸进幻觉领域的自我指涉绝不是"自我"：破碎的镜像；超现实的、不可理解的阅读或是嘈杂的朗诵声；放牛娃神秘的沉默不语；环绕着沉思者的雾霭弥漫、回音袅绕的群山；老师那种往往不可预料、不可控制的身体运动(如同他摇晃空袖管的动作)；或是突然出现在黑板上的生造汉字"牨"。这种借由反诸"自我"的文化内省而打开外部社会风景的寓意可能性的辩证法，则是新时期现代派文艺自身独特的历史可能的最好示范。

对于集体自我形象的这一幻觉式重建，通过一种独特的影像机制将自身置于社会风景之中。《黄土地》里时而重复时而跳跃的蒙太奇——正是它模糊了已然一闪即逝的叙事线索——在《孩子王》中则变成了漫长而详尽的镜头，这些镜头自信地停留在某个单独的视觉细节上，逐渐发展出自己独特的节奏。前者刻意使用的三原色以及遍布的、极为宽广的阴影，在后者

---

① 戴锦华：《电影理论与批评手册》，第26页。

中被贯穿影片始终的光与色的细腻区分取代了;前者重建一种民族问题——体现于"黄土地"本身——的彻底象征主义,却被一个为无名存在所征服的闲散的、梦幻般的、沉思的自我扔进了背景里。精致描绘的影像叙述似乎是对缓慢与闲散的视觉补偿,正是这种缓慢与闲散决定了影片的观看方式。电影一开始,一个拍摄山脚下小村庄的延时镜头——这个镜头一下子涵盖了三天三夜,就暗示着这种交易。在《孩子王》视觉世界的技术性建构中,至关重要的正是它在看与被看对象之间形成的独特的叙事机制。影片的高潮时刻之一,对于向外眺望的老杆儿(以窗子为视觉框架)的特写,紧跟着就是一个对于满月的特写——生硬的 180 度跳轴的结果;与这些意象同时出现的,还有混杂着寺庙钟声与当地民歌的无法理解的人声。当这些噪音伴随着沉重而痛苦的呼吸声逐渐变得震耳欲聋时,我们在银幕上却看见老杆儿的双手在急速翻着字典。突然,一切都止息了,老杆儿站了起来,走向门口。他置身于打开了的门中,那张疲惫的脸庞被微弱的烛光照亮了;随后,我们看见了聚焦于一只漂亮牛犊的反打镜头,它迅速转过身去,跑出了画面。这一正打/反打镜头的组合正是《孩子王》摄制中的组成要素,事实上,它发展为早期"第五代"电影所没有的一种特异语法。如果说《黄土地》里的空旷风景总是对于民族问题/幻想的重新创造,而且通过这一重造,宣告了摄像机背后新的观者的到来,则在《孩子王》中,作为两种现实之代表的观者与被观者之间期待已久的对话,成为了视觉表征的核心。

  如同《孩子王》中所展示的看/被看对象机制的独特性,正在于其表意循环的未完成性,在于它挑逗而又具有建设性的寓言生产,在整部电影里,正是对于远方的凝视,或毋宁说是"回应了他的凝视"的远方界定了老杆儿。沉思作为一种根本性的姿态向观众提出了周蕾所描述的问题:"当我们的目光追随着他时,他看见了什么?如果说个体的目光是对于集体凝视的回应,他的目光又回应了什么?什么是与这一目光相联系的更大的领域?"①周蕾接着考察了这种视觉遭遇战如何导向与他者融为一体的幻觉。

---

  ① Rey Chow,"Male Narcissism and National Culture:Subjectivity in Chen Kaige's *King of the Children*",*Cinema Obscura* 1991,no. 25-26:16.

所以这些被视为缝合的进程,形成了她所界定的男性自恋的民族文化。由于持有这样一种结论,周蕾并未真正打开她在上面提出的问题,而是将它们置于一种已然封闭了的主观化的循环圈。

陈凯歌的看/被看对象影像技法的有意思之处在于:对象通常并不是严格意义上的对象,而是一个试探性的、暂时的视域融合领域,在这一领域中,寻求逃避自我认同、"情绪"或心境以及意识形式的主体遭遇了感知与力的世界。这是经典的黑格尔的环节,主体占有了他者的同时也被客观世界占有了;他的独立其实是他的依附性。自然风景作为"看"的终极"对象",必须在这一具有建设性的依附性框架中获得理解。这个意义上,《孩子王》所生动描绘的知青生活的禁欲主义、怀疑主义以及苦恼意识,得到了影像媒介在技术上的再确认。

如果我们继续对无数表现沉思主体的镜头里的特定看/被看对象机制进行考察,就会发现对象或是老杆儿所凝视的远方,其实并不真正是导向统一的自我神话想象空间的组成部分。因为距离,并不是"对象"本身,而是某种接管了视觉对象的习惯性范畴,意指着任何严格意义上的对象性(objectivity)之外的更大存在,意指着一个任何意识形态的或"文化的"图式化都必然在其中被征服的领域。喑哑、微笑着的农民,不信任地瞪视着老杆儿的放牛娃,黑暗天空中的满月,沉浸在落日余晖中的炊烟袅袅的群山,这些全都完全符合本雅明称之为"灵韵"的历史与审美维度。就这一外部存在而言,《孩子王》在忧郁的激进主义(melancholic radicalism)方面可以被视为一部寓言影片,正如本雅明所定义的那样:

> 如果说在象征中,毁灭被理想化了,自然之神圣化了的面貌在救赎之光中被瞬时揭示出来,那么在寓言中,观者则面对着作为僵化、原初风景的历史之弥留之际的面容。关于历史的,从一开始即不合时宜的、忧伤的、失败的一切,都表现在这张脸上——或毋宁说是死亡之头颅上。尽管这一事物缺乏一切"象征式"的表达自由,一切古典的匀称,一切人性——然而,正是在这一形式中,人对自然的屈服才最为明显,它意味深长地产生了不仅仅人类存在之本质这一谜一般的问题,而且

还有个体的传记性历史性。这是寓言式观看方式的核心。①

陈凯歌在电影里并没有追求如此定义的寓言,甚至以之作为影片再现的目标,而毋宁说寓言是一种通向审美目的的不自觉的方式。这一审美目的受到了80年代后期的社会思潮以及与艺术作品的体制纠缠在一起的"自我"话语的限定,后者正是展开中的现代主义暗中追求的目标。这一历史性错位使得《孩子王》中寓言的功能复杂化了。影片中,摄像机所捕捉到的一切都成为了另外的一步——迈向搜寻自身集体性、社会性的起源而非重建私人、个体诞生地的自传。正如陈凯歌在一个变化了的社会里寻找着一张熟悉的脸、一种承认的记号,老杆儿在寻找回望他探询式注视的对象——他的学生、放牛娃、微笑着的农民或是连绵起伏的群山。在这两种情形中,我们都看见对于个体经验与集体生活之间更深层联系的渴望与想象。关于自我的寓言的象征性功能,即通过迷失在无中介的他者世界中而达成的二度集合,让人想起本雅明在《德意志悼亡剧的起源》中关于寓言的论述。对本雅明而言,寓言本质上是"思辨性的",因为"它实际上被用来提供一种黑暗的背景,以使象征的光明世界得以凸显出来"。② 如同本雅明告诉我们的那样,寓言的视角不仅"宣称自身超越了美"③,而且将自身呈现为"神话的发展"④。在这一点上,《孩子王》可以说意在提供一种关于自我的统一外表——处于这一统一性似乎在物质与政治意义上都最不可能的状况下。它追求超验的内在冲动不能因为它寓言式的零乱与碎片化而被忽视。但本雅明所谓理想主义的、象征化的思维方式与寓言之间症候性的"对立深渊",被私人与社会、个体与集体两方面之间彻底的共时关系跨越了。然而,这一审美解决指向着一个超越它自身的领域。从这方面来讲,《孩子王》在客观意义上是自我毁灭、自我批判的。当利用有效的视觉幻象服务于寓言的目的时,更大的社会实存的潜在存在将缝合的进程扭曲到几近破裂的程度。

---

① Benjamin, *Origin of German Tragic Drama*, p. 166.
② Ibid., p. 161.
③ Ibid., p. 178.
④ Ibid., p. 166.

301　这一寓言式的挪用也许能解释为何放牛娃、村庄或是树桩的意象对于周蕾来说看起来像是"自然的梦境"①,以及为何她说老杆儿有时让人感到惊讶,仿佛他身处白日梦之中。

　　震惊与白日梦的领域正是新的社会空间通过寓言来准备再现自身的处所和媒介。《孩子王》里所呈现的自然迷人的一面,可以看做是对尚未出现在摄像机面前的社会事物的替代与补偿。但视域的敞开或空旷自身就是一种历史能指,在集体欲望之中激活了新老意象与观念。摄像机运动的背后似乎有着——以脱离原来语境的方式借用弗里德里克·杰姆逊的观察——"对于其思想客体内部之不可比拟的距离的自觉"②。自然或文化上不可言说之物的颠覆性,带有伪装了的毛泽东理想主义的气息,因此是一种召唤性结构,可能的社会经济选择以及包含着意识形态动荡的新生公共文化等诸种戏剧填充了这一结构。在这个意义上,《孩子王》继续着实现史诗性叙事的努力——这次是在某种自我反思(self-reflexive)的层面,以及实现一项为80年代后期微弱然而日益可辨的社会情境所强化的规划。尽管一种集体性的未来此时尚未进入视野,它却已然隐含在感知与想象的特殊方式之中。

302　只要一个名的世界(a nominal world)(影像现代主义)与社会—意识形态力量及律令的世界之间的结合仍是偶然的、多面的以及寓言性的,那么实验主义的介入就注定会是历史与文化潜能、可能性及冲动无意而又微妙的记载。因此,陈凯歌古怪的沉思姿态正是一种意识形态暧昧性的审美标记,主体立场或形式策略在这一暧昧性中必须被发明出来,从而悬置这一文化空间里的社会分化与矛盾。

　　本章前面部分所指出的《孩子王》中的寓言式新陈代谢,大致可以图示如下。组成了电影影像深度的三个现实领域(列在 A 栏中),在意识形态与

---

　　①　Rey Chow, "Male Narcissism and National Culture: Subjectivity in Chen Kaige's *King of the Children*", *Cinema Obscura* 1991, no. 25-26:26.

　　②　Fredric Jameson, *Postmodernism, or Cultural Logic of Late Capitalism* (Durham, 1992), p. 168. 杰姆逊关于演生自"现代主义/后现代主义断裂"的空间的界定与重构,自身包含着后革命中国的文化情境与本雅明的寓言概念——以及比格尔从先锋派艺术作品出发对于它的阐释——之间所需的理论中介。

电影导演所运作的话语策略的世界中(B栏),有着自身的立场对应项:

A	B
社会—政治现实	**政治异议**
文化大革命	幻灭
知青运动	犬儒主义,抑郁和消沉
生产队与学校	个体渴望与私人抱负
官僚机构	轻蔑
宣传	怀疑,倦怠
反文化	文化拜物教
文化	**审美**
识字,学习过程,教学法	去政治化
字典	意义
社会威望与福利	体制化
知识	栖居
个体精英	主体性
经典,学科	超验性
自然	**乌托邦**
荒原	颠覆
放牛娃,动物	反主观主义
无,不可言说之物	历史
智慧	去体制化
人民	大民主
幻觉,自由	革命

如果我们承认,在《孩子王》中,那种将文化建成为意义与形式的超验体制的激情,不断因为某种幻觉性的凝视而分心,并最终让位给这种凝

视——一种对于最辽远与最无言之物的幻觉性凝视,那么,我们也许可以来面对"第五代"电影所呈现出的中国现代主义的核心矛盾之一。从它内在的精英主义与审美主义来看,这一现代主义可以看做是对于社会主义日常生活,尤其是对于"文革"的政治回应。它汇入全球资本主义的反讽之处正在于:它不得不以文化的方式来抓住现代世界的物质与政治权力,以及它不得不采取一种审美英雄主义的姿态(用现代派造"社会主义现实主义"的反,用个人主义"艺术家"形象造官僚主义与市侩主义的反)来进入中产阶级日常事务的常态,而后者在其自身的历史性中,却早已不再具有任何英雄主义和史诗色彩了。但即便在这一带有强烈反讽意味的姿态中,我们也应该看到并欣赏孕育在"第五代"电影美学中的历史起源的丰富性,它所包含的幻想、理想及创造力。令人惊奇的是,这种幻想和理想的语法和逻辑虽然尽数渗透进80年代中国现代派文艺所追求的种种"物化"形式(诸如对"艺术作品"、"文化"、"艺术家"等社会范畴的神秘化),并由此同一种个人主义"自我意识"形成了泛政治联盟,但它却依旧能够曲折地表达出一种无法压抑的乌托邦渴望,一种认同社会底层、认同无言自然的"反抗者"的勇气,以及一种对文化和意义的整体性和崇高感的无我的追求。尽管这一乌托邦在文化的寻觅之旅中,每每表现为"空白"、"缺席"和"失语",但它的在场却被一种不厌其烦的现代主义影像表意系统明白无误地确定了下来。留给读者的问题自然是,这种乌托邦理想的社会能量和形式创造力究竟来自改革时代,还是来自它尚未来得及埋葬的"文革"时期。也就是说,从一种形式研究的角度出发,我们最终面临的仍然是一个社会史问题。或许只有当我们把那个时代的社会理想设想为80年代现代派"形式自律性"的核心内容,才理解它的革命性潜力和历史意义。因此,这与其说是在文化建构的艰辛过程的终点,艺术家决定回过头来赞美"前审美",毋宁说是逃离革命的努力以及这一努力的绝望姿态,有效地使革命成了这一现代主义的想象逻辑与生产方式不可或缺的、构成性的存在。

如果说毛泽东思想是革命中国日常生活的社会—意识形态基础,那么现代主义的话语姿态最终会向它力图用审美来超越的物质与政治现实暗暗致敬,就一点儿也不让人觉得奇怪了。"第五代"的代表作与毛泽东思想之间的关系与其说有着外在的相似,不如说是一种社会遗传。与此相似,这里所关注的审美并不仅仅是一种普遍意识形态必须经历的形式修正,而且也包含着它在表征领域中不断延续下去的社会条件。这一位置的变迁应该回溯性地揭示出:在转化社会生活的能力以及创造一种现代的、非资产阶级生活方式的英雄式努力方面,中国革命与中国社会主义留下了一笔活生生的遗产。不论陈凯歌如何反复宣称对于"文革"年代感到"愤怒",具有反讽意味的是,正是形成于这一时期的社会意识形态提供了乌托邦的支撑,提供了批判性地面对新生社会空间的斗争时所必需的自我一致性或自我认同。《孩子王》是一部自我检验的影片,是对集体性过去的个体凝视,它宣称自己是对于一个不确定的时代、一种充满忧虑与兴奋的生活的毅然沉思。置于凝视之眼(老杆儿像是一个被自身的意识所瞄准的摄像机)前的一切,都是主体力量的小小戏剧化。有趣的是,电影选择汉语与教学法(从孔夫子一直到毛泽东,两者都是中国文化的代表)作为新的自我感觉、新的历史感知的试验场。很难断定到底是当下的情绪在老杆儿所凝视的群山上投下了幻影似的色彩,还是老杆儿自己的情绪面对着文化与生存间的深渊,将他的寓言式观点投向了自然——这一自然代表着正在到来的世俗世界的缺席。

这一不确定的时刻揭示了80年代后期文化政治与特殊的文化生产方式内在的歧义性。从影像上来讲,电影通过从主体的视角展示一个自我指涉与自我反思的空间,重新确认了或内在化了现代主义的话语领域。然而在寓言的意义上,一旦这一自我的空间获得了形式化,它就成了知青一代——"新中国"一代的社会经验的象征性重建。随同一种现代主义内在性的有意的影像焊接或缝合,在新旧之间的某个地方出现了一种梦幻似的风景,出现了一种被压抑的、消退了的(但仍然十分有力的)过去与一个将要应对的迫近了的世界之间的幻觉式混合。多少有些反讽的是,作为一部从革命狂热中觉醒过来的影片,却在回溯历史时获得了一种政治切关性——从过去之中找到了对抗正在到来的商业化浪潮的防御姿态(这也是对陈凯歌的"精英主义"指控的画外音)。《孩子王》不仅可以视为通过无意地、自恋地一瞥毁灭了的青春,有意地闪回了社会噩梦;同样地,我们也应该视其为对于未来社会挑战的象征性的、意识形态上的预演。由于驻留在革命—后革命的断裂之中,《孩子王》凭借寓言的工程将不同的社会力量纳入到自己的影像构造之中。在忧郁的凝视之内,某种高于主体的、令人渴望的、鼓舞人心的甚至是解放性的东西总是在场的,正如在自我的局限领域之内,某种成长中和形成中的东西总是清晰可触的。这一成长赋予了电影某种根本上积极的生活姿态,而这可以看做是陈凯歌民族神话的一个更为私人化的版本。面对极为艰难的物质与政治条件,这种对于文化与历史的信心成为了始终笼罩着影片的忧郁的朦胧基础;它微妙地反映了新时期骚动不安的乐观精神。

(何翔译,朱羽校)

第十一章　张艺谋《红高粱》中的
　　　　　意识形态与乌托邦

被称为新时期第一部"严肃喜剧"的《红高粱》，其实是夸张的"第五代"雕塑意识与迎合大众情绪的影像虚构的杂交产物。知识分子一方面赞赏这部电影，同时又对它进行了谴责——批评它过于"卖座"，这一事实揭示出这位目瞪口呆的观众（即知识分子）已经凭直觉意识到：他不再是电影所面向的拥有特权的观者了。他发现摄像机越过了自己的肩头，反而对准了某种模糊不清的存在领域，后者急切地想要获得自身清晰的图像。这种新的社会欲望在《红高粱》里不但获得了影像表述的清晰性和细腻性，也获得了一种明确的政治意味。无论人们是欢迎还是反对它，都能感受到这一新的感知体制的压倒性力量，而新时期的知识分子则必须学会回应和对付这种集体性社会力量。

一些批评家直接将影片中的主要人物等同为"主流"、新时期的大众，或简单地将之等同为意识形态，所有这些描述都指向新兴的然而尚未命名的社会空间，这一空间正是建基于80年代后期的经济改革。"意识形态"尤其暗示出这一术语在中国语境中得到了历史性的重新定义，或者说暗示出与所谓的社会欲望以及这一欲望在新的历史场景之中的压抑、升华与自我声张这类"陌生之物"的认知性遭遇，而国家的意识形态机器则似乎退回到了某个角落。未完成的审美现代主义与演化自变迁了的生产方式的新兴大众意识形态之间的交叠，使《红高粱》成为"第五代"的最后一部影片，同时也成为新的跨国电影类型的第一部影片。很快就以中国新电影的代表人物而闻名世界的张艺谋，在1987年成了这一过渡状态旗开得胜同时又颇成问题的化身。

在讨论电影文本之前,几个电影拍摄中的细节值得一提。作为1988年柏林电影节的金熊奖得主,《红高粱》是首部将重要国际电影节奖杯带回家的中国电影。对于深为国内电影生产蒙羞的新兴公众(同时在精英与大众两个层面上)而言①,《红高粱》在国际上的成功意味着中国电影突然间成熟了,意味着文化探索的前途意外地收获了确凿的证明,同时还意味着国际市场对于新的生产标准和意识形态内容的确认信号,某种新的公众形象铭刻在这一意识形态内容当中。

影片上映前一年,政府已宣布农村地区的经济改革获得了成功。然而,对于中国现代化起决定性作用的城市工业与行政改革则是一项远为艰巨的任务;这些改革的经济、社会与政治后果以及负面作用对于普通城市居民来说,都显得既让人充满希望又令人焦虑不安。两位数的通货膨胀率是人民共和国公民从未遇见过的,因此带来了对于改革政策的普遍恐慌与怀疑。在中国共产党第十三次全国代表大会上,提出了关于"社会主义初级阶段"的理论阐释。会议号召重新界定中国现实,这一举动显然旨在抑制狂热的、日益升级的公众期望。聚焦于改革与现代化神话的普遍兴奋因此受到了令人沮丧的重新考察;对于一种没有物质限制与意识形态禁忌负担的全新生活方式的社会欲望,由此缓和了下来。随后在1988年夏天,整个民族在电视上看到了自己庞大的奥运会代表团被远远甩在西方体育强国后面,甚至被邻居韩国——汉城奥运会的主办方——所击败(就金牌数而言)。②

---

① 在80年代,如何提升中国电影的问题可以说是整个民族的话题,也是媒体持续关注的焦点。当时有个谈及中华民族两"臭"的笑话在电影界广泛流传:中国人足球臭,电影也臭。一方面是看不起国内电影生产,同时又为之感到焦虑。这一电影实践显然堪比未能实现"冲出亚洲,走向世界"这一民族期待的屡战屡败的国足。国足在接连败给韩国、沙特阿拉伯、科威特、泰国和新加坡之后,又在1988年5月19日对香港的比赛中败北,这引发了北京工人体育馆外场的暴力性骚乱。这一事件的报道的标题由中国知名作家刘心武题写,他在体育与电影摄制之间提出了一个有趣的虽然是纯粹偶然性的关联:《五一九长镜头》。中国电影的突破正是民族现代化梦想的一个组成部分,这如同社会主义国家所宣称的那样——它将同时带来物质与精神的富足。

② 在接下来的几个月里,一本题为《兵败汉城》的长篇报道成了全国畅销书。

在这样一种氛围里,公众渴望张艺谋所谓"生命颂歌"的冲动被悄然煽动了起来。在一篇题为《赞颂生命,崇尚创造——〈红高粱〉的导演创作》的文章中,张艺谋明白地解释了他"展示痛快淋漓的生活态度"的意图。莫言同名中篇小说吸引他的,正是"这片高粱地、这些神事儿、这些男人女人,豪爽开朗,旷达豁然"。张进一步评论道:"生生死死狂放出浑身的热气和活力,随心所欲地透出做人的自在和欢乐。"①

《红高粱》的故事线索被唐突地切割成两部分,每一部分改编自莫言《红高粱系列》里的一个独立的故事。"九儿"("我奶奶"),一个贫穷的农村鳏夫的女儿,被卖给一个患有麻风病的烧酒作坊主做媳妇。送新娘子去夫家的半路上,送亲队伍倒霉地在一片闹鬼的高粱地里遇上了打劫的,结果轿夫头("我爷爷")杀死了强盗。他成了英雄,而新娘则由此对他产生了好感。三天之后,当新婚燕尔的九儿回家探望父亲时又遭遇了劫持,却认出劫匪正是"我爷爷"。于是他们在起伏的高粱地里做爱。当天晚上,酒坊主被神秘地谋杀了,九儿因此成了烧酒作坊的主人。当她正打算重新开业时,"爷爷"回来索要他的女人,并最终成为了十八里坡实际上的主人。在"我爹"九岁那年,日本人来了,他们强迫村民踩毁高粱地以修建军事公路。某一天,日本人当众活剥了两个"反抗皇军者"。其中一个正是罗汉大叔,曾经失踪的酒坊工人——事实上他参加了共产党,接受上级命令潜回当地组织地方抗日武装。罗汉的惨死引发了第二天早晨"爷爷"率领酒坊工人伏击日军巡逻车的壮举。正当"爷爷"和他的伙计们发起最后的、自杀式的突袭之前,九儿被日本兵的机关枪扫死了。所有人都死了,单单留下了"爷爷"和"爹"直挺挺地站在血红天空之下的野高粱地里。

欲望的神话

《红高粱》的基本元素并不是一连串魔幻现实主义式的小故事,而是有

---

① 张艺谋:《赞颂生命,崇尚创造——〈红高粱〉的导演创作》,见《中国电影年鉴》(北京,1988),第21页。

意以高度戏剧性的方式组织起来的、通过一种精致而奢华的影像设置呈现于银幕之上的若干核心场景。就其内在的连贯性与视觉强度而言,影片对于本地与外国观众来说都颇具异国情调,而且令人大开眼界。雕塑式的构图与色彩的狂欢赋予了影像质地一种油画般的密度与魅力。张艺谋,这位两部最早且具原型意义的"第五代"作品《一个和八个》与《黄土地》的摄影导演,展示了他调动视觉、摄影元素来激活一种内在动力机制的能力,这一机制推动并且实现了导演的意图。

对于自我指涉的奇观世界的构筑存在于艺术设计的深度以及摄像机的运动之中。构成《红高粱》世界的意象——红色的高粱酒,半裸的(男性)身体,轿夫们展现自己"颠轿"功夫的干燥、尘土飞扬的开阔地,风中狂舞的红高粱,俯视着酒神式(狄奥尼索斯)梦幻世界的令人目眩的太阳——也构成了一个半封闭的表意系统。这是一个神话得以茁壮成长的空间。某一类心怀焦虑的观众立即拥抱了这种神话,他们期待自己模棱两可的社会—意识形态身份能够获得视觉表达,期待自己模糊的自我形象能够表现并升华于银幕之上。在柏林国际电影节上获得成功之后,《红高粱》又在国内获得了百花奖"1987年最佳电影"——要知道这是一个以大众为导向的奖项,颁奖标准以普通观影者的投票为基础而非由专业委员会作出决定(比如金鸡奖)。

《红高粱》以其颇具反叛意味的影像虚构——即欢跃、壮丽的场景,庄严地与社会欲望和意识形态想象缠绕在一起,正是电影的视觉情境释放了这种欲望与意识形态,并且后者在这一情境中得到了编码。胆大不羁的人物得到了充分开掘:电影里的男女主人公反抗着散文气味的环境,可以说目不转睛的摄像机之眼聚焦于他们那种践踏一切的恣意任性,允许并鼓励后者的行动。被寻根派作家①作为社会避风港发明出来的自然与传统文化,转化成了一种洋洋得意的"生命哲学",悖论式地同时主张着一个农民乌托邦的理想化社会以及一种依据欲望与征服的逻辑展开的理所当然的社会达尔文主义。当然,这一悖论同时植根于追求满足的社会欲望以及这一欲念

---

① 关于这一文学流派的探讨,见第四章。

的意识形态暧昧性,这种暧昧性正是在后革命时代复杂的社会关系中产生的。从视觉与意识形态上来看,《红高粱》是构成主义式的,因为它同时经由新兴的"资本主义新人"的解放性形象(以及他通过行动所贯彻的新法则)和过于沉重的、多少迷失了方向的集体记忆或理想,呈现出这一"生命哲学"。如此一来,它不仅为公众的焦虑提供了一种审美性的宣泄,而且更加微妙的是,它使一种地方性的、很大程度上是前资本主义的、极度文化性的经验模式为后革命日常世界做好了准备。因此,它的狂欢气息以及为这一意识形态效果而投入的密集的审美资本需要一种更加细致的社会分析。

在何种意义上以及何种程度上,像《红高粱》这样一部电影仍旧是一部现代主义电影?《红高粱》就跟《黄土地》一样,与其说是一个特定空间的叙事性呈现,不如说是一种普遍精神状况的本体论图景;与其说是一种客观性的再现,不如说是一种主观性的介入;与其说是一种摄影性的分析,不如说是一种隐喻性的制品;与其说是一种批判性的反思,不如说是一种意识形态建构。然而,不同于《黄土地》的是,《红高粱》所建立起来的视觉认同机制揭示出人与世界之间的某种迥然不同的关系,甚至可以说是应对这一关系的一种迥然不同的政治功能。与设置了一个象征性表达空间的(而且其影像特征被视为第五代"本真性"的标志)《黄土地》相比,《红高粱》通过一种神话虚构的装置展开自身,这一虚构包裹着意识形态陌生化的欲望性解决。如果说《孩子王》的影像摄制强调了对于寓言空间的寻求——这个空间能够安置主体并将其反映出来,那么《红高粱》的摄像机则承担了在这一主体位置上投入的自我经济学(ego economy)的新使命。① 寓言因此从主体与客体互动的地带上消失了,却在欲望客体的社会领域中以更加生动且更有说服力的方式重新浮现了出来。

当社会经济基础经历了全面的变革,当以"过去的好日子"为依据的意识形态环境突然变得难以辨认,以至于我们不得不从远处重新接近这种变

---

① 两部电影的摄影导演都是同一个人——顾长卫——的事实,似乎暗示"第五代"的电影技术最终变得独立,能够容纳全然不同的叙事与意识形态设计。

化了的社会风景时,对于神话的古老激情就活跃了起来。为了在梦的世界中苏醒过来,停留在《红高粱》周围的社会无意识倾向于上升到一个已在审美上正当化了的自我空间。在这种环境里,实在界不再致力于获得再现,而是力图冲出再现的泥沼。就其植根于一种集体性的迷信或是错误意识而言,神话折射出某种同样可以从政治角度切入的事物。此外,作为生产膜拜形象的机制,神话必须带来一种转型的力量,以赋予日常生活对象以崇高之物的连贯与震撼,这种力量源自它建基其上的社会与共同体的经验。《红高粱》以红色作为主色调,可以说是以一种粗鄙的方式对于早期"第五代"电影煞费苦心的思辨进行复仇;或者说是以一种迷狂的方式报复了曲折的、自我惩罚式的沉思,后者正是围绕充斥在中国现代化未完成事业之中的幻象而展开的(《黄土地》对于贫瘠山丘的呈现就是一个经典例证)。在一种共享的解脱感中,神话式的集体自我发现、个体的自我主张以及冒险的内在化(表现为追求生活所能给予的无边欢乐的本能冲动)取代了对于民族命运的哲学式沉思。

  所有这些再次提出了中国语境中的现代主义意义的问题。"第五代"凭借视觉领域的先锋探索,使自己同变迁中的社会关系与价值体系的复合体联系了起来。就不同的行动主体(比如,国家政治及其话语机制)凭借不同的渠道(比如,对于社会生活的全面规训)在中国环境中建构了象征秩序而言,这一现代主义可以说有着截然不同的根本性目标与战略。只要外国形象有助于拆毁影像俗套、单调的一致以及革命禁欲主义的"长城",那些已经成为经典的作品受到模仿就不成问题了。中国现代主义在形式上由一种风格的寓言构成,在特殊的文化与历史形势下,这一寓言在纯粹审美的内部生产出了自身的历史性。这一现代主义强调技术媒介的中性特征,后者通过为主流大众(如果相信"中产阶级"依旧是相对空洞的能指,而且有待中国现实的填充)加工形象,从而赋予了集体欲望以形式。通过纯粹的影像视觉特征(作为表现技术的现代主义),实在界被建构为人类与世界之间想象性关系的审美投射(即作为中国现代性经验的现代主义)。

  社会空间的异质性与不均衡在中国影像现代主义中产生出一种寓言式

的自由。如同一般而言的中国现代主义,"第五代"电影实践缘起于一种文化努力,即发展话语的、影像的自律性或自我指涉性,从而使自己呈现为较之社会主义现实主义更为有效的历史经验的记载。具有反讽意味的是,在中产阶级公众文化的英雄主义栖身于形式自律的领域以前,社会世界已然崩溃,堕入这一处在萌芽状态的中产阶级私人领域之中。《红高粱》代表了本土现代主义为这一价值体系大转移而制造出来的视觉奇观,如此一来后者就适应了新的意识形态环境。电影的成功可以说以一种夸张的方式肯定了新的社会力量与社会期待。因此,我们可以在它最为外在的影像细节中捕捉到这部影片最内在的看法。就这一看法而言,《红高粱》是一篇有待于社会领域中互相竞争的经济、政治与文化力量充分宣扬的电影宣言。在这一步实现之前,它审美上的歧义性将代表中国的困境与中国的危机,甚至同时可以说代表中国式的替代性方案。

民族主义

很多人都将《红高粱》视为一部具有高度民族主义色彩的影片。我虽然并不想从根本上挑战这一结论,但却发现某些看法过于简单了:特别是关于本质上依旧具有精英主义色彩的(至少是"作者色彩的")影像符码与大众意识形态(正如盖尔纳所言,这种意识形态表述依赖于一种公共性的社会条件,而非仅仅来自抽象的思想领域的变化或知识话语内部的调整①)。我的兴趣点与其说是争辩这部电影是否具有民族主义特征,毋宁说是考察80年代后期社会与文化语境中的现代主义与民族主义互相建构以及经由彼此而获得自身表达的方式。

百花奖评委会关于电影的简短评论,认可了大众意识形态与审美原则之间的关联,它简单地肯定了民族主义原则:"《红高粱》浓烈豪放地礼赞了炎黄子孙追求自由的顽强意志和生生不息的强大生命力,熔叙事与

---

① Ernest Gellner, *Nations and Nationalism* (Ithaca, N. Y., 1983), pp. 123-125.

抒情、写实与写意于一炉，发挥了电影语言的独特魅力，特授予最佳故事片奖。"①

电影在 1988 年所获得的巨大成功靠的是一种社会需要，靠的是对于物质及神话意义上的审美之物的集体欲求。在这个意义上，民族主义与其说是寻求电影表达的社会—本体论话语渴求（当这部电影被人们消费时，无疑释放出了意识形态内容），毋宁说是新的经济—象征环境的意识形态效果。为了在感知领域重新定位表征的工程，《红高粱》越过了政治—意识形态表意结构与文化空白，要知道这两者曾经构成了陈凯歌那种艰辛探索的基础。当商业化在政治上得到了承认，被用来推动止步不前的城市改革，特别是突破计划经济价格体系、终身就业（即所谓的"铁饭碗"）、公有制产权体系，以及与先前的生产关系相联系的一切社会、政治、道德—伦理以及"文化"义务时，这一路线不仅是可能的，甚至受到了官方的鼓励。通过诉诸社会想象力，以及进一步提供理想化了的集体性的自我—客体世界，张艺谋给了我们替代社会主义现实主义话语以及短暂的现代主义实验的视觉精品。《红高粱》，作为最后一部熔铸了整体视景的"第五代"电影，同样也是第一部回应了广泛的个体需求的新电影代表作。只要个体欲望被民族现代化的规划所制约，《红高粱》就不可能不是一部"民族主义"作品；其中，一种未成熟的自我—空间在"民族的"地平线上隐隐迫近并且获得了感知。张艺谋非常清楚地知道：只有先使欲望对象呈现在人们的面前，甚至变得容易上手，这一替代方才能够实现。《红高粱》最大的成就在于它让一种抽象的"欲望及其满足"逻辑感性地出现在影像世界里，在于它以一种最为物化的但却又"具有艺术创造力"的视觉刺激迎合了公众的意识形态期待，而在当时，其他"第五代"导演和大部分 80 年代文化精英似乎还没有充分意识到新的社会公众及其欲望方式的重要性。不论是反映了不断攀升的自尊，还是传递了世俗性的解放感，"民族主义的"光晕都指向了具体的社会构型与象征性建构。

《红高粱》（以及其他张艺谋的电影）在影像上对于传统风俗的发明，可

---

① 见《中国文学与艺术年鉴(1988)》（北京，1991），第 201 页。

以说不仅仅是影像摄制的另一种构成性元素,而且是张艺谋的准神话世界之审美原则的核心。影片开始时的婚礼场面似乎是另一种以人类学的方式重新发现被遗忘了的世界。然而不同于《黄土地》开场时那种复杂的摄像机运动——这一运动使得某种批判视野清晰可见,《红高粱》里婚礼的影像特性展现了一种匆忙的转向——即转向基于正/反打镜头机制的传统影像符码,这一机制将诸种视觉元素缝合进了一个神话空间。对于张艺谋而言,风俗并不意味着艺术设计的有效性,而毋宁说是一个色彩、节奏与叙事结构的整体系统。它为一种不容置疑的、自然的微观世界奠定了审美与意识形态的基础。

众所周知,张艺谋对于传统的态度是极为实用性的,可以说丝毫不尊重过去的事物或共同体生活里延续下来的事物。他并不召唤储存着意象、风俗与行为方式的民族宝库,而是将它们撕裂,将它们简化为堆放随时可用的道具的仓库,这些道具服务于某种随机性的效果——即呈现梦幻世界并确保其市场卖点。伪风俗的创造不仅对于生命礼赞的影像阐释来说至为关键,而且对于电影的叙事发展亦至关重要,它在一个纯虚构的意识形态空间里建立起影像和叙事的一致性,这种一致性贯穿于狂欢式的颠轿场面、仪式性的祭酒神场面、高粱地里仪式化的征服和性爱场面,并通过电影中反复出现的民歌和婚乐的音响效果而得到加强。这些场景在电影开场时新娘的挑逗性面部特写与电影结尾时自杀性地扑向日本侵略者的酒坊弟兄们之间构筑起了某种刻意为之的持续感。"照当地的规矩",画外音在颠轿情节发生以前以及婚礼三天之后新娘回家探亲时,这样告诉观众。酿酒作坊的工人所唱的酒神颂,酿酒的整个空间、运动以及技术程序——甚至在许多方面让人联想起塔尔科夫斯基《安德烈·鲁勃廖夫》里经典的制钟场景——是由张艺谋及其剧组成员在最后一刻才敲定的,它所依据的仅仅是在当地酿酒作坊里发现的一本残缺不全的工艺制作手册。[①] 我在这里并不是要指控张艺谋捏造风俗,而是想指出这一

---

① 张艺谋:《赞颂生命,崇尚创造——〈红高粱〉的导演创作》,见《中国电影年鉴》(北京,1988),第 2 页。

伪风俗或是视觉发明如同张艺谋及其同路人不懈追求着的形式自律一样,既是一个新兴社会空间的拟像,也是被某个初生的变化瞬间所牢牢抓住的小小乌托邦,在这里,可能性与迷惑、旧的与新的、渴望与恐惧全都混杂在了一块儿。

因此,《红高粱》里的送亲队伍不仅是张艺谋竞争性地重写了《黄土地》一开始的仪式,更为重要的是,在我看来,狂欢式的颠轿场景似乎是《黄土地》片尾腰鼓舞场景所表现出的新的集体主体性之"张艺谋版"。两者在传递集体生活方式的社会理想方面,都具有视觉上的震撼性与有效性;然而,两者也都对自己所投注的政治力量表现出极度的暧昧或谨慎。只要公众消费了"第五代"电影中的这一拟像,它就在新的社会环境里制造出一种审美或"文化"的倒退或返祖冲动,而这正是新的集体性的自我满足和安全感所需要的东西。事实上,对于古老年代的召唤反映着对于当下冲突的积极介入,以及对于意象特定的政治阐释——不论它是革命大众或是解放的个体。由此而被唤起的存在的固有方式或许会让我们更好地理解作为社会—文化建构的民族主义。

关于民族主义更为细节性的论述通常指向电影的最后三分之一,具体讲来就是抗日那部分——一个出于各种原因对于国内外许多批评家来说都是很成问题的部分。①《红高粱》也许充盈着民族主义情绪,然而并不是因

---

① 这一情境反映了1987年前后国家政策与公众情绪在对待日本时的复杂性。那个时候,胡耀邦同中曾根康弘政府之间的蜜月期已然终结。日本的"第二次入侵",即商品而非炸弹的袭击已然激起了普遍反对,并引发了社会骚乱,其中包括1985年("九·一八"事变五十周年纪念)北京大学发生的学生示威。整个80年代,两国政府围绕日本"教科书修订"("入侵"一词被系统性地替换为"前进")展开了一场旷日持久的争论。《人民日报》上刊出了严厉的批评,指出要警惕日本军国主义的复辟。总体说来,中国的反应十分克制。为了实现"四个现代化"这一核心规划,中国政府在处理与自己最大的贸易伙伴及科技与资本投资源的关系时,显得极为谨慎。对于日本的群众性仇恨自身被消费主义削弱了,由此被安全地置于"历史问题"标题之下,从未受到过政府的鼓励。1987年,两国同签订和平友好条约十周年纪念的前一年,中国政府对于零星的反日声音可以说采取的是压制策略。关于教科书问题的历史性阐释,参见 Arif Dirlik, "'Past Experience, If Not Forgotten, Is a Guide to the Future'; or, What Is in a Text? The Politics of History in Chinese-Japanese Relations", Boundary 2, vol. 18, no. 3 (Fall 1991): 29-60。

为电影的最后三分之一致力于表现抵抗外国侵略的场景。正如许多评论者所指出的那样,电影的最后三分之一采取了一种更为传统的影像摄制与叙事模式,这显然有别于前半部分。张艺谋有意回归那种塑造英雄人物的前实验性的模型(革命现实主义与革命浪漫主义的模型),被一些批评家视为思想倒退(回消费主义)的形式证据,由此证明了他们关于"第五代之死"的断言。抗日部分就影片所依据的莫言那两篇小说——在那个时代迷住并启发了整个文学圈的《红高粱》与《高粱酒》——里所谓的酒神(狄奥尼索斯)精神而言,似乎也显得不太协调。

一旦考虑到电影《红高粱》的形式与政治议程——这些议程在接受过程中得到了实现(并且得到了接受对象的认可),我们就倾向于在更深的层面上为民族主义定位。面对着正在努力寻求存活空间的新兴社会经验以及新的想象空间,张艺谋认识到必须同时获得普通观众的承认与国家意识形态机器的认可。鉴于这一电影实验中所表征出的社会与政治混乱,两者绝非不可调和。正如彼得·希区柯克所指出的那样,《红高粱》中的红色很难说代表着党①。"民族主义"在抗日战争中获得了一种便利的形式,这一概念本身并不比张艺谋发明的风俗更真实。之所以引入民族主义,似乎只是为了赋予影片某种正当的政治遮掩,否则的话,由于电影呈现了某种私人欲望的超人形象,对于那两个热情却暧昧的庇护人——观影大众与政府来说,也许在视觉上显得亵渎,在伦理上显得无礼,政治上则十分可疑。电影并非意在激起民族仇恨这一十分敏感而且在政治上相当危险的情绪,从而来赢得公众的注意与赞赏,而是试图准备一种叙事装置,正是通过这种叙事装置的中介,电影的政治美化经由官方的征用而得到实现。

在《红高粱》中,民族主义或民族主义情绪经由摄影形象的建构嵌入了一种更为深刻、更加一般的方式之中。在我看来,探询这一民族主义铭刻在审美构成肌理当中的内容和特性,似乎更能产生成果。特别是将这一民族主义视为一种召唤结构,后者同社会领域里的大众情绪有着一种微妙而复

---

① Peter Hitchcock,"The Aesthetics of Alienation, or China's 'Fifth Generation'", *Cultural Studies*(Urbana-Champaign),6,no.1(January 1992):128.

杂的关系。如果我们转向民族主义与现代主义之间互相征用的程序,《红高粱》可以说"浓烈豪放地礼赞了"官方话语(百花奖评委会)一厢情愿地称为"追求自由的顽强意志和生生不息的强大生命力"的某种事物。然而,贯穿在故事之中的生命赞歌仅仅是改革展开八年之后才可获得的生活方式的产物(及意识形态的正当化)。此外,使得电影如其所是的意象与奇观执迷于构筑神话空间,这种痴迷正是源于影像现代主义那一未完成任务:残留着的对于集体、共同体自我形象的渴求。围绕着应付各种意识形态的叙事必然性——这些意识形态在某个过渡时刻汇集在了一块儿,从而形成了一种公众意识还无法辨识的文化—政治立场,《红高粱》的影像奇观得以建构了起来。

民族主义仅仅就视觉反馈,就一种体现了国内与全球语境中的中国集体自我立场与自我理解的客观化了的自我意识而言,才成为民族主义。换言之,《红高粱》中的民族主义本质上是寓言性的,它指向着一种集体性的文化自我主张和一种意识形态性的愿望满足,而非在政治上表达一种民族议程。从这一角度来看,民族主义就是驻留在欲望神话的建构之中并从中释放出来的不变的效果。这就是为何"颠轿"这一弗洛伊德式升华作用的经典例证,最后却止于满足"生生不息的强大生命"这一非官方的构想。"爷爷"现代主义式的反社会、违抗常规的英雄主义——恣意破坏规则,不仅占有了九儿的身体,而且占有了生产工具——可以看做是在视觉上戏剧化了日益增强的生产力崇拜,同时也可以说是无意识地期待新的、更为有力的社会政治权威。

《红高粱》中的寓言只有按照容纳了某种想象性主体的客观话语而展开——这一主体正在变迁了的日常世界里蠢蠢欲动,这些寓言才具有民族主义特征。民族主义是对于新生的资本主义(悖论性的是,它同时是资本主义的替代性方案)的民族臆想。前者为后者提供了感伤主义的外观,而后者则为前者提供了历史真理内容,这一交换令人联想到了现代欧洲民族主义的社会起源。由于处在残留的现代主义的高蹈风格与社会世俗化所特有的亵渎性自由的双重庇护之下,《红高粱》没有必要回应任何特殊的社会或政治立场;但是它的影像特征揭示出对于新的大众的社会心理结构与表征模式的焦急追求。每当涉及女性身体的时候，摄像机的运动就会表现出迎合面目尚不清晰的公众的凝视愿望。《红高粱》以一种炫耀的、在技术上无懈可击的方式使用看/被看对象技术，这在传统道德主义者（他们正确地嗅到了一股资本主义气味）以及"为艺术而艺术"的那群人（他们为这种走向传统话语的背叛性回归感到羞耻）中间都激起了忿恨。作为一种机制的民族主义特别明显地体现在不同的影像安排中（如同我在下面将要论及的那样——对于女人和生产方式的再现），在我看来，这一点恰恰提示了张艺谋在《红高粱》里所采用的表征方式的复杂性与寓言本质。同时，民族主义可以说是一种在视觉震撼中得以实现的影像效果，它在寓言的混乱中宣布了自己的领地。就此而言，民族主义也可以经由不同的渠道得以表达。作为一个特殊时刻的象征性投射，它同时唤起了激进的现代主义想象与激进的远古想象。某种叙事与意识形态空间由此为呈现民族主义做好了准备。酒红色的阳光笼罩着风中狂舞的野高粱地，从而创造出一片狂欢式的红色海洋，因此这一高粱地同时是现代的解放和不受现代性的铁笼束缚的反现代乌托邦的膜拜意象。在一系列令人屏息的调情、强奸、生产与斗争中，《红高粱》通过行动与享受修正了公众的自我形象。性的狂喜、醉酒式迷醉、集体生产以及（虽然极为短暂的）共同体建设，都参与了对于叙事之流的暂时悬置，从而一种深深的渴望将自身同时展现为被压抑的过去和想象中的未来。有趣的是，恰恰通过重新发明过去，我们才感知到了未来。在这儿，寻根派文学的文化政治与修辞策略在视觉语言中找到了自身的对应物。

在《红高粱》中，民族主义也以讲述生产方式变化的方式抓住了自身的寓言意义。如果说科学与技术是新时期的全民族目标，《红高粱》呈现的却是一个没有机器甚至反机器的影像世界（仅有的机器文明和理性化组织来自酒神精神的对立面，由日本兵的非人性的军事行动、巡逻卡车与机关枪等等代表），它桀骜不驯地沉迷于前资本主义的生产方式之中，生动地呈现出酿酒的原料及人力基础极其依赖建基于人力、前工业化手工技能、神话及个人魔力（如"我爷爷"往酒桶里撒尿）的社会组织。通过将绝对的非人性与残忍（规训、强制、野蛮）等同于日本军队，《红高粱》成功地引出了对于现代性的怀疑与抵抗,这种反应有着深层的基础,而且几乎是本能性的,同时它也明确地展示了一种不受拘束的自我主张与自由,两者导源于现代化进程的新精神与新的社会环境。出于这一目的,张艺谋同时采用了"朝后看的"农民意识形态与"朝前看的"资本主义冲动。他的美学秘密简单地说就是允许后者在前者的土壤上疯长,让大都会的"历史终结"之后的社会幻想接管地方性史前史的开阔空间。可以说,中国困境的想象式解决决定了《红高粱》里的民族主义。

农民乌托邦

《红高粱》是"我爷爷"——一位中国农民,其农民式的反叛使他成为现代(主义)英雄——的征服编年史。一系列(他所克服的)挑战与(他所实现的)主张凸显了他奇诡的一生。无论他想要什么,他都会通过某种方式得到。他想要的几乎是所有一切:女人、财产与领袖式的权威。他的征服具有毁灭性的特征;他必须通过摧毁来维持征服者的特权。在这一毁灭性之中,有着一个没有边界的农民乌托邦,一个没有压迫与规训的世界。这一乌托邦安宁而神秘的面向体现着它永恒的理想,这一理想拥有短暂的幸福时刻,诸如九儿成功地劝留住工人的时刻,大家以一种真正的狂欢方式清扫死去主人所留下的乱糟糟的酿酒作坊的时刻,以及酿完新酒之后,勤勉的罗汉大叔率领工人们在酒神前祷告的时刻。所以这些时刻似乎都是永恒的,然而又被某种不可预见的灾难——往往由"我爷爷"来体现的灾难——所打断。

如果说毁灭性的不顾后果正是农民乌托邦的有机组成部分(它对规训与压迫的抵抗在影片的结尾处由一种非常常规的叙事导出),那么,电影允许"我爷爷"成为主导人物,牵涉到一种历史上(以及文化上)与这一乌托邦迥然相异的逻辑。权力与欲望在这里都有着特定的寓言含义。审美相对于伦理的特权背叛了影片的社会达尔文主义基调,甚至那些与这一唯美主义所带来的政治议程利益相左的人也赞赏这一点。在电影里,这种关系忠实地再现为酒厂工人消极地接受了"我爷爷"关于追求权力以及施行权力的吹嘘。"他们为何不把他赶走？"①因为他是具有某种神秘的超验力量的人，他周围每一个人都被置于其魔法的威力之下。这一魔力并非在于他满足女人与威吓其他男人的能力，而是在于他独有的巨大的、不可思议的生产力。他朝酒桶撒尿以显示自己的粗野，却神奇地酿出了当地历史上最好的酒。雏形中的资本主义的生产力自身被视为一种奇迹。在这个意义上，农民的反叛被赋予某种活力与无法状态，这可以与那些原初的创业者相媲美。张艺谋再现中国农民时所体现出的悖论，以神话的方式满足了社会欲望，然而付出的代价却是集体记忆的政治切关性。

农民问题就跟民族主义问题一样，由此面临着现代性问题，并在欲望及其异化、野蛮与文明（或简单地说——法律）、随心所欲与重重压迫、前现代与现代之间的二元对立中界定着自身。两者都是中国现代性的暧昧性与困境的症候，这一现代陷于自身独特的危机与可能性之中。《红高粱》对于农民的再现，必须按照它同问题重重的、同时也是神话般的现代性之间的关系来看待。这种现代性经由影片叙事与影像再现表达了出来。

陈凯歌与张艺谋二人跟20世纪致力于启蒙之未完成方案的大多数中国知识分子一样，憎恨中国封建主义父权制的、保守的、压迫性的结构。一般看法都认为《黄土地》专注于所谓构成民族内在负担的农民精神状况。个人背景深深植根于乡村的张艺谋，则在《菊豆》以及最近的《秋菊打官司》——后者颇有意思地转向了现实主义、纪录片风格——中，继续探索着同一主题。陈凯歌对于中国农民的再现有意采取了二元化。《黄土地》中的二元性给出了无助地屈服于祈雨巫术的农民与共产党解放区里组织起来的（革命的，即现代化的）农民（他们在欢送自己的兄弟参加抗日腰鼓舞中展现出了力量与欢乐）之间开放的、象征性的对立。

较之陈凯歌在探究中国农民的过程中所表现出的对于现代性的明显认可，张艺谋的处理显得更有歧义性，或许也更加复杂。这并不是因为张艺谋进一步发展了对于社会关系的理性思考（事实上，反而标志着从陈凯歌的

---

① 这是我在杜克大学1993年春"二十世纪中国小说"课上的学生们在影片放映后一致提出的问题。

立场上明显退了回来),而是因为他的神话现代主义以一种最终是意识形态的方式吸纳了社会活力,这一点颇具反讽意味。1987年的社会矛盾较之拍摄《黄土地》的四年前,表现得远为明显和具体。进一步说,张艺谋电影的密度基于它的叙事冒险,并非基于某种理论与文化关切,也就是并不作为一种内在性来为陈凯歌的观察提供支撑。这一差异本身使《红高粱》作为改革与现代化的社会史的寓言对应物,在新电影的形式史上获得了不可或缺的位置。换言之,如果说陈凯歌的规划本质上是质询式的与临时性的,那么,深化了的社会变迁则使张艺谋得以通过给出一种影像解决或超越,来取消社会与思想的问题性。

虽说就一般而言,《红高粱》里的现代性是一种缺席的在场,对应并引导着某种欲望幻想——在以前现代的却井井有条的方式安置自我—客体(女人身体)、所有权、自由与权威的进程中,这一欲望幻想获得了解放。这一现代性又是在电影的一个——唯一一个——瞬间里,即在规训、秩序、强制甚至最终是野蛮之中,发现了自身的象征。它同样关联于日本军队,后者威胁着一个没有机器的世界。虽然《红高粱》被视为视觉上极其震撼的电影,真正野蛮的影像暴力场景——即活剥人皮——直到此刻方才出现。散落各处的漠然的野蛮行为——假劫匪被轿夫们活活打死,"爷爷"在酒坊吃下一只煮过的牛头,覆盖着血淋淋的牛皮的日军卡车,以及日军卡车上吊着的两个将要被活剥的人——提供了各种残忍场景的混合,甚至各种历史范式的混合。在视觉刺激的领域里,在寓言的世界中,这一混合沟通了两种极端,即前工业时代的生活方式与工业化时代的现代军事机器。当最后英雄式的战斗开始于女性——九儿,与机关枪——在绝对的意义上既是男性的也是非人性的表征——之间毫无准备的相遇,寓言同样也居于压倒性的地位。在许多方面,日本人的在场本身就是寓言性的,因为他们除了作为红高粱所象征之物的反面,别无他意。倒在枪口之下的人们所踏倒的红高粱在影片结尾再次舞动于血红的天空之下,宣告着"生命的欢乐"的最终胜利。有一个细节我们不应忽视。在画外音中"我爹"说道,虽然石桥至今还在他的家乡,红高粱却没了。对于张艺谋来说,这意味着对于当代生活的无品位与无聊的小小抗议。这一意识形态在70年代后期从乡村回到平凡的、官僚化的城市的"文革"一代那里,在出发去"打碎旧世界,建立新世界"的红卫兵一代那里,尤为典型。正如他的多数同代人一样,张艺谋在揭示这段时期的个人史的时候,是有选择性的。他告诉我们的只是他如此喜欢摄影,为了买一台照相机甚至去卖过血。通过追求世界的审美意象,张艺谋使自身置于毛泽东时代中国的政治狂热之外,但在他成长的年代里横扫全国的政治狂潮却不可能放过他或是他的照相机。《红高粱》中的红色与中国历史上最近一次农民革命的红色之间的关系仍是一个值得思考的问题。

通过转化影像摄制的现代媒介,张艺谋在高粱地里创造了一种反现代的自律性。然而通过在叙事运动中启动这一世界,反现代的行为模式表达了一种深刻的现代主义生命观,后者关联于邓小平时代中国具体的社会领域。支持现代化的倾向在(残存的影像现代主义的)审美投资中得到了转化,与之不同的是,电影的内容却明显具有中国特征与传统特色。相比之下,虽然非官方的社会与文化飞地投射出一种在真正的全球语境下被决定的新的意识形态立场,它的视觉性呈现却开启了通向地方性动力机制的后门,这一动力机制在指向80年代的西方化、指向或许更为重要的整个现代中国革命史的现代性规划中,受到了压制。中国农民阶级不过是社会欲望能在其中得到再现与正当化的范畴之一而已。在这一再现之中,不仅80年代的社会欲望在前现代的象征性荒原里找到了自己满意的投影,而且整个神话倾向都被赋予了一种叙事特征,它所对应的现实正是旧法的解体与新的社会主流及其社会认同和道德权威的出现。

生产方式

聚焦于酿酒过程的那一动态场景是影片中的关键时刻。它的作用似乎与其说是在于再现农民阶级,毋宁说是再现前资本主义的生产方式、前工业化的工艺流程,以及这一生产方式所包含的共同体感。通过展现为雕塑式的影像之美,这一拥有集体劳动与平等主义价值的农民乌托邦成为一系列场景的主题。它们是电影中的节庆场景,给予了观者瞬间性的满足,平衡了那种贯穿整部影片的颠簸经验。它们代表着一种被压抑的,等待着转型性、暴力的行动或力量来穿透的生存领域。虽然酿酒作坊的工人们从肉体上来讲强壮且灵巧,在同名义上的、象征性的主人九儿(她同时代表着财产所有权与性愉悦的不可接近性)以及他们真正的主人——入侵者"我爷爷"的关系上,他们是被阉割了的。工人们与"爷爷"的关系具有着压迫、阉割与驯服的特征。影片里的工人完全被剥夺了性,甚至被剥夺了任何追求的语言与行动,根本表现不出任何欲望。通过将九儿抬高到某个超越了欲望的领域,他们在性与社会双重意义上将她内在化为外在的权威。然而,目睹着这一权威变成性欲与经济意义上的欲望和征服对象,他们不得不认可由"爷爷"所体现的更高的权威与力量。这一力量与权威代表着更高级的生产方式,这一生产方式使得自身的存在被感知为奇迹。

酿酒作坊的工人同样也缺乏阶级分化,通过某种生产方式,他们完全沉浸在家族式的平等主义乌托邦里,而这一生产方式似乎与其说是社会性的不如说是艺术性的。正如电影里的酿酒流程表现为巧妙的、自我消耗的进程,作坊这一微观世界里的人际关系也脱离了任何具体的社会语境,重新置于阶级分析之外。影片中的手工劳作在纯粹审美欣赏对象与无时间性的原料——这一原料填充了事件与行动("我爷爷"是其化身)的爆炸性时刻所不时打断的历史的巨大空白——之间来回摇摆着。

在莫言的小说里,九儿与罗汉——酿酒作坊里备受尊重的、老大哥式的管理者——有着一段漫长的、半公开的暧昧史。影片完全删除了这一情节。在电影里,"我爷爷"不需要竞争者。因此罗汉,这一农民乌托邦中仅有的"主体",被判以精神羞辱和肉体毁灭的惩罚。似乎正是"我爷爷"对于罗汉的公开羞辱,暗中满足了社会欲望的亵渎性的、得意洋洋的凝视,这一欲望旨在冲破既定的内在化的法律。罗汉的惨死,是释放积聚在国内与全球阵线上日常交换里的集体憎恨的顶峰。影片最为成功、最为出名的场景,即罗汉承认了拜"我爷爷"的尿所"赐"的酒是他"从来没酿出过的好酒"。当他去向九儿报告这一好消息时,却遇见了半醉的"爷爷",后者误会罗汉是前来向他的"婚礼"道喜。罗汉坚持无视"爷爷"的存在,只是对九儿(酒坊的合法主人)说话,而后者却只是隔着窗户回答他的问题。这样,酒的命名方式不但完成了一种人格羞辱,更明确了一种新的权力格局。画外音告诉我们:"当天夜里他就走了"①,离开了这个将以招牌好酒"十八里红"而闻名当地的酿酒作坊。罗汉的苦恼意识可以看做是一种历史性标记,指示着"爷爷"作为新的、更有活力的历史主体不可阻挡的出现,这种历史主体所认可的价值明白无误地表现为商品。

在《红高粱》里,生产过程的仪式性呈现揭示出生产力的膜拜价值。一旦"爷爷"的权威在酿酒作坊里得到了充分确立,生产立即急速飙升,而每个人都显得很快乐。当中国公众在80年代晚期消费这部电影的时候,"爷爷"作为一种权威,更重要的是化身为一种生活方式的宣言,成了《红高粱》审美、伦理与政治快感的核心。然而"爷爷"不仅僭越了农民伦理,而且也僭越了以劳动的社会组织与盈利为特征的资本主义基本原理。因此,生产力与享乐的源泉必然来自他处:来自一种转型了的、被激活了的共同体生活,来自深层价值体系——走向行动与冒险的新的热情强化了这一价值体系,来自某种温和的,然而一旦重新被激活就将创造出自身奇观世界的事物。这似乎是《红高粱》面对普遍的社会混乱与意识形态暧昧性所能提供的最终神话或是乌托邦。通过这一制造神话的机制,某种宣布了自身精神死亡的力量又将罗汉的遗产(农民乌托邦)——它眼看就要被清扫出历史——带入了新的生活领域。

财产所有权从老麻风病人"李大头"全然转到了"我爷爷"手里,它根据一种鲜明的前资本主义欲望法则而非市场法则运作。因此,生产方式的形象没有将自身呈现为《红高粱》视觉现实的核心;相反,它通过新事物的躁动不安而被投射为集体欲望的历史内容,依照后革命中国变迁中的生产关系而重新界定着自身。在这一点上,《红高粱》的神话变成了杰姆逊意义上的"民族寓言"。

---

① 在一次讲话中,张艺谋用这一例子来显示影片中人物性格的"男性式慷慨"。然而,鉴于罗汉瘦削的外表以及严肃的、道德主义式的形象,张艺谋显然是将他塑造成一个乏味的角色,与九儿及"爷爷"所代表的活泼感形成了鲜明的对照。罗汉最多代表了将被新的生命哲学扫地出门的旧的农民乌托邦。

对于女性的再现

如果想要分析电影颇成问题的方面,也许没有比探究《红高粱》对于女人形象的处理更好的方式了。女主人公不仅从一开始就被呈现为欲望的客体,而且更重要的是对于好莱坞正打/反打镜头技术的过度使用(从"第五代"的立场来说,这的确是一种倒退)揭示出视觉片断被组织进叙事整体的审美原则。"爷爷"与他的世界之间的动力机制,几乎整个儿就是通过性魅力的游戏展开的,在这一游戏当中,女人作为欲望对象变成了意识形态斗争的战利品。正是在(男女主人公之间的)欲望互动中,"爷爷"在其他可能的竞争者中间无可置疑地建立了权威性。"她喜欢我",喝醉了的"爷爷"骄傲地告诉嬉笑着的酿酒作坊工人,尽管他那句"她是我媳妇"与其说冒犯了他们,还不如说是逗乐了他们。但最终欲望的行动,而不是欲望的修辞,确立了所有权和正当性(包括生产资料和欲望对象两方面)的新秩序、新规范和"新法"。"爷爷"先杀死了劫匪,然后又为追求"他的媳妇"杀死了"李大头"。马军骧将这一互动称为"自1949年以来,为个人的欲望——直接展示为一种性欲望,为性对象所开的第一枪"。

男性的自我主张同对于现代生活的渴望交织在了一起,这一现代生活通过投射在想象性的史前史(或前现代)空间之中,从而被解放了出来。透过性别批评的棱镜我们可以看到,《红高粱》的意识形态立场如同"爷爷"捕获自己的女人、猎物与战利品的奇特方式一样鲜明。然而九儿的形象绝不是彻底无力的、屈从于男性幻想的漫画形象;相反,她完全知道自己需要什么,并常常掌控着围绕她的男人们。即使她在电影里始终都被描绘为男性的欲望对象,可是在影片一开始,却是九儿,而非"爷爷"(轿夫正是女性注视的对象)发动了看/被看对象的进程,开始了性引诱的游戏,甚至推动了整部《红高粱》的戏剧性发展。在每种意义上,九儿都是反抗"父之名"(拉康)——表现为她的生父、她的合法丈夫(李大头)以及任何给高粱地上的人们强行施加秩序的外在力量(比如日本人)——的狂欢式反叛的一部分。

在这个意义上,影片生产的快感并不仅仅指向男性观者,同时也源自构成电影叙事动力的女性主体性。

即使处在不同的社会、文化、阶级与性别语境中的观影者也许会发现电影在许多方面让人感到粗野无礼,电影对于女性的再现中成问题的意识形态内容倒并不存在于浸染着男性沙文主义粗犷性的视觉意象表面。相反,在我看来,《红高粱》里女性形象的复杂性存在于一个更深的层次上,即一种新的性关系与一种新的生产关系之间是互惠性的,而且两者催生出反叛性的社会想象。九儿的身体联结了生产工具领域,后者通过性获得了它在视觉世界中的半自律价值。在《红高粱》的文学与电影版本中,九儿显然是叙事焦点,诸种行动与事件都围绕着她结构了起来。当她自己充满激情地投向了"爷爷"的怀抱,与她的激情一并而来的不仅是作为男性凝视对象的身体,而且也是神秘的道德秩序,这一秩序编织于个体挫败、集体渴求、性的震惊以及社会——意识形态的重新定位所带来的普遍困惑。《红高粱》对于女性的再现如同对于民族、农民与生产的再现,在审美——意识形态结构中发挥着影像——叙事功能,而在这一结构当中,"权力"与"自由"获得了具体的含义。

电影上映之后赢得了潮水般的赞誉,然而运用于男性(与女性)凝视的生硬的正打/反打镜头技术却引发了一些批评,这些批评认为《红高粱》是向好莱坞的回归。年轻一代的电影批评家(他们一直是"第五代"的热心支持者)提出的这一指责虽然尖锐,却未打中要害。首先,中国电影并没有一个"好莱坞"可以回归。"新浪潮"电影的隐含目标恰恰是建构一种可以在全球范围内进行竞争的中国电影语言;这一探索到了80年代末还一直采取着现代主义的形式,它在好莱坞缺席的情况下,在短暂存在的表征飞地中发展了起来,这一飞地正是由这一现代主义力图挑战的政权本身创造的,而且受到了它的保护。其次,这一批评的意识形态意味充满着歧义。"好莱坞"技巧并不仅仅运用在对于女人的再现中,更重要的是用在叙事与影像缝合的过程中(比如,在电影一开场时的绑架,或电影结尾时酒厂工人自杀式地袭击日军巡逻车)。既然"制造神话"与"塑造英雄"都是社会主义现实主义官方话语的标准标签,批评家也许展示出了对于国家话语(或是其剩余)化身及其与新兴大众文化之间暗中联合起来的政治焦虑。

以上两点都指明了置身于不同的社会与政治力量之中的中国现代主义文化体制的脆弱性。然而,认为《红高粱》是有意迎合好莱坞的看法却是错误的。作为张艺谋导演的处女作,这部电影直到"新时期"现代主义运动的终结仍然保留着自己的原创性与自发性,更不用说赋予它"艺术电影"美名的视觉密度与影像风格了。不过,关键之处恰恰是电影在本土所生产出的原创性与想象力,这验证了全球资本主义那种令人生畏的力量:穿透最为有机的、无意识的欲望与幻想领域,通过前资本主义式的经验与中介表达自身的法则。在这一点上,作为中国电影获得国际奖项的先行者,《红高粱》提供了一种迎合并表达仍然辽远的(但仍是真实的)幻想的想象力。它的自发性记录了既表现为市场也表现为生活方式的全球资本主义对于地方性想象的操纵。影片之不可预测的转向,由此产生了并非通过压抑,而是通过解放来完成的意识形态整合。

这一解放正是影片的核心问题,对于某些心怀不满的批评家来说,这个问题接壤于潜在的法西斯主义。一种新的感觉体制的建立不能不是一个暴力的过程。首先,它是一种表征的暴力,这种暴力在自己的构成中记录并且暴露出大众意识形态、市场、国际或进步自身的暴力。在《红高粱》中,这一暴力不仅在一般意义上通过肯定"生命颂"、通过肯定个体自由的狂欢式的随心所欲而传递了出来,更具体地说,暴力通过一系列的行动,诸如杀戮(假劫匪,或酿酒作坊的真正主人)、征服(女人身体与财产所有权)、挪用(法律之名)以及废止和压迫(通过酿酒作坊工人与农民人群的沉默、消极与阉割流露了出来)等而变得具体了,并以一种理直气壮的、自我沉迷的方式记录在电影当中。

以此看来,化身为野高粱地的膜拜意象的自然或自然力量崇拜,可以看做是殖民化自然的仪式,也可以说是通过不顾后果的冒险以及赞颂新生的解放性的社会能量从而穿透自然深度的仪式。这一不详的信息似乎在"爷爷"对于新娘的大胆调戏中有所暗示,同样他在高粱地里气喘吁吁地追逐九儿的过程中也有所暗示,在那一场景中,镜头被高粱地包围着,但它切割、刺穿了它的环境,并由此把高粱地那种不可穿透的广阔与稠密、连同围绕着它编织起来的古老神秘之网一同带入了新时期意识视野和欲望想象的所谓"存在的澄明"。"爷爷"踏倒蓬乱的高粱从而开辟出来的野高粱地里的神圣爱床,并不是狂热地拜倒在不可知的自然力量面前,而恰恰是一个解放欲望、征服自然、以"自然"和"生命"名义进行"去自然化"的社会仪式。因此,《红高粱》虽然在一个缺乏历史具体性和生产关系明晰性的"野地"里展开,但却可以被看做是一个正在建构中的社会个体意识的政治宣言。浸透整部影片并为之提供了关键的视觉和叙事连贯性的红色色调,不过是与电影纠缠在一起并由此获得了某种象征性表达的强烈的、暴力的政治无意识的最终暗示。这种集体神话的内在规定和生产方式必然是社会性的,但这种集体性内容在自己理想化的外观上,同时铭刻着中国过去一个世纪所孕育的革命乌托邦(以及唯意志论)和"后革命"(或毋宁说"后现代")时代令人晕眩的经济改革所内含的世俗化和实用主义狂热。

(陈丹丹译,崔问津、朱羽校)

第五部分
新电影的政治

第十二章 作为艺术家的电影导演：现代主义主体性的起源

在前面几章里，我试图将"第五代"电影的审美突破放回到"代际政治"以及"汇入国际现代主义语言"这两个具体的社会及话语语境当中。依托这些语境，我力图通过解读某些"第五代"电影文本来解码其影像风格的社会—寓言式建构。在寻求这种电影现代主义的文化、社会与政治意义过程中，我们必须摧毁神话之网——创造力的神话、意象或审美自身的神话、"代际意识"的神话以及民族文化的神话，从而揭露中国电影现代主义形成中的真实的（物质的、象征的以及意识形态的）力量。因此在本章里，我将阐明"第五代"（有时是"新电影"整体）的意识形态与政治。考虑到中国电影新浪潮建设中国现代主义体制的议程（虽然这一体制从未建设成功，却多少留下了想象性的主体性与象征结构），我们似乎有必要更加仔细地分析社会关系的复合体，正是在这种社会关系当中，体制被召唤了出来，并使自己的存在得以可能。

与其说这里的"政治"指涉先锋派的文化—政治战略，毋宁说指涉一种权力关系，它就像以不可见的方式分配可见之物的磁场，沟通了观念与意象之流，从而塑造出风格的形式—意识形态空间。我想从三个角度切入这一权力关系的复杂性：(1)新电影"主体性"的世俗起源，它涉及后革命文化领域里的社会自我的建构；(2)"民族"电影的新版本（以及新空间）的创造，在这种电影里，本土现代主义紧密地关联着民族情境；(3)表述现代主义议程的直接条件，这一条件不仅决定着这种现代主义的政治，而且为这种审美突破打开了一条贯穿既存领域的道路，而整个领域因为与这一审美突破产生了联系，从而不得不重新定义自身。

我所指出的这种社会状况建构了一种中国式的困境（以及一种中国式的可能性）。通过在个体、代际、民族与意识形态层面考察这一困境，我想探讨以下问题：新电影与国家之间令人生疑的关系，新电影对于后革命大众情绪的暗中处理，以及它面对全球资本时所作出的自我调整。所有这些问题在前面章节中都有所触及，但是在这里，我将给出具体的例证来揭示民族主义与现代化的话语官僚体制如何专注于创造政治"边缘性"以及审美体制；这一过程如何或隐或显地期待着、幻想着，而且宣告着独特的社会主义市场经济这一初兴的主流；这种期待已久的"边缘性"如何拥抱了象征资本以及构成前者基础的意识形态，在这种资本及其意识形态面前，瓦解了的中心——即国家官僚制度的话语体制——被迫采取守势。

通过政治抽象性与审美奇观性之间的交换，这一政体的暗中重建在新电影里找到了自己的视觉表达。在这一点上，中国新浪潮只不过是后革命日常生活的前奏（它仍然有着自己的华彩乐章），这种日常生活要求拥有自己的表达方式。新电影的立场往往较之遮遮掩掩地批评权威或是断断续续地赞颂市场更为复杂，正如这种电影处理当代世界的方式及其汇入现代电影语言的全球媒介的姿态，都无法界定它自身的审美特质。作为正在展开的象征性重建，新电影或多或少成了一种国际化的电影类型，它成为中国80年代初期变迁着的文化—意识形态与社会经济关系的症候。

要解决我所提出的这些问题，就需要将现代主义神话消解为具体历史场景，这些场景往往被把握为一系列二元对立：铭刻在风格之中的个体性自我与新兴的公众的集体性主张，民族电影与全球市场，自我表达的激情与审美—技术的工具化（后者虽然满足了某种内在需求，却也强加了一种异化了的象征秩序）。在这一点上，中国的影像现代主义正如许多第三世界先驱者一样，提供了某种关于曲折历史的痛苦叙事，这一叙事奋力追求着语言与现实，并渴望在彻底的物化与解体中找到自身。它确实代表了第三世界的追求：即想要在审美上模棱两可地捕捉一种异质性的、有时甚至是极其矛盾的感知与经验之流。中国电影新浪潮在不同的社会、历史与文化秩序中辗转腾挪，把受限制的空间转变为富有生产性的混沌（在这一混沌中，复杂的权力关系变成了动机与灵感的政治及形式源泉），然而这在审美和政治上并非没有问题。反讽之处正在于,这一成功为"第五代"的快速陨落铺平了道路,在这一陨落过程中,中国现代主义的失败已然清晰可见。当前的讨论正是试图说明这一过程,这整个过程使新电影的观念变得昭然若揭了。

在一个趋向重新定义自身的社会里,既有旧事物的延续也有新事物的出现。在这儿,不仅一切事物都是彻底象征化的,而且意象洪流之中的意识形态与主体性内核自身也是世界与历史难以言喻的紧张关头的寓言。在新电影的视觉世界中,每一个内在的主题都是对于集体观众所认可之物的外在确认。"第五代"电影里无处不在的宏阔风景泄露了自己视觉生产的一个小秘密:它必须发明一个无主之地以建构历史的主体。这一无主之地正如我们在《孩子王》和《红高粱》里所看到的那样,既是一种乌托邦同时又是一种意识形态幻想。因此,我们必须给出更为精细的区分——倒不一定是在"意识形态"与"美学"之间进行区分,而是在不同的意识形态的瞬间及碎片之间进行区分。这些意识形态正在不断地追求理性化,从而使作为意识形态表达的艺术作品成了中国现代性问题的另一种登记注册的方式。

过渡时期的根本歧义性在于:刚刚过去的时代的社会欲望将集体经验向前推,全新事物的历史偶然性与不确定性却又使这种经验停了下来。这一情境所受到的多重决定表明,当下语境中的任何话语或风格立场都必然既是能指,又是它刻板的社会与文化环境的剩余价值。换言之,形式(这里指"影像")无论怎样在意识形态上被规定,似乎总是当下社会、历史与审美经验的剩余价值被编码并以某种方式被体制化的唯一处所。在这一点上,风格总是以辩证的方式既拥有了意志,同时又是"无意识的"。在风格艰辛地构造自己的修辞性真实时,它必须将自身置于危险之境,从而来证实一个未知的地带;然而当这种风格在语言之外(或是在特定环境里的现存表意结构之外)的荒野里冒险并因此迷了路的时候,它总是揭示出自身的社会、物质条件。只要清醒地且批判性地把握了社会、政治与象征空间之中的现代主义话语活跃的、具体的构成,那么我们就会发现现代主义话语其实是新时期所孕育的意识形态与乌托邦复合体的结晶。

想象的储藏所

电影革新召唤出了抽象的文化自我,这一自我审美地建构着自身,从而超越社会与政治的抽象性与暧昧性。影像现代主义辩证法随机性的解决常常采取一种主体性所发动的反历史的介入形式,这一形式虽然没有定型,却往往可以具体地加以分析。我感兴趣的与其说是揭穿主体性的幻象,不如说是借助这一幻象来探究深层的变化与矛盾,这些变化与矛盾就存在于这种内在性的构成之中。作为一种审美制品、心理混合物以及政治复合体,这一内在的维度被彻底地编织进了"第五代"的视觉肌理当中。鉴于自我与它所占有的世界之间的想象性关系发展为所谓的自主性话语、自给自足的技术机制以及影像程序,主体性所实现了的幻象就成了历史性真理的客观原材料。

"第五代"不仅回应着那种培育艺术家形象的不可抑制的冲动——如同我在前几章所指出的那样,在改革的高潮期,这一形象渗透进了整个电影生产领域;它同时还想象自己隐含在时代当中,而且能够与时俱进,有趣的是,这一时代反过来被表征为自我的空间。这种自我定位不仅仅是一种审美行为,它同样指涉着新兴的社会与其文化—意识形态生产的社会中介之间的结构性关系。

当这一主体介入到各种社会、文化与象征可能性的互动之中时,它就呈现出了中介的功能。在同其他领域里的革新者你呼我应的过程中,"第五代"电影便在实验之中找到了一个标准姿态。如此一来,它就将主体的赋值机制视为理所当然,尽管这一想象性自我的来源(以及生产的动机)最初只是具体的社会象征在想象领域里的积淀而已。在文化—政治斡旋的具体过程中,这一积淀(作为想象性的内在性)转化为大量的审美工程与政治及哲学主张的支撑。"第五代"的主体性建构也许可以看做——比如说——以电影的方式来重新塑造"主体"(或毋宁说"人")这种人道主义的誓约。这种人道主义取向最先表现为李泽厚对于康德的策略性重读,随后则在刘再复讨论文学主体性的著作里得到了重述。值得注意的是,人道主义的残留物或者说变体在现代主义话语里实现了自己最为高蹈的形式,在80年代早期,这一现代主义话语还在用趣味和意识形态不断挑战人道主义。

人道主义与现代主义都渴求着主体性话语,这指示出两者的社会条件拥有共同的基础。然而,现代主义的介入通过从政治制度逃向社会有机体,保持了根本上的审美姿态。在这一逃逸过程中,对于主体的关注既是一种自我意识也是一种历史无意识,就前者而言,它关注的是某些社会力量的政治及文化利益,就后者而言,它关心的是这些力量的社会与意识形态建构性质。主体的这种歧义性正是"第五代"生产空间的核心。从这一视角来看,"第五代"奇观背后的神秘力量就不再神秘了,它只不过是摄像机焦点在变迁的社会风景中进行重新定位而已。这一影像的"身体语言"揭示了"第五代"的感应—能动机制与80年代社会状况隐含的关联。通过诸如西方科技与美学、革命史以及"文革"所造成的社会创伤之类的历史的歧义意象,令人心动的未来与挥之不去的过去界定着这一空间的范围。鉴于80年代一系列具体的社会—政治目标——社会现代化与"个人"的成长教育、普选以"社会主义民主"之名对政府进行群众监督(即官僚集中制条件下的大众参与),"第五代"一根筋地甚至可以说是宗教式地追求审美,不过是为在经济改革的风险性事业中积累某种原始资本,即名为"艺术"、"艺术家"、"现代世界电影语言"的国际通行的象征资本。

主体性的必然性出现在一般性的社会重新定位的具体空间之中,这一重新定位有时甚至表现为方位的迷失。凭借艺术表达与个体风格,主体性的社会—政治内容有时更为含蓄地得到了疏导,这不仅是因为审美性的"升华"或理想化确保了主体性远离直接的政治的崎岖地带,现代主义的政治也在暗中寻找某种消费文化的形式(指当代全球文化)。事实证明,"风格"是体验并且参与新世界最为便利、最为廉价的方式。往往正是凭借当代西方的文化产品,社会想象捕捉到了现代的社会语法。这一间接的或第二位的经验提供了一种象征空间,在这一空间中,后革命主体直接的或即刻的经验得以重新建构。在这一点上,主体性变成了一个小小的、隐秘的蓝图,据此,知识中介重新组织了社会—物质世界。"第五代"电影在视觉领域赋予了这一重新组织以某种更为激进的形式。其激进性在于：它必须在当代中国的物质现实层面补做"现代主义"的功课，这一物质现实仍然依凭着自身对一个"前现代"（即社会主义）环境的感受期待着一个标准的"现代"（即当代西方）的到来。因此，构成"第五代"自我意识的文化英雄主义可以看做是一种先发制人的策略——为的是克服国际审美体制同地方、第三世界以及社会主义日常现实的物质构造之间的历史裂缝。两个世界之间的联系在社会—物质意义上建立起来之前，这一主体性成为了想象界与象征界之间的抽象关系的化身。

就电影新浪潮不断扩张"自我"这一现象而言，有一种解释谈及了投入这一范畴的形式和心理投资。其中一种源于阅读西方现代主义，另一种则源于作为意识形态领域的当代中国自身。对于现代主义者来说，社会—文化关系越凌乱不清，他们也就越发尖锐而且深刻地以影像的方式（或以诗意的方式）来界定自身，从而超越直接的物质、社会、政治及文化状况令人沮丧的局限性与专断性。审美暂时代表着最为便利的——如果说还称不上是仅有的——策略，从而跳脱出曲折回旋的情境，并使远方的观众能够听见自己的声音。勉强解决的张力与扭曲，以及将"语言"拉出难以言喻之生活形式的艰辛努力的痕迹，往往可以在"第五代"电影过度主观化的特征中辨认出来。

当西方现代主义经典，诸如《荒原》或是《第七封印》突然在80年代初期变得容易获得时，对于力图解码语义神话复杂性的中国观众来说，欧美现代主义的社会历史情境却是不可见的。"第五代"如同朦胧派诗人一样，在这样一个时刻成长了起来：晦涩、抽象的节奏或强度必须被把握为——并接受为——表达欲望的切入点。"第五代"电影的最初时刻具有"为欲望而欲望"的特征，在拉康的意义上，这正是本质上对于语言的欲望。如果说这一欲望在陈凯歌的《孩子王》里找到了自我反思式的再现，那么在张艺谋的《红高粱》中，它则被一种关于欲望的语言所取代。正如任何外语初学者都需要细读外文材料，对于"第五代"电影导演（或是他们在诗歌创作上的对应物——朦胧派诗人）来说，必须仔细考察外国电影原版拷贝的每一个细节，直到它变得更大、更可望而不可即——也就是说，直到它变成了膜拜对象为止。这种审美拜物教正是一种文化意识投射到象征性领域并在投射过程中获得形式复杂性与意识形态权威的过程。拜物教充当着直接空间与表达原则的角色,在这一表达原则中,社会经验与社会期待的朦胧体沉淀在象征之链上。直到象征领域的凝视强化了社会想象的自我认同时,自我的定位才会发生。正是在这一时刻,"自我"抽象的自我指涉同自我分化之网汇聚或重叠在了一起,后者作为前者否定性实现的符号发挥着作用。

由此,现代主义技巧的模式快速壮大,并且形成了一个连贯的结构。如果我们忽视了这一事实,即整个80年代,行动中的现代主义以新兴的社会之名来挑战由来已久的(政治与审美双重意义上)经典与禁忌,那么这一膜拜对象就会令人无法理解。因为中国艺术家小心翼翼地在一种语境化的形式中宣布自己的立场(这一形式直接关联于社会环境),主体(或形式)变成了唯一的框架,凭借这一框架,集体狂热与个体享乐得到了解决。因此,形式或风格的一点一滴都是一次小小的狂欢,这种狂欢想象着一种新的视域,后者能以截然不同的视角来看待整个世界。过分宏大的主题、令人生疑的抱负与自我声张的腔调、庸俗的趣味以及草率的结局——这些正是人们对于80年代后期文化领域生产方式的惯常抱怨。然而这一庸俗和轻率却透露出某种关键的社会指涉物,这一指涉物嵌入在建构新的生活与文化体系的集体性努力之中。因此,"第五代"电影实践与其说是它自己的政治意识的产物,不如说是它的社会与文化情境的产物。事实证明,这一电影潮流在自身的意识形态与审美建构每一层面上,既亲布尔乔亚又反布尔乔亚。虽然在象征领域中,"第五代"要融入普遍秩序就不可能避免全球主导意识形态的浸染,但是它却努力将中国呈现为现代电影的对象,从而这种形式必然性为过往经验所内含的现代性在象征层面上的复兴开启了一扇后门。

说"第五代"仅仅只是追求影像之物而在社会政治阵线上无话可说,由此表达出了自己的声音,这一看法不仅是反讽,而且是冷嘲。来自老一代导演最常见的指责是,陈凯歌和其他人对于如何用摄像机来讲故事一无所知,他们只知道如何用摄像机达到某种既定的视觉效果。这里我们必须区分两个事实:一是初起的历史时期在经验和认知上的未完成性,这种未完成性反映在文体或风格的叙事晦涩性上,这是那一时期几乎所有的文学和艺术作品的特征,它们经历了同新时期实质性的相遇。另一个事实则是一种新的影像符码的形成。这一符码具有从官僚主义体制里分离出来的特征;同时也具有不连贯的特征,造成这一不连贯性的正是语境的错位——或许还应该算上开始向探索者敞开的、让人尚不习惯的自由。这一语境性的分化,并不能解释这些电影导演的选择与错误意识。尽管"第五代"对于现代主义美学的不懈追求(以及与之竞争的隐秘激情)使得他们同时代的遭遇变得富有创造性,它对于现代主义影像学(cinematology)的理论与实践的敬畏与崇拜,却显然削弱了更为彻底与大胆的影像叙事。"第五代"必须避开社会—物质具体性与直接性从而应付自身所处的情境(以及由此情境所界定的自我),这一事实也许表明了"第五代"的主体性与超验性只不过是一种幻觉,而且相当无能。承认现代主义电影生产所意指的神话的幻觉性与缺乏力度,正是将这一电影类型视为意识形态冲突与社会—文化建构的论争领域的第一步。

我坚持认为,这一建构催生出"第五代"电影的立场选择与阐释灵活度,至少看上去它对两者都相当有把握。"第五代"电影以一种晦涩的方式指涉着社会历史世界,而且朦胧地意指着新兴的象征领域,这一事实帮助这些电影维系了至关重要的审美实验(同时暗示出明白无误的政治信息),同时帮助它们抵制了任何轻易的范畴化。比如说,这些电影拒绝承认自己是对普遍的现代主义假设的单纯模仿或创造性的重演。它们也拒绝承认自己认同任何特殊的社会或政治团体。这些电影也许无法轻易被范畴化,但是这种抵制并不发生在以下情况当中:其世俗起源被遮盖或是语境性的情境被忽略。大多数"第五代"导演都会以"创造性"的名义——这在某种程度上正是政治自我声张的标志——否认自己的电影观念与实践受到任何重要的国外资源或传统资源的影响,而是坚持自己同中国现实保持一种紧密的联系(虽然是想象性的)。有时候他们在这个方向上走得是如此之远,以至于声称他们在拍摄电影之前从未看过伯格曼或黑泽明的电影作品。虽然他们很可能看过这些电影,然而考虑到这一时期个人(与民族)都在热烈地汲取着国外的文化资源,这一点就显得无足轻重了。除了张艺谋摄制于90年代初期的《秋菊打官司》(这部电影标志着他的电影探索与意识形态立场发生了微妙的转折),没有一部"第五代"电影致力于以一种"无主体"的方式呈现当代中国的物质现实。

社会性非真实的真实修辞

主体的问题也可以围绕新电影与其直接语境之间的关系来进行考察。电影结构与意识形态主观化之间隐含的平行关系,形成了1989年之前致力于形式实验的文化精英们所特有的话语封闭性。经由已经成为这一话语的战利品的形式剩余,这种平行关系同样泄露了此种话语的社会与政治历险。艺术作品的现代主义建构不仅使"第五代"从社会现实所强加的限制中解放了出来;它同样赋予了这一特殊的导演群体某种特许的权利——即某种社会经验的所有权,这一经验一旦为其所有,就成了现代主义之话语—认识论优越性的正当基础。然而两者之间的具体关联从未被明晰化。视觉自律性与想象的社会总体性之间的平行往往被视为理所当然的事情,而且对于立场占位的空间的辨识与分析也被施加了一种审美或形而上学的距离。除了极少的例外,"第五代"电影里的"地点"将日常世界排除在外;相反,它的电影场景表现为一种深深埋藏在集体性遗忘之中的时空,吸人眼球的边缘地带或是异域风情是其特征,仿佛只有从这个远离中心的位置,才能遭遇尚待遭遇的真实,才能看见那些未被看见的事物。由于"第五代"认为自身的使命就是为中国带来新的电影体制,而不是再现社会本身,因此它的代表人物都小心翼翼地避免直面民族生活的社会—政治前沿,他们灵巧地越过了当代都市生活那种拥挤的、政治上颇为危险的空间,最终出现在无论是视觉还是象征意义上都无法预料的地方。① 然而,当陈凯歌或田壮壮深入乡村,深入中国遥远的边陲与偏远地带,深入一种下层(虽然在区域上仍是霸权

---

① 90年代初期回归敏感主题的电影都带有转向情节剧风格性的特征。这一倾向十分明显地表现在几位"第五代"老战士所拍摄的一系列电影里面:张艺谋的《秋菊打官司》描绘了乡村和城市生活,陈凯歌的《霸王别姬》(1993)与田壮壮的《蓝风筝》则处理了"文革"题材。

性的)文化时——无疑其指向正是海外观众,在他们那里体现出了一种世界主义。由此,中国的困境通过引进某种暴力性的视觉政变而获得了"解决",这一视觉实践为存在于现存语境之外的新电影奠定了基础。这与"寻根"文学运动有着惊人的相似性,阿城的《棋王》——首部大获成功的寻根小说——发表于1984年,正是陈凯歌拍摄完《黄土地》的那一年。①

文学与文化讨论中的"寻根运动"是另一个在80年代中国现代主义运动中发挥了重要作用的知青文艺类型。正如上面所指出的那样,新兴的文化意识所依赖的"根"并不是内在性、远古性或是"民族心理的深层积淀"(李泽厚语)的自然神话;毋宁说,这些"根"作为历史譬喻、作为隐喻性的扩张发挥着效用,后者为激进的实验与重新定义提供了杠杆。由此,为了这种运作,它必须发明某种历史的空白。因此,从阿城到莫言,这些寻根派作家将远古的事物与被压抑的事物转变为政治以及文化自我意识的闲适场景。自然、传统、风俗与边缘地带由此都成了这些探索者拥抱自身经验的文学储备。它们是建构新的社会文化的原材料,而这一社会文化建筑的"蓝图"就像清晨刚出炉的报纸一样新鲜。"第五代"是"寻根运动"的同路人,然而出于各种原因,"第五代"却能够进一步踏入未知的领域。事实上,两个运动间的合作,正是80年代中后期中国文化生产最为有趣却未被触及的话题之一。

无论"寻根文学"或"第五代"电影朝着历史的边缘伸展了多远,它们对于当下政治与文化荒原的暗中承认——通过老练的表达方式,有时仅仅通过有意味的省略或是沉默——还是透露了自身在这个世界的"根"到底是什么。这个世界正是那些生机勃勃的男人与女人们的共同舞台,现代主义者会在少有的感伤时刻将之视为兄弟姐妹。当然,他们刻意追求的风格与现代主义姿态,表露出某种政治上的愤怒,这一愤怒指向的对象正是贫困的国家、官僚的体制(反讽的是,他们使用了一种同样难以接近的知识精英的

---

① 陈凯歌的第三部电影《孩子王》改编自阿城的同名小说。"寻根派"作家和"第五代"导演都属于红卫兵一代。他们分享着共同的社会经验,十分自觉地在专业上进行了合作,这一现象也值得注意。阿城后来为张艺谋大获成功的电影《红高粱》撰写了剧本。

话语形式来表达)。这是一种浸染着个人耻辱的愤怒,在这种愤怒之中,我们可以来考察现代主义者与社会结构及权力关系之间的血脉联系。在这种抽身而出的姿态中,现代主义实验大举出场,并深深切入了中国社会大变动的深层纹理。这一介入赋予了现代主义运动以抱负、自信与能量,自五六十年代早期社会主义电影工业繁荣期过去之后,人们再未见过这样的抱负、自信与能量。中国现代化与现代性仍然处在未完成状态,同时人们深切地意识到这种未完成性;这一事实进一步赋予了这种现代主义热情特殊的历史性,以及某种盲目性与抽象性,两者隐含在对于历史方案的献身之中。鉴于新电影的这种世俗起源,这里所讨论的特殊时刻的视觉冲突隐喻地或是换喻地代表着某种仍然有待于以更加充分与确切的社会、文化及政治方式来考察的事物。

一种想象的主体同样也指涉着一种电影事业,通过这一事业,错综复杂的影响转化成了整个"第五代"的视觉统一性与独特性。中国现代主义将历史与文化结合在一起的一般修辞策略可以说明这一点。除了黄健中的《黑炮事件》(未见多少创新的作品),没有一部重要的"第五代"电影选择当代场景。相反,每部电影都将民族史——被把握为整体文化图景的历史——用作本体论领域,正是混乱的风格与技巧蒙太奇打开了这一领域。主体在这一编码过程中被生产了出来,后者将象征之链("文化")编织进了某个由自然风景、人类学风俗与宗教仪式组成的神话结构("历史")之中。鉴于既存象征资本的密度与这种新产生的神话的强度,社会与政治主体的介入将直接被视为一种主观性的征用。在一个尚未被新的语言和意识形态符号秩序编码的世界里,经由搜寻着的摄像机之眼,一种受压抑的历史的集体经验发现第一个自我形象正是沉思者。由此,陈凯歌电影里投向远方的凝视,不仅仅成了电影新浪潮的标志,而且成为后革命中国的象征。

对于社会空间的心理—生理地形的分析,启发了我以另一种方式来解读这一内在化戏剧,在这一"戏剧"中,社会、政治与文化条件所生产的新的可能性常常被迫经由主体性做出某种迂回运动。正如我前几章里所表明的那样,"第五代"电影总是指向着摄像机背后的主体,后者正是现实发生戏剧性遭遇(如同在公路片中)的焦点。这一戏剧化过程(比如《孩子王》)既是一个语言结构化的过程，也是一种想象性的自我认同的象征性源起（比如成长小说）。如果说它面对家长式国家（patriarchal state）话语时所做出的自我主张要求一种政治上持异议的语言，那么，它在象征界内的艰苦探索则使之得以将自身视为风格实验，这一实验正是肇端于自我指涉、自动反思世界的内在空间。因此，决定了它的政治本质的物质匮乏与象征性的匮乏，推动着所谓的"主体性"这一面目模糊的谜团重新在影像奇观的领域里安置自身。在这个领域里，这种电影实践将随同审美体制的建构一同从头开始被重新集合起来。作为感知的支撑物，这一指涉意指着一个生产的场所，后者将大量的哲学、象征、历史以及存在的资源拉向自己。许多"第五代"电影里的"人类学"指涉物与"发现"（某种程度上正是现代电影的媒介与技术所预示的视觉效果），展现了在何种程度上，想象性的主体立场的凝视能够以某种惊人的"对象性""偶然地"启动朦胧的社会风景。视觉的半自律性使文化自我的自我经济学变得可以触知了。

　　我们首先可以在"第五代"电影坚持自己只能通过影像的方式来接近这一点上，体会到其代表作的文化主义气味。可以说这一坚持为公众感知个体的内在性提供了象征空间。这一感知（连同随之而来的政治兴奋）也许解释了为何即使这一想象性的立场被把握为一整套影像革新，却依然少有关于其视觉语言的组织方式的分析。反讽的是，对于美学的敬畏总是伴随着对于现代世界电影的技术与工业"军火库"的狂热崇拜，这一情绪陷在某种带有意识形态盲视的实用主义之中，这一实用主义依据的是电影的功能性。这种盲视让我们感知到了以下事实，即某种强加的律令如何深深地抓住了从"文革"中复苏过来的中国电影生产领域，这一律令包含着后革命大众的世俗要求。同时，它也让我们看到了，毛泽东时代中国通过"不断革命"所极力抵制的物质、象征与意识形态的安逸与妥协如何深深地支配了这种电影实践。"第五代"不过是那些陷入时代危机之中的人的代表之一而已。在这一集体激情的巨大磁场中，任何一种表达方式无论怎样外在化，都注定会被表述从未讲述过的故事所征用。文化精英的主体性为这一欲望提供了第一人称的视角。通过将象征环境或状况中性化甚至机械化，电影实验的政治主体为自身保留了一个秘密地带，这个地带将由一种充满生气的、中介性的主体性介入来填充。这一想象性的立场作为一种象征建构,对于我们认识到以下一点来说尤为重要:当代中国现代主义表达了中国现代性接续的历史经验。

历史地看,这一介入的发生显得自然而然,但是它在政治上却是可疑的。对于后革命共同体的意识形态建构来说,现代主义的调子不过是一种感伤主义的界标,甚至可以说是一种审美伪装,它呈现出某条已经被选择了的道路。高峰现代主义高蹈的、有时显得不和谐的独奏,却被个体以及个体消费者所发出的巨大的噪音所淹没。这种对于永恒的刹那冲动有时似一支咏叹调,有时又似一声尖叫,它呈现了集体乌托邦稍纵即逝的存在。这里对于西方文化的指涉又一次提醒我们,"第五代"独特的风格做派正如新电影后期发展起来的影像专业化,不仅微妙地召唤出复兴了的现代化规划,它自己也认同这一规划。

震惊经验的象征化

我们可以理解,这一特殊现代主义的形成年代充满着震惊与兴奋,充满着新时期所特有的欢快与乐观。正是在这一时期,最重要的朦胧诗人之一杨炼写下那句广为引用的诗句——"太阳每天都是新的"。① 在这个人们能够明白无误地认为这行诗句表现了现代主义特征的时期,一种自我保存与自我主张的冲动常常捕获了社会世界,从而得以去把握建设性的却只是随机出现的事物;这种努力甚至到了这样一种程度:我们很难再说出对于社会—文化特性的文化主义追求,同对于存在层面上的最小限度确定感的绝望寻求之间的区别。新生的后革命世界里的文化与政治情境正是这样一种状况,以至于从一开始,"第五代"就不得不证明自己是个弑父者,而非人民共和国电影传统的孝顺继承人。使自身从电影领域里几乎所有的现存力量——从官僚体制到外国影响,从大众趣味到知识分子的敏感性或沉

---

① 关于朦胧派诗歌的探讨,请参看第四章。

思——区分出来的需要,催生出一种夸张的英雄主义,这一英雄主义构成了"第五代"电影里到处可见的风格性的、有时是哲学式的夸张与自命不凡。变动的社会—政治环境里的真正可能性包裹着这一夸张的英雄主义,后者使一些批评家掉进了陷阱,即诱使他们去寻找这一主体性内核的动力机制。这些批评家往往止步于过度的精神分析。①

尽管我们无法在实践中将内部的感觉确定性的形成从它新的可能的外部建构中分离出来,这一区分也许在概念上对于绘制一个新的社会空间有着重要的意义。对于"第五代"的社会心理学结构来说——这一结构形成于改革年代初期社会政治领域的不满情绪以及文化思想领域的种种灵感激发之中,走向内在性几乎是一种延宕的技巧,这一技巧为充满震惊的个体感知赢得了时间,从而使之在与历史情境达成妥协的过程中重新组织和重新表达自身。因此,"第五代"的真正冒险,似乎是以炫目的刺激为自己的向导,由此而致力于美学秩序的第二次建构。一开始,界定"第五代"的独特意象暴露出了影像上的晦涩性,这种晦涩性既是有意为之,也可以说是不由自主地表现出来的。"第五代"早期纪念碑式的作品,诸如《一个和八个》或《盗马贼》,都有着不得不为、把劣势变优势的特点。通过潜入这一视觉—叙事的晦涩性,"第五代"电影导演得以通过一种审美语言保留了自己的电影实践同社会主题之间的寓言式关联。

正是在这一内在性中,"新浪潮"电影导演使自己相信,新电影完全是创造性的产物。"第五代"凭借一系列的对抗与合作走向了现实,这些对抗与合作融化在了主体的魔力中,就仿佛影像奇观与官僚机构、与知识分子精英的意识形态赋值机制或是与国际象征资本的威信毫无瓜葛一样。我将在后面部分转向这些关系;在这里只需指出,在现代主义的启迪下,权力关系网中的刻意运作变成了个人胜利的传奇。处在这一传奇中心的,正是作为天才的英雄。痴迷于作为创造性角色的主体,反过来强化了一种现代主义

---

① 对于"第五代"的"理论"批评(相对于老一代批评家的"前理论性"评论而言)充满了诸如"压抑"、"焦虑"、"俄狄浦斯情结"、"弑父"、"阉割"、"父之名"等等之类的行话。其中一些批评家从精神分析模式转向了意识形态批评,其实是借助了拉康的诗意的精神分析模式。有关这一变迁的简短讨论,可参见第九章。

的诉求,即"当下"被置于远古的、史前之光的照耀下。

主体的事业同样意指着一种认知过程,在这一过程中,与新时期的集体性相遇,成了一种从内部感知到的自我认同的危机。通过将文化与社会形构处理为个人经验(从而服务于某种特定社会群体的经验),这一主体性在历史风景中找到了自身的现象学空间。凭借这一外在化的主体,审美事业的崇高外观变成了世俗的、平凡的世界。这一实践涉及个体经验内部的一种重要的转向,关系到震惊—刺激从经验—心理学领域向审美领域的转移。因此,有意给追求世俗化和非政治化的"新时期"公众带来震惊的"第五代"电影,变成了一种吸收和转化震惊的机制,因为它正是从后革命世俗化的社会进程中捕捉到了种种紧张、断裂和震惊感,并把它们转化为审美领域的"创新"。通过呈现出这一现代主义的想象,"第五代"电影强化了现代性剧变过程中的主体感。

借用狄尔泰对经验(Erfahrung)和体验(Erlebnis)的经典区分①,我们可以说,知青电影导演的个体经验与集体角色(经验)不得不消失在形式—技术的震惊(体验)之中,而后者作为一系列刺激,反过来发挥了启动社会性的现代电影语言的身体—机器或感应能动机制的作用。但是这一循环直接发动了一种辩证的、增补性的过程:一代人的精神创伤(体验)与一种新的、陌生的象征界的突然闯入缠绕在了一起,这一象征界不得不在一种技术性的训练或语言习得(经验)过程中被吸收。这些导演似乎相信,这一进程将最终催生出对于象征界的表达。这一"文化"困境作为现

---

① 对于狄尔泰来说,"经验"意味着日常事件的理性化常规,而"体验"则代表着仍待加工的活生生的瞬间。在这里,我则更多地在本雅明的意义上使用这一区分。在他的《论波德莱尔的几个主题》中,本雅明这样写道:

震惊的因素在特殊印象中所占成分愈大,意识也就越发地成为防备刺激的筛子;它的功能越有效,那些特殊印象进入经验的机会就愈少,并倾向于滞留在人生体验的某一时刻的范围内。或许这种防范震惊的成就在于它能够指向某个突然事件,某个意识中的确切时间,代价则是丧失意识内容的完整性。这也许就是这一理智的最高成就;它能把突发事件转化为一个曾经体验过的瞬间。如果没有反思,那么除了突然的开始——它往往是一种惊骇感,据弗洛伊德看,这证明了防范震惊的失败——便什么也没有了。

见 Walter Benjamin, *Charles Baudelaire*, p.117。如同波德莱尔的刺目意象,"第五代"的摄像机运动也是回应震惊和急动式的。

代主义姿态的构成性要素,使"第五代"电影导演得以开展这样的实验:即为现代主义介入准备经验原材料。在这一电影实践之中,对于视觉俗套的撕毁以及同急速变迁的社会环境展开的创伤性斗争,与神经质的对于内在之"我"的痴迷缠绕在了一起,这个"我"的流动性、灵活性与反思性把所有汇聚在一起的社会心理能量都留在了那个叫做"现代主义"的自然影像环抱("黄土地"、"红高粱"、内蒙大草原、青藏高原的雪山等等)和政治缓冲地带之中。

因此,"第五代"的风格—话语强度忠实地承载着一个变迁时代的证据,经济增长、政治张力、社会不确定性、意识形态混乱、习惯的重新调整以及文化断裂凸显出了这一时代的特征。作为震惊吸收器与震惊过滤网,现代电影语言这一中介向集体经验与主体性的理想化空间敞开了自身。与其说是全球资本主义的介入性秩序所创造的时间、空间与文化差异导致了这种同个人自身现实令人震惊的再相遇,毋宁说是因为中国革命与社会主义的历史反讽地在自己的现代化规划内部创造了这样一种意识形态同质性,甚至创造出一个历史真空,在这个真空里,现代主义的具体社会倾向对于后革命时代的观众而言几乎是不可见的。通过一种英雄主义式的姿态,即是说,通过把自身提升到一个"艺术家拥有主体性"的想象性传统,"第五代"获得了一种新的意识形态空间与象征资源。在这一点上,主体性似乎是毛泽东所倡导的无主体的"人民艺术"的补全。对于后者的官僚主义物化给了各种形式的审美革新某种至关重要的、令人激动的推动力;这也就是为什么通过实践一种主体的仪式,实验主义者的阵营似乎联合起了所有无名的社会与物质力量(尽管只是在一个抽象的、象征的层面上),并由此而将现代主义变成了一种处理社会经验和视觉经验遭遇战的艺术(art of encounter)。

这一主体化的现代主义的核心,即由命名与再现的行为所维持的形而上学维度,也可以依照其外部空间来考虑。换言之,这是一种微妙地承认自身立场必要性的意识——即维持"能指的旋风",并且同时与新兴的大众意识形态保持一定的距离的必要性。这一受到多元决定的暧昧性呈现出了——虽然是以一种晦涩的方式——塑造自身内在性的力量。这一构想中的主体性反过来催生出隐含在感知主义(perceptionist)姿态中的构成主义

(constructivist)热情。虽然"第五代"沉迷于消解"中心"的象征与社会碎片,他们却一直竭力追求一种距离或视野,在这一距离或视野之中,历史的无序可以被把握为一种总体性。这一文化与政治工程总是与这一代特有的个体经验相伴随:知青记忆所留下的痕迹与伤疤以及知青与新事物的相遇。它的视觉投射潜在地将社会变迁呈现为一种连贯的叙事。通过其象征结构内部充满震惊的张力,"新"与"旧"的构造不仅预示了中国正日渐加速汇入全球市场,同时也预示了一种本土的抵抗,这种抵抗召集起乌托邦要素与想象性资源,从而来抵挡历史的"新",而现代主义则渴求成为这一"新"真实的视觉场景。在缺乏足够的社会基础与文化、政治正当性的情况下,似乎缺少了涵盖一切的自我的能指(或是从这一能指获得价值),就不可能有现代主义式的"存在之澄明"。

这一路径绝非为"第五代"所独有;倒不如说,对于"第五代"在文化与艺术生产领域里的同盟军来说,相当稀松平常。在1985—1989年间出现的中国艺术"新浪潮",则为我们提供了另一个参照系。通过批判社会主义传统,斥其为"非理性"——因为它同时表现为革命狂热主义与革命禁欲主义,艺术上的现代主义运动发展出了两种趋向——这两种倾向可以囊括各种不同的流派与群体。所谓"理性反思"的艺术指向了对于狂热艺术的反抗,而所谓的"生命的艺术"则瞄向感性生活的丰富性与持久性。对于视觉美的追求成了一种流行的口号,整个电影领域充斥着对西方现代派艺术的模仿与移植,充斥着关于"传统与现代性"的激烈争论。对于高名潞这位知名的艺术史家来说,"视觉美/视觉快感"正是一种社会需要,它激发了建筑、广告与时尚等领域的趣味多样化,重新激活了自然、纳入了自然,再现了人体,同时催生出各种各样的"文人画"——花鸟、微型风景、静物,尤其是人体素描。高名潞坚持认为,我们必须在"反抗封建主义"的层面上来理解这些现象。因此,后革命时代的艺术冒险安居在了一个在社会的意义上令人激动的环境当中(虽然在形式上充满了冲突与痛苦),这一环境指向的正是世俗性的补偿和探索。高名潞以某种经典的人道主义论调,将这一运动描绘为"中国的文艺复兴",它再一次将"人性"置于存在的中心,一种艺术本体论深深植根于这一"文艺复兴"的价值体系。他这样写道:"对人的价值的关注除了体现为伦理意义的人道主义外,还体现为对人的基本欲望的追求,在美术中即是对视觉美的需求。"①

在人民共和国的话语体制中,经由"静观","现实"首次被设置为裸露的躯体——有时是自然风景,有时是俗丽的欲望对象,有时又是艺术家的镜中自画像。在陈凯歌、张艺谋和田壮壮那里,自我的凝视完全被社会外在性所压倒,这一社会外在性预示着一种内在性空间的充满魅力的神话。换言之,定义中国电影现代主义新兴的主体立场的正是以下事实:观者不仅将现实视为人体,而且将这一感知整合进了身体经验之中,这一经验预设了一种本体论的感觉中枢,后者似乎赋予了无机符号或身体部分以想象性的自我同一性与一致性。高名潞通过引用画家曲磊磊所说的"自我表现"就是把"生活中感受的欢乐表现出来",从而自信地补充道:"他们表现的也主要是社会性内容"。②

大多数"第五代"电影都以乡村、偏远、边缘、"落后",甚至某种程度上反文化的环境作为场景,这一事实也许可以成为上文所谓策略性迂回的一个脚注。从文化上来讲,这些导演在"文革"中所经历的难以平复的感知创伤,与他们在电影学院里观看特吕弗、黑泽明或是塔尔科夫斯基时所经验到的技术震惊,紧紧地联系在了一起。然而,如果在这里再次使用狄尔泰关于"经验"与"体验"的区分③,便不难发现,他们的社会经验或个人史的庞大库存(经验)必须消失在一个被语言(电影学)自身所吸纳的震惊空间(体验)之中。一旦这一过程完成,它就立即发动了一种辩证的、增补性的进程,后者极具政治性:"文革"的社会经验,作为一种错位的记忆漫游在象征之林中——后者所拥有的则是喑哑的"内容"(体验),这一经验不得不随着技术训练或是语言习得的过程获得解决,由此而导向现代主义家族的表现形式(经验)。无论形式、内容或国际上的承认显得如何丰富多彩,"第五代"正如它许多的后殖民或第三世界的先驱者一样,面临着将本土经验纳

---

① 高名潞:《当代中国艺术史:1985—1986》(上海,1991),第31页。
② 同上书,第30页。
③ 再次强调,我是在本雅明的意义上使用这一区分。

入普遍语言以及将普遍语言纳入本土经验这一共同的问题。毛泽东思想（马克思主义的"中国化"）虽然在审美上与现代主义距离甚远，却依然驻留在现代主义的政治无意识中——如果说还不是其隐含的理论原型中的话。无需费力争辩就可以说，由"第五代"的摄像机清理出来的巨大风景，或是从莫言蔓生的地方性史诗里抽取出来的无拘无束的狂想曲，都聚焦于一个逝去不久的历史时代，而非再次盛开在传统文化荒原之上的遥远王国。

正如朦胧诗人（"第五代"在诗歌语言领域的对应物）在 80 年代初期艰难地树立了英雄般的自我形象，"第五代"导演急于作为另一种"文化革命"的主体被接纳。"第五代"不仅专注于绘制后革命经验的风景，而且更重要的是，他们想要生产出一种新的哲学与审美范式，在这一范式之中，这一绘制隐含在如此展示的经验之内。电影语言的创新带来了一张象征性的权力之网，反叛者们不得不借用与依赖这张大网的权威与声望。仿佛是为了补偿他们对于现代主义权力的屈从，朦胧诗人与"第五代"都承诺要让现实比它看上去的样子更加"深奥"。既然这个世界是如此不成形状，那么就必须先验地设定它的"内在形式"，同时不懈地追求这种形式。过多的哲学思考与令人侧目的形式主义，由此成了 80 年代中国诗歌、艺术、电影与理论书写的规则。

（崔问津译，朱羽校）

第十三章　民族电影？

"民族电影"通常意味着反抗好莱坞电影工业所代表的主导模式,然而对于中国新浪潮来说,这个说法并不完全正确。鉴于好莱坞的电影产品以其高度专业化的电影制作程序似乎"代表"了现代世界,后革命中国的消费者与专业电影导演在拥抱西方艺术电影的同时也拥抱了好莱坞。事实上,在整个80年代,"好莱坞"从未与"西方"这个暧昧的范畴区分开来。作为"世界电影"的一部分,好莱坞电影甚至对于官方认可的"寓教于乐"的电影来说,也是形式—技术的灵感源泉。

尽管苏联电影在80年代始终为中国各个社会阶层的观众所赞赏,因此始终同好莱坞电影之间形成有力竞争,后现代中国的文化领域却没有苏联那种竞争心态与敌对精神。也许是因为中国的经济与文化生产力远逊于苏联,官方政策在维持自己政治姿态的同时,不得不采取更为灵活与实用的策略。我并不是说,好莱坞电影没有向中国的政治体制提出严肃的问题。事实上,针对好莱坞影片所颁发的一连串禁令,随同那种中和化资本主义文化产品,使之转变为纯粹技术的制度性努力,反而使好莱坞电影重新以胜利的姿态杀回了大众和精英文化消费领域。尽管如此,毛泽东思想的文化与意识形态基础是如此深入地渗透在日常生活领域之中,以至于新兴的后革命大众文化形式不得不以某种方式来处理这一存在。在苏联及其卫星国解体之后,中国共产党通过强调自身的历史正当性、牢固的社会基础以及更加成熟复杂的政治组织,正面挑战了"自由世界"所代表的"普世价值"。事实上,日常生活意义上的中国社会构造的确比许多人所想象的要更为异质,更具适应力。这就是此处讨论民族主义的语境。

借鉴好莱坞

中国电影导演对于好莱坞态度暧昧,问题的根子在邓小平时代中国的意识形态。在这一意识形态中,西方制品与西方自身都成了先进的技术范畴,因此是中国未来的历史形象。社会主义国家在公开宣布始终坚持"四项基本原则"的同时①,扮演着宽容的甚至是共谋性的家长角色,审视着那种未来学式的狂热,这一狂热似乎只是"四个现代化"这出宏大戏剧里的一小段无害的即兴创作(后者处在前者的领导之下)。几十年的旧政策同更为宽松的新政策相互冲突,更不用说前者还面临着后革命公众的挑战。出于既来之则安之的态度,国家及其发行网络转向进口好莱坞电影,从而在经济上支持苦恼于国产影片无法令人满意的国内电影工业。战略性地发行于市场来吸取利润的这些西方电影如同日本的电子产品,只不过是被策略性地投放到市场中来吸纳资金而已。当然,它也是为"满足人民日益增长的物质文化需要"这个"社会主义目的"来服务的。由于意识形态的原因,好莱坞电影在制度上受到了遏制,政府逐渐准许这些电影在混合的文化商品市场中拥有一种受控的地位,因此,它对国家电影工业或那些摆出叛逆与异端姿态的新浪潮文化精英们来说,绝对构不成致命的威胁。倒不如说,好莱坞电影成了大众要求变革的呼声所施加的压力与滞后的国内电影体制之间的临时缓冲,它也成了一种抵挡甚至疏导公众不满的"消遣"。在预设了日常领域里的常规的行政管理体制看来,"资产阶级的庸俗趣味"(这是批判西方电影的标准用语之一)对于国家行政与电影工业体制来说,较之诸如"晦涩"、"普通观众不能理解"或仅仅是"形式主义"这些表面上看来属于非官方的批评(这些批评其实往往掩盖了真正的政治、专业与代际愤怒),并不显得更为危险与难以容忍。

---

① 这些原则是:马列主义和毛泽东思想;社会主义路线;中国共产党的领导;无产阶级专政。

虽然好莱坞的影像符码与任何先锋派的激情背道而驰——对于这一点，年轻一代导演非常清楚——好莱坞电影对于他们来说，却依旧在客观上成了实现中国电影现代化事业的远方盟友。好莱坞对于中国电影的影响其实指向了观众对于国内电影生产的强烈不满，这一不满否定性地塑造了呼唤革新与实验的公众意见。尽管"第五代"对于这时而显得模糊的交战双方都少有同情，然而这一世俗性的、很大程度上未被宣布的战争却是"第五代"形式与意识形态构成的基础。除了其社会政治意味之外，好莱坞电影在中国日常生活里的出场，也代表着象征资本的资源，代表着强大的现代电影科技的"军火库"。革新者们急不可待地想要将这些科技整合进他们匆忙拼凑起来的实验项目，以至于科技变成了新浪潮的审美理想的构成性特征。在文化精英既受国家保护又已经异化了的内部环境中，西方那种艺术电影与商业电影之间的区分并不一定有意义。因此，新电影可以迅速适应（而且乐于参与）消费主义潮流，要知道，相距其建构自我表现的审美纪念碑这一现代主义努力仅仅只有三年时间。1987年后大获成功的"艺术娱乐片"为我们分析叙事电影去政治化了的概念提供了另外一个角度，正是这一叙事电影将电影现代主义的喜好与日常世界联系了起来。某种意义上，正是通过把目光投向直接民族情境之外的"世界"，通过适时地提供一种替代性的电影类型，"第五代"（作为一个整体的中国新电影）才产生并发展了起来，这一替代性选择填充了全球文化—工业产品（这一产品被意识形态与国家电影生产和发行体制的保护主义政策挡在了门外），与成熟、发达的本土性替代物（早先的电影体制无法传递出这一内容）之间的空白。在何种程度上，这一替代性选择或替代物仍然是"民族的"，或者说，它在何种程度上修正了重新被发明出来的民族电影的内容，正是有待我们回答的问题。

作为民族剧场的艺术电影

就其社会起源来说，这一"民族电影"似乎超越了本尼迪克特·安德森称之为"官方民族主义"的概念地形。相反，它指向一种尚待命名的历史领域,指向一种受到社会变迁与社会建构所规定和规划的文化形式。因此,这一特殊语境中的民族主义紧密地联系着公众的呼声,这种呼声想要表述出某种未能表述的经验。当这种冲动被转译为电影生产时,就表现为对于新的观众以及自足风格的寻求。这种富有生产性的暧昧——"第五代"正是这一暧昧性的原型,可以被描述为一种二元对立:一方面是文化—意识形态正当性的实验性构成,另一方面是得到重构的"民族性"(这一民族性隐含在正在兴起的社会经验之中)。新浪潮电影构筑了一个精致的表意体系,另一方面,在这一电影类型中,集体性的自我形象被投射到了象征世界之中,就此而言,新浪潮满足了新兴的公众的需求,这正如叶芝的都柏林或歌德的魏玛"民族"剧院满足了爱尔兰与德国公众的需求。

  在这里需要进一步界定电影现代主义与民族情境之间的关系。这种关系与其说是本质性的还不如说是结构性的,与其说是现实性的还不如说是象征性的。现代主义的介入所创造的话语空间成了一个必要的舞台,公众在这个舞台上得以将自身的形象投射到某种统一的、放大的、理想化的戏剧时空之中。在这儿,我并不是谈论由一种民族主义的普遍时刻所界定的公众。我也并非意在将当前的讨论与现代中国历史上各种形式的民族主义联系起来。我们需要一种不同的历史与理论参照系来处理作为后革命问题性的民族主义。作为诸多迅速形成的表意结构中的一员,新电影成为了日常世界的碎片得以汇聚的场合;作为一种"现代电影语言",它使前语言的经验与情感拼成了一个镜像。由此实现的主体注定是一种集体范畴。新电影关于个人英雄的幻想,不过展示了这一集体的社会内容的政治抽象性,这一集体既是革命群众的残留,又是后历史(福山所谓的"历史终结")市场的大众的先驱。"第五代"向着一种替代性的民族电影敞开自身,这一可疑的事实为后革命中国民族形成的历史悖论提供了一个寓言式的注脚。

  较之在何种程度上"实验性的"必须是"民族性的"这一问题更为有趣的,正是在何种程度上"民族性的"必须是"实验性的"问题。要回答这一问题,我们必须考察这个由寓言式的互动所开启的意识形态空间,在这一互动中,一种事物通过另一种事物表达了出来。说《黄土地》与《红高粱》具有"民族主义"特征,并不是因为这两部影片呈现了某种关于土地的崇拜仪式或是中国农民的整体,更不是因为共产党拯救了人民或是电影呈现了中国人民的抗日行动。倒不如说,它们之所以是"民族主义的"电影,正是因为找到一种特定的感知与观看模式,在这一模式中,民族寓言的表现性安排了整个未被讲述的"民族"故事。新电影的现代主义优势,因而也就为身体、空间与正在展开的世界提供了一个交合面。进一步说,只是当那些交织在一起的制品生成的时候,这一世界才成为"民族的"所有物,犹如"中国经验"只有成了奇观之后,才在名义上和意识形态上存在。比如在《黄土地》中,八路军军官采集的黄土高原民谣里所表现的山村沉静的农民生活,恰好是新时期被压抑的集体经验的奇观式对应物。

新电影作为一种民族叙事涉及许多可见与不可见的立场占位。如果没有对于旧的行政体制的某种隐秘移情,新电影的事业似乎在社会意义上就是不可能的。从《黄土地》(1984)到《秋菊打官司》(1993)这一系列影片中,国家审查者的凝视或是国家自身的凝视,不仅是可以辨识的,而且还出于各种目的而改变了形态,加大了力度。甚至在80年代晚期的政治环境与物质条件下,对于现代主义—民族主义事业来说最为有利的立场,是在现存结构内部创造一种进步的、世界主义和实验性的维度。在审美上显得高蹈的民族主义同以民族为动力的现代主义,似乎是安抚权威同时使普通大众打消疑虑的明智选择。在解读张艺谋《红高粱》时,我已经详细探讨了民族主义作为一种特定社会意识形态的寓言结构与功能。但是如果就此得出结论,认为民族主义或现代主义是视觉世界配置的实际动因,则是错误的。正如我所指出的那样,"第五代"的现代主义不能缺少民族主义的特殊意识形态环境;然而民族主义,或至少是新民族电影语境中的民族主义,却不具有任何具体的实质。这一民族主义往往作为现代主义的感知与投射模式的视觉效果而存在。只要民族主义要求某种在个体意义上看待自身的公民全体(citizenry),民族电影的戏剧性效果便依赖于一种象征与意识形态的随机性,这一随机性催生出诸如"自我意识"或"主体性"等观念(如同本尼迪克特·安德森正确指出的那样,民族精英们常常既表达同时又歪曲了"主体性"等观念)。民族国家在后毛泽东时代实验话语形成中所发挥的功能,是另一个非常有趣的问题,我会在后文加以讨论。

当某种社会—历史语境的范围和复杂程度远远超出国家的掌控时,在这一语境之中,民族主义便与表述了一系列问题与冲突的情境政治(situational politics)微妙地缠绕在了一起。鉴于这些问题与冲突的存在,一种高蹈的电影话语变成了"必要"的发明,变成了一种公共奇观与公共空间——我称之为"民族剧场"。各种历史的抽象形式("五千年的中华文明"是最为常见的说法)无法有意义地界定这一民族主体;一种直面着他者(这一"他者"是从战略角度出发被挑选出来的,"西方"在这方面成了一个无所不包的形象)而进行的自我定位,也无法令人满意地表述这一主体。倒不如说,这一主体与现代性的建构紧密相连,我们可以依据本土位置来衡量和体验这一现代性。除了它时常显得激烈的意识形态自我投射之外,这一现代性作为一种自然历史进程还需要另一种象征行为:亚里士多德意义上的模仿(mimesis)。通过这一"模仿",历史变得"更加真实","更具哲学性"。在80年代,人们焦躁地寻求这样一种意义上的"国家剧院"或"民族剧场"。"第五代"与新电影作为一个整体,为我们带来了这样的民族剧场,在这一剧场之中,无论好坏,现代性的本土经验的抽象性或未完成性成了影像奇观的题材内容的一部分。

就此而言,我们可以来重新考察西方理论与中国文本性这个常识性的二元对立。陈凯歌的《黄土地》被广泛认为是对已经常规化的社会主义现实主义蒙太奇原则的一种巴赞式突破;而"第五代"电影整体上的介入有时被理解为对乏味的体制性电影常规的一种戈达尔式的冒犯。然而,我们几乎不可能将法国或西方元素同本土要素分离开来,因为两者一同界定了影像摄制运动。作为一种视觉装置,现代主义使遭遇黄土地变得可能了,这一黄土地被视为中华民族的终极象征,而直到它成了"第五代"的"商标"时,才变得可见。某种意义上,中国内容通过电影现代主义的媒介被传达出来;但在同等程度上,我们也可以认为,新的电影语言作为一种"内容"或是表现性,经由符码化了的民族奇观(诸如风景、习俗或是政治事件)再现了出来。如果我们考虑到这一电影现代主义正在汇入全球市场(陈凯歌最近拍摄的《霸王别姬》就是一个例子),这一看法就更具说服力了。张艺谋的所有电影——特别是《红高粱》和《菊豆》——都因其震撼的视觉效果和高度的中国化特色而蜚声海内外；在这些电影里，较之创新性的影像摄制或"中国的"生猛意象更为有趣的，其实是这两方面的互相发明与互相反映。中国与西方之间的社会历史张力，最终通过这些"美轮美奂的意象"而转化为一种叙事斡旋，后者成了后现代、后殖民世界中的一种奇观。张艺谋电影指向的是国际媒体与国际观众，其视觉效果暴露了某种社会矛盾，而风俗、传奇与神话的"民族震惊"却为之带来了一种虚假的解决。"民族电影"在此失去了它特殊的民族履历，这倒并不是因为它不再具有本真的民族性（修辞的感伤价值很可能在一个全球文化领域使国内观众打消疑虑），而是因为任何本真性——不管民族的或是其他的本真性，都已经被市场导向的戏剧化冲动彻底地改写了。这一戏剧化揭示了作为共享媒体一部分的"民族剧场"的增补性意义。

一旦以一种非本质主义的方式切入民族主义问题，我们就能够将它视为一种建构，这一建构划出了一个对抗民族国家的官方意识形态与民族文化传统的替代性领域。但同时我们必须记住 80 年代晚期是一个过渡时期。全球文化渗透进民族情境的过程标示出了一种历史分期，这一分期标志了这一时期的特征。这是过渡性的现代主义的时刻，一种历史风格在这一时刻经历了兴衰变迁——它在国家权力的限制与席卷而来的商品化之间起起伏伏。催生这一风格而后又危及它的存亡的力量，已然成了作为民族剧场的新电影的保留剧目。

现代主义与集体经验

就集体经验的历史性来看，中国现代主义作为一种替代性方案与民族现代化方案有着结构上的相似性，而"现代化"正是社会主义国家所承担的历史使命。然而在这一历史性的社会理解内部，一种批判性的甚至是反对的力量使中国现代性的内容变得尤为复杂。改革高潮期的文学、艺术、电影与文化理论领域里的现代主义运动，提供了批判这一中国问题性的话语空间与机遇。在我看来，"第五代"所寻求的"现实"（我们应该在一种严格界定的政治与经济语境中来考察其民族或民族主义特征),深深地嵌入在毛泽东时代中国的历史性复合体以及后革命时期特殊历史形势的特殊经验之中(这一经验向日常意识敞开了自身)。电影批评家姚晓蒙、胡克以及钱竞关于所谓"红卫兵意识"的简要评论,虽然粗枝大叶而且大抵是印象式的,却仍然触及了新电影话语同革命及社会主义年代所产生的革命大众主义、乌托邦主义之间的重要联系。"资产阶级法权论"、"群众运动"以及"不断革命"构成了毛泽东革命理想主义的高峰,在这一理想主义当中,意识形态与大众乌托邦混合在了一起,这一乌托邦以真正的无产阶级专政之名要求彻底地、永远地瓦解政治、文化与意识形态的建制。

　　大多数"第五代"导演就跟他们的同时代人一样,成长于"文革"年代。他们中的很大一部分都投入了群众运动的漩涡之中,随后则被送到中国乡村这一"广阔天地"接受"再教育"。然而,他们所有人都决定将这一逆境转化为某种创造性的、有意义的生活的基础。无论他们怎样公开地谈论"文革"对于中国社会与个体生活所造成的巨大伤害,这些电影导演却秘密地梦想着拥有更深、更大存在的理想主义统一体。他们梦想着集体生涯,甚至还梦想着某种审美化的政治乌托邦,这一乌托邦植根于人民共和国的黄金年代之中,却与任何一种中国行政管理体制所拥抱的体制化权力或士绅—资产阶级常态性格格不入。遗忘的谱系学或许处于他们的现代主义姿态的底部,这一谱系学通过发动一场反对官方话语与经典化了的"现代世界电影"的政变,从而"解决"了中国的困境。也就是说,"第五代"电影通过潜在地颠覆国内外既有的电影艺术等级而开启了一种新型"民族电影"。在后文中,我将进一步探索这一"民族"内容与其试图破坏的象征秩序之间的关系。但在这里,我仅仅想先指出,"第五代"的实验热情与这些电影导演曾经在"文革"时期所展现的政治狂热与无所畏惧,有着不可否认的相似性,他们的农民父辈们以建设"新中国"之名所发动的英雄式战斗滋养了这一狂热与勇气。虽然"第五代"的风格做派改造了中国农民的整体形象,然而我们还是可以看到这一阶级正是这一电影现代主义如此鲜明的狂热与渴求的基础。如果我们将中国乡村经济的兴起——毛泽东的人民公社与乡镇企业基础的延续与转化——视为邓小平改革中既自然又出人意料的悖论现象,以及最为决定性的、影响深远的成就之一,那么,由一群老知青所发起的新电影运动完全可以说是一种历史的诡计,一种对于政治无意识的曲折表现,这一政治无意识植根于对于集体史的遗忘。某些文化人已经惊讶而且不安地辨认出了这一视觉政变所隐含的政治标志。①

新电影可以说是一种民族电影;这是因为在个人创造性的大旗之下,在现代科技的条件下,这种电影再次揭露了一种"中国经验",并将它带入一种新的构造之中,这一构造包含了中国革命大规模的社会组织、社会主义日常世界的乌托邦时刻,以及很大程度上难以言喻、未加考察的意识形态及文化结构的残留物。所有这些都属于某个历史废墟,这一废墟在社会理想的消散中挺了过来,并给予了集体性努力以新的意义,使之得以创造一种新的生活方式。"第五代"所获得的电影半自律性标志出文化领域里这一集体性努力的激烈、狂热时刻之一,这一自律性允许某种被遗忘了的过去的民族内容(有时作为梦魇,有时又作为灵感),在后革命时代获得一种形式上的重演。

由于直面着现代世界电影,"第五代"不得不把自己而且将中国摆在底层的位置(subalternity);然而令他们感到狂喜的是,他们意识到这一底层性不过是反叛、解放与创造的底层经验的历史。被压抑的过去与正在来临的未来乌托邦之间的桥梁,被视觉地转译为向审美的逃逸。对急于依照文化英雄形象重塑自身的电影导演来说,无意中发现的真正的英雄年代不过是浅埋在新时期常态化的欢愉之下而已。因此,"第五代"必须通过影像实验获得一种"第二自然":这一自然必须坚定地支持某种超越日常世界具体斗争的高蹈的审美风格,这就好比一个人必须沉浸在语言之中来把玩无法言说之物。

当日常关系在变化了的生产基础上被悬置起来,或是在一个艺术幻想

---

① 比如,刘心武这个居住在北京的知名中年作家,《人民文学》的主编,就曾经讲述了这样一段经历,他在第五代电影导演组织的一个私人聚会上,突然在一群艺术家中间认出了一个红卫兵,因而不由地感到一阵寒颤。然而,刘心武的语调是可疑的,他虽然扮演着"文革"牺牲品的角色,听起来却更像是"第五代"在文学领域里的心怀不快的竞争者。见刘心武:《心灵潜语》,《二十一世纪》1993 年 8 月,第 127—128 页。

的感伤主义时刻里被抹除掉的时候，我们反而能够感知到这一关系。例如，当外国资本、生产代理商与发行网络成为一种现实选择时，或是当国内政策变得日益依赖全球市场时，姿态最为骄傲、风格最为深奥的"第五代"元老身上也发生了明显的风格变化。陈凯歌的《边走边唱》是他离开中国之后拍摄的第一部影片，或许也是第一部完全由国外资本赞助的"第五代"电影，然而，这部电影似乎并不成功。很可能并不是因为他改变自身风格的尝试而导致了这种否定性的接受，而是因为他重演广为人知的个人癖好、武断的影像选择和自命不凡的文化精英姿态（而在 80 年代更为艰难的环境里，这一切都被观众和批评家容忍了），造成了这一失败。《霸王别姬》则标志着另一种明显的转向，从过火的精英式的晦涩转向了具有历史感与叙事感受性的精英主义。作为一部由香港出品的电影，《霸王别姬》不得不收敛起任何冒犯性的影像晦涩感，从而迎合全球范围内的票房与发行网络。田壮壮 1992 年的《蓝风筝》提供了另一个例子。"文化大革命"这种知青一代的原初创伤不再是一种巨大的阴影，反而成了一个故事。这一变化透露出这位《盗马贼》与《猎场扎撒》的导演的内在调整，从而某种对于新的社会与道德意义的寻求变成了一种仪式。

电影现代主义与对于民族乌托邦的追求之间的关系，在"第五代"的主体性譬喻中找到了唾手可得然而颇成问题的能指。将风格结晶为单子的方式，在个体性与集体性的辩证关系中找到了自身的寓言形象。① 经由电影实验，我们可以在主体定位的视觉游戏中考察公众的自我认识，这一视觉游戏发生在新的视觉情境之中。经济变迁所带来的社会不确定性与政治抽象性，使这一想象性操练对于（作为"自我"）民族性的建构来说显得不可或

---

① 在此，需要对个体性与主体性做出理论上的区分。如果说"主体性"是 80 年代最常见以及最为滥用的术语之一，我想指出的是，在大多数情况下，这种"主体性"的概念其实意指个体性。换言之，它是在后革命意识形态环境中（一系列社会经济关系决定了这一环境）对于个体价值、立场与空间的人道主义或现代主义式命名。如果我们继续使用"主体性"概念并且想让其具有意义的话，就必须强调它在历史变迁过程中对于建构集体性自我理解的重要性。在这个意义上，"主体性"由它在 80 年代后期的象征结构中被用作一种抽象的文化意识来界定。因此，中国现代主义的形式强度正是这一社会抽象的话语体制的体现。

缺。政治—意识形态开放性(这一开放性内在于社会经济的重新定位),正是专断风格成长为社会话语的可能性条件之一。显然,认为以上这一步骤对于建构民族文化领域来说十分必要的看法,本身是一种民族主义观点;然而我想指出的是,我们必须把当代中国知识分子话语与精英话语置于社会语境之中,才能在政治与文化上来理解它们。因此,陈凯歌可以将"黄土地"上压抑的山丘转化为一种审美奇观,由此来回视摄像机的凝视,并通过这一回视,将电影视角变成集体使命的代言人,从而重新发明了民族认同。甚至周晓文的惊悚片也有助于塑造具有变迁了的物质关系与道德原则的共同体感。通过呈现新的都市空间与新的社会行为符码,《最后的疯狂》(1987)与《疯狂的代价》(1988)确保了新浪潮的电影语言与新时期经验世界之间的有机联系。

　　通过逃避直接的社会关怀——用 T. S. 艾略特的话来说,只有那些拥有情感的人才能感受到逃避这一关切的冲动——"第五代"电影在地理与文化边缘地带找到了自己的空间,在这一空间中,强有力的摄像机之眼刺激着沉睡的风景,从而使后者成了狂热的现代化民族戏剧的场景序列。逃避现代化的情绪,其实是在一种迥然不同的(即前现代的)环境中恢复现代性的经验。"这是毛泽东的农村包围城市战略",陈凯歌曾经骄傲地向一位采访者这样讲述他选择小而偏远的外省电影制片厂这一迂回策略。当我们考察陈凯歌所着力探索与再现的视觉情境时,应当认真对待这一半开玩笑的评论。通过采用毛泽东的战略,"第五代"显然已经拥抱了毛泽东要求"中国化"现代电影语言的方案。新浪潮电影的故事无一例外地由其所处的具体情境的历史所包围,因此我们需要一种语境式与寓言式的阅读。想要打破社会主义现实主义的叙事霸权的新电影符码,成为了元叙事的替代物,这部分是因为它的关系性位置,部分是因为公众的阅读或观看习惯,后者在教学法式的剧场里接受训练,不由自主会将每一个"自足的"形象翻译为寓言之网所捕获的政治信号。这一趋向是如此极端,以至于电影新浪潮最为热情的支持者实际上忽视了那些将摄像机对准当代城市空间的"第五代"导演。这些边缘性的、"底层"的"第五代"被普遍视为不那么有趣,不那么具有革新性。①

　　鉴于去政治化的民族国家仍然在全球语境与本土结构之间进行斡旋，同时后毛泽东时代的日常生活领域与集体史的社会经济关系的鲜活经验混杂在一起，由此新电影正如任何其他80年代的文化产品一样，在社会与文化的特定意义上注定是"民族性的"。在这一语境中，国家自身不是直接的话语与技术环境（它常常被用来削弱国家霸权）的组成部分，更不是新浪潮的政治信仰。在80年代初期与中期，人们焦虑地召唤神话时代，并且向往完全汇入全球市场，这反映了想要在急速的社会经济变革中获得"如在家中"一样的安逸感的民族需求。较之90年代，80年代仍然是一个乌托邦时刻，新浪潮在这一时期所拥抱的历史可能性指向着中国社会主义刚刚过去不久那段时期的日常生活领域的密度（这种经验曾遭到革命修辞的压抑）。在这一程度上，革命史在第二次再现中获得了一种"民族"形式，这恰恰是因为它本身就是民族规划的一部分、历史进程中的一个时刻。因此，一旦可以拥有现代电影语言，陈凯歌马上就"越过边界"，跨入了民族性的镜像阶段。作为刚刚逝去历史的当代转喻的军事生活（《大阅兵》）、教育与成长（《孩子王》）或是内地革命老区（《黄土地》），都是这一镜像的体现。

　　对于作为"权力庇护下的内在性"（托马斯·曼语）的民族电影来说，国家依然是一个重要的议题。我并不是说，"第五代"不过是制度内的体制化异端；关键问题倒不如说是新时期与全球资本主义之间很大程度上悬而未决的关系。新电影面对着一种日常与象征性经验的新领域，并且受到了物质与组织可能性的限制（虽然它同时也在这一可能性中展开自身），它转换了自己的角色，即从注目于日常生活领域内在维度的谨慎、谦虚的探索者，变成了试图根据自己的立场来重新定义整个电影生产领域的无畏创新者。这一内在性的维度在文化话语中再现为过度哲学化、同时在政治上显得十分暧昧的主体性结构，它指向了一个在影像上已然可以感知到，然而其社会

---

① 《太阳雨》（张泽明，1987）与《给咖啡加点糖》（孙周，1987）被视为某种后"第五代"风格的最早例证，然而这两部影像的特质仍有待细察。在90年代中期，由孙周广受称赞的《心香》所代表的这一电影类型已经完全汇入90年代"艺术电影"主流。

及政治意义仍然缺场的不可见地带。在这一点上,"第五代"引入了"民族",使之扮演视觉奇观中的一个角色,由此,"民族"就成为对外在环境要求的一种经过特殊编码的意识(《黄土地》仍是这一隐含交换的教科书般例证)。因此,"第五代"电影的内在空间——电影现代主义的内核,变成了一种政治协商的象征性重演,这一协商的最终成果依然遥遥无期。构成新电影形式解决的社会政治状况不应当被国家权力的政治需要或是简单化的批评化约为一种民族主题。似乎仅仅在一种象征性的错位中,即通过审美体制,这一鲜活的经验方才被描绘为一种历史时间。仅仅在政治权威主义之中(前者与社会的无方向感缠绕在一起),一种"民族"形式的生活才能在不同时间的重叠中变得可再现或可叙述。

因此,"第五代"的审美内在性不仅表述了现存上层建筑以及这一"建筑"之下所发生的经验性巨变,而且在这个过程中,它将两种历史(形式史与社会史)转化为现代主义的寓言式原材料。在《黄土地》里,每个人物都是寓言含义的缩影:那个农家女孩由于政治诱引而渴求着新的生活方式,最终却淹死在黄河里,她其实是变迁与永恒的双重象征;身为八路军干部,顾青却未能实践他向女孩所许诺的美好生活;拒绝做出任何改变的父亲以及在片尾跑向顾青的小儿子;聚集在一起祈雨的村民;以腰鼓舞欢庆组织起集体力量的延安农民。对于陈凯歌来说,他们并不是构成中国生活整体画面的局部元素;而毋宁说,在陈凯歌所持有的特殊意识形态里,他们中的每一个都代表着寓言意义上的中国。

正是由于这样一种富有生产性的困境,"第五代"标志着某种特殊的新民族电影的开端。要释放对于集体性过去的私人性关切,就必须有一种"现代的"语言与一种分化的社会文化网络;然而要在占有一种观看新的风景的全景视域时吸纳社会焦虑,就必须占据历史总体性的制高点。如果这一过去在"寻根"作家以及"中国文化派"那里仍然在社会意义上显得抽象且在政治意义上显得可疑,那么,在"第五代"的视觉特性中,过去成了一个可以探讨的问题。也就是说,过去既不是"五千年中华文明"的神秘王国,也不是集体基因里的顽固的"民族自豪感"。这一过去犹如一个人的少年时代,显得具体而生动,它在无情的政治风暴中遭到了毁灭,却作为**非意愿**

记忆获得了一种来世的生活。这是一个完美地混合在一起的日常生活领域，正是在这一生活领域的模式中，我们经验到了未来。这一精神时间的完整性从历史时间的不同领域中汲取资源，但是它的很大一部分来自人民共和国的早期阶段、"文化大革命"以及改革初期。正是这些历史时期，赋予了陈凯歌的视觉空间以象征性的贫瘠风景，以及解放性的、有力的低角度镜头——这些镜头抬高了地平线，从而划出了一条通向未知世界的道路。那些历史事件同样是存在于心灵之眼底部的根基性要素，这一心灵之眼在狂热的红色海洋里重现了最初的印象——这种红色正是张艺谋对于社会欲望的重新确认。值得注意的是，"第五代"作为一种特殊的美学与主体性保留了一种内在化的社会矛盾，这种美学与主体性将最近的过去转化为一种文化氛围，将生活形式的鲜活记忆转化为一种刻意的影像介入。说这一集体记忆的地带就是毛泽东的中国，其实并无深奥费解之处。那个时期的中国获得了某种短暂的成功，它改造了第三世界国家的格局，实现了群众动员，取得了意识形态上的高度统一，拥有了文化特性；更重要的是，它在实现这一切成就的时候，既没有屈从于资本主义也没有屈从于斯大林模式。

正如这一语境下的国家既是政治机器也是一种日常生活空间，在这一空间中，社会关系生产与再生产了具有正当性的生活形式。对于"第五代"来说，民族历史既是个人史和文化史，也是一种历史性的时间经验。整体上看来，这样一种过去被新的象征与社会条件结构性地征用为一种表达方式的历史性。因此，对于现代主义来说，这一历史性的过去必须脱离邓小平的世俗化的社会构造，从而被放置在最为遥远的、永恒的场景之中。奔向现代主义的行动适时地将自身从官方体制的陈腐与限制中解放了出来，并且与展开的社会风景一起重新主张着一种更为深刻的真实。在自己的想象之中，"第五代"不仅把自己看成是现代主义的英雄，而且也看做民族英雄。反讽的是，他们所渴望的内在性与超验性的纵深镜头，同样也为民族的内在性以及现代主义在全球形象生产与消费体系中的消散，或者不如说是商业化，廓清了道路。

他者的凝视

当托尼·瑞恩斯(Tony Rayns)描绘中国新浪潮迅速而又成功的崛起时,他明显暗示出,西方世界的接受正是这一出人意料的成功不可或缺的因素。瑞恩斯这样写道:

> 这一切能够如此迅速地发生,原因之一正在于电影是一种较之文学、戏剧、绘画或音乐而言远为"国际化"的媒介;国际电影节的全球网络(由艺术电影发行人及电视节目购买商们资助)使得文化障碍最小化,由此而十分有效地将电影投放到全球流通之中。另一个更为重要的原因是,中国新电影自身强烈感染了外国批评家和观众。①

从这一观察出发,瑞恩斯认为中国新电影正式的诞生时间应是 1985 年 4 月 12 日。就在那天晚上,官方责备陈凯歌的《黄土地》"令人无法理解",而官方批评家则指责这部电影"对于中国农民大众的落后幸灾乐祸",国家发行网络进一步将之定性为"基本上不能公映"的片子,然而却在香港电影节上引发了香港观众"狂热的兴趣",使后者"欣喜若狂"。②"这部影片开始赢得国际奖项,而中国电影公司的销售人员发现他们第一次触摸到了成功,"瑞恩斯写道,"正是在那一晚,中国电影成熟了,自那一刻起,中国电影

---

① Tony Rayns, *King of the Children and the New Chinese Cinema* (London, 1980), p. 1.
② 瑞恩斯生动地描绘了影片放映之后的相关讨论,这展示出国际观众的最初接受所表现出的意识形态与政治意味,这种接受似乎纯粹建立在文化与审美认可之上:
> 广东人讲不好普通话这是人所共知的,但是那天晚上,许多提问者却试图用普通话向陈凯歌和张艺谋(《黄土地》的摄影师)提问,他们甚至抛开了自己语言上的困窘。其中一位年轻人的发言赢得了满堂彩,他拿起麦克风结结巴巴地开始讲话,然而似乎不是在提出问题,而是表达对于两位电影导演的喜爱:"我在许多年前对中国就不抱希望了,"他说道,"但是中国可以拍摄出像你们这样的电影,那么对于我们所有人来说,希望仍然存在。"
(*King of the Chilren and the New Chinese Cinema*, p. 2)
在这一自我沉迷的场景中,往往缺少了一个构成部分,即国际(西方)媒体的在场。

的反响回荡在了世界各地。"①

这一观察虽然值得商榷,却道出了他者的注视对于民族电影类型的生产来说相当关键。后现代西方与后革命中国这两个经验领域之间艰辛的沟通,一直是中国新电影的动力基础。通过这一认识—表征的通道,一种为晚期现代主义所准备的历史形势出现了。全球象征网络与国际市场在新电影形成过程中始终未有缺席:正是在这两者的凝视下,新电影获得了民族文化的标志。

在很大程度上,新电影的"民族性"是一种文化—意识形态效果,这一效果源于其视觉感官性与语义灵活性。这一民族性由于"现代"电影的象征倾向具有某种客观性而变得可以理解。后毛泽东时代从狭义的政治中抽身而出,使日常世界得以在视觉空间里宣布自己的(最泛意义上)政治内容。除了这一解放功能,现代主义作为一种民族议程同样将本土情境投射到了全球空间之中,然而却未必意识到,这一空间已然不再是它藉以想象自身的那个"现代"了。这一经验—认知的滞后为一种集体乌托邦的表达提供了生产性机器,这一乌托邦会将自身视为自然史。这一滞后构成了得到全球体系承认的民族特性。反讽的是,国际承认在国内被转译为一种再次得到确认的现代主义时间感或自我感,由此这种承认刺激了新一轮旨在"翻天覆地"的生产。如果大地所体现的是变迁风景被遗忘了的历史,是生活世界的未被讲述的故事,或是将被带入艺术世界的压抑了的记忆,那么,或许它真的撼动了大地。然而,民族特性并非源于一种特殊的本质。作为一种历史效果,它既与先前的时代相连,也为当下具体的社会与文化交换所决定。

附录　民族资源与民族习惯:
　　　电影是民族艺术形式吗?

探讨了新电影里的民族内容所表现出的社会与象征特殊性之后,我想

---

① Rayns, *King of the Children and the New Chinese Cinema*, p.2.

进一步来分析作为技术媒介的电影与民族、本土状况之间的基本关系。电影这一媒介的"异国性"(foreignness)或"国际性"对于中国电影生产来说，是一个萦绕不去的问题，仿佛电影语言——作为连接技术过程与普通观众的视觉体系——必然编码了一种文化人类学的语法。从这一视角来看，作为"民族电影"的新电影的意识形态意味，成了民族艺术形式或感知方式与一种国际科技语言之间的审美或文化张力。老一代电影导演与批评家始终保持这一基本立场，这其实在中国现代思想史上有着一个漫长的谱系。这一立场背后的假设值得在当前语境下进行更为细致的考察：民族电影只能从民族经验（社会主义的过去，或者更抽象地说，历史生活形式的文化积淀）演化而来，然而，一旦塑造成功，这种电影同样会在全新之物中重新创立古老与原始之物，由此为一种可能的替代性方案打开了大门。在这一点上，我们值得回顾一下"第五代"诞生以前关于中国电影民族特色的争论。

"民族化"电影这种引入的媒介，一直是官方电影工业的使命以及优先考虑的任务。官方批评家陈荒煤将这一视野归纳为：(1)电影作为一种文学，是现实的反映，前者的民族特色必然建立在后者的民族特色的基础之上；(2)讨论民族特色意味着考虑到民族"对文学艺术的修养、欣赏习惯和趣味爱好"；(3)民族特色与民族的"典型环境"(恩格斯)紧密相关；(4)中国电影的民族特色应当在电影媒介与其他具有民族特性的艺术表现形式之间的关系中来理解——用陈荒煤的话来说，就是"外国艺术的表现方法和技巧被我们吸收过来，融化进来之后，应该是丰富而不是削弱我们艺术的民族特色"①。

然而，这一官方立场在 80 年代初期就已经受到了许多人的挑战。早在 1980 年，钟惦棐这位很有影响力的老一辈电影批评家就通过强调"真实性"来反对"民族特色"论，而年轻一代电影导演与批评家后来继承了这种"真实性"观念，他们实际上追求的是克拉考尔暴露"物理真实"的观念。在强调电影媒介的独特本质与"过度强调民族化"的"负面效果"的同时，钟惦棐

---

① 见陈荒煤：《电影导演会议上的讲话》，《电影艺术参考资料》第 10 期(北京,1980)。

却仍然试图通过指出"真实地反映中国人民的现实生活,就必然是民族的",由此必然导向一种民族电影,从而将自己的立场与官方话语协调起来。① 电影导演黄健中沿着这一思路坚持认为,"民族形式"服从于变迁中的社会领域的"内容",因而在本质上是时代性的,有时甚至是外来性的。②这一看法也得到了李泽厚这位 80 年代最重要的美学家和思想史家的回应。对于李泽厚而言,不仅民族特色应当在历史的意义上来看待,而且民族性自身也服从时代性。在他看来,"中华民族最伟大的民族精神就是能够随着时代而前进"③。

1981 年,罗艺军在《电影艺术》上发表了一篇系统讨论电影中的民族特色问题的长文,这篇文章将这一论争推向了高潮。作为中国电影艺术家协会这一官方机构的主要行政人员之一,罗艺军试图为电影民族风格的概念辩护,同时又想为媒介的"自我主导"留一点空间。在抨击了民族化与"从西方电影中吸收经验"之间的虚假冲突之后,罗艺军接着论争道,这两个进程其实属于一个有机的、辩证的整体,并将这一整体界定为"以我为主,洋为中用"。在这里,重点明显放在了"吸收经验"上,这反而暗示出属于"革新者"一方的移植与征用的批评程序。罗艺军的观点的尖锐性是多方面的。在他看来,那种认为电影本质上是国际性的艺术形式,因此民族化并不成其为问题的观点,从技术上来说是错误的;而将任何影像上"过时的、保守的、随俗的"事物视为民族性的,在意识形态上则是可疑的。

在民族化的结构中,罗艺军强调了"化"积极的、动态的方面而不是在文化上界定的"民族"本质。这一战略性的重新定位,使他躲开了民族化基本上是民族本质主义概念这一指责。对罗艺军而言,民族化的问题指向着更为关键、更具建设性,因此也是更加辩证性的征用姿态。通过暗中回应钟惦棐关于现实主义(一种偏向巴赞—克拉考尔式观念的现代主义)的强调,罗艺军质疑了当时电影领域相当盛行的一种看法,即从技术中心论来看待

---

① 见钟惦棐:《关于"民族电影"的谈话》,《文艺研究》1980 年第 10 期;也可见《中国电影年鉴(1986)》(北京,1987),第 9—22 页。
② 黄健中:《关于"民族电影"的谈话》,《中国电影年鉴(1986)》,第 9—22 页。
③ 李泽厚:《关于"民族电影"的谈话》,同上。

电影的艺术形式：

> 如果电影的艺术形式只限于某些电影技法,确实不存在什么民族化的问题。然而,电影的艺术形式应包括比电影技法远为广泛的内涵。……每个民族的精神发展过程中,形成自己特有的在艺术中对现实进行艺术加工的原则和方法,形成自己特有的美学趣味和欣赏习惯。这些都与艺术形式紧密相关。电影的艺术形式有一个民族化的问题。①

这里,罗艺军所关注的是同时作为叙事与"风格"的电影。在我看来,甚至在他试图将电影语言同"传统中国美学"结合起来这一不那么有趣的尝试中,还是存在某种有趣的观点,其核心之处在于他的如下观察："作为一种运动的艺术,电影重新激活了传统中国叙事:在把握运动中的世界上,电影与中国传统的叙事艺术是一脉相承的。"②这一看法同样也澄清了他对于中国电影愈是民族的,也就愈是国际性的这一论断的认可,后者在80年代初期与中期广为流行,并且成为了"第五代"以及诸如阿城与莫言等寻根作家们的座右铭。

罗艺军的文章招致了猛烈的批评,其中较为极端的一些声音代表了中国电影生产领域中的某种激进主义,这一激进主义在"革新"大旗下指向着一个想象性的"现代世界电影"。韩小磊的文章《电影民族化的口号是否科学》在这个意义上颇具典型性。韩文旨在质疑"电影民族化"问题,他坚持认为:(1)作为一种综合性艺术,不能独独挑出电影来思考民族化;(2)作为一种国际性艺术,电影的成就从来就不是依托自身的民族起源的基础获得评价的——比如,意大利新现实主义并不是"意大利民族文艺特有的民族形式的继承和发展,而是电影本身的流派问题";(3)"电影是一种独立的、现代化的艺术,没有自身的古老的历史传统",它的再现方式是一种不能为任何民族所独占的国际性积累与探索的结晶。③ 韩小磊意在分离形式领域

---

① 罗艺军:《电影的民族风格初探》,《中国电影年鉴(1986)》,第9—24页。
② 同上。
③ 韩小磊:《电影民族化的口号是否科学》,同上。

与内容领域:虽然后者多少带有"民族性",前者却应该充分融入作为全球电影有机组成部分的国际象征性网络。正如文章的结尾所指出的那样,韩小磊所关注的是"我国电影未能进入世界影坛的原因"。对他而言,电影民族化的伪问题应当对这一延迟或是失败承担责任。

因此,由自然原则所支配的某种民族电影的自我探索与自我投射,被指派了一种汇入全球市场的任务:成为民族的,就是成为世界的,而反过来亦是如此。在这里,世界性同时指涉作为文化资本与产品市场的国际电影节,以及这一交换藉以完成的国际发行网络。对于一个匆忙奔向现代化的社会来说,甚至对于国际发行网络的参与也体现出一种声望;变成国际商品,对于国内电影工业以及整个文化领域来说,都是一种具有象征及政治意味的荣耀与成功。

然而,技术、风格或审美形式同难以表达的社会、文化及意识形态关系之间的理论性分离,却规定了民族与世界这一辩证法。当形式融入了国际电影语言,这一语言不仅标示出了一个象征地带,而且也标示出了一个感官与意识形态常态性的领域,"内容"作为形式主义与现代主义内涵的本土意味,仍然是民族性的以及社会性的——虽然仅仅是在寓言和道德的意义上。打破现实主义这一束缚性的空间,包含了出现在后革命中国的意识形态必然性,这一必然性叙述了一种初生的集体经验,这一集体经验也是一种本土本真性,它在现代主义语言之中接受了编码。如果这一本真性对于维系最低限度的自我认同与感觉确定性是必要的,那么,象征体制就需要确保中国与外部世界之间的关联,而这一关联首先就是现代主义介入的存在理由重要的组成部分。这一想象性的姻缘,正是现代中国试图在一个异质的世界结构中定位或重新定位自身,却不愿意丧失自身主体性这一社会思想史的另一个例证。对于民族化与国际化、艺术电影与好莱坞电影,以及国际电影节与商业市场的暧昧态度,可以说既有意又无意。有趣的是,正是通过这种暧昧性,某种电影实验在某种默许之下绕过了一些似乎无法避免的理论问题。如何可能将本土现代主义运动编织进国际化的形象生产流通之中?这一整合将导向哪里?当一种在本土产生的现代主义不得不被直接的社会政治语境所限制与推动时,它的理性化或是物化既在象征领域中被体制化,也在全球市场上受到商业化的引导。在这一现代主义的高潮期,其象征性的解决方案所意指的意识形态内容始终没有在形式以及政治上得到思考与分析。

(崔问津译,朱羽校)

第十四章　电影领域里的诸种立场

中国现代主义在80年代晚期的处境，可以用国家、知识精英以及初生的大众文化所组成的三角关系来说明。国家依旧是实行改革的主导性社会实体，以及保护这一巨大转型的政治权威；同时，它也日益遭到各种个体经验、立场以及观点的挑战，后者迅速形成了一个公共文化的新生空间。然而，不同社会与意识形态立场之间的冲突其实也是一种共谋性的关系，它使得那种"国家截然对立于社会"的思考方式变得无效。这些立场中的每一种都以自身的方式来应对他者，它们之间同时也形成了某种错综复杂的同盟与合作，后者可以说建立在社会随机性基础之上。因此，国家的在场是高度隐喻性的——尤其涉及话语生产的时候。然而，就话语生产是民族的现代化规划的有机组成部分而言，现代主义的观念与形象正如国家自身一样，有着同样的历史歧义性，因此我们需要一种历史的、辩证的方法来切入这一问题。

"第五代"并不外在于这一情境。它需要不断进行联合与分裂，同时无尽地运用双重意义，这两个特性内在于"第五代"电影的影像特征的配置。换言之，正是在现存理论的政治版图上，"第五代"的创造力绘制出了自己的突围路线。通过承担不同力量之间的斡旋者或调解人的角色，无论是在社会意义上还是在文化的意义上，这一影像现代主义都是连接世界性当下（cosmopolitan present）与本土性过去之间潜在的桥梁，这一位置使"第五代"成了文化风景中的一个奇观。由于所有这些力量都处在萌发的过程之中，并且在社会与政治上都未得到表达，因此，这一立场作为审美的内在化，导向了某种有意味的视觉、叙事以及意识形态暧昧性，或者说一种晦涩的创造性。对于"第五代"而言，现代主义的承诺展开于国家与国家之外的荒野之间、国内体制与西方象征秩序之间、摄像机之眼背后的主体性结构与这一摄像机面前的"更深刻的现实"之间,最终是(经验与想象双重意义上的)历史真实与历史的象征性物化之间。如果说通过处理这一"民族困境","第五代"追求着一种替代性的"民族电影",那么,通过决定自身的战术,他们的创造性在社会—政治世界以及象征领域最束缚人的力量之间,在要求与诱惑之间,闯出了一条自己的路。

现代化的隐语

值得注意的是,"第五代"的"形式革命"不是以"现代主义"的名义,而是以(电影语言)现代化的名义展开的。在80年代,只要跟现代化沾边,或是以改革为目标的"创新"事物,都立即拥有正当性。虽然在当时的情况下,现代化多少只是一种修辞,但凭借这一修辞,人们就可以公开或隐秘地追求不同的社会与文化议程。为了使中国电影走向世界,融入国际市场与体制这一国家一手操纵的规划,同时不得不吸收各种本土声音与情感,而且后者也逐渐地进入了这一体制之中。

尽管中国现代主义自身的精英主义倾向在政治上其实十分可疑,但是对于他们来说,站在犹如潮水般涌来的消费社会边缘,放弃一种积极的现代主义立场却也并非易事。不过,在改革的某段时期里,一心一意致力于改革的知识分子共同组成一个联合战线的设想虽然并未完全实现,但至少看起来是可行的。构成这种持有历史总体性的努力的基础的,正是这样的信念:现代化总是产生出赞美或抗拒这一过程的本土现代性(indigenous modernity);同时,源于集体经验的文化想象与文化产品会反过来赋予社会经济转型以内在的价值与意义。这似乎是《黄土地》默默传达出来的信息。它同样也是《红高粱》里挑逗人的朦胧信息,这一信息在电影里以一种更加清晰、强大、确定,然而也更加庸俗与简单化的方式——即通过欲望、快感与神话的语言——表达了出来。在《红高粱》上映以后,尤其是90年代之后,新电影获得了一种新的历史身份。诸如《大红灯笼高高挂》(张艺谋,1991)与

《霸王别姬》(陈凯歌,1993)这两部作品在视觉上以及叙事上仍然是很有力量的。然而,在充分商业化与体制化了的全球象征秩序中(两部电影显然栖身其中),曾经作为"第五代"最终诱惑的遥远的历史风景与"更为深刻的现实",却已然成了失落了的梦想,虽然这一梦想的残迹或是碎片仍旧作为闪闪发光的必要的杂质留在了后现代、后殖民的视觉世界之中。

在整个80年代,文化灵感与文化建设都来自历史经验,但也服从于现代化工程,对于个人来说,这一工程并不仅仅是官方政策或是抽象的民族事业。事实上,现代化影响着千百万人的幸福,并且渗透到了一种新兴的生活形式的真实性之中。在享受现代化的正当性的同时,中国先锋派还想在国家话语之外进行探索,因而这一特征成为中国先锋派理论歧义性的基础。"第五代"绝不会批评作为社会工程或是意识形态的现代化。作为探索新的生活—文化空间的开路先锋以及邓小平改革的受益者,他们似乎更加关注如何处理自己所面对的新形象,而不是同物质、文化与政治条件保持某种批判性的距离,要知道这些条件正是"第五代"事业的基础。

作为"四个现代化"这一民族规划遮遮掩掩的回响①,"现代化中国电影语言"这个口号的出现表达了某种彻底的断裂,从而将新时期与其"前理论的"与"前电影的"历史分离了开来。尽管观众和批评家最初并不清楚如何在理论与影像上捕捉新生事物,他们对于"电影"(the cinematic)这一抽象范畴的偏爱却仍然使他们拥抱了"当下"朦胧的社会内容。科技、专业主义、合适的趣味与生产管理,连同对于电影本质独到的体察,一起构成了这一现代化的基本要素。为了推动这一规划,国际象征资本被借用来改造中国的社会主义—现实主义体制。现代主义可以说发端于集体遭遇变迁的社会风景的经验,它从一开始就跟一种精英主义的、专家治国论的现代化及现代性概念混杂在一起,这种概念还只是处在发展与普世价值的层面之上。显然在奇观性的图景中得到编码的隐含的启蒙姿态,正是"第五代"的标

---

① "四个现代化"即工业、农业、科技与国防的现代化。这一口号事实上产生于毛泽东时代,1974年,国家总理周恩来在人大报告中提出了这一术语。推动现代化的政策背后有着毛泽东的大力支持。

志。正如80年代初期的"走向未来派"将现代化意识形态投射在科学未来的非历史化视域之中，中国新电影的美学也将一种特殊的社会想象投射在一种文化—形式的人工性之中。然而这一运动的技术特征却是误导性的，这是因为建构中的电影自律性及其社会指涉在本质上都是寓言性而非方法性的，由此迫使那些导演辩称自己电影里的"西方"特征并不比非洲对于毕加索的影响或是日本对于后印象主义的影响更为明显。

新电影深刻的意识形态暧昧性反映了各种不同社会力量所组成的复合体，这一复合体将现代化意识形态推到了前台。有时，新电影似乎通过审美地确认后革命中国的日常世界而认可了邓小平的政策；有时，新电影又显得像是在怀念毛泽东中国，后者在象征结构中以一种带有乌托邦冲动的现代主义—英雄主义的形式留下了自身的痕迹。"第五代"反叛的核心存在着一种革命大众主义；然而，这些反叛者们同时也在现代性的名义下寻求着某种更高的秩序的常态化。他们所追求的以及帮助培育起来的文化特性，正是新兴中产阶级意识的一个注脚，它朦胧地启示着80年代晚期的知识分子话语。这一暧昧性绝非"现代主义"风格所独有。假使有一个中国好莱坞的话，它的政治内容将既是正当化的，又是颠覆性的，并且从属于某种内在的矛盾：即社会历史的交叠以及松散地存在于一个扩大了的话语空间之中的冲突性的意识形态。

"第五代"追求视觉力量的炽热欲望——即追求颜色与形象的世界——将它同电影领域里的其他力量与立场区别了开来，这个世界不仅展示着无懈可击的专业技术，而且就其深层结构而言是一种自给自足、自我指涉的影像表意系统。这种路子不但将陈凯歌等"第五代"导演从具体的社会指涉物的重负下解脱出来，也让他们能够摆脱前辈不太"现代"的专业遗产（如格尽职守地表现普通大众能够接受的现实、替政党话语作宣传、反映民族特色等）而打入国际电影节。对于新电影所面对的不可见的现实来说，国家话语很难称得上是最终的障碍。现代电影的不透明性通过一种更具强度的、经过中介的视觉世界，提供了无处不在的现代化意识形态的艺术形式。作为一个附加维度，电影与风格的自律性领域由此预示出对于官方表意结构的现代主义**扬弃**。

当1984年《一个和八个》与《黄土地》在中国上映时,长久以来一直束缚在社会主义现实主义的文学—戏剧常规之中的中国电影生产领域,与其说是被这两部电影炫目的意象所震撼,不如说是震惊于这一新的类型所"发现的"新的表意可能性。尽管分享着现代化的意识形态,现代主义却通过自身更强的艺术强度,使我们得以介入视觉奇观与影响着日常世界的深层变化之间的关系。这一关系在80年代始终是晦暗不明的;但是这一晦暗性本身却使一系列文化与政治问题变得清晰了。用德勒兹的话来说,当代的现代主义概念是"自身之外的思想与思想之内的非思想(unthought)",这一思想"创造了新的概念,但是这些概念并不是外在决定机制的功能,而是一种生成的功能,虽然这种生成本身也是时代问题的一部分"。① 且先不管这种意象—思想的历史潜能,使电影导演与批评家感到耳目一新的正是这一简单的启示:电影在自身之内为创造性地设置外在世界保留了一个内在的空间;甚至可以说,必须拆解外在世界本身,由此才能保存与重述作为历史的内在性。随着总体性的消散,随着那些表面看来随意实则矫饰的镜头——通过刻意的剪辑而被费力地拼合在一起的镜头,凭借观看的行为,凭借一个新的沉思者的沉思性凝视,现实似乎被赋予了第二次机会来表述自身。如果说这一沉思的寓言本质还有待"第五代"的热情观众来捕捉,那么,这些纵深镜头的本体论意义则即刻成为了某种批判性回应的焦点——即对于邓小平时代中国的思想话语的回应——这一回应强化了新电影的意识形态内容。通过这种公众接受,社会主义意识形态的现代主义特征变成了现代化的视觉本体论。

与国家周旋

如果把所有情况都考虑进来的话,80年代的国家在某些方面压抑了底层的日常世界,却在更为结构性的意义上解放了它,使它的发展和壮大成为

---

① Deleuze, *Cinema* 2, p. xvi.

可能。在文化和思想生产领域,国家彻底卷入了社会文化空间的形成,它在高度异质甚至是明显矛盾的要素之间起着中介的功能。此外,80年代末语境里的国家,不仅关注强化秩序,其实也是这样一种体制:它的正当性日益依赖动员和组织大规模社会经济增长的意识形态—政治能力。邓小平时代的主流意识形态宣告了后革命社会的到场,同时旧的权威与新的个体欲望彼此互动从而产生出民族形象,就此而言,国家、民族与社会之间无论是在现实层面还是想象层面都自然而然地合并在了一起。这种合并在80年代思想话语的形成中发挥着作用。当我们考察这一形成过程时就会看到,在当代中国的国家与所谓的文化实验之间从不可能清晰地划出一条战线,这是因为国家自身正是这一图景中的一部分,而不仅是一种外在的政治机制。国家作为一种透视角度而存在,透过这一视角,社会世界与一般话语环境得以在一位沉思者面前结合成为一个整体。

如同我在前面已指出的那样,国家、民族与社会之间的互动与联系构成了一种意识形态空间,新电影在这一空间中演化为一种含蓄的"民族电影"。同样的互动与联系也标示出"第五代"与国家在改革全盛期相互利用时彼此间若隐若现的"距离"。如果说"第五代"在实践领域寄生于国家("第五代"电影正如80年代的其他电影,都是由国家电影制片厂摄制的),国家则通过简单地让这一寄生物存活下来而获利。"第五代"并不是因为行政机关,而是因为"现代化"这一国家哲学而获得审美与意识形态正当性的。就这一点看,我们可以说国家是在通过思想话语整体的意识形态机制,而非采用行政方式征用现代主义的实践。在此期间,正统观念的自封的捍卫者忍不住要指责"第五代"离经叛道,这又不时给"新电影"贴上了某种"非官方"、"异议者"甚至"受害者"的标签,使其形象平添了几分夸张的戏剧性。

现代派与国家之间的关系指向着现代主义与国家之间的共谋,在这一共谋中,国家仍是最终的主体。鉴于国家是一种自然历史的标记,各种表面上看来不可调和的现象——诸如黑泽明与维特根斯坦的翻译,或是王朔的"痞子文学"与影像现代主义——都得以并肩而立,共同呈现出当代文化意识的想象世界。凭借作为集体储藏所的国家,多样的、性质各异的刺激物汇聚成了一个独一无二的表达整体,一种生活经验的复合体。

对于这场席卷中国的电影运动来说,提供一种得到承认的民族现代主义形式是件极受尊崇的事情,尤其是考虑到渗透进社会生活总体性的强制权力结构——它滋养着一整套特权性的表征符码。新电影已然获得的社会认可,事实上是一系列社会、政治与文化要素的复杂权力关系的结果与指示器。由于"第五代"的影像符码代表着人民共和国历史上首次同官方论调有着结构性滑动与差异的话语构型,因此,不管这种新的电影类型有多么依赖政治国家或是初生的消费社会的强制性象征自由,它令人耳目一新的影像符号还是为官腔官调所无法或不愿处理的社会矛盾和思想活力提供了一个自我表现的语义竞技场。

许多批评家宣称,"第五代"明显有着反叛姿态,而这正是一种凭借政治抗议显现出来的审美异端,它标志着这些电影学院的毕业生们开始在国际舞台上展翅高飞。他们的看法并不全错。但是对我来说更加有趣的是从文化与批判的角度观察他们如何通过拉开与直接的政治文化之间的距离,从而卷入了政治世界与文化世界,这一介入甚至达到了前所未有的程度。"第五代"通过同时摆出异端与创新的姿态,从而为民族电影的本质话语奠定了基础,这就如同李泽厚的作品从一个不同的意识形态视野,提出了一种马克思主义话语框架内的修正主义的国家哲学。

对于中国影像现代主义来说,国家并不仅仅代表着一种官方话语——这一话语反抗着现代主义借以界定自身的东西,理解这一点至关重要。在更为根本的意义上,国家其实是这一新浪潮得以发展起来的可能性条件。显然,"第五代"的存在不可能缺少社会主义国家,它的权力结构、它在自身之内所创造的同质性以及它帮助界定与表达的异质性。首先,国家提供了对于国内市场的必要保护,抵抗了好莱坞这一远为发达的电影工业将要掀起的无法抵挡的竞争局势。回过头来看,"第五代"显然置身于国家权力的衰退与全球市场的兴起之间的间歇期。其二,国家所垄断的物质、象征资源与权力对于年轻一代电影导演来说变得可以获得了,这一点带来许多根本性的和影响深远的变化,因此也没给其他立场留下多少资源和渠道来与之抵抗或是与之抗衡。"第五代"的许多电影方案如果没有大量的动员(有时不仅调用了地方政府,甚至还调用了军队)、昂贵的器材与场面调度,以及来自国家高层的政治上的认可,则是不可想象的。一旦"第五代"得到了国家生产体系的接受,它就可以享用国家所保障的充分的文化与政治威望。第三点也许意义最为深远,即国家通过广泛的管理与象征组织,创造并聚合了一个相对来说统一的观影群体与意识形态领域。这一群体的期待及其意识形态结构对于任何文化探索的形成与详细表述来说都至关重要,而对于"第五代"来说尤其如此。然而,我们也不能由此而将这一事例推至极端,争辩说新浪潮不过是官僚体制的结构性产物,正如不能认为西方"艺术电影"不过是商业体系的副产品一样。

"第五代"没有拥抱它从中诞生的世俗或后革命世界的道路,相反,正如一般知识精英一样,它追求着政治权威与社会多样性之间罕见的(或者说理想的)结合。也就是说,在前者影响深远的象征权力之中,后者转化为一幅图像,一种直观(Anschaunng),除开前者,后者就是不可想象的。并不夸张地说,国家渗透进了现代主义的想象逻辑自身,这一逻辑很接近"总体艺术"(total art)的概念。在这一隐含的规划中,我们应该理解这种自命不凡的"浮士德精神"。真理与行动的修辞代表着一种特殊的、主观的联系,即高于一切的上层建筑——国家同一个碎片化的、去政治的同时迷失了方向的世界中的自由主体之间的联系。这一修辞不仅反映了中国知识界占有变动中的世界的渴求与焦虑;它同样揭示了(作为权力结构的)想象性的知识模式,在这一知识模式之中,正在崛起的社会领域被组织了起来。在这一点上,审美风格所圈定的领地不仅是受到保护的精神自由,而且也是某种特权性的位置,期待中的开明体制保护着这一位置。这一隐含的臣服从不缺少主体的价值赋予和英雄主义。事实上,这一价值赋予极其丰富,以至于模糊了保护与反抗之间的界限。在所有"第五代"电影之中,这一价值赋予与英雄主义都凭借各种超越了纯粹视觉的影像姿态得到了贯彻:批评民族史,评价民族文化,预测或寓言化民族在政治上的未来。与现代感受性相协调的新美学的构筑内在而非外在于政治规划。这一源自政治冒险的高蹈语调,促成了一种英雄式的自我意识(虽说并不总是能够取悦官方),并且重新确立了来自人民的委任(虽说是自我宣称)。我们在朦胧派诗人与"第五代"那里都能发现这种英雄主义,不过对于后者来说,与更高存在的隐匿对话——无论是历史、民族、作为抽象概念的人民或是作为第一人称(persona)的国家——根据象征界里微妙的权力关系而展开,普通观众事实上难以企及这一象征界。除了《红高粱》之外,第五代电影从未超越一小撮"知识观众"。作为民族事业的现代主义如果缺少了国家的实际保护与支持,可以说一分钟都活不下来,这同它物化的变体不能缺少国际资本的注入简直一模一样。

这种关系与处在封建或资产阶级环境中的其他庇护形式迥然相异。首先,这一关系揭示了一种共享的社会规划,一种由过渡社会里两种最明显的(也许也是组织得最好的)力量所执行的现代化规划。但是,共享同一个规划并不必然意味着每一方都拥有同样的意识,后者由不同的社会与文化主体的立场与倾向所决定。如果说国家是一种更具政治经济特征的存在,也就是说,它是集合起来的物质、社会与文化条件的产物,那么,知识分子则与意识形态与文化威望的世界具有更为紧密的联系。两者之间的缝隙创造出有趣的情境。

在中国繁荣的沿海地区,一些地方官员常常说出一些令人匪夷所思的话,而且这些话常常被人们引用,他们说,国家无力进行改革,可是却仍有足够的力量在一夜之间摧毁新建成的市场机制。90年代初期地方官员用滑稽的方式所表达出的意思,审美创新者在更早的时候已经以某种自我强加的、可能也是为自己而服务的悲剧方式体验过了。在80年代中期,国家当然更为强大。它的确控制着电影摄制所需要的一切资源:物质基础、资本、生产配额,所有电影制片厂都采用的"生产单位"系统,以及对于电影发行、广告宣传与评论体系的彻底操控。新浪潮的参与者们一定清楚地知道,甚至他们的作品所诉求的观众也深深嵌入在一种文化习惯之中,主导模式在这一习惯中成为了日常实践。换言之,它给予意想的观者的誓约不得不以意识形态环境为中介;它对于超越这一环境的新美学—话语维度的建设不得不以某种方式面对国家的社会与文化正当性或权威。

在整个新时期,国家行政部门想要看到更多"人民喜闻乐见的好影片",这对电影工业施加了压力,而且有效地形成了不同代际、流派与电影制片厂之间的竞争性情境。此外,通过国家所折射出来的集体渴望——在银幕上追求走向现代化的民族这一新形象——给电影生产领域施加了极大的压力,同时创造出这样一种情境,必须以"我们伟大的时代"之名来召唤电影语言的突破。这一情境甚至预先设定了即将出现的电影的内容,引导着"第五代"导演穿过重重问题与内部的冲突。所有这些影响都将在电影专业领域获得转化——作为对于意义、审美品质、历史感或者单纯深度的追求。

新浪潮在中国电影界的崛起建基于同国家话语之间的共谋性以及竞争性关系——虽说它暗中想要超越这一话语。之所以说这种关系是共谋性的,是因为新浪潮电影旨在通过在象征领域复制变迁中的社会关系,来提供一种与革命意识形态相对立的替代性的改革意识形态。凭借某种在影像上得以戏剧化的暧昧性,大多数"第五代"电影从国家那里不仅获得了创新的许可,而且有时还拥有了在视觉上创造新事物的意识形态正当性,这将成为审美地创造社会总体性的新维度。从《黄土地》到《红高粱》,"第五代"所持有的悖论性立场,出奇地错综复杂;但从政治上来讲,它并未超越"改革开放"与政党国家这一不可置疑的双重权威。作为一种社会风格,作为现代化的电影话语,"第五代"使自身变成了一个再生产的空间,在这一空间中,"现实"将以人工时间(artificial time)被重新组装起来。改革十年不仅催生出一个想要获得自身话语的精神与社会空间;更重要的是,它带来了一种新的经济结构,一种在发展过程中再生产了自身上层建筑的新的生产方式。值得注意的是,"第五代"的视觉风景并未呈现出作为新生的现代化社会文本的当代世界,而是前者的风格质地呈现出了后者,在这一质地中,"物质现实"变得可见了。

如果没有改革带给国家电影工业的重要变化,"新电影"的繁荣将是不可想象的。比如,引入中国经济的财政与管理相"脱钩"以及"自足",很可能是年轻一代电影导演得以跨越森严的行政等级,从而抓住独立电影摄制这个罕有机会的关键前提。市场机制甚至简单的竞争(并不一定为了利润),可以说是"第五代"得以发展起来的必要条件。一旦国家的资金、原料以及行政资源被打散,并且向这些年轻人敞开,创新的基础可以说已经完备。当"生产单位""承包"给了已经获得正当性的精英"部落"(由十多个电影学院的同学组成），一种新的"艺术电影"的到来似乎已经近在眼前了。结果，为了制造出一个新浪潮，新来者们创造性地汇合在"改革"与"现代化"的大旗之下。

这些交易同样导致了"第五代"与后毛泽东国家之间的竞争关系。作为一种新兴的经验，新的电影语言为成长于国家权力之外的意识形态开启了一个视觉空间。为何是"第五代"——而非早一代或晚一代人——填充了电影工业里显见的缝隙，答案就在这里。事实上，在新晋者看来，人到中年的"第四代"电影导演之所以"失败"，正是因为他们在国家话语网络之内而非之外开展自己的工作，这一话语凭借一张现实主义与人道主义的干瘪网络，筛除了新的感受性。与此形成对照的是，"第五代"一上来就拒绝了这一遗产——对于现实本身的道德移情。新浪潮的根本姿态包含着现代主义的辩证法：它切开并穿过了现实的肌理从而暴露出一种物质关系；然而这一关系恰恰是因为建构了某个指向自身的象征体系，才成为了可能。这一辩证法有两种内在趋向，两者都倾向于拆除官方语言对现实的意识形态垄断，两者都摧毁了以前几代人对于客观世界仍旧持有的敬畏的距离。红卫兵一代唯意志论的构成主义既来源于对官僚秩序的深刻怀疑，也为那种从头开始创造新世纪的抑制不住的乌托邦冲动所激励——虽说仿佛是为了平息内心对权威的畏惧，它不得不乞灵于一种更高的秩序——这次它不是来自毛泽东个人的超验权威，而是来自世界现代主义的审美标准与古老传统的近乎神秘化了的文化权威。

"第五代"在视觉世界中与新时期相遇，在通过调动现代主义影像处理自身的震惊体验中，将自身建构为一个自律王国。这一王国在再现与意指现实两者的关系中被生产了出来。这一刻意为之的立场准许了象征资本的密集投资，同时又确保了与社会—政治领域之间彻底中介化的（因此也是更为紧密的）联系。用德勒兹的话来说，实在界变成了一种"纯粹的视觉情境"，在它的时空符码中，摄像机之眼建构了一个变化了的世界的碎片化、转瞬即逝、零散或是被系统性压制的交锋。新电影语言暗示出一种与国家之间复杂而灵活的关系。作为成熟的技术与放大了的电影"词汇"，电影学院毕业生们的影像摄制术忠实地反映了80年代中国生产或生产力的更新以及精巧化了的社会标准。作为交换,"第五代"同样为自己赢得了一个合法或半合法的空间,在这个空间里,当私人性的过去作为影像奇观回报以凝视时,它们就被感知为整个中国的问题。

占据新领域

如果说不同力量与立场的社会空间并不是相对静态的空间,而是剧烈地变化乃至扩张着的空间,那么,呈现在那些现存力量与立场面前的紧迫的文化—政治问题,用内在于它们的语言来说,就是谁拥有着审美与文化上的内在形式,这一形式可以表达出新兴的现实;当然首先是,谁会顺势而上,而不是被踢出局。再现的正当性总是或隐或显地同宣布对于社会领域的所有权这一政治斗争纠缠在一起;这一基本的观察对于动力与竞争来说尤为正确,在80年代的激情岁月里,这些动力与竞争在文化生产领域中随处可见。当然,以电影的方式来捕捉仍然晦暗不明的社会内容并不只是"第五代"的关切;它可以说是新时期整个电影生产领域的首要任务。"第五代"为何站出来命名新的视觉空间,我们必须就它同某个未命名的领域联系起来的方式来思考这一问题。视觉情境内部的形式解决指向直接的电影领域之外,指向一个新兴社会空间,其实辨识出这一点并不困难——虽然出于社会规划的未完成性与风格的意识形态立场的含混性,"第五代"旨在实现的指涉结构仍然不够清晰。

通过考察"第五代"视觉组成要素的纹理,我们可以粗略地将影像奇观分成三种资源,进而探索它同社会领域的无形关联。这些资源是(1)破碎成意象的社会总体性;(2)作为重新发明出来的传统与外国象征资本(有时单单是西方的凝视)的文化储备;以及(3)将经济、意识形态与历史之物变成原料、同时创造出追求新语言的寓言式动机的政治寓言。某种程度上,对于新电影进行语言分析可以导向一种社会现象学,虽然有时它不得不成为关于缺席、关于一种想象性现实的现象学,这一想象性现实在现代主义半自律的世界里实现了自身。对于这一现代主义话语来说,"实在界"不再是再现所指向的目标,而是某种"被瞄准了"的事物——正如巴赞在讨论战后欧洲电影、尤其是意大利新现实主义时使用了这个术语。就像意大利新现实主义一样,新电影(包括"第五代")的确需要一种"视觉经验遭遇战的艺术"(扎瓦蒂尼)。

作为中国电影现代化领域里的多种力量之一,"第五代"必须证明自己有能力以一种优于他人的视觉方式来涵盖潜在的社会领域。某种程度上说,这一必要性可以转译为对于品质、多样性与新奇性的普遍社会需要。影像现代主义参与制造社会经验有多深入,依赖于它以象征的方式卷入新兴社会领域的程度。艺术生产中的现代主义问题与一般社会世界之间的潜在供求关系,也许不会将《红高粱》之类的电影仅仅化约为商品。但是,它确实表露出这样一种语境,在这一语境中,先锋派运动必须以自己的方式表述社会经验的复合体,这就像它凭借从未被人探寻过的介入方式得以繁荣起来一样。"第五代"电影浮华的风格做派保留着一种显而易见的战斗姿态;电影里大胆的色彩与构图、过度的形而上学语调,以及大量的现代主义特征与感受性,都让人联想起在中国大都市十分流行的话语制品。在某种程度上,所有这些特征可以说都由"读者"方面预期中的抵抗与不耐烦预示了出来——如果说读者在这里可以看做是新浪潮力图抵挡却又无法逃避的内在化了的社会规定性之象征的话。80年代初期与中期全面的经济与政治转型并没有使这种与客观环境的对抗变得更为容易,人们在1987年(甚至更早)开始明白无误地感受到了这一转型所带来的全方位的影响。

新电影在视觉世界里寻找奇观,同时在社会、意识形态领域里寻找观众。通过维持先锋派的姿态,"第五代"显然在为自己的精神同类摄制电影;然而银幕上的开阔风景与时常被悬置起来的故事线索,透露出一种期待中的凝视,这一凝视既是集体性的又是历史性的。诗歌与艺术生产中真正的个人主义圈子是一种更为晚起的现象,它质疑了"第五代"的标准形象——即铭刻在孤立文本里的孤独英雄。要考察这一影像现代主义的政治,必须说明谁是暗中被选择出来并且得到细致回应的观众,同时需要搞清楚,这种观者身份在社会与意识形态上意指着什么。当然,这些问题都跟后革命中国的社会与阶级状况相关。比如,我们也许可以试探性地问一问,新电影所意指的观众是否就是新兴的中国中产阶级；如果是这样的话，80年代的中国先锋派是否只不过是社会经济与人口变迁更为政治化的形式而已（这一政治形式作为审美之物寓言式地存在着）。

某种程度上说，作为现代主义运动核心目标的新电影语言围绕着一种寻找自身形象的集体性视角而得以建构起来。如果说后革命中国语境中的任何一种制品都可以被确认为某种场所，社会—文化主体在这一场所中可以呈现并组织自身，那么，这种制品的自我意识则可以看做是面对着自身的可能性条件从而吸收震惊的机制。某种程度上，这些制品就是社会地位、文化特权和思想权威无可置疑的标记，后者自身就指示出一个处在历史之中的社会世界。因此，通过探问经济立场、政治倾向、意识形态偏好、物质需要以及审美品位——即询问几乎一切与生产者及观众相关的社会学细节，我们可以从不同的方面提出对于社会空间的批判性关注（这一社会空间正是精致的现代主义的粗鄙内容）。在这儿，只要审美创新还在探寻一种更深的现实，它似乎就是最为便利的出发点。从国家那里获得的形式自律（通过成为非政治的、专业性的，或单纯就是纯粹艺术性的），由此变成了在历史上被压抑的（比如"文革"期间）或是新兴的（作为邓小平时代的产物）要素在后革命时代寻找自我表达的症候。电影不仅是艺术建构的媒介，而且也是大众消费的形式，它成了共同体视觉情境同唯物主义与意识形态意义上的生活形式之间的视觉与叙事渠道，或者说中介。

随着旧话语体制的崩溃、个体欲望的爆发、新的私人及公共空间的形成，以及新的象征资本的可获得，新"发现"的社会地带作为一种精神与象征构造浮现了出来。因此，现代主义将自身视为一个廓清的过程，在这个过程里，未知的存在在集体精神生活的黑暗中被照亮了。难怪最初两部"第五代"电影所表现出的确信、好奇与冒险，呈现出一种生死测试：在《一个和八个》里，被错误地怀疑为叛徒的共产党干部通过挑战逆境，重新获得了自己的名誉与权威。在《黄土地》里，顾青这个由延安派往山村收集民歌的军队艺术工作者，不由自主地展开了一种政治诱惑，在这种诱惑中，现代性及其对于美好生活的许诺遭到了质疑。如果说一种个体的、私人性的视角以不确定性、焦虑、幸福及希望捕捉并且重新组织了集体性的视景，这一精神内在性自身却被安顿或是打散在它所拥抱的风景之中。"第五代""壮丽"的影像摄制术是在审美上向社会冒险致敬;在它的审美空间中,对世界的探索变成了一种自在的仪式。田壮壮的《盗马贼》——这部电影可以说是"第五代"的影像自传,即一部关于电影摄制的影片,细致地展示了外在世界被带入内在生活甚至呈现在内在生活之中的方式。如果说"纯粹视觉—声音意象"表述着一种"理性"内容(可以说是意指的社会文本),作为心灵之眼对象的"物质现实"在一种遭遇、停顿、幻象与梦魇之流中获得了实现,这一洪流填充了现代主义的世界。

"第五代"运动的后半部分可以依照它对于正在变化的社会世界的反应与调整来进行描述。当改革继续深入的时候,新兴消费者主流与功成名就的"艺术电影"事业之间同样复杂与动态的新关系,取代了国家与电影创新之间竞争然而也是共谋性的关系。与之相应,消费者主流所面对的一系列影像上成熟然而政治上采取守势的操作取代了新电影冒犯官方话语的姿态。陈凯歌通过在《孩子王》中将自己的晦涩风格推向极致,发展了一种自觉的精英主义与传统主义,两者都相左于真正标志了"第五代"电影运动无意识的毛泽东思想。与此形成对比的是,张艺谋通过成功地将这一现代主义实验落实在后革命大众所能接受的地基上——他们的意识形态和他们观看奇观的欲望,开始了自己的导演生涯。在新时期最后几个年头里,张艺谋的《红高粱》在国内外都赢得了巨大的成功,电影以其原始资本家的双足恣意踏毁了一切"过时"之物,而陈凯歌的艰苦探索似乎毫无出路。反讽的是,正是通过陈凯歌电影标志性的犹疑、迷失、缓慢与夸张,新时期的社会意识形态领域在充满着危机、震惊与激情的红卫兵一代内在性那里获得了阐明。

这一情境期待着将要到来的潮汐:市场的来临。在期待市场的同时,这种情境将这一新事物变成了一种更为神秘的生命意志的神话,或是永恒的内在冲突。"第五代"如同80年代中国现代主义整体,是随后在更为严格的社会政治意义上变得可接近的事物神秘化了的版本。它抓住了这样一个时刻(同时也被这个时刻所占有),在这个时刻,幻影被当做了历史(在历史同样创造了这些幻影的意义上)。所谓的新娱乐被发明了出来,去疏导变动中的社会里自由漂浮的形象——方法是使后者屈从于消费与享受。作为"第五代"运动的后期阶段,它传递出了日常领域新的全景,一种通过"良好训练的"摄像机之眼折射出来的都市风景。通过给予失去方向的欲望某种耐久的形式,通过毫无希望地为转瞬即逝的经验提供某种重复的结构(诸如惊悚片类型或是提供了视觉一致性的"私人"风格),新娱乐不仅赋予了日常世界一种可被消费的形式,而且进一步将这一形式变成感官愉悦与个别的意识形态满足的源泉。这一发展也许是为何新电影没有作为一个文化—思想体制而与80年代一同消亡的原因;相反,它在90年代的最初几年里还进一步发展了起来,并且加入了市场经济文化生产的主流模式。除了张艺谋充斥着奇观式异域风情的《大红灯笼高高挂》,陈凯歌获得金棕榈奖的《霸王别姬》同样暗示出,肥皂剧现代主义在影像魅力中存活了下来(或获得了后世的生命)。

如果说新娱乐片通过提供一种叙事场景及其意识形态解决而对于建构具体社会关系的神话贡献良多,它同样也去神秘化了某种意识形态—政治立场,新中国电影的叙述者在新建成的审美体制迷人的伪装之下掩盖了这一立场。在这个意义上,它提供了对于社会历史动力更具叙事导向的(而非构成主义的)解读,同时也描绘了作为日常生活空间的"实在界",这一"实在界"产生了自己的文化与规范。

国际资本

我在第八章里已经比较详细地探讨了"第五代"与其现代世界电影的模型之间的密切关系,同时也指出了后者在制造中国影像现代主义中所扮演的角色。在这里,我想再补充一些关于更大的语境的思考,在这些语境中,风格影响成了随着资本一起流动的权力关系的标志。

正如有两种关系赋予了后毛泽东时代中国以特征——中国与革命性过去的关系以及它与变化了的全球结构的遭遇,中国新电影也受到了它同本土的集体经验以及真正国际性的电影世界之间的双重关系的多重决定。如果说前者给了它基本的主题以及——更加重要的——它的期待视野,那么后者则代表着一种开放结构,一种指向寓言巨变的语言空间,这一空间召唤出了无尽的语言与意象。乍看之下,新电影显得是前者决定性地转向后者时成形的;然而仔细一看,与其说新电影是一种语义系统所发生的转换,不如说是新的视觉情境的形成,在这一情境中,新近合并在一起的符号网络的角色还有待我们的考察。吸收现代国际象征性资本以便促进中国电影的革新,正是整个电影界共享的战略,而非年轻一代独自秘密地追求的工程。新浪潮与国际资本之间的关系给了我们更深入的视野,从这一视野出发,我们可以探寻"第五代"得以脱颖而出从而体现中国电影摄制新范式的具体过程。

在整个 80 年代,"西方"模式和理论以一种全然共时性、非历史的方式在中国象征市场中变得可以获得。如何接受和应对这一影响,对于电影界的各种流派和立场来说都是一个至关重要的问题,这些流派和立场直面着新的文化空间,从而重新定义了自身。"第五代"在这一过程中领了头。代际的有利地位使"第五代"导演有可能将国际电影经验征用为自身经验的自然要素,一种时间成长中的完整瞬间。我并不想说,这一习得过程是平稳的或者说毫无震惊可言;相反,就个人经验由无尽的移动和姿态所塑造,从而来抵挡或是吸收外在刺激而言,文化震惊是剧烈而彻底的。这是北京电影学院首届毕业生所获得的对于异质世界的内在理解的本质。然而,"第五代"的认知—心理结构较之他们的生理年龄更为年轻,这是因为他们与后一代电影导演分享着同样的习得经验,后者在新时期度过了自己的成长岁月。这一特质使陈凯歌和"第五代"得以按照西方电影维持一种实用性的区分,然而反讽的是,在老一代那里这一区分是不存在的,他们更加批判性地看待国外影响,更为坚决地捍卫社会主义现实主义。老一代对于过去的政治与社会经验的依附,以及混乱的"现代电影"概念,使新环境变得对后者很不利。与之形成鲜明对照的是,"第五代"从一个高度浓缩的视觉领域,即从一个由伯格曼、黑泽明、帕索里尼、特吕弗和塔尔科夫斯基构成的"星群"中汲取灵感。

确实,在整个 80 年代,不同的西方模式与理论资源发挥着不同的影响,一些在应用中被极度放大,另一些则在接受与传递过程中被缩减至边缘。比如说,已然被中国现实主义传统所吸收和转化了的好莱坞模式,为那些试图通过使电影变得更为现实、人道和富有吸引力而"提高"电影品质的人提供了新的教导。对于好莱坞模式症候性的误读向我们展示了主流电影话语的某些特性。当一些中国电影批评家为好莱坞模式与现实主义之间的亲合性极力争辩,并且转向文化工业的技术以"使中国电影现代化"时,这种看法与其说是一种理论错误,不如说是一项值得注意的文化—政治规划。社会主义中国的社会现实及日常世界,可以说足以创造出自身的意识形态空间,在这一空间之中,这种意识形态叙事能够适度地吸收私人欲望与集体想象,将两者编织进自身。将革命现实主义转化为后革命电影话语的官僚主义企图,为去政治化的甚至是以自我中心的、消费者的世界提供了一种社会欲望的视觉满足。

国际象征资本以及日益增长的经济资本的流入,在新电影的发端与发展中发挥了不可或缺的作用。由于这一资本的在场,影像现代主义可以说是一种特权性的立场(相比于国家投资与管理的话语而言),甚至可以重新绘制与界定整个视觉情境的优势位置。在许多方面,对于资本主义世界的个人移情正是从头建立一个新的话语空间之社会能量(与社会需求)的主要供应源。电影界不仅越来越容易获得激发灵感的碎片,甚至还能拥有整个象征秩序,这在当代中国电影生产中发挥着重要作用,这种情况既是一种解放性的力量——主体性可以在这种力量里得到重新组装,又是一种缝合社会意识形态的新的可能性。在自己的审美特性内部,"第五代"发现自己陷入了全球社会文化矛盾的陷阱,这一陷阱通过新时期的本土困境折射了出来。审美空间或者说电影空间本身仅仅使得这一情境变得更为生动而已。新电影对于语言的寻求在全球表意结构中展开,这一结构自身的历史已被压缩进本土现代主义的炫目通道之中。

在当代中国,这一全球结构在一般的社会—意识形态冲突与转型中证明了自己的存在,这些冲突和转型远远超越了民族国家及其意识形态机制所可能控制的范围。就其与全球资本的关系来看,第三世界的文化实验(常常作为本土现代主义)发挥了一种暧昧的意识形态功能。如果说这一文化实验在本土的文化与政治语境中明显地承担了一种启蒙的使命,那么,它同全球表意秩序之间的象征关联,以及它在理论上对于后者的依赖,使所谓本土性的政治进步变得自相矛盾。换言之,本土与全球之间象征性与理论性的(而非社会—政治的)交往、交换和交易以一种既肯定又否定、既鼓舞人心又扭曲真相、既具解放性又是同质化的方式运作。它不仅使本土的文化革命在语言上成为可能,而且也通过施加一种普遍性的形式压抑了呈现在本土语境之中的具体的社会关系与意识形态斗争,而正是凭借这一普遍性形式的中介与接入,"实在界"作为表象呈现了出来。我并不想暗示,"第五代"直接回应了全球环境,并将周边空间转化为自己的内在性。恰恰相反,"第五代"一心一意想要回应并且试图为之带来形式解决的,正是国内的社会、文化与政治环境。悖论性的是,"第五代"所处的直接情境欢迎全球象征资本网络的介入,正是后者赋予了它社会威望、文化声誉、意识形态正当性以及在某种极端情况下——政治认同。无形的背景最终成了资产阶级全球(文化与物质)市场,在这一市场的价值系统中,一种高蹈的风格在自己的直接社会语境之外获得了意义。出于这个原因,任何关于本土文化建构的严肃思考都必须经由一种批判性的迂回而展开,这一迂回经历了第一世界大都会里的文化斗争——在那儿,借用本雅明的意象来说,自由主义意识形态身着寒碜的工作服而非迷人的晚礼服。由于处在全球文化领域与本土社会空间激烈的互动之间(尽管正是"文化"常常在最彻底的社会意义上发挥着功能,而"社会的"则常常呈现为文化斗争的形式),忽视或抵制理论不过意味着放弃自己阐释与批判的责任,并且从根本的政治与意识形态斗争中撤退出来。

国家话语、社会意识形态、本土性的文化政治与西方象征权力之间复杂的关系,形成了某种动态情境,中国影像现代主义就嵌入在这一动态情境之中。"第五代"不得不直面影响深远、仍然有力的国家话语来界定自身。为了实现这一点,它必须以高蹈的姿态寻找新兴社会世界的"内在真实";它必须使这一精神对象变得可见,将可见之物变成自我抚慰、自我保存的影像奇观。从文化和政治上来看,这一努力要求日常领域突然转化为世界电影空间。这种突然移动连同两个世界之间深不可测的裂隙,对于"第五代"本土现代主义式的英雄主义贡献良多。意指的现实以及围绕这一现实所创造的影像独特性,远远超越了获得全球剧场入场券的初衷。在现代电影的遮盖之下,"第五代"电影的真实特征匿名地传播着。"第五代"有力的影像摄制从未阐明的社会文化内核,正是一个语义性的黑匣子,它有待于在象征秩序的另一端被解码。作为一种组织德勒兹所谓"纯粹视觉与声音情境"的方式,这一充满歧义的现代主义必须确保"非思"——或者说外在于视觉—声音情境的思想——以某种方式出现在银幕之上,并且为普通观众所感知。在这个方面,"第五代"并不总是能够实现它为自身创造的期待。

在整个过程之中,一种文化介入不断将现代主义与现代性问题推到前台,这种文化介入为某个未来展开了一幅蓝图,这种未来培育着一种新的感知与经验标准并且确保了鲜活经验能够以审美的方式安顿下来。尽管带有技术狂热的人工性特征,这一语境中的现代主义并不是一种压抑的形式或是物化的结构,这是因为它的根本姿态是将自己从任何现存秩序或体制中解放出来,从而拥抱一种正在展开的现实。毕竟,现代主义在这里意味着一种冲动:征服某个未知的空间(这一空间依照本能性的时间经验来定义),将自身的命运投掷给将要到来与将要得到定义的事物,捕捉作为永恒历史的当下那种转瞬即逝的闪耀,最后是将这一历史时刻拓展进一个永恒的感官世界。在电影生产的具体过程中,在新的审美内在空间中,权力关系的本质已被扭曲为自身的反面。一旦新浪潮电影导演开始拍摄"现代主义"电影,那么对于他们来说,精髓性的问题就是如何在一个文化空间里界定自身的经验,这一空间超越了作为政治激情的中国现代主义的具体场景。新浪潮导演在日常的基础上处理如下问题:即如何通过聚集起超越作为"普遍结构"的现代主义的力量与要素,来创造自身的现代主义;同时,鉴于作为国际语言的现代主义是一种历史积淀而非第一世界大都会的日常经验,如何使用和激活意象与灵感的仓库来探索一种社会、政治以及审美的替代性方案。

某种内在空间不得不被发明出来以应对变迁中的外部世界,而主体立场需要在审美上抓住并且再现外部的变化——这一主体立场维持并转化着自己的外部环境,同时也被这一环境所改变,在这个意义上,"第五代"电影不是一种现代化的电影而是现代性的电影,它涵盖并且阐明了本土环境中的文化与意识形态矛盾。这一语境中的现代主义总是一种临时性的构建,一种在某个特殊时刻展开的历史可能性的乌托邦视景,一种严格意义上的实验。这并不是说我们还有另一种精致的形式可以沉迷其中,或是另一种理性语言可以使用。倒不如说,因为有了各种社会、文化与意识形态关系的单子结晶,从而我们又有了一次重新阅读历史的机会。

且不管新电影的风格做派,"物质现实"的肌理显然投射在了银幕之上,随之而来的还有构成社会图景总体性的所有含混性与歧义性。审美与意识形态之间的常规性区分必须被移入意识形态自身,这是因为意识形态寻求着自身的审美或其他表达。某种意义上,新电影作为本土现代主义的发展,正是神话的微型历史演化。然而,正是在神话的梦境之中,社会生活的碎片仍然保有了意识,并且坚守着它们的寓言意义。新电影的两个内在倾向——由陈凯歌和张艺谋所分别代表的哲学沉思与对于生活本身的肯定——似乎相离甚远,事实上仍然紧密相连。90 年代的中国社会似乎已然进入了现代史上的一个新阶段,进入了一个更为"成熟的"后革命日常生活的时代,前者处在中国后现代性仍然不甚确定的图景之中。在这个意义上,陈凯歌和张艺谋的类似电影实践在理论或实践上都不再显得似是而非。

就"第五代"的历史使命与可能性而言,它必须同时被视为一种失败与一种成功。这些年轻人从 80 年代后期深刻的冲突与矛盾中接受灵感,得益于空前的社会与文化机遇的大汇聚,由此开始尝试用一种独特的现代主义风格来捕获中国问题,并不仅仅带来一种影像领域的"存在之澄明"。然而,使这一现代主义成为可能的社会需求同样也寻找着一种更加稳定与理性化的表征模式,在这一点上,90 年代以后建成的现代主义体制成了全球市场上意料之外的资产。这一发展告诉我们的,并不是中国情境中现代主义的不可能性,而是任何建设第三世界文化的工程必须承受来自国内外的无情压力。这一现代主义的"失败"透露出文化生产与社会乌托邦之间,以及语言自身与生活形式之间更为深层的关系(这一生活形式带来了全然异质的经验)。作为过渡社会的一个寓言,"第五代"抓住了集体经验的瞬间真理,正是毛泽东中国及后革命时期这两个"世界"的重叠和交错塑造了这一经验。他们最出色的成就在于他们做出了一种发人深思的努力,而非找到了某种快速成功的捷径。在艰苦的探索中,"新电影"再现了80年代的集体激情与历史可能性,而邓小平时代的改革既解放了这种激情与可能性,同时又把它淹没在新一轮的历史大潮中。

(崔问津译,朱羽校)

参考文献

Bazin, André, and Hugh Gray. *What Is Cinema?* 2 vols. Berkeley: University of California Press, 1967.

Benjamin, Walter. *Charles Baudelaire: A Lyric Poet in the Era of High Capitalism.* London: NLB, 1973. 中译本见瓦尔特·本雅明:《发达资本主义时代的抒情诗人:论波德莱尔》,张旭东、魏文生译,第2版,北京:三联书店,2007。

Benjamin, Walter. *Illuminations.* New York: Harcourt, 1968. 中译本见瓦尔特·本雅明:《启迪》,张旭东、王斑译,香港:牛津大学出版社,1998;北京:三联书店,2008。

Benjamin, Walter. *The Origin of German Tragic Drama.* Trans. Osborne, John. London: NLB, 1977. 中译本见瓦尔特·本雅明:《德国悲剧的起源》,陈永国译,北京:文化艺术出版,2001。

Berman, Marshall. *All That Is Solid Melts into Air: The Experience of Modernity.* New York: Viking Penguin, 1988. 中译本见马歇尔·伯曼:《一切坚固的东西都烟消云散了》,张辑、徐大建译,北京:商务印书馆,2003。

Bhabha, Homi K. *Nation and Narration.* New York: Routledge, 1990.

Bourdieu, Pierre. *Distinction: A Social Critique of the Judgement of Taste.* Cambridge, Mass.: Harvard University Press, 1984.

Bourdieu, Pierre. *The Logic of Practice.* Stanford, Calif.: Stanford University Press, 1990. 中译本见皮埃尔·布迪厄:《实践感》,蒋梓骅译,南京:译林出版社,2003。

Bourdieu, Pierre. *The Political Ontology of Martin Heidegger.* Stanford, Calif.: Stanford University Press, 1991. 中译本见皮埃尔·布迪厄:《海德格尔的政治存在论》,朱国华译,上海:学林出版社,2009。

Bürger, Peter. *Theory of the Avant-Garde.* Minneapolis: University of Minnesota Press, 1992. 中译本见彼得·比格尔:《先锋派理论》,高建平译,北京:商务印书

馆,2002。

Chen Kaige, Tony Rayns. *King of the Children and the New Chinese Cinema*. London: Faber and Faber, 1989.

Deleuze, Gilles. *Cinema 2: The Time-Image*. University of Minnesota Press, 1989. 中译本见吉尔·德勒兹:《电影-Ⅱ:时间—影像》,黄建宏译,台北:远流出版公司,2003。

Dilthey, Wilhelm. *Poetry and Experience*. Ed. Rudolf A. Makkreel, and Frithjof Rodi Princeton. N. J.: Princeton University Press, 1985.

Gadamer, Hans-Georg. *Truth and Method*. New York: Crossroad, 1991. 中译本见汉斯-格奥尔格·加达默尔:《真理与方法》,洪汉鼎译,上海:上海译文出版社,1999。

Gellner, Ernest. *Nations and Nationalism*. Ithaca: Cornell University Press, 1983. 中译本见厄内斯特·盖尔纳:《民族与民族主义》,韩红译,北京:中央编译出版社,2002。

Hegel, Georg Wilhelm Friedrich, Arnold V. Miller, and J. N. Findlay. *Phenomenology of Spirit*. Oxford: Clarendon Press, 1977. 中译本见黑格尔:《精神现象学》,贺麟、王玖兴译,北京:商务印书馆,1979。

Heidegger, Martin. *Being and Time*. New York: Harper, 1962. 中译本见马丁·海德格尔:《存在与时间》,陈嘉映、王庆节译,北京:三联书店,1987。

Heidegger, Martin. *The Question Concerning Technology, and Other Essays*. New York: Garland Pub. , 1977.

Jameson, Fredric. *The Political Unconscious: Narrative as a Socially Symbolic Act*. Ithaca, N. Y.: Cornell University Press, 1981. 中译本见弗雷德里克·詹姆逊:《政治无意识》,王逢振、陈永国译,北京:中国社会科学出版社,1999。

Jameson, Fredric. *Postmodernism, or, the Cultural Logic of Late Capitalism*. Post-Contemporary Interventions. Durham: Duke University Press, 1991. 中译本见詹明信:《晚期资本主义的文化逻辑》,张旭东编,陈清侨等译,北京:三联书店,1997。

Jameson, Fredric. *Signatures of the Visible*. New York: Routledge, 1992. 中译本见弗雷德里克·詹姆逊:《可见的签名》,王逢振译,南京:南京大学出版社,2012。

Lefebvre, Henri. *The Survival of Capitalism: Reproduction of the Relations of Production*. New York: St. Martin's Press, 1976.

Levenson, Joseph Richmond. *Confucian China and Its Modern Fate; a Trilogy*. Berkeley: University of California Press, 1968. 中译本见约瑟夫·列文森:《儒教中国及其现代命运》,郑大华、任菁译,北京:中国社会科学出版社,2000。

Lukács, György. *Soul and Form*. Cambridge, Mass.: MIT Press, 1974.

Lukács, György. *The Theory of the Novel: a Historico-Philosophical Essay on the Forms of Great Epic Literature*. Cambridge, Mass.: M.I.T. Press, 1971. 中译本见卢卡奇:《小说理论》,北京:商务印书馆,2012。

Mueller-Vollmer, Kurt. *The Hermeneutics Reader: Texts of the German Tradition from the Enlightenment to the Present*. New York: Continuum International Publishing Group, 1988.

Ricœur, Paul. *Freud and Philosophy: an Essay on Interpretation*. Trans. Denis Savage. New Haven: Yale University Press, 1970.

Ricœur, Paul. *Hermeneutics and the Human Sciences: Essays on Language, Action and Interpretation*. Ed. & trans. John B. Thompson. Cambridge: Cambridge University Press, 1981.

Ringer, Fritz K. *The Decline of the German Mandarins: The German Academic Community, 1890-1933*. Hanover: University Press of New England, 1990.

Rorty, Rorty. *Philosophy and the Mirror of Nature*. N.J.: Princeton University Press, 1980.

Rosenzweig, Franz. *The Star of Redemption*. Trans. William W. Hallo. New York: Holt, 1970.

Sahlins, Marshall David. *Islands of History*. Chicago: University of Chicago Press, 1985.

Semsel, George Stephen, Hong Xia, and Jianping Hou. *Chinese Film Theory: A Guide to the New Era*. New York: Praeger, 1990.

Treichler, Paula A., Cary Nelson, and Lawrence Grossberg. *Cultural Studies*. New York: Routledge, 1992.

Williams, Raymond. *The Politics of Modernism: Against the New Conformists*. London: Verso, 1989. 中译本见雷蒙·威廉斯:《现代主义的政治》,阎嘉译,北京:商务印书馆,2002。

北岛:《北岛诗选》,广州:新世纪出版社,1986。
波德莱尔:《巴黎的忧郁》,郭宏安译,上海:上海译文出版,2009。
戴锦华:《电影理论与批评手册》,北京:科学技术文献出版社,1993。

杜维明:《儒家伦理在今日:新加坡的挑战》,新加坡:联邦出版社,1984。
杜维明:《儒学第三期发展的前景问题》,台北:联经出版事业公司,1989。
冯牧:《文学十年风雨路》,北京:作家出版社,1989。
复旦大学历史系编:《中国传统文化再检讨》(上、下),香港:商务印书馆有限公司,
　　1987、1992。
甘阳:《我们在创造传统》,台北:联经出版事业公司,1989。
甘阳编:《中国当代文化意识》,香港:三联书店,1989。
高名潞:《中国当代美术史》,上海:上海人民出版社,1991。
格非:《迷舟——格非小说选》,北京:作家出版社,1989。
海德格尔:《林中路》,孙周兴译,上海译文出版社,1997。
黄子平:《幸存者的文学》,台北:远流出版公司,1992。
黄祖民编:《阳光地带的梦丛书·超越世纪——当代先锋派诗人四十家》,太原:山
　　西高校联合出版社,1992。
老木编:《新诗潮诗集》,北京大学五四文学社内部印行,1985。
李泽厚:《中国现代思想史论》,北京:东方出版社,1987。
刘小枫:《这一代人的怕和爱》,北京:三联书店,1996。
刘小枫:《拯救与逍遥》,上海:上海人民出版社,1988。
刘再复:《文学的反思》,北京:人民文学出版社,1986。
钱理群、黄子平、陈平原:《20世纪中国文学三人谈》,北京:人民文学出版社,1988。
唐正序、陈厚诚编:《20世纪中国文学与西方现代主义思潮》,成都:四川人民出版
　　社,1992。
王晓明编:《人文精神寻思录》,上海:文汇出版社,1996。
严家炎:《中国现代小说流派史》,北京:人民文学出版社,1989。
姚家华编:《朦胧诗论争集》,北京:学苑出版社,1989。